Computer und Kunst

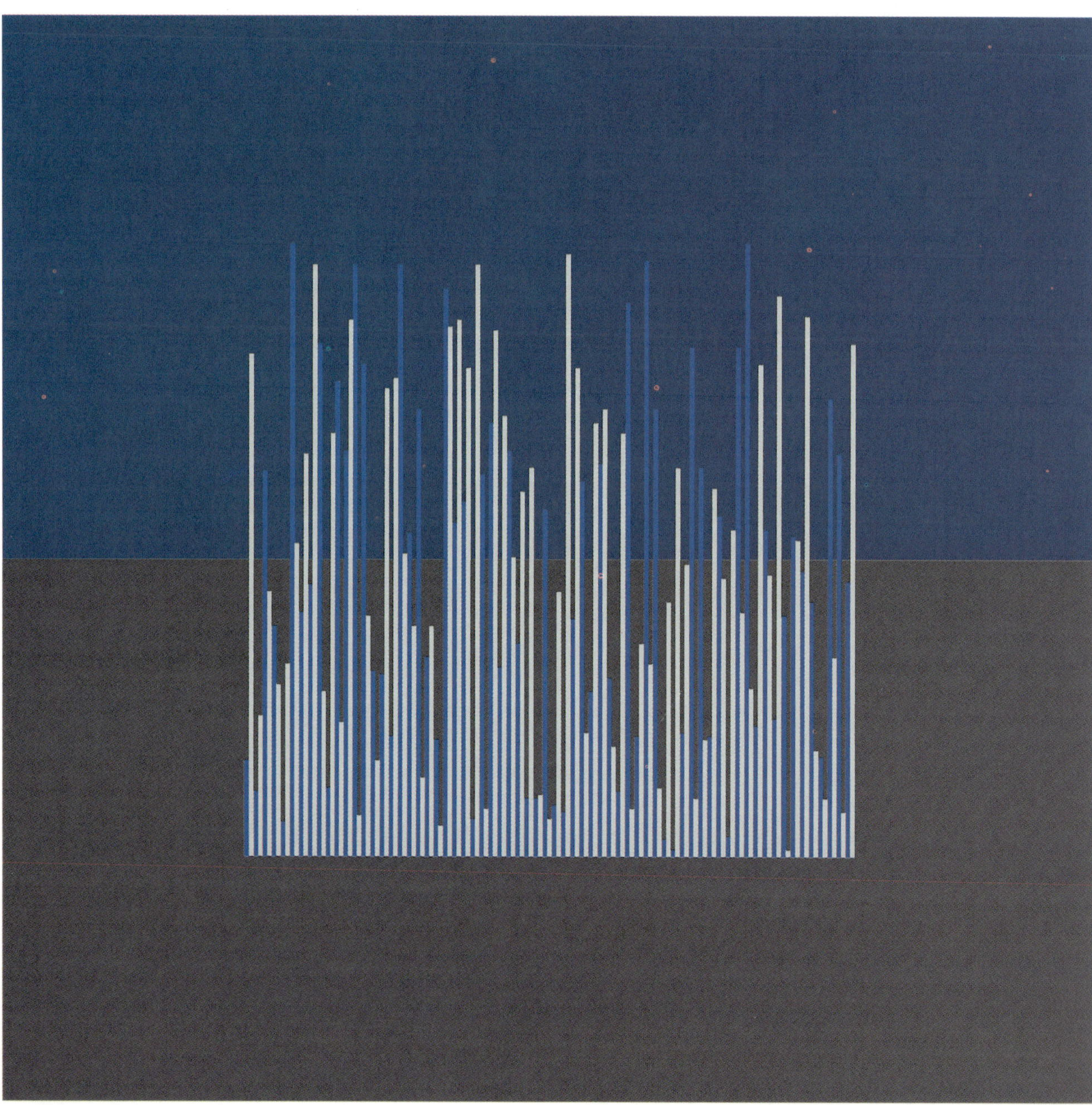

Computer und Kunst

Programmierte Gestaltung: Wurzeln und Tendenzen neuer Ästhetiken

von Erwin Steller,
Universität Karlsruhe

Wissenschaftsverlag
Mannheim/Leipzig/Wien/Zürich

Die Deutsche Bibliothek-CIP-Einheitsaufnahme
Steller, Erwin:
Computer und Kunst: Programmierte Gestaltung:
Wurzeln und Tendenzen neuer Ästhetiken /
Erwin Steller. – Mannheim; Leipzig; Wien; Zürich:
BI-Wiss.-Verl.,1992
ISBN 3-411-14621-4

Gedruckt auf säurefreiem Papier
mit neutralem pH-Wert (bibliotheksfest)

Titelbild: E. Steller, Verfremdete Lissajous-Figur,
orange-schwarz, 1991, Acryl auf Leinwand,
80 x 80 cm (s. S. 306)

Gestaltung: Irene Kemmer, Walluf
Druck: Progressdruck GmbH, Speyer
Bindearbeit: Klambt-Druck GmbH, Speyer
Printed in Germany
ISBN 3-411-14621-4

Inhalt

TEIL 2

Geleitwort

Die vollständige Mechanisierung von Techniken stellt keine Bedrohung für die essentielle schöpferische Kraft dar

LASZLO MOHOLY-NAGY

Der Holzschnitt von Albrecht Dürer (S. 8) aus dem Jahre 1525 zeigt einen Zeichner, der eine Laute in räumlicher Verkürzung darzustellen versucht – angesichts der unregelmäßig gerundeten Formen des Saiteninstruments ein schwieriges Unterfangen!
Er hat sich dazu jedoch ein sinnreiches Instrument gebaut, das ihm diese Arbeit erleichtert. Es besteht aus einem Rahmen mit einer Art von kleiner Tür, darauf ist das Zeichenpapier befestigt. Der Gehilfe fixiert eine dünne Schnur an einem Punkt auf der Laute, die Schnur läuft durch den Rahmen hindurch bis zu einem Haken an der Wand. Mit Hilfe eines Fadenkreuzes fixiert der Zeichner den Punkt auf der Bildebene im Rahmen. Im nächsten Schritt, der nun folgen wird, schließt der Zeichner die Türfläche, das Zeichenpapier wird dadurch zur Bildebene, und der festgehaltene Punkt der Laute kann markiert werden. Das Abbild der Laute entsteht, wie man sieht, aus vielen so gefundenen Punkten auf der Bildebene, die am Ende des Vorgangs zu einer geschlossenen Linie verbunden werden. Das Auge, auf das die Abbildung der Laute bezogen ist, befindet sich an der Stelle des Hakens in der Wand.
Die Vorgehensweise Dürers stellt ein eindrucksvolles Beispiel dafür dar, wie die Kunst sich spezieller Geräte, Instrumente bedient, um bisher unlösbare Probleme zu bewältigen. Um beim Beispiel zu bleiben: die Regeln und mathematischen Verfahren der einäugigen Zentralperspektive boten keine Lösungen für das Problem an, die einigermaßen befriedigend waren, um eine Laute in räumlicher Verkürzung »richtig« wiederzugeben.
Immer wieder finden wir in der Kunstgeschichte solche Beispiele, wie ein Gerät, ein Apparat, eine Vorgehensweise erfunden werden mußten, um offene Probleme zu lösen.

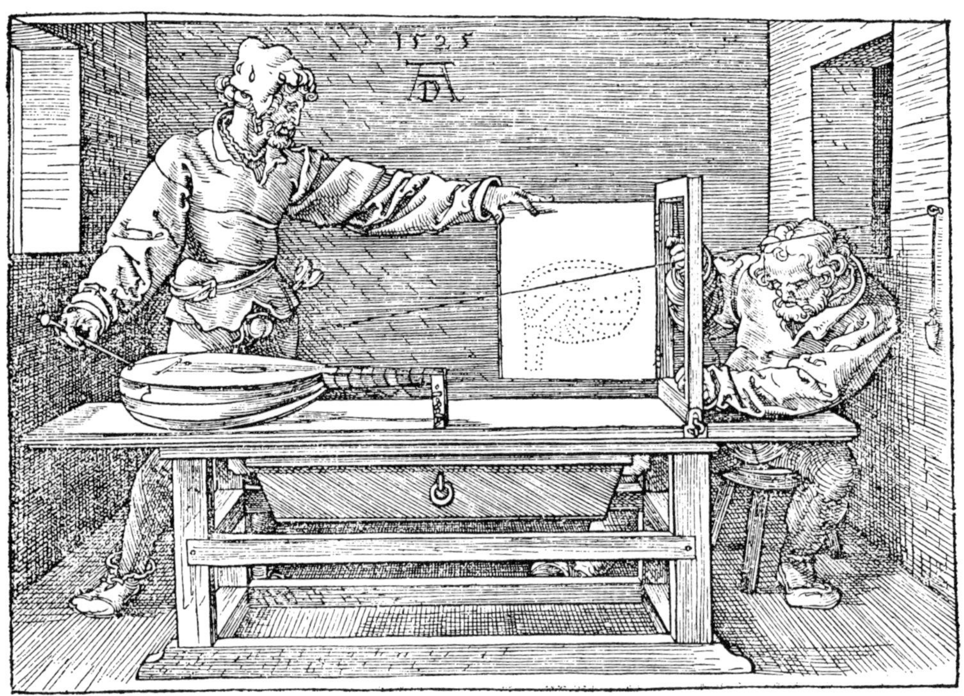

Albrecht Dürer,
Der Zeichner der Laute,
1525, 13 x 18,2 cm,
Kunsthalle Bremen,
Kupferstichkabinett

Das Verfahren der Spritztechnik, das Henri de Toulouse-Lautrec in die Lithographie einführte, um Halb- und Vierteltonwerte zu erzeugen, ist ein weiteres deutliches Beispiel dafür: er nimmt damit die optische Farbmischung des heutigen Vierfarbendruckes vorweg.

Beiden Beispielen ist gemeinsam, daß man sich bestimmter Geräte, Apparate oder Verfahren bediente, um künstlerische Fragestellungen zu lösen, und gleiches gilt auch für den Einsatz von Computern im künstlerischen Prozeß. Die Rolle der Apparate in der Computerkunst hat jedoch noch eine weitergehendere Bedeutung.

Computerkunst läßt sich nach H. W. Franke so abgrenzen: »Unter Computerkunst versteht man die in Form von Bildern vorliegenden Resultate von Datenverarbeitungsprozessen, die durch mechanische Zeichenautomaten oder elektronische Bildschirmgeräte ausgegeben werden.«

So betrachtet bezeichnet »Computerkunst« lediglich eine bestimmte Vorgehensweise mit bestimmten Instrumenten, jedoch keinen »Stil« im engeren Sinne. Die

Künstler sprechen auch ganz offen von ihren Instrumenten als von ihren »Werkzeugen« (Lit Fischer), »outils« (Coqart), und zeigen überhaupt ein eher distanziertes Verhältnis zu diesem ihrem Instrumentarium: »Wichtig ist nicht, was der Computer alles leisten, sondern was ich alles mit ihm transportieren kann« (Lit Fischer). »Je m'en sers – ich benutze ihn eben« (Vera Molnar).
Es ist nur scheinbar ein Widerspruch, wenn diese Künstler eine große Neugierde auf »neue Werkzeuge« zeigen, etwa Beck und Jung, die davon sprechen, daß »die neuen Technologien (sie) faszinieren«, und davon, daß sie »viel Lust und Vergnügen daran finden, diese zu erproben«. Ähnliches äußerten auch andere Künstler, die z.T. sogar technologische Entwicklungen anregten.
Neue Technologien bedeuten auch und gleichzeitig neue gestalterische Möglichkeiten *und* neue Botschaften, neue Syntax *und* neue Semantik. Somit ist die kurze, aber ereignisreiche Geschichte der Computerkunst doch eng gebunden an die Geschichte ihrer technologischen Grundlagen. Plotter (Zeichenmaschinen), Analogrechner, Digitalrechner, Wiedergaben über den Bildschirm oder daran angeschlossene Schnelldrucker, Fotos und Farbfotos von Bildschirmbildern, Xerokopien und so fort bezeichnen damit auch Stationen oder Grundmöglichkeiten der Computerkunst, die nacheinander entdeckt wurden. Diese technologische Entwicklung ist mit Sicherheit noch nicht abgeschlossen, und man darf auf die Fortsetzung neugierig sein. Generell kann man sagen, daß die Realisationsmöglichkeiten in der relativ kurzen Geschichte der Computerkunst sehr schnell sehr viel reichhaltiger geworden sind.
Von den Technologien abgesehen spiegelt die Computerkunst einiges vom Stilpluralismus der Gegenwart. Somit ist das Gesamtbild uneinheitlich, widersprüchlich. Zugegeben, es gibt einen deutlichen Akzent zu Gunsten der konstruktiven, genauer zur systematisch-konstruktiven Kunst. Das ist sicher kein Zufall, wurden doch in der konstruktiven Kunst die künstlerischen Methoden des seriellen und systematischen Vorgehens entwickelt, auch der systematische Einsatz der Aleatorik.
Der Perspektivrahmen Dürers machte das Ergebnis genauer, hatte also eine genau angebbare Funktion, der Computer jedoch öffnete andere, komplexere Möglichkeiten, er half bei der Erforschung, Entdeckung von künstlerischem Neuland, er erledigte manches schneller, lieferte Varianten, erzeugte sogar unerwartete Lösungen – aber nur innerhalb dessen, was ihm als Programm eingegeben war. Das Buch von Erwin Steller handelt davon, es differenziert alle diese Aspekte.
Der Computerkünstler, d.h. jemand, der sich des Computers im künstlerischen Realisationsprozeß bedient, stellt einen neuartigen Künstlertypus dar: er muß eine

Doppelbegabung haben, die sich einerseits auf den mathematisch-technischen, andererseits auf den künstlerischen Aspekt seiner Arbeit bezieht. Er benötigt künstlerische Intelligenz und gleichzeitig eine mathematisch-technische Sensibilität; erst *beides zusammen* erlaubt ihm, sich des neuen Mediums sinnvoll zu bedienen.

Künstlerische Intelligenz ist notwendig zur Strukturierung der syntaktischen Probleme innerhalb des künstlerischen Prozesses. Grundlage für die Weiterverarbeitung sind dann jedoch mathematisch-technisches Wissen, Kenntnisse, Erkenntnisse über Verfahrensweisen, und eben die Sensibilität, sinnvoll daraus auszuwählen. Zentral wichtig ist auch ein schwer beschreibbarer Instinkt für künstlerische Qualität. Erst die Summe dieser Aspekte, die Fähigkeit, diese miteinander zu verknüpfen, ergeben kreative Prozesse und Ergebnisse im engeren, objektiven Sinne. Übrigens: auch der Perspektivrahmen Dürers führte »nur« zu einer richtigen Zeichnung, sie muß damit nicht gleichzeitig künstlerisch bedeutend sein!

Müssen alle die erwähnten Eigenschaften für den Computerkünstler zutreffen, so gilt dies im besonderen Maß für jemanden, der auf komplexe, vollständige Art über das Phänomen der Computerkunst reflektieren will. Bei Erwin Steller trifft dies zu, und ich meine, genau darin liegt die spezifische Voraussetzung zu diesem seinem Buch, das den Versuch macht, der Komplexität der Phänomene gerecht zu werden und die im engeren Sinne künstlerischen Aspekte angemessen zu berücksichtigen.

Peter Staechelin

Einführung

__Ursprung__ der Kunst
Der Widerspruchzwischen physikalischem Tatbestand und psychischer Wirkung
__Inhalt__ der Kunst
Visuelle Formulierung unserer Reaktion auf das Leben
__Maß__ der Kunst
Die Proportion von Aufwand und Wirkung
__Ziel__ der Kunst
Die Offenbarung und Erweckung von Vision
JOSEF ALBERS

Dieses Buch ist aus Vorlesungen entstanden, die ab dem Wintersemester 1987/88 an der Universität Karlsruhe im Rahmen des Studium Generale vom Autor gehalten werden.

Das Medium

Das Buch behandelt die sogenannte »Computerkunst«, ein zwar eingebürgerter, aber schlecht gewählter Begriff; ebenso unpassend wären Begriffe wie Siebdruck- oder Holzschnittkunst; gemeint sind damit die Techniken des Siebdrucks oder Holzschnitts bzw. das Mittel oder Medium, mit dem der Künstler arbeitet. Auch der Computer repräsentiert ein *Medium,* ist Hilfsmittel und Assistent, der *Kreativität* unterstützen und durch Rückkopplung verstärken kann. Der Computer dient also nur als Zwischenmedium. Natürlich sollten beim Herstellen, aber auch beim Betrachten eines Bildes die spezifischen Eigenarten der verwendeten Technik bzw. des Mediums sinnvoll ausgenützt werden oder bekannt sein. Der *Computer als Medium* wird jedoch bei der Erläuterung eines mit seiner Hilfe generierten »Kunstwerks« immer wieder zu stark in den Vordergrund gerückt. Im Grunde wird so von einer tiefergehenden Diskussion abgelenkt. Nicht jedes mit dem Computer erzeugte Bild ist ein Kunstwerk, auch wenn es als solches ausgegeben wird. Häufig wird mit großer Artistik und Virtuosität allein das Medium »Computer« erprobt. Nicht »the medium is the message«, wie Marshall McLuhan bereits 1964 prophezeien wollte, sondern nur die Kunst selbst kann die Botschaft sein. Diese Gründe bestimmten den Titel »Computer und Kunst« für dieses Buch. Der Gewohnheit wegen wird das Wort »Computerkunst« weiter verwendet.

Ziel

»Computerkunst« muß Kunst sein. Dies bedingt einen Ansatz, wie er nur von Künstlern unternommen werden und wie er im wesentlichen nur außerhalb des Computers stattfinden kann. Ein Ziel des Buches ist also, die »Computerkunst« innerhalb des Rahmens der Kunstszene dieses Jahrhunderts einzuordnen, und zwar historisch gesehen als auch kritisch. Zusammenhänge sollen sichtbar gemacht werden.

Die Kluft Leider ist festzustellen, daß oft zwischen »traditionellen« und »Computer«-Künstlern eine Kluft besteht. Vorurteile gegenüber der neuen, oft sehr aufwendigen, auch überbewerteten Technik auf der einen Seite, stehen Technikfetischismus oder mangelnde Information über Kunst auf der anderen Seite gegenüber. Die Vorurteile spiegeln häufig das geringe Niveau der als Kunst deklarierten Computererzeugnisse wider und sind von daher verständlich. Weniger verständlich ist eher das mangelnde Wissen in der heutigen »Informationsgesellschaft«. Alex Kempkens beschreibt die Situation in »Bilder Digital« (1986, s. Kat.) so:

»Neue Informationen gibt es in diesem Jahrhundert viele: Bauhaus, Dada, Futurismus und andere mehr. Es scheint aber, daß gerade die Träger des Informationszeitalters sich der Information verschließen, die aus dem Bereich der Kunst kommt. Eine Informationsverweigerung im Zeitalter der Information von den Trägern dieser Informationsflut.«

Was ist Kunst? »Kunst« kann auf die verschiedenste Art definiert werden, wie: »Kunst ist alles das, was in Museen hängt« (Abraham Moles). Dazu gehört auch das zu seiner Zeit schockierende Urinoir von Marcel Duchamp: Ein beliebiger Gegenstand wird durch einen Auswahlakt aus der Menge der Gegenstände herausgehoben und durch Signatur provokativ zum Kunstwerk deklariert.

Auch Werner Hofmann (»Grundlagen der modernen Kunst«) versteht Kunst als »das, was wir als solche gelten lassen«. Der Umfang der Kunst ist variabel, offen und wird immer wieder neu abgesteckt: »Kunst ist ... ein Vereinbarungsbegriff, der im Dialog zwischen Hersteller und Empfänger, also aus jeweils spezifischen Gegebenheiten, ermittelt wird« (S. 513).

Clifford Geertz formuliert dies ähnlich (»Art as a Cultural System«, 1976): Kunst ist »immer Bestandteil eines bestimmten Systems ... (Sie ist) kein absolutes Faktum, das sich durch eine Handvoll ästhetischer Begriffe von universeller Gültigkeit darstellen läßt – Kunst ist vielmehr in dem jeweils besonderen lokalen Umfeld verwurzelt« (zitiert nach Svetlana Alpers: »Kunst als Beschreibung«). Es handelt sich also um ein – relativ zu einer gewissen Umgebung – offenes System.

Deshalb wird erst die Erfahrung und der Umgang mit »Kunst« solche »Definitionen« mit Leben erfüllen. »Kunst« kann man mit Worten immer nur einkreisen, nie streng erfassen. Dies gilt folglich auch für Computerkunst.

CAA Computerkunst soll nun die Kunst bezeichnen, die auf irgendeine Weise mit Hilfe eines Computers generiert wird, sei es mittels software in Form von Programmen oder mittels hardware in Form des Bildschirms oder anderer Peripheriegeräte.

Der Künstler kann *Programme* selbst entwickeln oder entwickeln lassen; ihr Abruf läßt die Bilder einerseits sofort auf dem Monitor entstehen oder liefert im anderen Extrem nur gewisse *Daten* in Form von Zahlen zur Weiterverarbeitung. Auch käufliche *Programme* wie Malsysteme finden Verwendung. Die Bilder auf dem Bildschirm lassen sich durch weitere Peripheriegeräte wie *Drucker* und *Plotter* der verschiedensten Art auf Papier bringen und damit auch als Vorgaben zur weiteren Verarbeitung durch die Hand des Künstlers, aber auch u.a. für *Siebdrucke* verwerten. *Matrixkameras* übertragen die Bilder direkt vom Bildspeicher auf einen Film und verdrängen so die *Bildschirmfotografie.* Diesen Ausgabegeräten stehen verschiedenartigste *Scanner* als Eingabegeräte gegenüber, mit deren Hilfe Bilder direkt in den Computer eingegeben und dort weiterverarbeitet werden können (*Picture Processing*). Die Möglichkeiten sind also zahlreich und sollen im einzelnen nicht abgegrenzt werden. Stets aber ist der Künstler der Initiator einer Bildidee: Computerkunst ist somit streng genommen immer *computerunterstützte Kunst* (CAA = Computer Aided Art).

Die Revolution

Wenn auch der Computer die heutige Gesellschaft revolutionär beeinflußt, so läßt sich dies im Hinblick auf die Kunst zunächst nicht sagen. In das Gebiet der Kunst drang der Computer trotz – oder wegen – seines hohen technischen Standards nur behutsam ein.

Die wahre Revolution in der Kunstszene spielte sich – wie auch parallel dazu in der Physik oder mathematischen Logik – im wesentlichen zu Beginn des Jahrhunderts ab. Prägte mit kaum versiegender Kraft die wissenschaftliche *Zentralperspektive* das Kunstgeschehen von der *Renaissance* bis Ende des 19. Jahrhunderts, so entwickelte sich jetzt die *Moderne* mit ihren Tendenzen zur *Abstraktion*, die das 20. Jahrhundert ebenso entscheidend mitbestimmen sollte.

Kandinsky schreibt 1913 in »Rückblicke« (zitiert von Max Bill in seiner Einführung zu »Über das Geistige in der Kunst« von Kandinsky): »Das Zerfallen des Atoms war in meiner Seele dem Zerfall der ganzen Welt gleich. Plötzlich fielen die dicksten Mauern.« Seine »Kompositionen« VI und VII desselben Jahres lassen sich als Katastrophe einer Explosion deuten (s. Kandinsky, Kat.). Andererseits sieht er die *Exaktheit* von Kunstwerken voraus: »... man endet vielleicht mit der gänzlichen Ausschließung der ›Inspiration‹... das Kunstwerk wird vielleicht auch durch Errechnung geschaffen«. Und in seinem berühmten Buch »Punkt und Linie zu Fläche« (1923) kam er zu der interessanten Frage: »Kann ein (Kunst-)Werk auf rein mechanische Art entstehen?«

Balance

Die Entwicklung der Computerkunst kann chronologisch nicht in allen Einzelheiten nachgezeichnet werden. Das Buch soll keine Enzyklopädie sein, sondern nur

Schneisen schlagen. Allein die Dokumentation der Ars Electronica, Linz 1989, umfaßt im KUNSTFORUM mehr als 300 Seiten.
Der Autor versucht, statt zwischen zwei Stühlen zu sitzen, den schwierigen Brückenschlag von Computer zur Kunst. Mögen Vergleiche von traditioneller Kunst und Computerkunst bei dieser oft auch Defizite aufweisen, so sind sie doch interessant und lehrreich. Im äußersten Falle akzentuieren sie die Geistigkeit der traditionellen Kunst, auch, oder gerade da, wo sie sehr einfach erscheint. »Einfachheit« der ästhetischen Gegenstände bzw. Durchsichtigkeit ihrer Erzeugung erscheint dem Autor als sehr wichtiger Leitgedanke. Die »Proportion von Aufwand und Wirkung« sollte stimmen (s.o. Albers). Dies verdeckt in keiner Weise die Vielschichtigkeit, ja die Komplexität der Perzeption von Farben, Formen und der Komposition der Bildelemente (s. Albrecht).
Jürgen Lit Fischer formuliert dies in »artware« so: »Ich mache etwas sehr Einfaches: zählen, teilen, wiederholen, vergrößern, Folgen bilden, umkehren, überlagern, drehen, verkleinern, Ausschnitte bilden ... Der ästhetische Hintergrund ... ist ... vordergründige Einfachheit.«
Das Buch wendet sich damit an alle, die an Kunst interessiert sind; Mathematik und Informatik werden kaum bzw. nicht vorausgesetzt.

Dank Gedankt sei den Galerien und Künstlern, die bereitwillig Bildmaterial zur Verfügung stellten. Es sind derer so viele, daß die Namen nicht aufgezählt werden sollen; sie finden sich im Bildquellennachweis. Besonderer Dank gilt Herrn Prof. Peter Staechelin für seine konstruktive Kritik und Verbesserungsvorschläge und dem Verlag für die gute Zusammenarbeit.
Alle Zitate finden sich unter den angegebenen Namen im Literaturverzeichnis. Zahlen am Rand verweisen auf entsprechende Abbildungen.

Karlsruhe, im Juni 1991 Erwin Steller

1 Schnittstelle Malerei – Fotografie

Die Fotografie hat die Malerei erlöst.
JEAN COCTEAU (1889-1963)

Die Computerkunst leitet einen Übergang ein, der zunächst nicht – wie schon erwähnt – abrupt, sondern relativ gleitend vonstatten geht, eher also eine *Evolution* als eine Revolution charakterisiert. Schnittstellen verschiedener Kulturbereiche sind immer von großem Interesse und meist evolutionär.
So auch der Übergang von der Malerei zur Fotografie, der gleichzeitig als aufschlußreiches Paradigma für das Auftauchen der Computerkunst in der allgemeinen Kunstszene stehen kann. Gemeint ist damit die wechselseitige, bewußte oder unbewußte Beeinflussung der Malerei und der Fotografie im 19. Jahrhundert einerseits, und der ersten computererzeugten Bilder mit Bildern gewisser Kunstrichtungen der 60er Jahre andererseits, eine Beeinflussung, die jeweils zu frappanten Ähnlichkeiten und Gemeinsamkeiten führte. Weiter wird sich erweisen, daß die eigentlichen Wurzeln von Fotografie und Computerkunst weit in die Vergangenheit zurückzuverfolgen sind. Zunächst vordergründig erscheinende, phänomenologische Vergleiche mit parallel verlaufenden Kunstströmungen werden damit auf ihre Begründbarkeit geprüft.

Ähnlichkeiten

Die sechs ersten Bilder – entstanden um die Mitte des letzten Jahrhunderts – veranschaulichen den Übergang von der Malerei zur Fotografie; ein Übergang, der zum Teil parallel – bei den Portraitmalern in Konkurrenz – und offensichtlich »sanft« verlief. Einerseits sollte Malerei imitiert werden mit Hilfe einer »Fotovergrößerung..., um dann mit einem zügigen Duktus in Öl oder Pastell eine Zeichnung oder Malerei nach dem Modell vorzutäuschen... Andererseits wurde eine Effektnaturalistik in der Malerei zum Surrogat für die Fotografie« (Willi Baumeister in »Das Unbekannte in der Kunst«).

Gerade das Bild von Dahl (1788-1857) wirkt als Surrogat einer fotografischen Gegenlichtaufnahme; es entstand jedoch bereits in dem Jahr, in dem der französi- **1.2**

1.1 G. Böttger, Blick auf München, um 1858, Fotografie

sche Maler Louis Daguerre nach zweijähriger Entwicklungsarbeit sein Verfahren in Paris vorgestellt hatte *(Daguerrotypie)*, und erscheint damit als eine Vorwegnahme der neuen Technik. Es sei angemerkt, daß schon 1826 J. N. Niepce erste Fotografien auf Metallplatten herstellte *(Ferrotypie)*, nachdem lange vorher, nämlich 1727, J. H. Schulze die Lichtempfindlichkeit von Silbersalzen entdeckte, ohne allerdings Bilder dauerhaft fixieren zu können.

1.3–1.6 Auch die abgebildeten Porträts scheinen sich zunächst nur geringfügig zu unterscheiden. Bedingt ist dies sicher zusätzlich durch den *Informationsverlust,* der bei jeder Reproduktion, insbesondere bei der gewollten Reduzierung auf Schwarz-Weiß-Bilder, auftritt; andererseits werden gewisse Strukturen im Bildaufbau damit verdeutlicht. Der Malerei nachempfunden zeigen Fotografien Körperhaltungen – wie eine abgedrehte Schulter, einen abgewinkelten Arm –, die sich bis in das 16. Jahrhundert (so bei Tizian) zurückverfolgen lassen. Der Fotograf imitiert, ja simuliert bewußt diese überlieferten ikonografischen Muster.

1.2 J. Chr. Clausen Dahl, Blick auf Dresden bei Vollmondschein, 1839, 78 x 130 cm, Dresden, Staatliche Kunstsammlungen

Genauere Betrachtung lassen bei den *Gemälden* eine Differenzierung der *subjektiven Gewichtung* erkennen, wie die Betonung der Hände oder des Gesichts im Bildnis Ludwig Richters gegen das Übrige, während sich diese bei den *Fotografien* kaum feststellen läßt. Die Fotografen waren demgegenüber auf ein gewisses Maß an *Objektivität* stolz, eine Objektivität, die dem Wesentlichen eines inneren Ausdrucks allerdings nicht immer gerecht wurde.

Damit einher geht der Verlust des *taktilen* Arbeitens mit dem Bild und demzufolge das Fehlen einer Oberflächenbeschaffenheit, der *Faktur* (s. Glossar) – wie dies bei Bildern auf dem *Monitor* (Bildschirm) auch der Fall sein wird.

Wurzeln

Kann die eben erwähnte Objektivierung, ein solcher »Abklatsch der Wirklichkeit«, noch Kunst sein? Kann – außer in der Posierung von Personen, im Arrangement eines Stillebens oder im Suchen eines geeigneten Ausschnittes einer Landschaft – überhaupt noch aktiv gestaltet werden?

Solche Fragen tauchten nicht erst bei der Fotografie auf, sondern bereits Jahrhunderte früher, als der – seit dem Altertum und insbesondere wieder Leonardo da Vinci (1452-1519) bekannten – Lochkamera *(Camera obscura)* nicht nur naturwissenschaftliche, sondern auch künstlerische Aufmerksamkeit geschenkt wurde. Johannes Kepler (1571-1630) erkannte die physikalische Funktionsweise des Auges und damit die Existenz des *Netzhautbildes.* Die Holländer malten im 17.

1.3 Hermann Krone, Bildnis einer Dame aus Dresden, um 1850, Fotografie

▷ **1.4** Albert von Keller, Chopin (Ausschnitt), 1873, Öl auf Holz, Bayerische Staatsgemäldesammlungen, München

1.5 Hermann Krone, Der Maler Ludwig Richter, um 1855, Fotografie

▷ **1.6** Leon Pohle, Bildnis Ludwig Richter, 1879, Öl auf Leinwand, Museum der bildenden Künste, Leipzig

Jahrhundert geradezu *naturalistisch,* und zwar so, daß *Vorbild* und *Abbild* kaum auseinanderzuhalten waren. Es entstehen *Momentaufnahmen* mit einer bestechenden Unmittelbarkeit, Bilder einfach zum Anschauen:
»Die Dienstmädchen... scheinen aus einem Bild von Gerard Dou herausgetreten zu sein und auch bereit, wieder in es zurückzutreten« (Henry James, zitiert von Alpers).
»Die Aussicht von Delft« von Jan Vermeer (1632-1675) erscheint Kenneth Clark (»Landscape into art«, Harper & Row, New York,1976) als eine Malerei, die der *Farbfotografie* – wie sonst nie – nahegekommen sei. Bildanordnung und die Größenverhältnisse der Figuren bei Vermeer dienen vielen Kritikern als ein Hinweis dafür, daß dieser optische Apparate benutzt habe. **1.8**

1.7 Gerard Dou, Der Geflügelhändler, Trustees of the National Gallery, London

Alpers stellt in diesem Zusammenhang die interessante These auf, daß die Fotografie der »beschreibenden Darstellungsweise« der holländischen Malerei des 17. Jahrhunderts zugerechnet werden muß. So gesehen hätte die Fotografie sehr weit zurückreichende geistige Wurzeln.

Das Wechselspiel

Interessant ist das langwierige Wechselspiel zwischen Malerei und Fotografie, allgemeiner zwischen Kunst und Technik. Diese manifestierte sich zunächst in der Form von *Lochkamera* und *Linsen,* denen zu vertrauen nicht angebracht erschien. Man sah darin nur die Möglichkeit, die Natur zu verzerren. Solche »Gaukelspiele« lehnte man für die Kunst ab und überließ sie dem Jahrmarkt. Erst im 17. Jahrhundert tritt ein Sinneswandel ein, der dann sogar euphorische Züge annehmen konnte.
Sind heute die *Simulationen* der Realität mittels *Computer-Animationen* auch Gaukelspiele auf dem »Jahrmarkt der Eitelkeiten« (Claus), nur auf einer anderen Ebene?
Obwohl Linsen und Lochkamera in der Kunst eine gewisse Rolle zu spielen scheinen, blieben Impulse durch Rückkopplung und damit die Entwicklung zur Fotografie zunächst aus. Erst das 19. Jahrhundert brachte die nötige Innovation: die

1.8 Jan Vermeer, Die Aussicht von Delft, L'Aja, Mauritshuis

chemische Fixierung des Bildes, das im Hintergrund der Lochkamera entstand. Jetzt konnte *jeder* direkt »naturgetreue« Bilder herstellen und ohne Pinsel und Farben »künstlerisch« tätig werden, wie heute der Sonntagsmaler mit den Malsystemen eines Computers.

Die traditionelle Kunst hatte in der Zwischenzeit viele Stadien durchlaufen, sie entwickelte sich meist schneller als die Fototechnik. Trotzdem kam diese nicht zu spät, um nicht doch noch Tendenzen zu unterstützen, wie sie bei William Turner (1775-1851) mit seinen Landschaftsbildern begannen und mit der völlig neuen Sicht, die der Impressionismus in die abbildende Malerei brachte, im wesentlichen zum Abschluß kamen: »Niemand erlebte vor dem Impressionismus das orangefarbene Licht der Sonnenflecken auf einem Parkweg oder das Flimmern der Farbe einer Sommerlandschaft ... « (Baumeister).

Claude Monet (1840-1926) arbeitete ähnlich wie ein Fotograf, als er ab 1890 u.a. Pappeln, einen Heuhaufen oder eine Kathedrale bis zu 30mal, jedesmal in einer anderen Stunde des Tages und Beleuchtung als Momentbilder malte (Serienbilder: »Peupliers«, »Les Meules«, »Cathédrale de Rouen«, etc.). Monet setzte einen Prozeß in Gang, der dem Abarbeiten eines *Programms* mit verschiedenen *Parametern* vage gleicht. Edgar Degas (1834-1917) und andere verwendeten für ihre Bilder sogar direkt Fotografien – auch heimlich. Die Fotografie beeinflußte die Malerei mit sichtlichen Auswirkungen auf die Art der Komposition.

Es war aber auch die Zeit der *Autodidakten, Dilettanten* und *Amateure,* deren »technisches Nichtkönnen, dazu ihr inneres Regulativ,...oft zu Resultaten (führte), die hoch über das Nur-Reproduktive und das akademische Können zu setzen ist.« (Baumeister, der Henri Rousseau, 1844-1910, als Beispiel erwähnt.)

Ist heute die Situation nicht ähnlich, wenn Autodidakten, Dilettanten und Amateure sich des Computers bemächtigen? Wer ist der neue Rousseau?

Da die Fotografie großenteils die Dokumentation von Landschaften und Personen (Porträts, Gruppenbilder) auf schnelle und billige Weise übernahm, wurde die Malerei wieder frei von »primitiver Naturnachahmung... Und wenn...Kandinsky und Kokoschka Bilder malen, denen der stoffliche Gegenstand kaum mehr als ein Anlaß ist, in Farben und Formen zu phantasieren und sich so ausdrücken, wie sich bisher nur der Musiker ausdrückte, so sind das Symptome für eine allmählich sich ausbreitende Erkenntnis von dem wahren Wesen der Kunst« (Arnold Schönberg in »Der Blaue Reiter«, 1912).

Das wahre Wesen der Kunst wird für viele Künstler jetzt durch die *Gegenstandslosigkeit* zum Ausdruck gebracht. Farbe und Form bekommen ihr Eigenleben, sind nicht mehr an Äußerliches gebunden und bringen damit das Innere, das Wesentliche reiner zur Geltung. Diese Tendenz hatte Auswirkungen auch auf die Fotografie, wenn man *Fotogramme* mit einbezieht, die durch direkte Manipulationen der lichtempfindlichen Papiere – ohne Zwischenschaltung der Linsen – entstehen, also eine wesentliche Abwandlung der ursprünglichen Zielsetzung darstellen.

Jedenfalls trägt die Fotografie »wie jedes Verfahren, einen Spielraum in sich, der sich zwischen das Vorbild (Objekt) und das fotografische Nachbild schiebt«. Baumeister verweist auf die verschiedenen Belichtungszeiten, auf Auswertungen der *Negative* (die, als Bild betrachtet, den Beginn einer die Wirklichkeit bizarr verfremdenden *Bildverarbeitung,* Picture Processing, darstellen – wie Warhols Portrait von Beuys), auf die *Reduktion* zum Schwarz-Weiß-Bild, das, »farblos und maßstäblich verändert, ein Abstraktum ist, ebenso wie die Isolierung eines Stückes Natur als Bildausschnitt ein Abstraktum darstellt«. Dies gilt um so mehr, wenn – unter dem

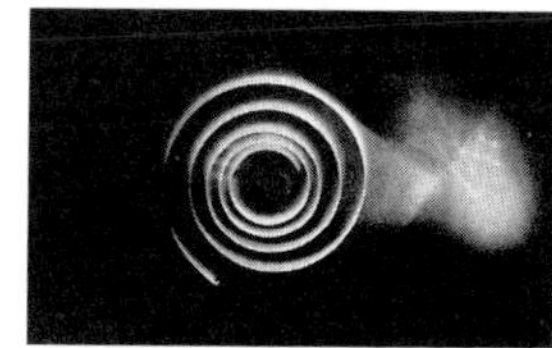

1.9 Laszlo Moholy-Nagy, Fotogramm, in »Das Deutsche Lichtbild«, 1927

Einfluß des Expressionismus – die Kamera schräg, ja sogar schräg nach oben gehalten wurde, um die gewohnte *Perspektive* zu überwinden. Wiederum beeinflußte die Malerei die Fotografie – eines Rodtschenko oder Ignatowitsch.
Das Wechselspiel setzte sich im ganzen 20. Jahrhundert fort, es sei nur an den Fotorealismus Ende der 60er Jahre erinnert.

2 Geistige Wurzeln

Die Kunst hat aufgehört, gegenständlich zu sein und fremden Ideologien zu dienen.
KASIMIR MALEWITSCH

2.1 Abstraktion und Einfühlung

Ehe der phänomenologische Vergleich der ersten computererzeugten Bilder mit Bildern der Kunstszene der 60er Jahre in den beiden folgenden Kapiteln im einzelnen durchgeführt wird, sollen gewisse Grundlagen der Moderne und damit auch geistige Wurzeln der Computerkunst erläutert werden. Historische und begriffliche Klarheit sollen die Basis einer Verständigung zwischen Autor und Leser liefern. Wie bereits in der Einführung erwähnt, geschahen die wesentlichen Innovationen in der Kunst zu Beginn des Jahrhunderts, wenngleich diese sich bereits ab Ende des 18. Jahrhunderts wetterleuchtend bemerkbar machten. Bewußtes Umdenken initiierte auch die Doktorarbeit von Wilhelm Worringer »Abstraktion und Einfühlung«, die 1906 – im Todesjahr Cezannes – geschrieben und 1908 veröffentlicht wurde. Diese Arbeit legte genau zum richtigen Zeitpunkt den Grundstein zur sog. abstrakten Kunst und beeinflußte damals sehr viele Künstler – wie Kandinsky, der ihn 1911 persönlich kennenlernte – bzw. verstärkte die sich eben artikulierenden Tendenzen einer neuen Kunst. Die Arbeit erscheint so wichtig und wesentlich, daß einige Abschnitte daraus ausführlich zitiert werden sollen.

Zwei Pole

Worringer begreift das menschliche Kunstempfinden zwischen den Polen des Einfühlungs- und des Abstraktionsdranges:
»Wie der Einfühlungsdrang als Voraussetzung des ästhetischen Erlebens seine Befriedigung in der Schönheit des Organischen findet, so findet der Abstraktionsdrang seine Schönheit im lebensverneinenden Anorganischen, im Kristallinischen, allgemein gesprochen, in aller abstrakten Gesetzmäßigkeit und Notwendigkeit« (S. 36).

Eine überraschende These

»Der Abstraktionsdrang steht … am Anfang jeder Kunst und bleibt bei gewissen auf hoher Kulturstufe stehenden Völkern der herrschende, während er z.B. bei den Griechen und anderen Okzidentalen langsam abflaut, um dem Einfühlungsdrang Platz zu machen« (S. 48/49).

Psychische Voraussetzungen

»Während der Einfühlungsdrang ein glückliches pantheistisches Vertraulichkeitsverhältnis zwischen dem Menschen und den Außenwelterscheinungen zur Bedingung hat, ist der Abstraktionsdrang die Folge einer großen inneren Beunruhigung des Menschen durch die Erscheinungen der Außenwelt und korrespondiert in religiöser Beziehung mit einer stark transzendenten Färbung aller Vorstellungen« (S. 49).

Unklarheit und Willkür der Welt

»Es muß ... ein kausaler Zusammenhang bestehen zwischen primitiver Kultur und höchster, reinster gesetzmäßiger Kunstform... (S. 51) Nicht daß der primitive Mensch stärker nach Gesetzmäßigkeit in der Natur suchte oder die Gesetzmäßigkeit stärker in ihr empfände, gerade im Gegenteil: weil er so verloren und geistig hilflos zwischen den Dingen der Außenwelt steht, weil er nur Unklarheit und Willkür im Zusammenspiel und Wechselspiel der Außenwelterscheinungen empfindet, ist bei ihm der Drang so stark, den Dingen der Außenwelt ihre Willkür und Unklarheit im Weltbilde zu nehmen, ihnen einen Notwendigkeitswert und Gesetzmäßigkeitswert zu geben. Um einen kühnen Vergleich zu brauchen: bei dem primitiven Menschen ist gleichsam der Instinkt für das ›Ding an sich‹ am stärksten. Die zunehmende geistige Beherrschung der Außenwelt und die Gewöhnung bedeuten Abstumpfen, ein Getrübtwerden dieses Instinktes. Erst nachdem der menschliche Geist in jahrtausendelanger Entwicklung die ganze Bahn rationalistischer Erkenntnis durchlaufen hat, wird in ihm als letzte Resignation des Wissens das Gefühl für das ›Ding an sich‹ wieder wach. Was vorher Instinkt war, ist nun höchstes Erkenntnisprodukt. Vom Hochmut des Wissens herabgeschleudert steht der Mensch nun wieder ebenso verloren und hilflos dem Weltbild gegenüber wie der primitive Mensch...« (S. 52).

Elementare Notwendigkeit

»Es wäre ein Verkennen der psychologischen Entstehungsbedingungen dieser abstrakten Kunstform, wenn man sagen wollte, die Sehnsucht nach Gesetzmäßigkeit ließ den Menschen nach der geometrischen Gesetzmäßigkeit greifen, denn das setzte ein geistig-intellektuelles Durchdringen der geometrischen Form voraus... Wir sind vielmehr berechtigt anzunehmen, daß sich der Abstraktionsdrang diese Form mit elementarer Notwendigkeit ohne Dazwischenkunft des Intellekts geschaffen habe« (S. 52).

Mathematik

»Diese abstrakten gesetzmäßigen Formen sind also die einzigen und die höchsten, in denen der Mensch angesichts der ungeheuren Verworrenheit des Weltbildes ausruhen kann. Wir finden von modernen Kunsttheoretikern vielfach den... verblüffenden Gedanken ausgesprochen, die Mathematik sei die höchste Kunstform…« (S. 53). Diese Aussage wird später noch zu präzisieren sein (S. 261). Die »reine Abstraktion konnte natürlich nicht erreicht werden, sobald ein tatsächliches Naturvorbild zugrunde lag. Es fragt sich also: wie verhielt sich der Abstraktionsdrang den Dingen der Außenwelt gegenüber? Wir betonten schon, daß es nicht der Nachahmungstrieb gewesen (ist) – die Geschichte des Nachahmungstriebes ist eine andere als die Geschichte der Kunst –, der zur künstlerischen Wiedergabe eines Vorbildes zwang. Vielmehr sehen wir darin das Bestreben, das einzelne Objekt der Außenwelt, soweit es besonderes Interesse erweckte, aus seiner Verbindung und Abhängigkeit von den anderen Dingen zu erlösen, es dem Lauf des Geschehens zu entreißen, es absolut zu machen« (S. 55).

Individualität des Objektes

»Eine entscheidende Konsequenz … war einerseits die Annäherung der Darstellung (eines solchen Objekts) an die Ebene, andererseits strenge Unterdrückung der Raumdarstellung … Zur Annäherung der Darstellung an die Ebene wurde man gedrängt, weil die Dreidimensionalität einer Auffassung des Objekts als einer geschlossenen stofflichen Individualität am meisten entgegensteht, indem ihre Wahrnehmung ein Nacheinander von zu kombinierenden Wahrnehmungsmomenten erfordert, in dem die geschlossene Individualität des Objektes zerfließt … Die Unterdrückung der Raumdarstellung war schon deshalb ein Gebot des Abstraktionsdranges, weil es der Raum gerade ist, der die Dinge miteinander verbindet, der ihnen ihre Relativität im Weltbilde gibt, und weil der Raum sich eben nicht individualisieren läßt. Soweit also ein sinnliches Objekt noch vom Raum abhängig ist, kann es uns nicht in seiner geschlossenen stofflichen Individualität erscheinen. Alles Streben richtete sich also auf die vom Raum erlöste Einzelform« (S. 56/57).

Unterdrückung der Raumdarstellung

Vorweg sei sofort angemerkt, daß gerade diese letzte Konsequenz für eine naturalistische bzw. – wie die Informatiker meist sagen – »fotorealistische« Computerkunst ein Problem darstellt, auf das noch genauer einzugehen sein wird.

2.2 Entwicklungen und Begriffe der Kunst

Verschiedene Richtungen

Etwa in der Zeit der Niederschrift bzw. der Veröffentlichung des Buches von Worringer entstanden in Europa die neuen Richtungen der Moderne: 1905/6 der *Expressionismus,* die Anfänge zum gegenstandsreduzierenden *Kubismus* 1906/7 (Picasso malte das Bild »Les Demoiselles d'Avignon«), dessen Weiterentwicklung 1909-1915, der *Futurismus* ab 1909.

Der nächste Schritt ist das wirklich »abstrakte Bild« – Kandinsky malte 1910 sein »erstes abstraktes Aquarell« – gemeint ist das *ungegenständliche* Bild. Dies soll heißen, daß Formen keine »realen« Inhalte mehr assoziieren sollen. Die Formträger bezeichnen also keine Dinge, sondern sind selbst Dinge, werden verdinglicht. Der *»innere Klang«* einer Linie wird »durch keine Nebenrolle abgeschwächt« (um den Pelzsaum eines langen Kleides darzustellen), »sie bekommt ihre volle innere Kraft« (Kandinsky, »Über die Formfrage«, 1912, in »Der blaue Reiter«). Kandinsky behauptet weiter, daß die gegenständliche Kunst ein Korrelat der materialistischen Weltanschauung des 19. Jahrhunderts sei; sie erschöpfe sich in der Darstellung der äußeren Wirklichkeit und sei zur inneren Sicht unfähig. Dieser *inneren Sicht* angemessen sei nur eine abstrakte Gestaltungssprache – losgelöst vom Gegenständlichen (nach R. Wick).

Zwischen 1910 und 1920 entstanden in Paris die ersten ungegenständlichen Bilder von Frantisek Kupka (1871-1957), Robert Delaunay (1885-1941) und seiner Frau Sonja Delaunay-Terk. In Rußland formte sich die *Russische Avantgarde,* die sich zum *Suprematismus* (Kasimir Malewitsch, 1878-1935) und zum russischen *Konstruktivismus* mit seinen vielen Varianten entwickelte (Wladimir Tatlin, 1885-1954, Alexander Rodtschenko, 1891-1956, El Lissitzky, 1890-1941, u.a.). Malewitsch malt 1913 als *Nullpunkt* der gegenständlichen Reduktion das »Schwarze Quadrat auf weißem Grund«, das er in Anlehnung an die kontemplative russische Ikonenkunst als die »nackte Ikone meiner Zeit« interpretiert. In den Niederlanden entstand 1917 die Künstlergruppe *De Stijl* mit Piet Mondrian (1872-1944), Theo van Doesburg (1883-1931) u.a.

Dann, in den 20er und 30er Jahren, entwickelte sich der Konstruktivismus in ganz Europa und den USA weiter und mündet im *systematischen Konstruktivismus,* von dem noch zu reden sein wird.

Von den parallelen Kunstströmungen des *Dadaismus* oder *Surrealismus* ist in diesem Zusammenhang noch nicht zu reden.

Abstrakte und konkrete Kunst

Es bleibt zu untersuchen, was man unter *Abstraktion* oder der daraus resultierenden abstrakten Kunst verstehen soll. Picasso und Klee werden häufig als *abstrakte* Maler eingestuft, auch wenn *Gegenständliches* in ihren Bildern erkennbar ist. Ihre verschiedene Arbeitsweise wird den Begriff »abstrakt« von dem weniger bekannten Begriff »konkret« abgrenzen.

Picasso geht meist von der Naturbeobachtung aus, die er anschließend – oft in einer ganzen *Serie* – bearbeitet, wobei er mehr und mehr *abstrahiert,* das heißt vereinfacht und konzentriert. Zum Schluß findet er zu einer – scheinbar – sehr einfachen Form, z.B. eines Stieres.

»Auch (Klee) beginnt mit etwas« (s. Hofmann, S. 419 und 421). Doch sein Schaffensakt, sein »›Drama‹ im Sinne Picassos ... spielt sich im Dialog mit den Gestaltungsmitteln ab. Sein Verhältnis zu den Kunstmitteln ist darum weder der Deformation, noch der Abstraktion zugänglich, denn es setzt beim Allereinfachsten an, es tastet sich aus den vorgegenständlichen Bereichen von Punkt, Linie, Halbdunkel und Farbe allmählich an Gegenständliches heran. Während Picasso sich präexistenter Form- und Sachkomplexe bemächtigt, widmet sich Klee dem Versuch, seine Form- und Sachinhalte zu *erwandern* ... Erst wenn einmal die Bildmittel alle ihre Möglichkeiten hergegeben haben, darf Inhaltliches assoziiert werden« – wie Haus, Fisch, Vogel oder Mensch. 4.15, 4.16

1930 bezeichnet van Doesburg im *Manifest der konkreten Kunst* »die Kunst, die auf die Wiedergabe von Wahrnehmungsinhalten verzichtet, als konkrete Kunst«. Hans Arp verwendete nach Rotzler bereits 1918 das Wort »Konkretion« und Max Bill (*1908) behauptet 1947 in »Worte rund um die Malerei und Plastik« (Kat.), daß es »keine gegenstandslose Kunst«, aber »konkrete Kunst gibt, d.h. *Konkretion* im Sinne von Vergegenständlichung«, Entwicklung neuer Gegenstände, auch Verdinglichung: »Konkrete Kunst macht den abstrakten Gedanken an sich mit rein künstlerischen Mitteln sichtbar und schafft zu diesem Zwecke neue Gegenstände, ... Gegenstände für den geistigen Gebrauch, ähnlich wie der Mensch sich Gegenstände schafft für den materiellen Gebrauch ...

Der Unterschied zwischen abstrakter und konkreter Kunst besteht darin, daß in der abstrakten Kunst die Bildinhalte von Naturbildern abhängig sind, währenddem in der konkreten Kunst die Bildinhalte unabhängig von Naturbildern entstehen. Als Beispiel dafür diene ein Grenzfall in der Malerei: Auf einer weißen Leinwand befindet sich ein roter Punkt. Dieser kann auf zwei Arten entstanden sein: Erstens kann es ein Sonnenuntergang im Nebel sein und ist somit als Abstraktion anzusehen oder es kann, zweitens, ein roter Punkt sein, der einzig durch sein Verhältnis zur Fläche eine künstlerische Realität ausdrückt; in diesem zweiten Fall handelt es sich um die Konkretion eines abstrakten Gedankens, also um konkrete Kunst.«

Der Verlust der Gegenständlichkeit, der Nachahmung der realen Wirklichkeit (der *Mimesis*), wird durch die Freiheit kompensiert, eine neue, offene, ungebundene Wirklichkeit zu schaffen. Für Klee ist die Welt in der uns bekannten Gestalt nicht die einzige aller Welten. Farben und Formen verselbständigen sich, werden zu »reinen Farben« und »reinen Formen« und bilden so eine eigene Welt.

Klee ist also der konkreten, Picasso der abstrakten Kunst zuzurechnen.

2.3 Punkt und Linie zu Fläche

Nach diesem kurzen geschichtlichen und begrifflichen Exkurs sollen einige einfache und grundlegende Gesetzmäßigkeiten der Ästhetik erläutert und veranschaulicht werden. Scharfsinnig und poetisch zugleich tat dies Kandinsky mit seinen zwei berühmten Werken »Über das Geistige in der Kunst« (1911/12) – Grundlage für eine ganze Künstlergeneration – und »Punkt und Linie zu Fläche« (1923), ein Buch, das während seiner Bauhaustätigkeit (1922-33) entstand und das das Ende des langen Weges von der Nachahmung über die Abstraktion realer Gegenstände zur Konkretion imaginierter Gegenstände charakterisiert.

Leitfaden soll das zweite Buch sein, nicht jedoch um dieses eingehend zu referieren, sondern durch punktuell ausgewählte Themen etwas von dem Pioniergeist der Moderne spüren zu lassen und – als Hauptziel – zu zeigen, daß diese Thematik keineswegs veraltet ist, sondern ihre Kraft bis heute erhalten hat. Viele Bilder, die Kandinsky in seinem Werk eingestreut hat, können deshalb durch Bilder unserer Zeit, insbesondere auch durch *computergenerierte Bilder* ersetzt werden. Damit wird ein erster Einstieg in diese neue, ein halbes Jahrhundert später auftauchende Kunstrichtung ermöglicht.

▷ **2.1a** Wassily Kandinsky, Kühle Spannung zum Zentrum
▷▷ **b** Vorsichgehende Auflösung

Die Einleitung

Äußeres-Inneres

Die poetische Komponente Kandinskys spürt man sofort in der Einleitung (S. 13); ihr Anfang mit dem Thema »Äußeres-Inneres« soll zitiert werden, um atmosphärisch etwas davon anklingen zu lassen.

»Die Straße kann durch die Fensterscheibe beobachtet werden, wobei ihre Laute vermindert, ihre Bewegungen phantomartig sind und sie selbst durch die durchsichtige, aber feste und harte Scheibe als ein abgetrenntes, im ›Jenseits‹ pulsierendes Wesen erscheint.

Oder es wird die Tür geöffnet: man tritt aus der Abgeschlossenheit heraus, vertieft sich in dieses Wesen, wird darin aktiv und erlebt die Pulsierung mit allen seinen Sinnen. Die sich fortwährend wechselnden Tongrade und Tempi der Laute wickeln sich um den Menschen, steigen wirbelartig und fallen plötzlich erlahmt. Die Bewegungen wickeln sich ebenso um den Menschen herum – ein Spiel von horizontalen, vertikalen Strichen und Linien, die sich durch die Bewegungen nach verschiedenen Richtungen neigen, von sich aufhäufenden und sich zerstreuenden Farbflecken, die bald hoch, bald tief klingen.

▷ **2.2** Henryk Stazewsky, Weiß-graues Relief Nr. 6, 1964, Acryl auf Hartfaser, Tel Aviv Museum, 60 x 60 cm

▷▷ **2.3** Bridget Riley, Fragment Nr. 6, 1965, Galerie Denise René, Paris, 74 x 73 cm

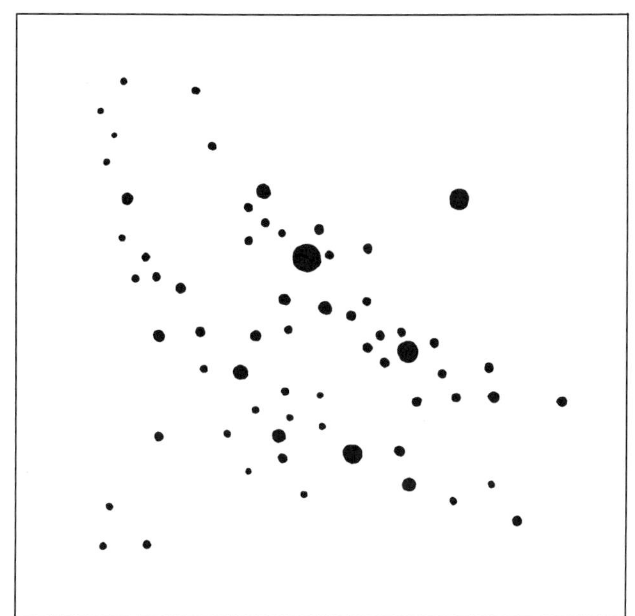
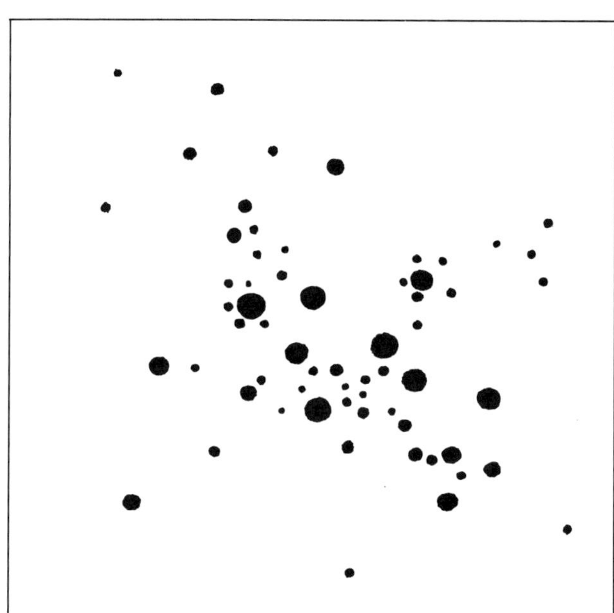
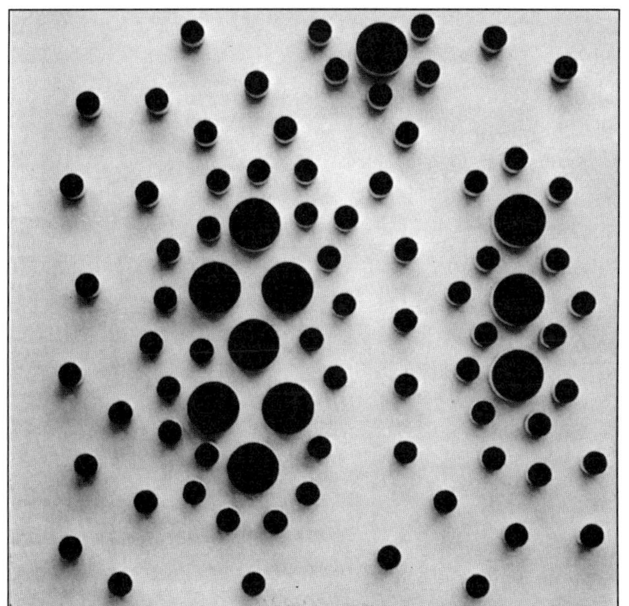
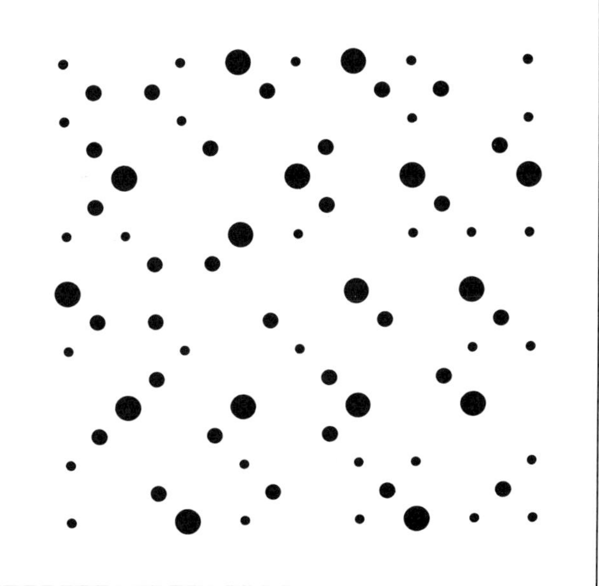

Das Kunstwerk spiegelt sich auf der Oberfläche des Bewußtseins. Es liegt jenseits und verschwindet nach beendetem Reiz spurlos von der Oberfläche. Auch hier ist ein gewisses durchsichtiges, aber festes und hartes Glas, das die direkte innere Beziehung unmöglich macht. Auch hier ist die Möglichkeit vorhanden, in das Werk zu treten, in ihm aktiv zu werden und seine Pulsierung mit allen Sinnen zu erleben.«

Der Punkt

Sein Wirkungsbereich Kandinsky beschreibt die Bereiche des Punktes und seines Wirkens einerseits in der *Geometrie* als ein »*unsichtbares Wesen*« und andererseits in der *Schrift* als »*Symbol der Unterbrechung*«.

Wesentlich ist: »Durch das allmähliche Herausreißen des Punktes aus dem engen Kreis seines gewohnten Wirkens bekommen seine bis jetzt schweigenden inneren Eigenschaften einen immer mehr wachsenden Klang« (S. 23). Es handelt sich um die Anwendung dessen, was Worringer über die *Individualität* des Objektes sagte, angewandt auf das einfachste Objekt, den »Punkt« und um seine *Verfremdung*.

Sein Klingen Kandinsky selbst hat in seinem Buch schöne Beispiele eingefügt und kommen-
2.1 a/b tiert. Er spricht von »quantitativer Vermehrung« und die dadurch bedingten verschiedenen »Klänge«, die sich durch das Zusammenspiel eines oder mehrerer Punkte auf der gegebenen Grundfläche entwickeln, ja von einem »Sturm von Klängen bei immer weiterer Häufung von Punkten.«

2.2, 2.3 Der Altmeister polnischer konstruktiver Kunst, Henryk Stazewsky (1894-1988) und Bridget Riley (von dieser Künstlerin wird noch mehr die Rede sein) befaßten sich mit solchen Punktstrukturen noch 40 Jahre später, Riley um *Nachbilder* zu provozieren (s. S. 61), die Punkte schwirren, flimmern zu lassen – in Nachfolge des divisionistischen Pointillismus eines Seurat.

5.17 Musik oder deren Notenschrift regte Kandinsky an, sie in *Punktrhythmen* gesteigert zu visualisieren. Rhythmische Strukturen lassen sich auch mittels des *Zufalls,* wie dies De Vries 1971 tut, oder mit Punktkonfigurationen, wie sie beim Spielwürfel oder Dominosteinen vorkommen, erzeugen. An dieser Stelle fügen sich ohne weiteres zwei *computergenerierte* Bilder ein.

Jürgen Lit Fischer (*1941 in Frankfurt, lebt in Düsseldorf) verwendet mit System den Ort, mit Zufall die Stellung der Augen von Würfeln für ein höchst interessantes, lebendiges, kristallines Gebilde: Links vom Zentrum befinden sich Würfel mit der Augenzahl sechs; davon ausgehend wird nach außen mit zunehmenden

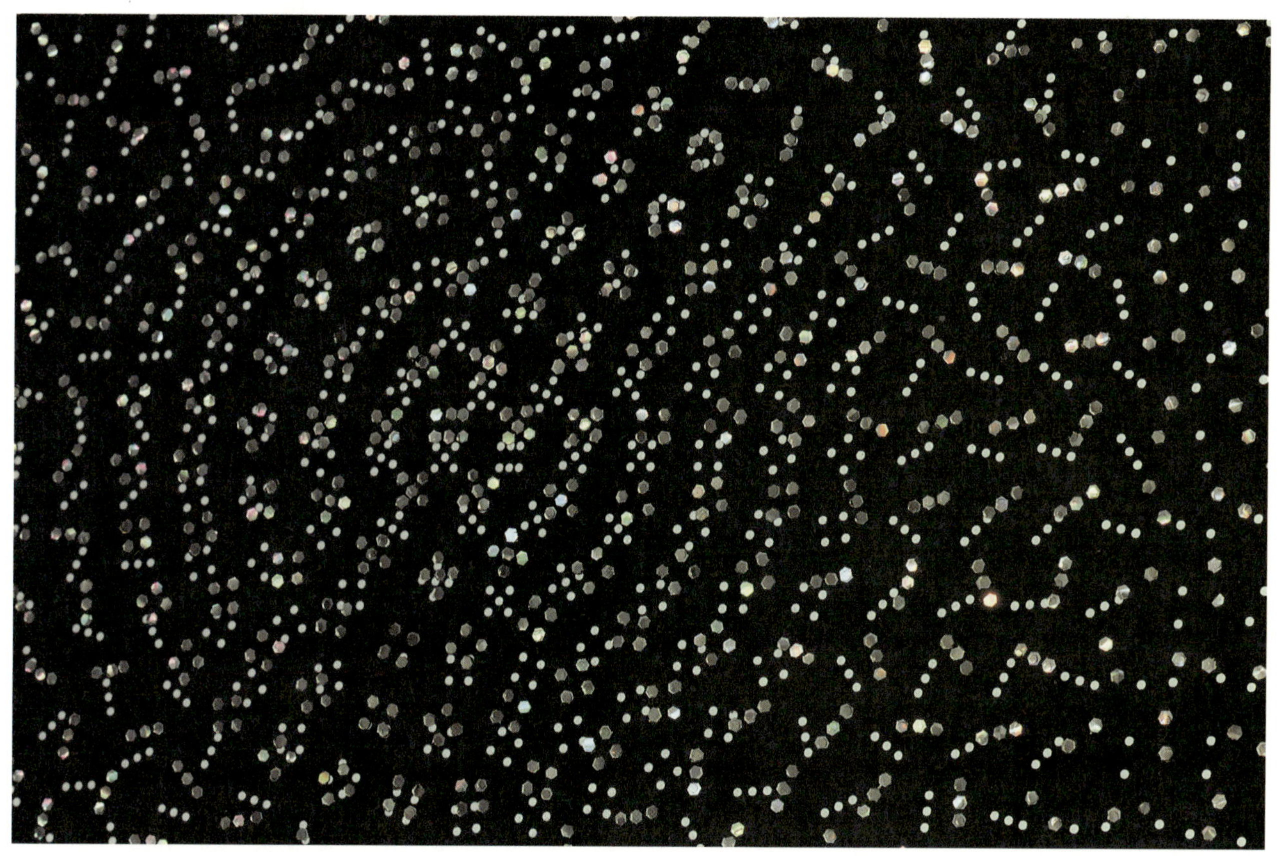

2.4 Jürgen Lit Fischer, Über den Würfelwurf, 1985, Lichtobjekt, Kunststoff und Prismen, computer-generiert, 70 x 100 cm

Abstand die Augenzahl geringer. Die Orientierung der Augenkonstellationen ist dabei dem Zufall überlassen – ist also *aleatorisch.*

▷ **2.5** Kenneth Knowlton, Dominoportrait von Charlie Chaplin, ohne Angaben

Die verschiedene Dichte der Punkte von Dominosteinen regten Kenneth Knowlton, Computerkünstler der ersten Stunde, dazu an, den Grauwert von Fotografien damit zu simulieren – eine *Bildverarbeitung* besonderer Art (s. Glossar, Farben: Optische Mischung).

2.6 Aber »auch in der Natur ist der Punkt ein in sich gekehrtes Wesen voller Möglichkeiten« (S.39). Als Beispiel zeigt Kandinsky einen Sternhaufen und ein 1000fach vergrößertes Nitritbild. An deren Stelle können ohne zusätzlichen Kommentar zwei aktuelle Computersimulationen der EMBL (European Molecular Biology Labaratory) treten.

Sein Äußeres

Diese Bilder oder die des Pointillismus vor Augen, machen verständlich, was Kandinsky schreibt (S. 25): »Der äußere Begriff des Punktes in der Malerei ist unpräzis. Der materialisierte unsichtbare geometrische Punkt muß eine gewisse Größe bekommen, die eine gewisse Fläche der Grundfläche einnimmt. Außerdem muß er gewisse Grenzen – Umrisse – haben, die ihn von der Umgebung abtrennen.«
Die äußere Form kann die verschiedensten Umrisse aufweisen: Kreisförmig, quadratisch, trapezförmig, dreieckig, sternförmig, …

4.14 Ein einziger Bildschirmpunkt eines Monitors, also ein sog. *Pixel,* wäre meist zu armselig. In einer Computergrafik von Frieder Nake, die in einem anderen Zusammenhang genauer erläutert werden soll, wurde ein interessantes Punktmuster gefunden.

Medien

Die »autonomen Kräfte« des Punktes hängen von den verschiedenen *Medien* – Radierung, Holzschnitt, Lithografie – ab (S. 47 und 52):
»Das materielle Werkzeug bietet diesen Kräften viele verschiedene Möglichkeiten, was die Mannigfaltigkeit der Formen und Größen anlangt und was den Punkt zu unzähligen, verschiedenen klingenden Wesen gestaltet. … So bekommt der Punkt, der stets ein Punkt bleibt, verschiedene Gesichter und damit einen verschiedenen Ausdruck« – und auch verschiedene *Faktur* (s. Glossar). Diese läßt sich mit dem Computer nicht direkt realisieren; man versucht sie in Form von »Texturen« immer trickreicher zu simulieren (Kapitel 6).
Sehr interessant ist die Feststellung Kandinskys, »daß die lithographische Technik unbedingt als letzte entdeckt werden mußte, tatsächlich erst ›heute‹ – die Leichtigkeit kann nicht ohne Anstrengung erreicht werden. … Die Leichtigkeit der Entstehung und die Leichtigkeit der Korrektur (sind) Eigenschaften, welche gerade dem heutigen Tage ganz besonders entsprechen. Dieser heutige Tag ist nur ein Sprungbrett nach dem ›morgen‹ …« Muß noch unterstrichen werden, daß diese

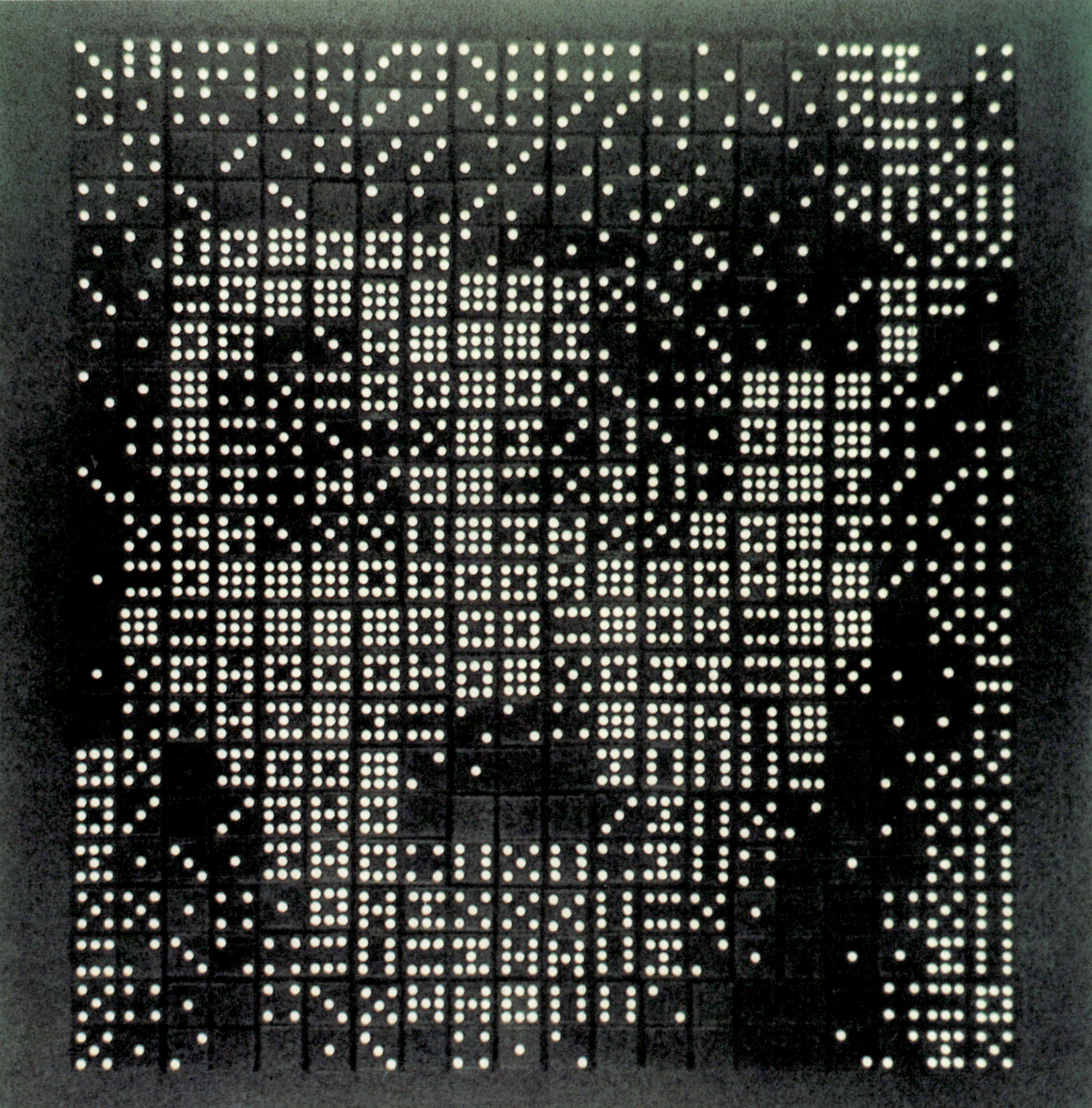

2.6 EMBL, Computersimulationen der Molekülbildung des Wassers (oben), der Bindung des Enzyms DNase I an der DNA-Struktur (unten)

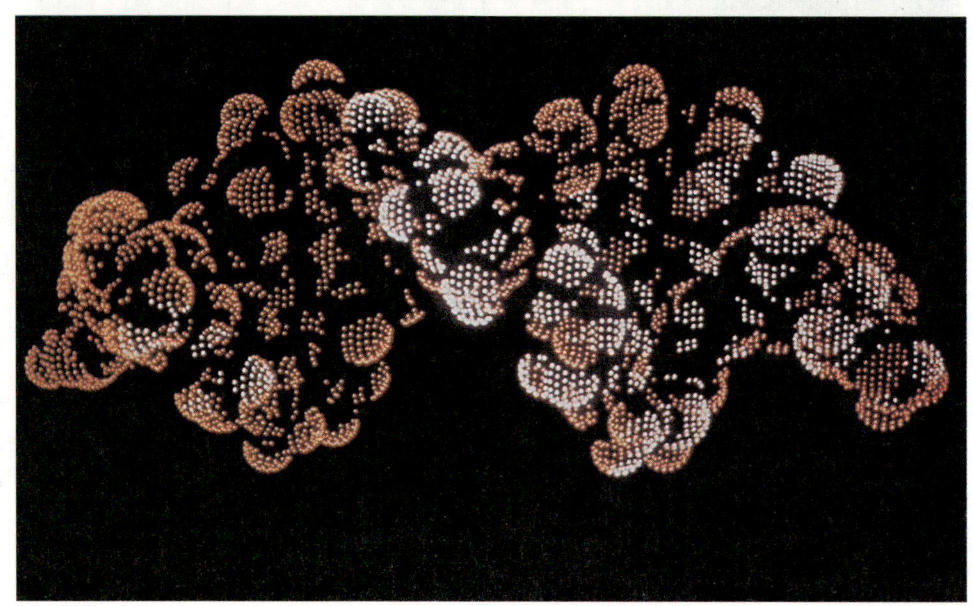

▷ **2.7** Erwin Steller, Linie im Punktmuster, 1989, Siebdruck, 70 x 70 cm

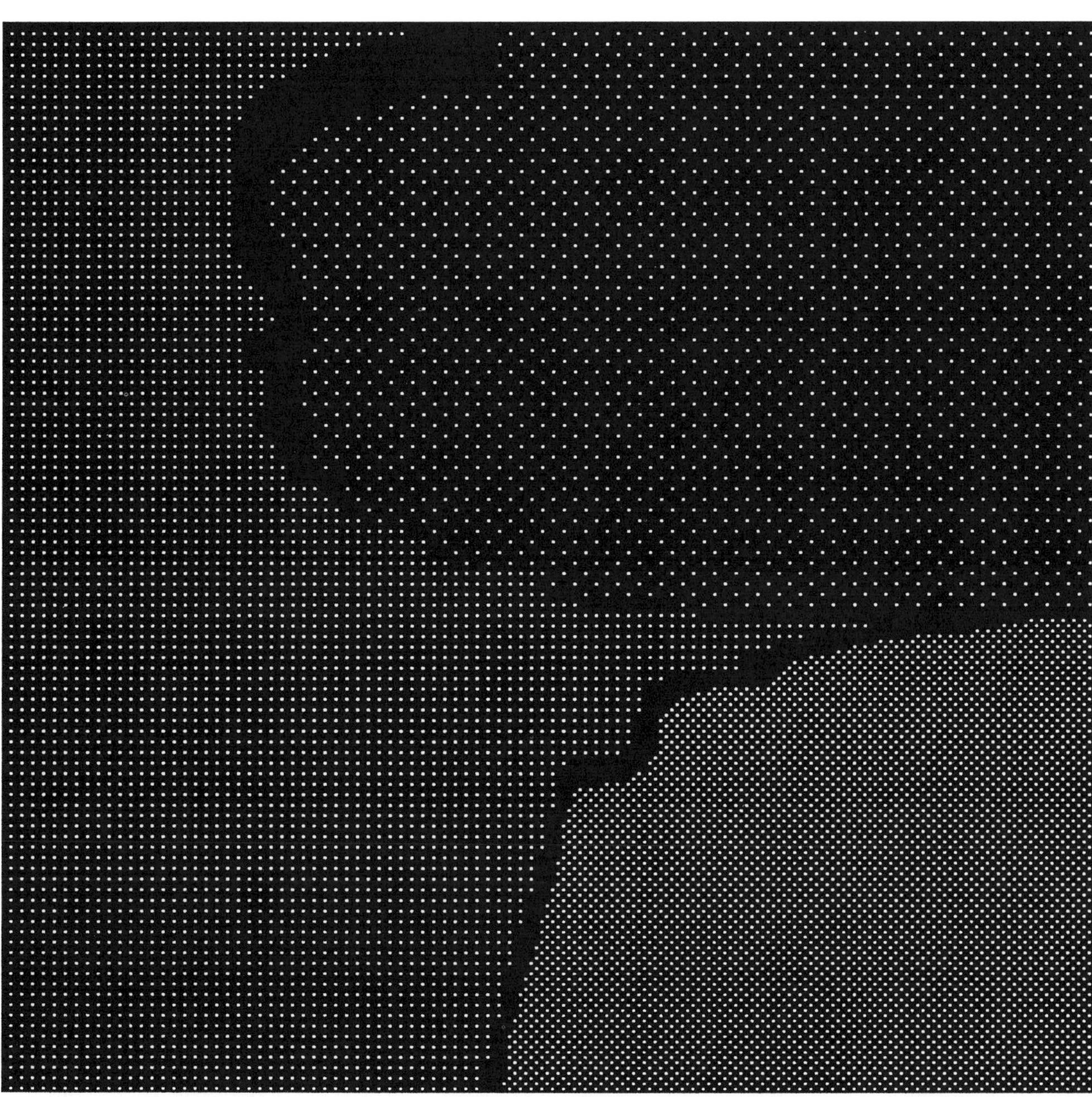

Sätze über die *Lithografie* nichts von ihrer Aktualität verloren haben, ja man sie direkt auf die »Computografie« beziehen kann?

2.7 Sehr leicht lassen sich am Bildschirm mit einem *Malsystem* mehrere Flächen verschieden einfärben, mit *Patterns* (Muster) ausfüllen oder korrigieren. In den einfachen Punktpatterns erhält der Punkt durch die Gleichmäßigkeit seiner Verteilung allerdings eine eher untergeordnete Rolle, die seinem Wesen im Grunde widerspricht. Der Punkt *dient* im wesentlichen nur der optischen Mischung, nämlich der Erzeugung verschiedener Grauwerte.

Sein Inneres

Diesem *äußeren Begriff* des Punktes wird der *innere* hinzugefügt: »Der Punkt ist die innerlich knappste Form.« Auch wenn seine äußere Form eckig und nicht klein ist, ist er innerlich gesehen »in sich gekehrt … Seine Spannung ist ... immer konzentrisch« (S. 30).

Deutlich unterscheidet also Kandinsky in seiner Ästhetik zwei Schichten, eine äußere und eine innere: »Und in der Tat materialisieren nicht die äußeren Formen den Inhalt eines malerischen Werkes, sondern die in diesen Formen lebenden Kräfte = Spannungen … Der Inhalt eines Werkes findet seinen Ausdruck in der Komposition, d. h. in der innerlich organisierten Summe der notwendigen Spannungen.«

Max Bense (s. S. 57) formuliert dies auf seine Art: »Ästhetische Objekte bedürfen der Realität (Bense 1982)«. Sie sind ja als Farbe, Tinte, Lichtflecke auf dem Papier, der Leinwand, dem Bildschirm materialisiert, »... übersteigen aber die Realität, indem sie auf etwas anderes weisen.« Diese eigentliche ästhetische Realität nennt Bense die »Mitrealität«.

Die Linie

Ihre Dynamik

Auch »die geometrische Linie ist ein unsichtbares Wesen. Sie ist die Spur des sich bewegenden Punktes … Hier wird der Sprung aus dem Statischen in das Dynamische gemacht. Die Linie ist also der größte Gegensatz zum malerischen Urelement – dem Punkt« (S. 57).

Für Kandinsky ist die Linie ein »sekundäres Element« – im Gegensatz zu Klee, der in der Linie das »primitivste Mittel« sieht.

▷ **2.8** Wassily Kandinsky, Einfacher und freiheitlicher Komplex einiger Freier. Derselbe Komplex durch freie Spirale verkompliziert

Kandinsky untersucht die Linien wie ein Statiker auf ihre inneren *Spannungen,* hervorgerufen durch die Wirkung verschiedener »Kräfte«, visualisiert in verschieden starker Biegung und Dicke. Er unterscheidet dabei u.a. Linien, die er »Geometrische« – wie Geraden und Kreise –, »Gebogene« und »Freie«, frei mit der

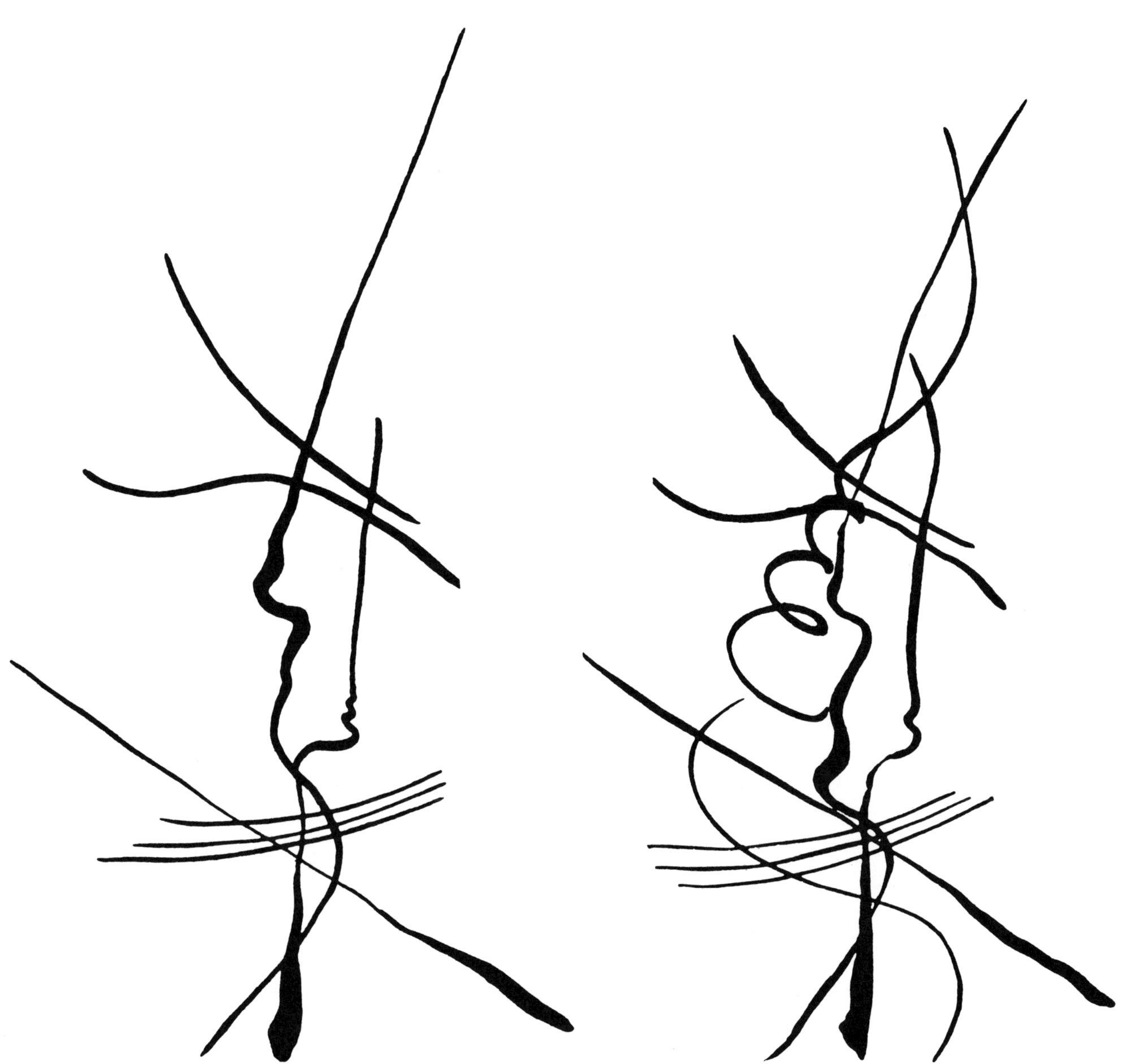

Hand gezogen, nennt. Linien werden zu Komplexen zusammengefaßt, bei denen eine Linie von anderen polyphonartig umspielt werden können.

Die Geraden typisiert er gesondert und schält die Eigenheiten von vertikalen, diagonalen, horizontalen, von bezüglich der Bildfläche zentralen oder azentralen Geraden heraus. Auf dies alles soll nicht eingegangen werden, auch nicht auf seine vielfältigen Beispiele physikalischer (Stromkurven als Überlagerung von Sinuskurven), technischer oder auch biologischer Art. Stattdessen sollen aktuelle Beispiele gebracht werden, die meist in den Ausstellungen »Computerkunst« bzw. »Apparate und apparative Kunst« 1986 an den Pädagogischen Hochschulen in Freiburg bzw. Ludwigsburg gezeigt wurden (Kat.). Die kommentierenden Zitate von Peter Staechelin, der die erste Ausstellung konzipierte, sind dem Katalog »Computerkunst« entnommen.

Geometrische

Von den fünf Bildern mit »Geometrischen« werden drei davon in einem anderen Zusammenhang in Kapitel 3 oder 5 nochmals aufgegriffen und stehen dort. Der Charakter der Bilder ändert sich beträchtlich mit der Betonung der Vertikalen (»warm«, »weiß«), mit dem Hereinspielen von Horizontalen (»kalt«, »schwarz«) oder dynamischen Schrägen, oder gar mit der Ausformung von Flächen. Dichte und Rhythmen der Linien sprechen ihre eigene Sprache, *zentrale* Kompositionen wirken »lyrisch« bzw. die gegensätzlichen, *azentralen* »dramatisch« (stets Kandinsky).

3.20, 5.14 »Bartnig zeigt Abfolgen von Veränderungen in einem Blatt. So nimmt einmal die Anzahl der Elemente zu, ein anderes Mal ihre Richtung. ... Die Veränderungen geschehen systematisch, und das Ergebnis wird im Sinne der Vorgaben so akzeptiert wie es entsteht.«

Das erste Beispiel zeigt die Visualisierung eines *Zählvorgangs* bzw. der Addition zweier Zahlen, die zu einer zunehmenden Gewichtung der Bildfläche (Grundfläche) führt – fast im Sinne Kandinskys (s. S. 48).

3.16 »Steller, der die Zeichnungen so wie sie aus dem Drucker kommen, übereinander läßt, und damit stelenartige Formate erzeugt, zeigt damit systematische Veränderungen in einer zusammenhängenden Arbeit. Die Grafismen, die ein mathematisches Prinzip visualisieren, verdichten sich dabei von oben nach unten und ändern damit ihren Ausdruck«.

Von einer dieser »Stelen« mit 10 Teilbildern sind vier abgebildet.

Ridell (*1946 in Malmö, lebt in Paris) »präsentiert Zeichnungen einer imaginären Plastik, die nur im ›Gedächtnis des Computers‹ existiert. Die Zeichnungen bieten Einblicke in ein kompliziertes Raumgitter mit starkem perspektivischem Tiefensog.«

▷ **2.9** Thorsten Ridell, Permutation von Linien in drei Dimensionen, Plottergrafik, 12 x 12 cm

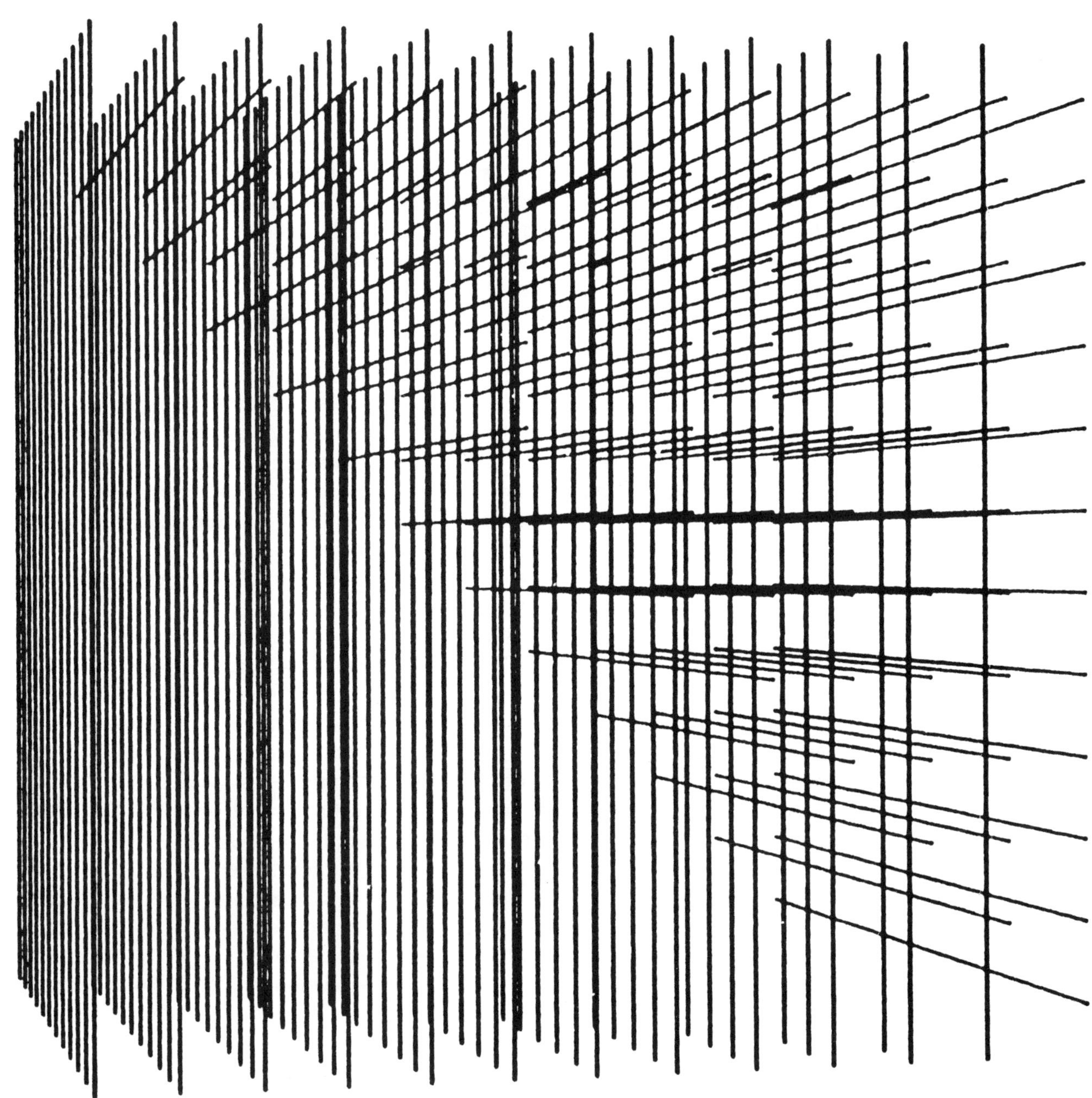

2.10 »Ausgehend von einer paralellperspektivischen Darstellung eines Würfels schneidet Manfred Mohr Teilaspekte dieses Würfels aus; Ecken, Kanten, andere Ansichten erscheinen aus dem Zusammenhang gelöst und sind zu neuen Gebilden zusammengesetzt. Der Würfel wird auf der Fläche zu einem Superzeichen synthetisiert. Wie im Kubismus wird der Gegenstand auf der Bildfläche ›redefiniert‹.«
Von Manfred Mohr wird noch genauer zu sprechen sein.

Gebogene

2.11, 2.12 »Jürgen Lit Fischer, der von dem Problem ›Licht‹ ausgeht, stellt computergenerierte Prägedrucke her. Es sind feingefügte subtile Systeme, die Licht einfangen und es in feinen Modifikationen zum Bestandteil der Bildstruktur machen, die auch hier auf einem seriellen Rahmen beruht.«

Diese Bilder waren noch nicht in den genannten Ausstellungen zu sehen, sind aber typisch für Lit Fischer, der immer wieder Schwingungen vertikal übereinander geschichtet darstellt – am oberen und unteren Bildrand mit der Grundschwingung beginnend und zur Mitte hin mit deren Oberschwingungen fortfahrend. Das Konstrukt erzeugt beim Betrachter ein fast kreisförmiges, vibrierendes Wellensystem und erfährt durch Variation von Farbe und Form eine Steigerung.

»Light-Tandem«, ein Doppelklang, Ruhe und Bewegung, enges und weites Moiré, Schatten, vom Licht geworfen und reflektiert, gedämpfte Lichtkunst, Optical Art. Es sei erwähnt, daß Kandinsky das mehr »lyrische« »Mitlaufen« und »Auseinanderlaufen Gebogener« der »dramatischen« »Zusammenstellung einer Gebogenen mit einer Eckigen« gegenüberstellt.

2.13 »Lyrisches Mitlaufen« einer dichten Schar von sinusförmigen Linien ist auch Thema eines Bildes von Bridget Riley, die allerdings mit dem Computer nichts im Sinne hat. Durch leichte, gegenseitige Verschiebung dieser Linien wird der Richtungswechsel zu einem Gewoge gesteigert, Spannung entsteht, Bewegung, ja Unruhe, die durch sehr zarte Farbklänge jedoch gemildert wird.

Einfache mathematische Schwingungsformen können für sich genommen zu einer glatten Schönheit ohne innere Spannung führen. Erst Verkomplizierungen, wie sie Riley oder Lit Fischer zeigen oder wie sie durch *Überlagerungen, Entsymmetrisierung* und ähnliches zustande kommen, vermeidet dies.

2.14–2.16, 7.37 Lissajous-Figuren – von denen in Kapitel 7 noch die Rede sein wird – sind ebenfalls glatte, symmetrische Kurven. Eine Verfremdung läßt sich erreichen, wenn dem Kurvenverlauf – in einem bestimmten, wählbaren Grad – ein »ungeschickter« Duktus (durch mathematische Manipulation mittels Fourier-Terme, S. 298) überlagert wird, und die Strichstärke variiert. »Regelmäßige« oder »spontane Nachdrücke« von »geometrischen« oder »freien Gebogenen« erzeugen »erhöhte Spannung« (Kandinsky, S. 96/7). Die ersten Figuren zeigen an manchen

▷ **2.10** Manfred Mohr, P-361-E, 1984, Acryl/Leinwand, 120 x 120 cm, Sammlung H. Teufel

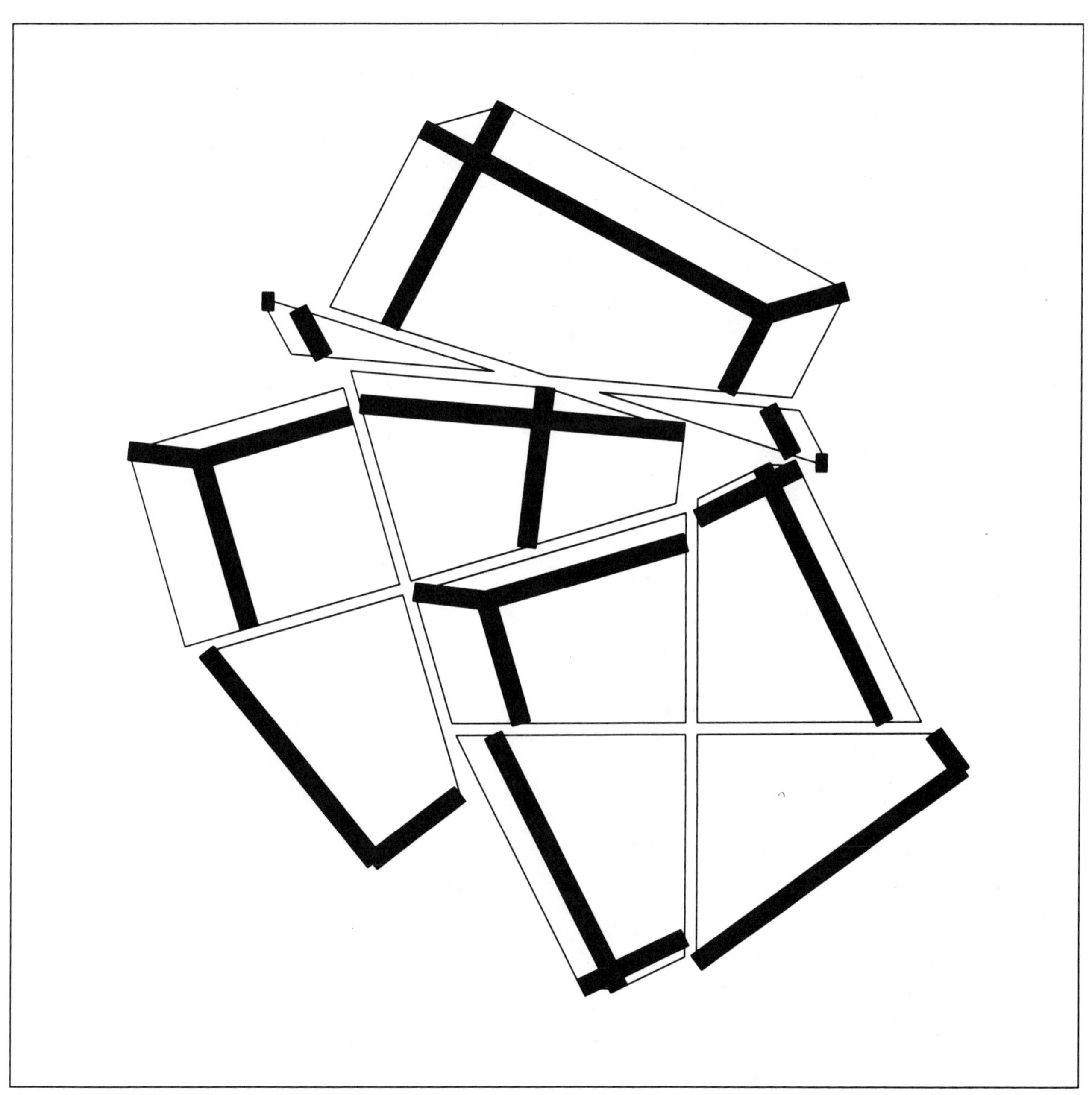

◁ **2.11** Jürgen Lit Fischer, Intervalle, Anerkennungspreis der Ars Electronica '87

2.12 Jürgen Lit Fischer, »Light Tandem«, 1988, Laser-Spiegel-Relief, 400 x 400 cm

2.13 Bridget Riley,
Series 29 Study, 1979,
Gouache auf Papier,
96,5 x 61,6 cm,
Galerie Teufel, Köln

▷ **2.14** Erwin Steller,
Kopf, Laserdruck, 1989

▷▷ **2.15** Erwin Steller,
Narziß, Laserdruck, 1989

▷ **2.16** Erwin Steller,
Lichtspuren, 1989,
Diptychon, Siebdrucke,
70 x 70 cm

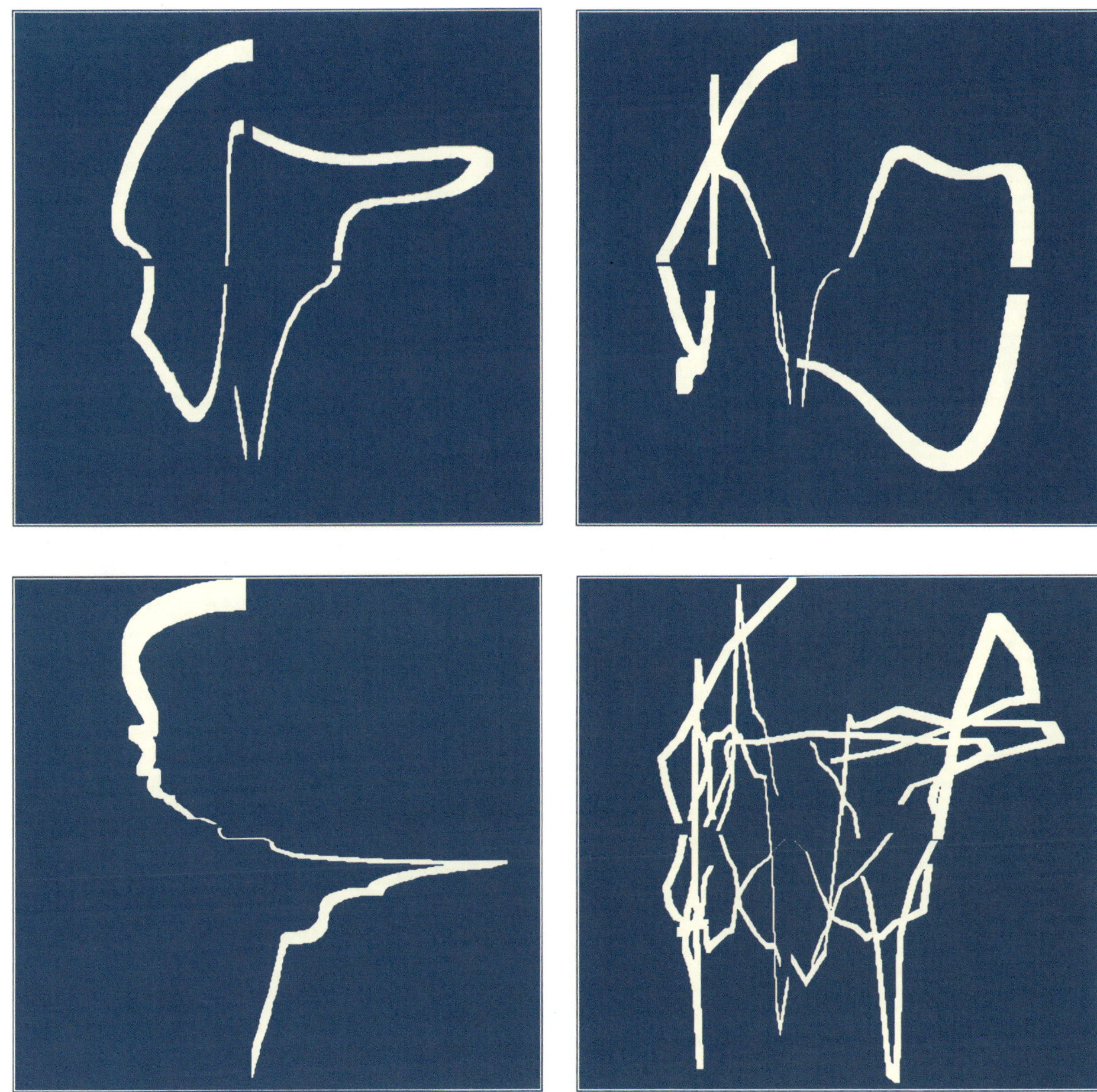

Stellen noch etwas von dem glatten, wenn auch völlig aufgesplitterten Schwung. Die zweite Figur bewirkt Assoziationen mit einer Spiegelung an einer horizontalen Achse – deshalb der Name. Die linke Figur des Diptychons wurde in einer anderen Version schon gezeigt (Bild 2.7), die rechte stellt eine Verfremdung höherer Ordnung einer Lissajous-Figur dar und steht zur ersten in starkem Kontrast.
Kandinsky selbst entwickelte lange vor seiner Bauhaustätigkeit seine sehr persönliche Arbeitsweise: Auch er begann mit schön geschwungenen, glatten, einfachen Linienkompositionen, die er anschließend verkompliziert, indem er sie *»entrhythmisiert«, »verunklärt«* (Hofmann, S. 61ff). Ab 1910 gehören solche Linien zu dem ständigen Repertoire seiner »Kompositionen« und »Improvisationen« (Kat.).

5.8, 5.11 Einen völlig anderen Ausdruck verleiht den Linien Zdeněk Sýkora mit seinen aus Kreisbögen bestehenden Bildern. Diese interessante Wendung wird noch sehr genau untersucht werden.

Exkurs: Primäre Formen und Farben

Als Synästhetiker ordnet Kandinsky den absoluten und relativen Lagen der Geraden *Farben* zu, ebenso wie den *»primären Formen«* Kreis, Dreieck und Quadrat die entsprechenden *»primären Farben«* Blau, Gelb und Rot (s. Glossar) – eigenwillig und nicht unbedingt nachvollziehbar.

2.17 Der Kandinsky-Schüler Eugen Batz hielt sich eng an diese Farb-Form-Zuordnung, verkompliziert diese aber durch die farblich logisch gestalteten Überschneidungen. Kein Künstler ist gezwungen, Regeln zu akzeptieren. Ohne Regeln jedoch oder ohne ein gewisses Gefühl für *Farbrelationen* ergeben sich leicht bunte Bilder, eine typische Kinderkrankheit der Computerkunst. Kawaguchi meint in »The world of New Art«, 1985 (zitiert von Claus):

2.18 Die Animation »ist eine extrem hochstehende, künstlerische Technik... Beispiele dafür sind die entwickelten Techniken der Konturierung und Farbgebung... Im Falle der Computergrafik sind jedoch das Verständnis für Linienführung und Farbgebung von zweitrangiger Bedeutung.« (Sic!) Selbst nachgeschobene Begründungen schaffen einen solchen Satz nicht aus der Welt, jedoch Selbstbeschränkung in der Zahl der verwendeten Farben.

2.19 John Pearson (*1940 in Yorkshire/England, lebt in Oberlin/Ohio, Kunststudium u.a. in London und München, verwendet den Computer seit 1972) schwelgt nicht in Science Fiction, sondern arbeitet eher als Konstruktivist. Sein Bild, dessen Konfiguration aus einer großen Menge vom Computer erzeugten, analogen Konfigurationen ausgewählt und auf Papier projiziert wurde, ist mathematisch voll durchkonstruiert.
Es handelt sich um ein zentriertes, teilweise symmetrisches Bild mit klaren Proportionen; die vertikale Symmetrieachse, durch das Abbrechen der Halbkreise leicht

2.17 Eugen Batz, Räumliche Wirkung von Farben und Formen, 1929/30, Tempera über Bleistift auf schwarzem Papier, 39,2 x 32,9 cm

2.18 Yoichiro Kawaguchi, ohne Angaben

betont, schneidet zwei punktsymmetrische Dreiecke aus dem Gesamtdreieck und dem großen schrägliegenden Quadrat aus; diese virtuellen Dreicke sind mit dem unten, rechts liegenden Teildreick kongruent. Die Durchmesser der Halbkreisbögen, die den gleichen Flächeninhalt haben, stehen im Verhältnis des goldenen Schnitts. Damit ist noch nicht alles über die Syntaktik, insbesondere auch nichts über die von Hand aufgetragenen Farben gesagt. Klar spürt man, daß diese syntaktische Dichte – mit dem Kontrast der strengen Form und der lockeren Farbe – dem Bild seinen ästhetischen Reiz gibt.

Die Grundfläche (GF)

Gewichtung

Es gibt verschiedene Arten von Räumen. Der *metrische Raum,* den Mathematiker und Naturwissenschaftler verwenden, ist in allen Richtungen gleichgewichtig, also *isotrop* – die Kugel charakterisiert ihn. Der *psychologische Raum* ist dagegen durch die *Gravitation,* der wir unweigerlich ausgesetzt sind, geprägt. Vertikale Fortbewegung verursacht größere Anstrengung als horizontale; Gegenstände

2.19 John Pearson, Reflexion Nr 13, 1984, Pastell, Bleistift, Kohle, Tusche auf Papier, 125 x 95 cm

erscheinen deshalb bei gleicher Entfernung in vertikaler Richtung kleiner als in horizontaler; diesem *anisotropen Raum* entspricht ein Rotationsellipsoid mit vertikaler großer Achse.

Die Gravitation überträgt sich sinngemäß auf die *Grundfläche GF* eines Bildes, dessen obere Seite deshalb psychologisch leichter empfunden wird als die untere; damit sind, ästhetisch gesehen, oberer und unterer Bildteil nicht gleichwertig. Die Schreibgewohnheit in westlichen Ländern bewirkt offenbar darüber hinaus einen Unterschied von links und rechts.

»Und jede der vier Seiten entwickelt ihren eigenen Klang ... Das ›Oben‹ erweckt ... ein Gefühl der Leichtigkeit, einer Befreiung, und schließlich der Freiheit« (S. 130/31). Daraus ergibt sich eine für viele Künstler sehr wichtige Konsequenz:

2.17 »Jede schwerere Form gewinnt dadurch an dieser oberen Stelle der GF an Gewicht. Die Note des Schweren erhält einen stärkeren Klang ... Das ›Unten‹ wirkt vollkommen entgegengesetzt: Verdichtung, Schwere, Gebundenheit« (S. 132).

»Links« und »Rechts« haben abgeschwächt die Eigenschaften wie »Oben« bzw. »Unten«, »Links« ist also lockerer, offener als »Rechts«.»Das nach ›Links‹ ... ist eine Bewegung in die Ferne ... Das nach ›Rechts‹ ... ist eine Bewegung nach Hause.« Kandinsky gewichtet die vier Seiten des Quadrats deshalb wie es die Figur angibt.

Diagonalen Damit sind auch die beiden Diagonalen nicht gleichwertig. Die Punkte oben links und unten rechts bilden den »höchsten Gegensatz«, ihre fallende Verbindung ist »disharmonisch«. Die beiden anderen Punkte bilden einen »milden Gegensatz« und ergeben verbunden die »harmonische«, aufsteigende Diagonale. Kompositionen klassischer Bilder berücksichtigen die Verschiedenartigkeit beider Diagonalen.

Symmetrie Zwei zueinander *symmetrische Bilder* sind folglich psychologisch nicht gleichwertig. Man kennt dies von seitenverkehrt projizierten Dias.

Abstand Der Abstand einer Form von den Grenzen der GF spielt eine gewichtige Rolle: »Durch Annäherung an die Grenze der Grundfläche gewinnt eine Form an Spannung, bis diese im Moment der Berührung mit der Grenze plötzlich aufhört« (S. 156). Eine spannungsgeladene Komposition kann also so durch Vergrößerung innerhalb derselben Grundfläche Spannung verlieren und langweilig werden, aber auch »lyrisch«.

Gestaltpsychologie Bei Punkt, Linie und Fläche betreibt Kandinsky *Gestalttheorie,* die sich »mit der Form als Manifestation von Kräften beschäftigt« (Arnheim). »Die Gestaltpsychologen ... vermuten (dabei), daß die Empfindungen von Stoß- und Zugkräften die bewußtseinsmäßige Entsprechung der physiologischen Prozesse sind, die den Wahrnehmungsgegenstand im Nervenfeld des optischen Sektors, und das sind die Gehirnrinde, der Sehnerv und möglicherweise die Retinae der Augen, organisieren.« Bei den Perzeptionsprozessen, die im folgenden Kapitel behandelt werden, spielen physiologische Prozesse mit Sicherheit herein, wenn auch deren Mechanismen im einzelnen noch nicht geklärt werden konnten.

Zwei Bilder zum Anschauen

Auch wenn Mark Wilson (* 1943 in Cottage Grove/Oregon, Studium der Kunst, lebt in West Cornwall/Connecticut) heute anders arbeitet (s. »Meisterwerke der Computerkunst« und Siggraph 1986), zeigt sein tektonisches Bild deutlich die Verbundenheit mit dem Konstruktivismus und mit dem Kandinsky der späten Bauhauszeit, der über seine Lehre »Klarheit und Reinheit gewinnt« (Rotzler, S. 110). Andere, die ihren eigenen Stil entwickelt haben, berufen sich expressis verbis auf Kandinsky, so Lit Fischer, der in »artware« dessen Buch »Klänge« (1910) zitiert. Wieder andere werden als Neokonstruktivisten bezeichnet, wie (ebenfalls in artware) John Pearson.

▷ **2.20** Wassily Kandinsky, Sanfter Nachdruck, 1931, Öl auf Sperrholz, 100 x 100 cm, New York, Museum of Modern Art

▷▷ **2.21** Mark Wilson, Untitled 1975, Acryl auf Leinwand, 183 x 183 cm

»Herausreißen des Buchstabens«

Im Abschnitt »Der Punkt« spricht Kandinsky vom »Herausreißen des Punktes aus dem engen Kreis seines gewohnten Wirkens«. Diese Idee der *Verfremdung* hat er lange verfolgt; er schreibt bereits 1912 im »Blauen Reiter« (S. 157ff):
»Wenn der Leser irgendeinen Buchstaben dieser Zeilen mit ungewohnten Augen anschaut, d. h. nicht als ein gewohntes Zeichen eines Teiles eines Wortes, sondern erst als Ding, so sieht er in diesem Buchstaben außer der praktisch-zweckmäßig vom Menschen geschaffenen abstrakten Form, die eine ständige Bezeichnung eines bestimmten Lautes ist, noch eine körperliche Form, die ganz selbständig einen bestimmten äußeren und inneren Eindruck macht, d.h. unabhängig von der eben erwähnten abstrakten Form. In diesem Sinne besteht der Buchstabe: 1. aus der.... Gesamterscheinung, die, sehr grob bezeichnet, »lustig«, »traurig«, »strebend«, »sinkend«, »trotzig«, »protzig« usw. erscheint; 2. ... aus einzelnen, so oder anders gebogenen Linien, die auch jedesmal einen bestimmten inneren Eindruck machen, d.h. ebenso »lustig«, »traurig« usw. sind.

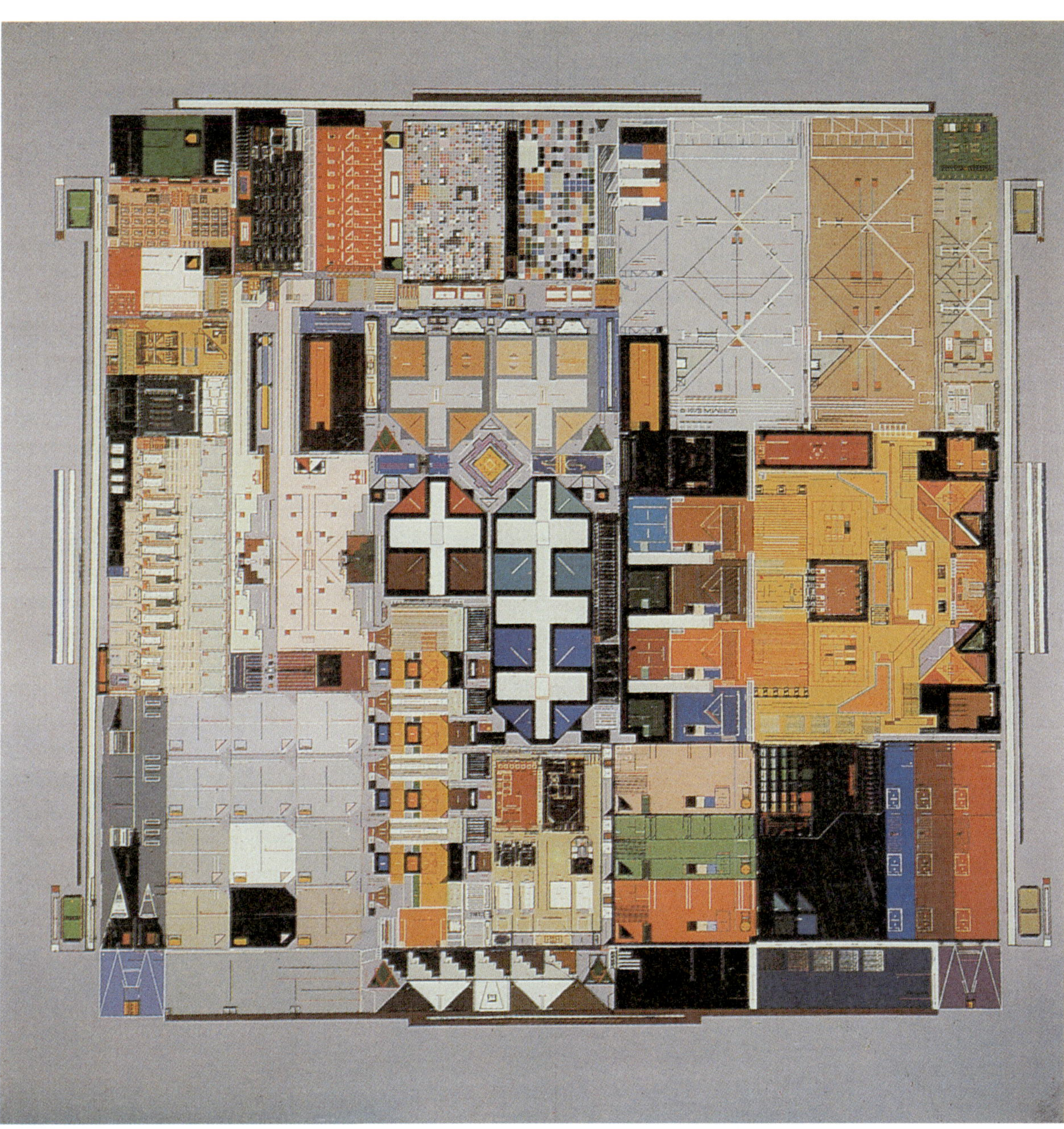

»Für uns ist ... nur eins wichtig: der Buchstabe wirkt ... doppelt:«
1. »... als ein zweckmäßiges Zeichen« (d.h. als Symbol),
2. »... als Form und ... als innerer Klang dieser Form selbständig und vollkommen unabhängig« (als konkretes Bildelement).
»Es ist wichtig, daß diese zwei Wirkungen in keinem gegenseitigen Zusammenhange sind, und während die erste Wirkung eine äußere ist, hat die zweite einen inneren Sinn.
Der Schluß, den wir daraus ziehen, ist der, daß die äußere Wirkung eine andere sein kann als die innere, die durch den inneren Klang verursacht wird, was eins der mächtigsten und tiefsten Ausdrucksmittel in jeder Komposition ist.«
Exemplarische Beispiele für diese Sicht sind die Arbeiten von Klaus Basset (*1926 in Berlin, lebt in Oslip, Österreich), der mit einer Schreibmaschine, handgesteuert, einen *Algorithmus* – einer Spielregel entsprechend – abarbeitet. Wegen dieser Analogie zum Computer ist dieser Künstler bei vielen Computerausstellungen vertreten, wie bei den oben erwähnten Ausstellungen in Freiburg und Ludwigsburg, oder im selben Jahr bei ACM Siggraph (1986). Die vier Buchstaben I, O, H und % bzw. deren Überlagerungen erzeugen eine beachtliche Grauwertskala, die seine Bilder charakterisiert. »Das lesende Auge gerät in zwei divergente Ebenen: Die ›Mikroebene‹ der Einzelzeichen, vor allem des I und des (I+O), und der ›Makroebene‹, auf der Gestalten erscheinen, die durch Verdünnung bzw. Verdichtung der Einzelzeichen ... entstehen. Gelesen werden daher sowohl Einzelbuchstaben – und diese in einer Skala zwischen Eindeutigkeit und Verundeutlichung –, wie auch geometrisch angeordnete Gestalten, die nicht ›an sich‹ bestehen wie die Lettern, sondern sekundär-phantomhaft auf Grund des Strukturspiels von Hell und Dunkel. Die Polarisierungen – von Linie und Fläche, Hell und Dunkel – setzen einen Lese- und Assoziationsprozeß in Gang, der meditativen Charakter annehmen kann. Gerade weil die eingesetzten Elemente einfach, begrenzt und überschaubar sind, ist ein Ende des Lesevorgangs, hat er erst einmal begonnen, nicht abzusehen« (Franz Mon).

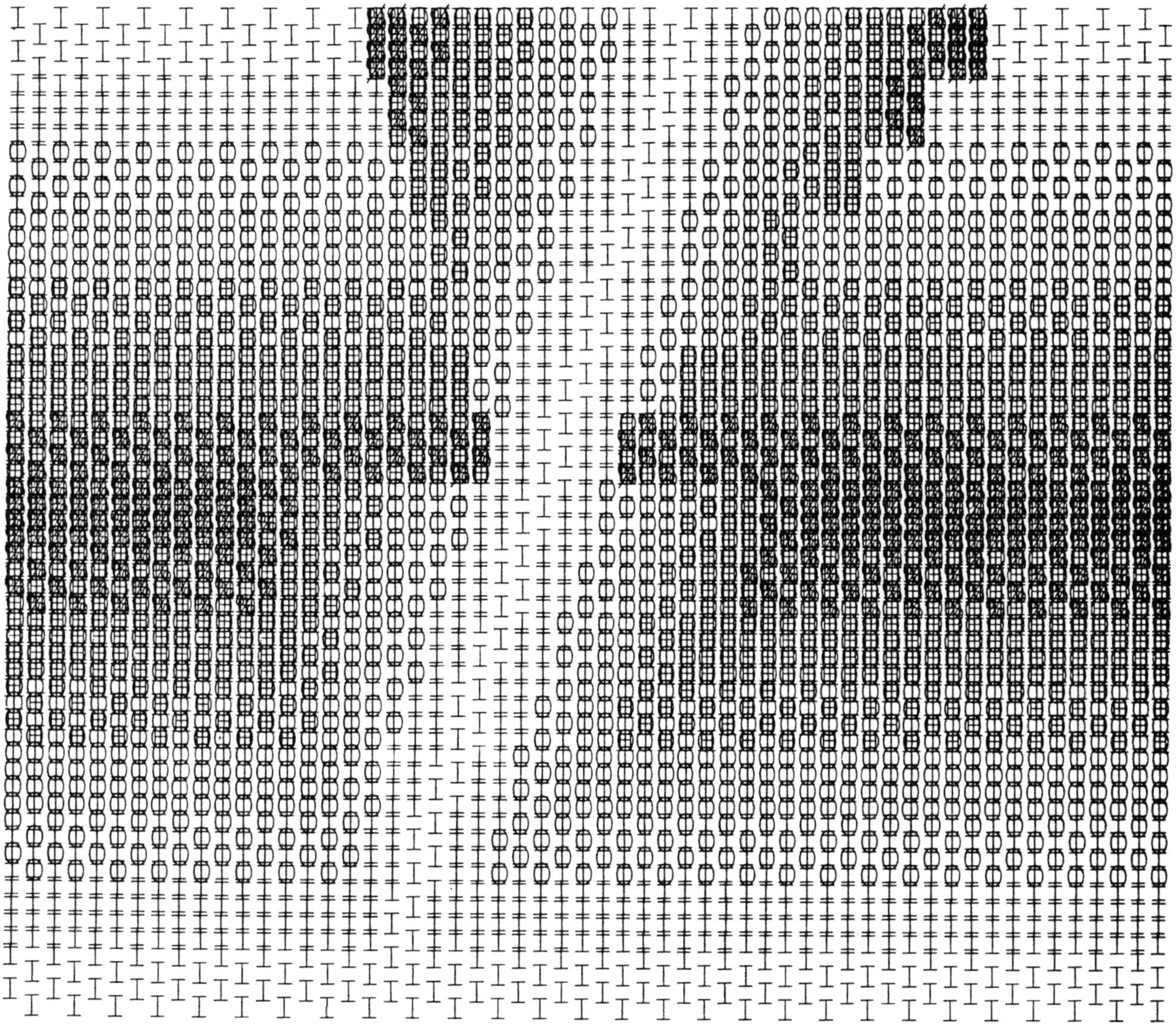

2.22 Klaus Basset, Schichten und Stufen I, Nr. 11, 6/5/84, 30,5 x 30,5 cm

3 Präzision und System

Eine wirkliche Untersuchung sollte ... von kontrollierbaren Elementen, die einem Programm in systematischer Progression folgen, geleitet werden.

FRANÇOIS MORELLET

Nachdem einige Grundlagen der Moderne anhand von Beispielen computerunterstützter Kunst erörtert wurden, soll der eigentliche Beginn dieser Kunst in den 60er Jahren genauer betrachtet und mit Strömungen dieser Zeit konfrontiert werden. Der phänomenologische Vergleich der Bilder wird frappante Ähnlichkeiten zutage fördern und weitere Wurzeln der Computerkunst bloßlegen.

3.1 Computer Art, Optical Art

1963 entstand in Deutschland an der Universität in Stuttgart eine 10 x 10 cm große bzw. kleine Zeichnung mittels eines Computers – damals war dies ein Großrechner – und eines daran angeschlossenen Zeichentisches, des »Zuse-Automaten«, nach einem Programm von Frieder Nake (*1938 in Stuttgart, Universität Bremen), der, wie auch Georg Nees (*1926 in Nürnberg, lebt in Erlangen), dort im Kreis des Philosophen und Kunsttheoretikers Max Bense (1910-1990) arbeitete. Diese Grafik war eine der ersten, die nicht an technische Probleme, wie sie in der Luft- oder Raumfahrt auftraten, gebunden war, sondern einen ersten Schritt zur Kunst hin tun wollte; erinnert sie nicht an die »Kritzelei« eines Kindes, das schreiben oder zeichnen lernen will? (s. S. 144)

Anfänge
4.19

Nachdem im Februar 1965 Nees Grafiken ausgestellt und Bense die Theorie dazu publiziert hatten (»rot 19«), folgten im selben Jahr die ersten Ausstellungen in Deutschland (Grafikserien von Nake und Nees in der Stuttgarter Galerie Niedlich) und in Amerika (Noll). Bense veröffentlichte 1965 auch seine »AESTHETICA«, 1969 Nees seine »Generative Computergraphik«.

Bereits ab 1950 wurden mittels eines Kathodenstrahloszillografen *Analoggrafiken*, wie die »Oscillons« von Ben F. Laposky, hergestellt und ab 1953 in Amerika ausgestellt. Ab 1956 erzeugte Herbert W. Franke (*1927 in Wien, lebt in Egling, bekannt durch zahlreiche Veröffentlichungen) auf diese Weise *Lissajous-Figuren* (Kap. 7).
Es war die Zeit der *systematisch-konstruktiven Kunst*, insbesondere auch ihrer Spielart, der sogenannten *Optical Art*, kurz *Op Art*, ein Name der in der »Time« in London am 23. Oktober 1964 für eine gewisse Kunstrichtung erschien. Diese läßt sich jedoch ebenfalls bis ca. 1950 zurückverfolgen. Viele Grafiken bzw. Bilder, die mit dem Computer generiert wurden, ähneln strukturell manchen Bildern der Op Art. Sicher ist nicht die Gleichzeitigkeit der Entstehung alleine dafür verantwortlich zu machen – der Computer kam im Grunde dafür etwas zu spät – sondern die innere Disposition, die innere und auch äußere technische Notwendigkeit, mit der ein Künstler produktiv arbeitet. Hier sind nun in der Tat, neben gewissen, noch klarzustellenden Unterschieden, Gemeinsamkeiten festzustellen.
Warum lassen sich verwandte Formen beobachten?
Welcher gemeinsame theoretische Hintergrund spielt eine Rolle?
Gleichzeitig mit der Op Art in Europa kam auch die *Popular Art*, bekannt unter *Pop Art*, in den USA und England stark in Mode. Dieser mehr figurativen »kunstlosen Kunst« mit »poppigen« Farben war der Computer zu der Zeit in keiner Weise gewachsen, so daß sich entsprechende Tendenzen erst später in der Computerkunst entwickeln konnten (Kap. 6).

Das gelbe Manifest

Zunächst soll auf die Zielsetzung der Op Art eingegangen werden. Die folgenden Ausführungen stützen sich dabei auf die gleichnamigen Bücher »Op Art« von Cyril Barrett und Karina Türr bzw. auf Willy Rotzler: »Konstruktive Konzepte«.
Ohne auf die Frage stilistischer Zuordnungen im einzelnen eingehen zu können, wie dies Türr ausführlich tut, lassen sich u.a. die Mitglieder der Gruppe GRAV (Groupe de Recherche d'Art Visuel) zur Op Art rechnen. Die Gruppe Zero sei in diesem Zusammenhang auch erwähnt, weil eines ihrer Mitglieder, Otto Piene (*1928 in Laaspe), heute im CAVS (Center for Advanced Visual Studies des Massachusetts Institute of Technology) tätig ist, wo der Computer eine wesentliche Rolle spielt (s. Kat.). Grundlage zu manchen Manifesten der GRAV, die 1960 gegründet und 1968 aufgelöst wurde, war das »Gelbe Manifest«, 1955, von Viktor Vasarely (*1908 in Pécs/Ungarn, lebt in Paris), neben François Morellet (*1926 in Cholet, lebt dort) bedeutendstes Mitglied dieser Gruppe.
»Einleitend werden die Etappen skizziert, die zu dem hinführen, was Vasarely und seine Weggefährten interessiert: Triumph der reinen Malerei über die Anekdote

bei Manet; erste Geometrisierung der sichtbaren Welt bei Cézanne; Eroberung der reinen Farbe bei Matisse; Aufbrechen der Figuration bei Picasso; Wechsel von einer äußeren Vision zu einer inneren bei Kandinsky; Überführung der Malerei in die Architektur, die farbig wird, wie im Neoplastizismus Mondrians; Aufbruch zu den großen plastischen Synthesen bei Le Corbusier; neue plastische Alphabete bei Arp, Sophie-Täubner, Magnelli und Herbin; Verzicht auf das Volumen zugunsten des Raums bei Calder« (Rotzler, S. 166).

Das Manifest umreißt dann die Theorie sowohl der *kinetischen Op Art* im dreidimensionalen Raum, auf die hier nicht weiter eingegangen werden soll, als auch der sogenannten *statischen Op Art*, die in der Bildebene arbeitet:

"Deren wesentlichen Merkmale sind die Zerstörung des Mythos vom genialen Künstler und also einer traditionellen Ästhetik und die unmittelbare Beziehung zwischen Werk und Betrachter als einer Beziehung zwischen Objekt und Auge ohne Beteiligung der Emotion. Die Mittel dazu sind ... Anonymität, Homogenität und Präzision der Formen und die Abschaffung aller idealisierenden, naturalistischen, informellen... Darstellungselemente« (Türr, S. 41).

Vasarely wollte die Kunst »demokratisieren«: »Die Kunst von morgen wird gemeinsamer Besitz aller oder überhaupt nicht sein.«

Diese Ideen sind geradezu »computerkonform« und führen in letzter Konsequenz, neben dem fehlenden Original, zur Problematik der *Interaktion* und der *Vernetzung*, wie sie heute propagiert werden – u.a. auf der seit 1979 jährlich stattfindenden *Ars Electronica* in Linz (s. KUNSTFORUM, Bd. 103, September/Oktober 1989).

Insbesondere richtet sich das Manifest – wie übrigens mit anderen Zielen auch die Pop Art – gegen das *Informel* (Paris ca.1945-1955, französisch; englisch: informal; deutsch: formlos), bzw. gegen den *Tachismus* (französisch: la tache, der Fleck) oder die *Action-Painting*, verwandte Kunstrichtungen, die die Handschrift des Künstlers, sein Genie und die Einmaligkeit betonten, wo Bilder gemalte Gesten, ja Psychogramme waren (Hans Hartung, 1904-1990, Wols, 1913-1951, Jackson Pollock, 1912-1956, Emil Schumacher *1912, Henri Michaux, 1899-1984 u.a.).

Jetzt wird der »Strich« des Künstlers ausgeschaltet, da *Logik und technische Präzision*, zusammen mit naturwissenschaftlichen Untersuchungen der *Perzeption*, also der sinnlichen Wahrnehmung, gefragt waren.

Op-Art-Bilder (s.u. Beispiele) bestehen häufig aus *periodischen* bzw. *seriellen Strukturen*. Einer zweiwertigen Logik, die auf die Konstatierung von »wahr« und »falsch« aufgebaut ist, entspricht das Arbeiten in Schwarz und Weiß, mit Negativ und Positiv, also mit binären Strukturen, woraus sich ein unendliches Spiel von

Kontrasten, Mustern (Patterns), Moirés (Interferenzen), reversiblen Figuren etc. entwickelte; ein Spiel, das einerseits dem Computer angemessen gewesen wäre – Periodizität kann durch eine REPEAT-Anweisung leicht erzielt werden – und andererseits – bei entsprechender Intensivierung – zu Wahrnehmungsirritationen führte, die für die Op Art so typisch sind. Bei längerem Betrachten beginnen sich diese Strukturen aufzulösen, Punkte scheinen zu flimmern, sich zu bewegen, Linien bilden Wellen, Flächen heben und senken sich (*Raumwirkung*). Es erscheinen Formen, sogar Farben und Muster, die anfangs nicht zu sehen waren. Der Wahrnehmungsapparat des Betrachters wird in das Kunstwerk verwickelt, der Betrachter wird aktiviert; das Werk existiert nicht mehr unabhängig von ihm. Er wird auf eine geistige Art zur *Interaktivität* herausgefordert. So kann die Op Art Wahrnehmungsprozesse ins *Bewußtsein* bringen und sie unter künstlerischen Gesichtspunkten erforschen. Normalerweise bleiben diese Prozesse unbewußt, da nicht vom Inhalt der Wahrnehmung abgelenkt werden soll.
Op Art ist mit ihrer präzisen Systematik *potentiell Computerkunst*.
Op Art zielt darüber hinaus »auf die Fehlbarkeit der Wahrnehmung« (Türr). Auf diese soll nun näher eingegangen werden.

3.2 Perzeptionsprozesse

Op-Art-Bilder erscheinen auf den ersten Blick oft sehr einfach – manchmal wird der Op Art auch Langweiligkeit vorgehalten, ein Vorwurf, der sich dann auch auf die Computerkunst verlagern konnte. Diese Einfachheit ist jedoch nur vordergründig, da Op Art die ganze Klaviatur der Perzeptionsprozesse ausnützt. Ehe der phänomenologische Vergleich von Op Art und einer entsprechenden Computerkunst durchgeführt wird, soll eine Übersicht über die verschiedenen Prozesse der Wahrnehmung gegeben werden. Es handelt sich dabei um physiologische Wirkungen, die zum Teil schon Goethe untersucht hat, also um im wesentlichen *biologisches Sehen*. Diese physiologischen Wirkungen sind noch wenig erforscht, so daß man – wie praktisch bereits Goethe – hypothetisch mit einer black box arbeiten kann, die durch Ermüdungserscheinungen, Überforderung oder informationsverändernde Vorgänge beschreibbar ist.
Klassisch sind die Beschreibungen der *Irradiation,* der *Nach-* und *Nebenbilder* von Goethe in seiner berühmten *Farbenlehre*, die durch Ermüdung der Netzhautrezeptoren, wie die Zäpfchen, zustande kommen. Die Theorie über einen Sehpur-

pur, der entsprechend den optischen Einwirkungen abgebaut und anschließend wieder aufgebaut, also regeneriert wird, trägt zum wesentlichen Verständnis nicht viel bei. Man weiß zwar, daß bei der Farberkennung Rot-, Grün- und Blauzäpfchen relativ unabhängig Impulse in die Sehrinde des Gehirns leiten, aber der neuronale Mechanismus, der sich dort abspielt, ist im wesentlichen noch unbekannt (s. Eccles).

Die Irradiation

Nachdem Goethe von Licht und *Blendung* einerseits und Finsternis und *Adaption* andererseits gesprochen hat, erläutert er entsprechend weiße und schwarze Bilder (§15 bis §34, s. Pawlik).
»Wie sich die Netzhaut gegen Hell und Dunkel überhaupt verhält, so verhält sie sich auch gegen dunkle und helle einzelne Gegenstände. Wenn Licht und Finsternis ihr im ganzen verschiedene Stimmungen geben, so werden schwarze und weiße Bilder, die zu gleicher Zeit ins Auge fallen, diejenigen Zustände nebeneinander bewirken, welche durch Licht und Finsternis in einer Folge hervorgebracht wurden« (§ 15).
»Ein dunkler Gegenstand erscheint kleiner als ein heller von derselben Größe. Man sehe zugleich eine weiße Rundung auf schwarzem, eine schwarze auf weißem Grunde, welche nach einerlei Zirkelschlag ausgeschnitten sind, in einiger Entfernung an, und wir werden die letztere etwa um ein Fünftel kleiner als die erste halten…« (§ 16).
Die Irradiation wird also als abgeschwächte Blendung angesehen.

Sukzessivkontraste (Nachbilder)

Obwohl hier im Grunde nur unbunte Nachbilder bzw. die *unbunte Umstimmung* interessiert, seien auch die bunten Effekte erwähnt. Als unbunte Farben bezeichnet man Schwarz und Weiß, nachdem sich Maler, wie Van Gogh, durchgerungen haben, auch Schwarz und Weiß als Farben zu bezeichnen. Goethe beschreibt die unbunte Umstimmung so:
»Man halte ein schwarzes Bild vor eine graue Fläche und sehe unverwandt, indem es weggenommen wird, auf denselben Fleck; der Raum, den es einnahm, erscheint um vieles heller« (§ 37).

Und die *bunte Umstimmung* (§ 49):
»Man halte ein kleines Stück lebhaft farbigen Papiers oder seidnen Zeuges, vor eine mäßig erleuchtete weiße Tafel, schaue unverwandt auf die kleine farbige Fläche und hebe sie, ohne das Auge zu verrücken, nach einiger Zeit hinweg, so wird das Spektrum einer anderen Farbe auf der weißen Tafel zu sehen sein…«
Die Sukzessivkontraste ergeben abgeschwächt die *Komplementärfarben*, Schwarz und Weiß eingeschlossen. Dieser *chromatische Kontrast* spielt in der Malerei gerade dann eine wichtige Rolle, wenn seine physiologische Verankerung gestärkt, abgeschwächt oder gestört werden soll.

Simultankontraste (Nebenbilder)

»Haben wir bisher die entgegengesetzten Farben sich einander sukzessiv auf der Retina fordern sehen, so bleibt uns noch übrig zu erfahren, daß diese gesetzliche Forderung auch simultan bestehen könne. Malt sich auf einem Teil der Netzhaut ein farbiges Bild, so findet sich der übrige Teil sogleich in einer Disposition, die bemerkten korrespondierenden Farben hervorzubringen. Setzt man obige Versuche fort und blickt z. B. vor einer weißen Fläche auf ein gelbes Stück Papier, so ist der übrige Teil des Auges schon disponiert, auf gedachter farbloser Fläche das Violette hervorzubringen. Allein, das wenige Gelbe ist nicht mächtig genug, jene Wirkung deutlich zu leisten. Bringt man aber auf eine gelbe Wand weiße Papiere, so wird man sie mit einem violetten Ton überzogen sehen« (§ 56).
Reduziert auf unbunte Farben hat dies zur Folge, daß z.B. eine graue Fläche mit schwarzem Hintergrund heller erscheint als mit weißem Hintergrund; Schwarz und Weiß »fordern« sich gegenseitig.
Ein weiterer damit zusammenhängender Effekt ist die *Hermann'sche Kontrasttäuschung*. Die Kreuzungspunkte eines Gitters erscheinen in der Farbe der dazwischenliegenden Felder. Bei schwarzem Gitter auf weißem Hintergrund erscheinen so die Kreuzungen hell bzw. bei weißem Gitter auf schwarzem Hintergrund dunkel.

▷ **3.1** Hermannsche Kontrasttäuschung

Informationsvergrößernde Effekte

Moirés **3.6, 3.12** Monotone, periodische Gebilde, mit entsprechend geringer visueller Information, haben auf das Auge oft eine sehr unangenehme Wirkung, da es, obwohl es sich im Grunde dauernd bewegen will, keinen festen Bezugspunkt findet, zu dem es zumindest kurzzeitig zurückkehren kann. So bewegt sich das Auge unstet über die Bildfläche. Die dabei erzeugten Netzhautbilder, die stets eine gewisse *Nachwirkzeit* (*Nachbilder!*) haben, *interferieren* deshalb mit sich selbst. Auf der Netzhaut entsteht ein sog. *Moiré*, das sich als *Flimmern*, Pulsieren, Schwingen bemerkbar macht. Wegen des dauernden Auf- und Abbaus der Netzhautbilder hat man es letztlich mit *bewegten Moirés* zu tun. Diese erzeugen somit selbst bei statischen Bildern *virtuelle Bewegungen*. Deshalb rechnet man häufig auch die *statische Op Art* der Ebene zur *kinetischen Kunst*.

▷ **3.2a** Periodische Struktur konzentrischer Kreise

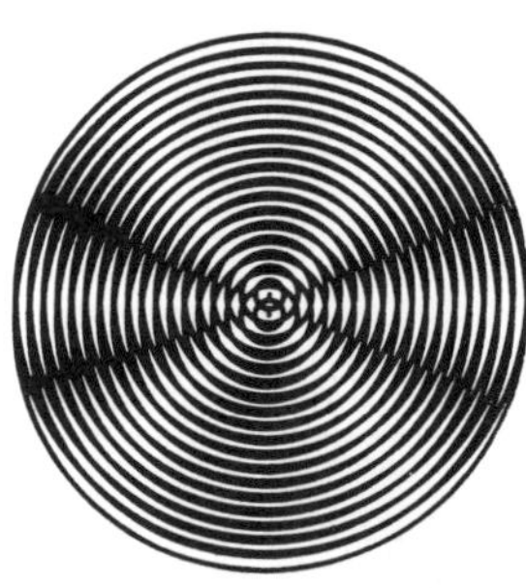

3.2b Interferenz zweier Kreissysteme

Man betrachte intensiv die »Periodische Struktur konzentrischer Kreise«. Senkrecht zur unwillkürlichen Augenbewegung erscheinen radiale, helle Streifen wie Propeller. Wer diesen *Propellereffekt* zunächst nicht erkennen kann, mag die Kreisfigur hin und her bewegen. Bei diesen Bewegungen wird der Blickpunkt vom Zentrum des Bildes entfernt, das Kreissystem leuchtet, nun verschoben, abgeschwächt nochmals auf – wegen des Sukzessivkontrasts als Negativ. Beide Systeme ergeben den Effekt (*Thompson'sche Sektorentäuschung*).

3.3 Die Überlagerungen zweier periodischer, monotoner und damit sich im »Überfluß« wiederholender, also *redundanter* Strukturen scheinen mehr *Information* zu beinhalten als beide Strukturen zusammen. Dies zeigt die Überlagerung einer *einzigen* periodischen Kreisfigur mit einer Parallelenschar, das *Fresnel-Ring-Moiré*. Ja
3.4 selbst der Schnitt einer einzigen Geraden mit einer solchen Schar verunsichert bereits das Auge. Die Schnittstellen sind singuläre, energetische Punkte und scheinen die Parallelen in Stücke zu zerlegen: Das *Einzellinien-Moiré*. Op-Künstler verwendeten das Moiré bewußt und erzeugen auf der Netzhaut damit ein *Metamoiré* (Beispiele S. 99f).

Die bei diesen Überlagerungen immer komplizierter werdenden, von der Netzhaut über die Sehnerven zum Gehirn geleiteten Impulse können dabei so überfordert werden, daß sogar zarte *Spektralfarben* empfunden werden – wie bei einem Faustschlag auf das Auge –, auch bei rein Schwarz-Weiß-Bildern.

Bilder dieser Art vollenden sich erst beim Betrachter – in einer vom Künstler nicht immer voraussagbaren, unwägbaren Weise.

Schwebungen Akustisch übertragen entsprechen gewisse *Moirés reibenden Tönen* oder einem Vorhalt (Halbtonintervall), ehe sich zwei musikalische Linien in einem Ton treffen.

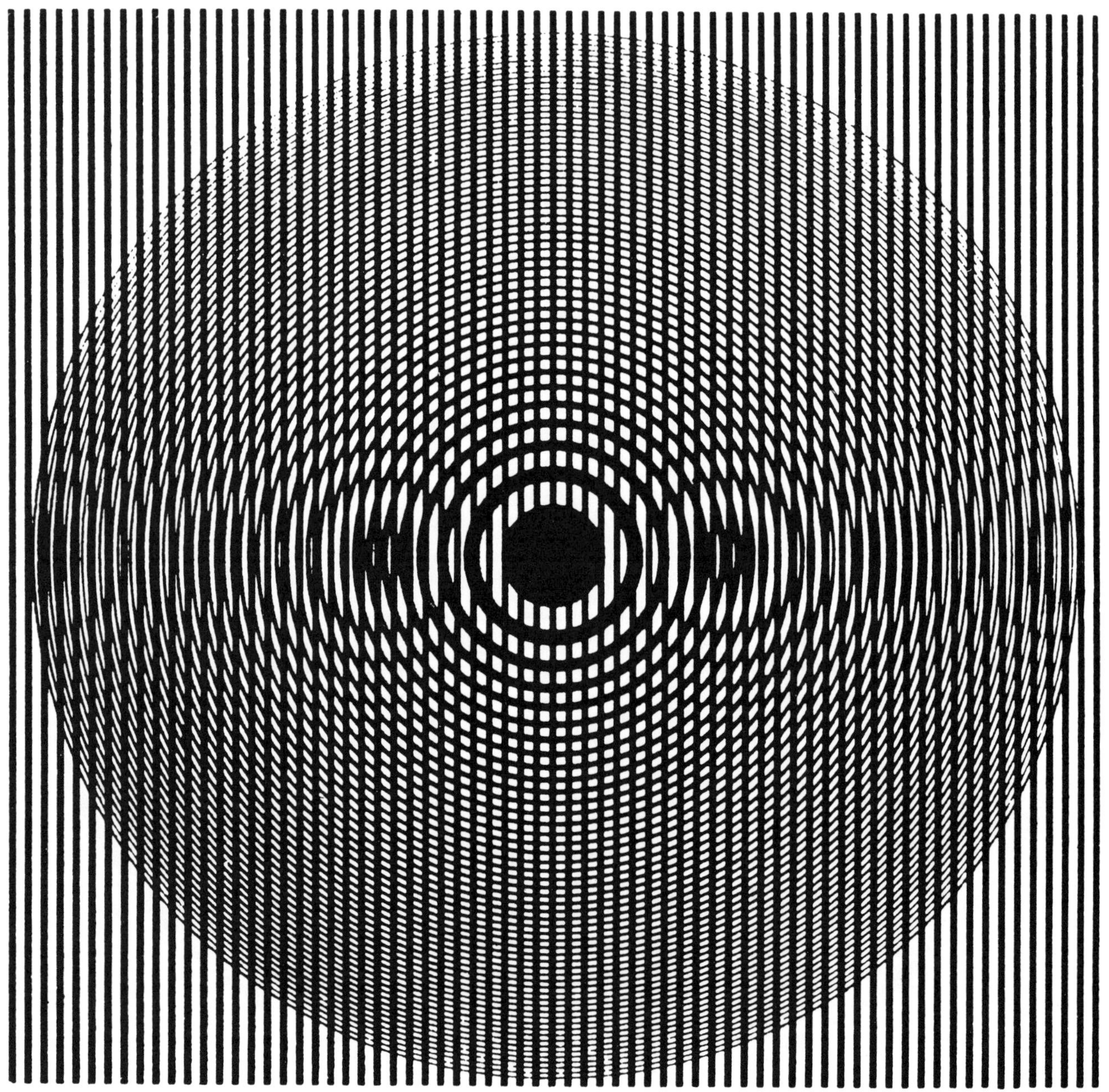

Moderne Musiker wie Luigi Nono benützen sogar Viertel-, Achtel- und noch kleinere Intervalle. Interferenzen zweier benachbarter Töne, deren Frequenzen also nur leicht verschieden sind, entstehen auch beim Abstimmen einer Geige auf eine andere. Ein gutes Gehör besteht eigentlich nur darin, festzustellen, ob die zwei Töne exakt zusammenfallen oder nicht; falls nicht, erhält man eine sog. *Schwebung*, einen auf- und abschwellenden Ton mit der mittleren Frequenz der beiden Töne. Die Frequenz der Lautstärkenänderung, die *Schwebungsfrequenz*, ist, wie sich mathematisch zeigen läßt, gerade die Differenz der beiden Tonfrequenzen. Ist diese Null, so sind die Instrumente abgestimmt. Schwebungen sind somit akustische Analoga zu optischen *Moirés*. Der Hörer erhält scheinbar eine andere Information, als sie den beiden Einzeltönen entspricht.

Exkurs: Hörermusik

Während heute visuell die Perzeptionsmöglichkeiten weniger als in der Op Art betont werden, gibt es Musiker, die gerade jetzt solchen Möglichkeiten auf die Spur zu kommen trachten und z.B. *Nachklänge* bewußt für den Hörer einsetzen. So war im September 1989 auf der »Ars Electronica« in Linz die Komponistin Maryanne Amacher mit ihrem »2021 THE LIFE PEOPLE« (eine Mini-Sound-Serie in vier Teilen) zu hören. Sie schreibt im KUNSTFORUM Sept./Okt. 1989:
»Meine neuere musikalische Arbeit und Forschung konzentriert sich auf die Erforschung unserer perzeptiven Antworten auf die Musik – die Töne und die Melodiemuster, die innerhalb unseres Körpers und unseres Nervensystems geformt werden –, die ›Klangwelt‹, die der Zuhörer bei der Präsenz von Musik selbst erzeugt... Mit meiner Musik möchte ich bewußte Erfahrung der ›Musik des Hörers‹ hervorrufen, wie sie bisher nur unterschwellig erfahrbar war und über Jahre hinweg unterdrückt wurde.«

◁ **3.3** Fresnel-Ring-Moiré

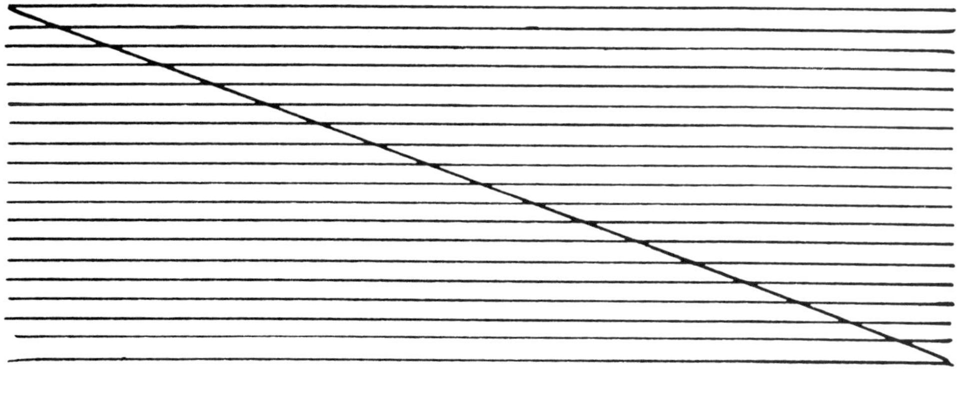

3.4 Einzellinien-Moiré

Der Eindruck dieser musikalischen Installation sei angedeutet: Man betritt einen abgedunkelten Konzertsaal, nur durch einige, abstrakte, hell-dunkle Diabilder höhlenartig, düster beleuchtet. Mit dem Computer programmierte periodische Klangmuster setzen so vehement ein, daß ein wahrer »Angriff auf das Ohr« stattfindet: »Acoustical Art«, der Op Art ähnlich, die der obengenannte Time-Autor mit »Pictures that attack the eye« charakterisierte. Trotz der teilweise enormen Lautstärken, handelt es sich nie um Lärm oder Geräusche, sondern immer um Klänge, die so pochend stark wie das Hämmern des Herzens oder eines Motors schlagen, oder wie ein Gemisch von Schiffssirenen und Glocken brausen, daß bei tiefen Tönen das Brustbein zur Resonanz kommt. Die Künstlerin läßt die Klänge lange auf den Hörer wirken: das Zeitgefühl schwindet, Zeit wird unbegrenzt. Verklingt die Wucht der Töne und hebt eine filigrane Klangstruktur mit hohen Frequenzen an, lokalisieren sich diese in den Ohrmuscheln, auch dann noch, wenn beim nächsten Wechsel bereits wieder die tiefen Töne zur vollen Stärke anschwellen und die hohen fast unhörbar werden.

Der Hörer schafft sich seine eigenen Klangmuster.

Reversible Figuren Ein ebenes, regelmäßiges Sechseck mit seinen drei zentralen Diagonalen erscheint einem geübten Betrachter als *Netz* bzw. als perspektivisches Bild eines Würfels. Je nach Konzentration kann dieser alternativ von oben oder von unten gesehen werden, die Figur kippt.

3.5 Neben solchen *Kippfiguren* lassen sich auch *unmögliche Figuren* konstruieren, bei denen nur gewisse Teile als Körper deutbar sind, nicht aber deren ebenes Netz als Ganzes. Diese Teile können umspringen, kippen, *reversibel* sein. Josef Albers erzeugte solche Bilder ohne, der Spanier José Maria Yturralde mit dem Computer.

3.21 Typischer für die Op Art ist jedoch das »ungeklärte Verhältnis von Figur und Grund« (Türr, S. 63); ungefähre Gleichgewichtigkeit von Figur und Grund kann deren Rollen reversibel vertauschen. Figur und Grund lassen sich als zwei parallele Ebenen auffassen, vorne die Ebene der Figur, durch die hindurch der Grund gesehen wird.

3.35 Sehen im Raum oder in mehreren Ebenen ist die Folge *kultureller Gewohnheiten*, wie besonders seit der *Renaissance* das *perspektivische Sehen*. Wer die abendländische Wahrnehmungsregeln nicht kennt oder akzeptiert, dem kann es gehen wie dem »chinesischen Herrscher aus dem 17. Jahrhundert, den ein Portrait Ludwigs XIV. zu der Frage bewog, ob es zu den Privilegien des französischen Königs gehöre, sein Gesicht teilweise dunkel zu färben« (Werner Hofmann, S. 84).

Neue Interpretationen sind neue Informationen, vergrößern also die Information, die das Bild objektiv zu vermitteln scheint.

3.5 José Maria Yturralde, Perspektivisch unmögliche Figur, computergeneriert

Aktivität *Kippfiguren* lassen sich vielleicht mittels der Hebbschen *Neuronenverbände* in der Großhirnrinde deuten. Auf diese Verbände werden in komplexer Weise die Gegenstände der äußeren Welt als *innere Abbilder* projiziert. Da die verschiedenen Deutungen eines Kippbildes geometrische Strukturen gemeinsam haben, gehören zu ihnen zwei sich überschneidende Neuronenverbände als Informationsträger, von denen aber nach Braitenberg/Schüz nur einer »zündet« – eine der beiden Deutungen wird aktiviert. Dies zeigt an einem eklatanten Beispiel, »daß der mit dem physischen Sehen verbundene Prozeß kein passiver ist, sondern aus der aktiven Deutung eines verschlüsselten Inputs besteht... (Bereits) der Input ist teilweise schon durch das aufnehmende Sinnesorgan interpretiert, und unsere Sinnesorgane selbst gleichen Hypothesen oder Theorien – Theorien über die Struktur unserer Umwelt und über die für uns dringlichste und nützlichste Information« (Popper). Die *Wahl der Interpretation* geschieht durch das aktive menschliche *Bewußtsein*, das sozusagen die »Parameter« für den Abruf einer der beiden gepeicherten Informationen bestimmt.

Allgemein läßt sich sagen, daß visuelle Sachverhalte *codierte Botschaften* sind, die unter Umständen verschieden interpretiert werden können – auch dann, wenn diese *Decodierung* innerhalb desselben kulturellen Kontextes stattfindet.

Diese *Zweideutigkeit* bzw. *Ambiguität* ist für Umberto Eco ein wesentliches Kennzeichen einer Botschaft mit ästhetischem Anspruch (s. auch S. 174).

Informationsverkleinernde Effekte

Prägnanztendenz Die Verarbeitung visueller Eindrücke tendiert zur Korrektur der gesehenen Formen in Richtung auf eine gestaltliche Vereinfachung, also größerer *Prägnanz*. Ein Fast-Kubus, ein Fast-Quadrat eine Quasi-Periode werden als Kubus, Quadrat, Periode interpretiert. Störungen bzw. Formfehler können so visuell überbrückt werden. Einfachere Figuren sind Träger geringerer Information als kompliziertere, lassen sich leichter einprägen, merken, lernen.

Konstanzphänomen Auch räumliche Interpretation kann eine Figur vereinfachen. Raute oder Parallelogramm lassen sich so als *perspektivisches Bild* eines Quadrats ansehen. Anders ausgedrückt, Quadrate, Rauten und Parallelogramme werden auf die *konstante Form* eines Quadrats reduziert.

Superzeichenbildung Die Bildung von *Superzeichen* ist die interessanteste und häufigste Art einer Informationsverminderung. Ein Superzeichen ist die Zusammenfassung mehrerer Zeichen zu einem größeren Komplex, auch zu Gestalten. Ein Kreis mit zwei Punkten, einem vertikalen und horizontalen Strich kann das Superzeichen »Gesicht« mit Augen, Nase und Mund ergeben. Superzeichenbildungen, auch in mehreren hierarchischen Ebenen, gelingen dem Menschen mit seiner daraufhin zugeschnittenen *biologischen Hardware* – insbesondere der eben erwähnten Neuronenverbände – relativ leicht. Im Gegensatz dazu wird »zum Beispiel das Beweisen mathematischer Sätze als schwer angesehen. Dabei ist es wohl umgekehrt. Die ungeheure Rechenkapazität, die zum Erkennen eines einzigen Bildes notwendig ist, kann gar nicht überschätzt werden und die Geschichte des Computersehens ist im wesentlichen die Entdeckung dieser Probleme« (Siekmann). Dieser Rechenaufwand entspricht dem Lernen dieser komplexen Struktur, die als gespeichertes Superzeichen weniger Information trägt als die Summe der Informationen der Einzelteile.

3.12–3.14

Wieder stellt sich *Ambiguität* ein, wenn bewußtes Sehen zwischen den verschiedenen Superzeichen- bzw. Informationsebenen schwankt.

Eine Hypothese

Abraham Moles stellte 1958 eine Hypothese auf, um die informationsändernden Perzeptionsprozesse verständlich auf einen Nenner zu bringen. Der Betrachter subtrahiert oder addiert Information in dem Maße, daß sein »innerer Informationsumsatz« in den für ihn annehmbaren Grenzen bleibt: eine obere Grenze des Informationsflusses kann nicht überschritten werden, eine untere Grenze wird ungern unterschritten.

Gemeinsamkeiten – Unterschiede

Das bildnerische Problem der Op Art läßt sich also grob auf zwei Willensäußerungen zurückführen, auf technisch-mathematische Exaktheit und auf das Bewußtmachen der Perzeption durch deren Störung: »Pictures that attack the eye«.

Diese Störungen werden erzielt »durch die Verwendung abstrakter, oft geometrischer … Formeinheiten. Sie werden in unterschiedliche Systeme gebracht, die vom Muster und periodischen Strukturen über springende und unterbrochene Reihungen bis zu Progressionen und Verzerrungen reichen. In jedem Fall sind die übergeordneten Prinzipien die Reihung, also das Vermeiden jeglicher Subordination und das ungeklärte Verhältnis von Figur und Grund« (Türr, S. 63).

Die künstlerischen Intentionen der Op Art treffen sich damit zum Teil mit Eigenschaften, die für den Computer charakteristisch sind: Die Exaktheit, die geometrischen Formen bzw. Code-Elemente und deren Abwandlung durch Transformationen – Reihung wird durch Translation erzeugt –, die Beschränkung zunächst im

allgemeinen auf Schwarz-Weiß-Bilder. Verwandte Bildstrukturen sind potentiell angelegt.
Bilder der Op Art sind darüber hinaus so konzipiert, daß sie im eigentlichen Sinne erst durch die Perzeption vollendet werden – virtuelle Bewegungen lassen sich nicht direkt zeichnen.
Dieser Unterschied zwischen Bildern der Op Art und Computerkunst wird durch gegenseitiges Ausspielen klar, sensitives Sehen geschult.

3.3 Der phänomenologische Vergleich

Der angekündigte phänomenologische Vergleich der Bilder soll in einer gewissen Ordnung geschehen, wie dies die Titel der folgenden Teilabschnitte andeuten.

Strahlen

3.6 Da die Wahrnehmungsprozesse zunächst im Vordergrund der Betrachtung stehen, sei das erste Bild eine Figur, die McKay 1957 bei der Untersuchung *virtueller Bewegungen* (s. S. 64) entwarf. Cyril Barrett beschreibt den Effekt sehr schön:
»Indem das Auge sich dem Zentrum der Figur nähert, erweisen sich die konvergierenden, dabei sich verschmälernden und verdichtenden Linien als zunehmend schwerer voneinander zu unterscheiden, und schließlich explodieren sie in einem Lichtschwall. Gleichzeitig scheinen sich dabei ›Schockwellen‹ zu lösen und vom Zentrum aus strahlenförmig auszudehnen. Zarte Wellen in den Spektralfarben erscheinen anschließend überall auf der Fläche und folgen den dunkleren Schockwellen. Nach einiger Zeit wird der Angriff auf das Auge fast unerträglich (S. 13/14)«.

▷▷ **3.7** Miroslav Sutej, Bombardierung der Sehnerven 2, 1963, 224 cm ø

Barrett vergleicht dann die McKay-Figur mit einem Bild von Miroslav Sutej (*1936, Zagreb) – man beachte die Größe der Bilder, die erst den richtigen Eindruck vermitteln kann:
»Der Angriff auf das Auge ist hier weniger stark..., aber darin liegt nicht der entscheidende Unterschied... Wesentlich ist hier die Art und Weise, in der der Effekt unter Kontrolle gebracht wird. Bei der McKay-Figur sind die Konzentrationen in der Mitte und die außen auftretende explosive Bewegung zwar besonders stark, jedoch schnell wieder zerstreut. Sie ist ziellos; und wenn das Auge nicht nach kur-

3.6 McKay-Figur

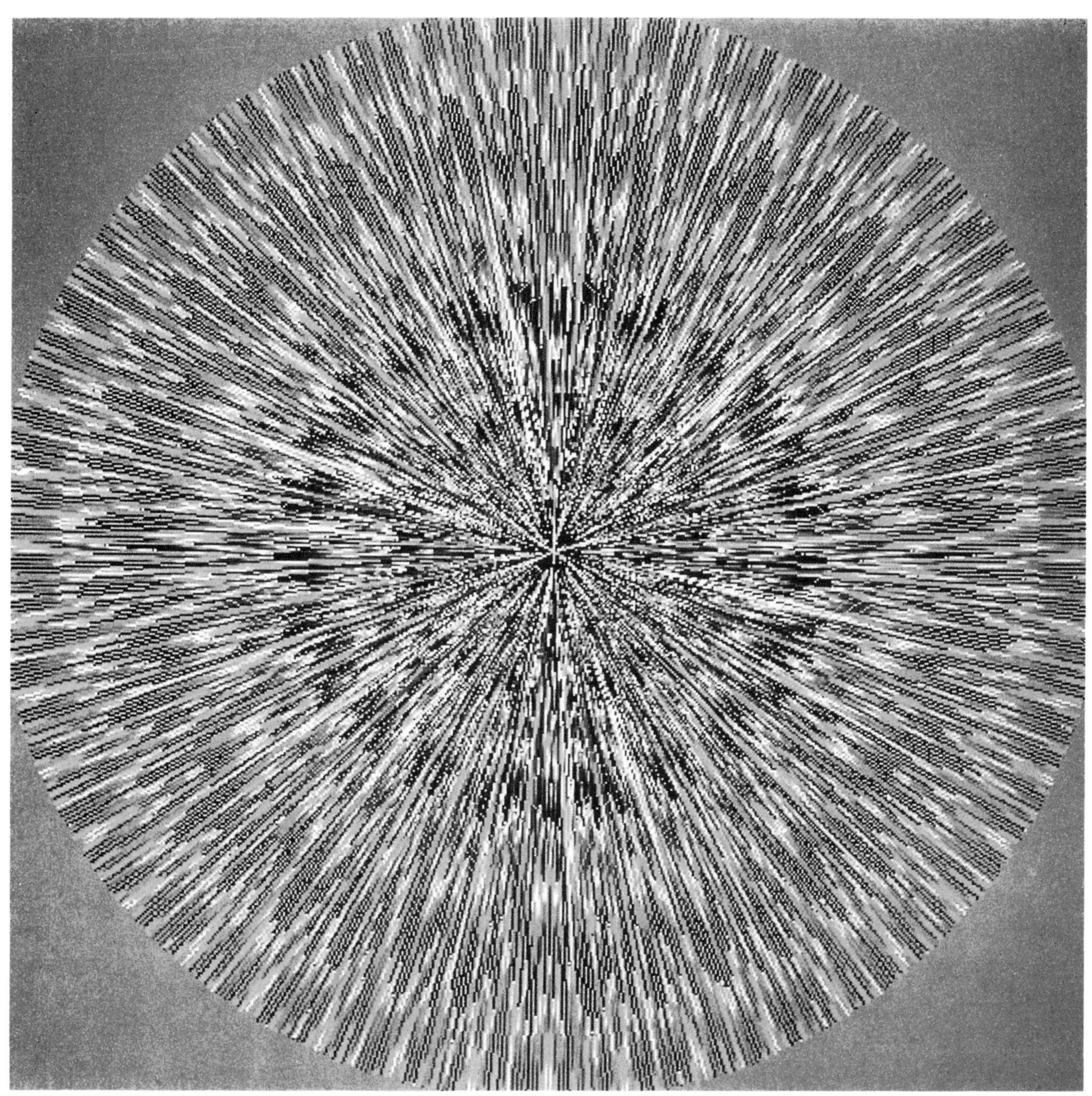

◁ **3.8** Herbert W. Franke, Horst Helbig, Strahlenquelle, 1987, computergeneriert

zer Zeit vor Erschöpfung ermüdet, dann vor Langweile. In Sutejs Bild jedoch zeigt sich weder eine Wirkung der Zerstreuung noch der Wiederholung. Wie in der McKay-Figur besteht auch hier eine Bewegung nach allen Seiten, sie erfährt jedoch ein Gegengewicht durch eine Bewegung nach innen; die Wirkung ist innerhalb der Grenzen des Bildes eingeschlossen. Zudem zeigt sich eine Bewegung in die Tiefe: die Linien werden, vergleichbar den Blütenblättern einer großen Meeresblume, einwärts gesaugt und wieder losgelassen. Die Figur scheint zu atmen und aus einem inneren Leben heraus zu pulsieren (S. 15/16)«.

3.8 Eine ähnliche, jedoch einfachere Figur läßt sich mathematisch durch zentrische *Streckung* eines einfachen Ausgangsmusters erreichen. Diese computergenerierte Figur hat ebenfalls die Aggressivität der McKay-Figur verloren; nicht die Form der Strahlen, sondern deren Farbgebung wird aufgesplittert. Das klar definierte Zentrum zeigt wenig Sogwirkung, der Kreisrand erscheint wie abgeschnitten. Das Bild wurde zum Vergleich schwarz-weiß reproduziert.

Kreise

▷ **3.9** Marina Appollonio, Dynamisch-Kreisförmig 6S, 1966, ø 84 cm, im Besitz der Künstlerin

Die periodische Kreisfigur 3.2 dient als Grundfigur für interessante Abwandlungen. Bei Marino Appollonio (*1940, Venedig) wird der Propellereffekt abgeschwächt, da die Verschiebung der Kreismittelpunkte und die ungleiche Strichdicke Räumlichkeit evoziert. Das Bild erinnert an ein gebogenes Rohr oder an einen »Organismus, der sich geheimnisvoll in Richtung auf eine verborgene Höhlung hin einrollt« (Barrett, S. 19).

3.10 Vergleichbar damit ist ein Bild von Arno Lecci, der mit Frieder Nake und Georg Nees auf der »Sonderschau der Bienale in Venedig, 1970« vertreten war. Statt Kreise sind systematisch Sechsecke verschoben; wieder entsteht ein räumlicher Eindruck: eine sechseckige Turmspitze schräg von oben gesehen. Oberflächlich betrachtet bemerkt man kaum, daß das Bild *computergeneriert* ist, weist es doch – vom schwarzen Hintergrund abgesehen – eine analoge Struktur auf. Das Bild ist jedoch weniger intensiv: Schwarz dominiert auch innerhalb der Figur; den weißen Linien fehlt die Spannung, da sie zu dünn sind und nur wenig variieren; die Verschiebung der *Mittelpunkte* ist gleichmäßig. Bei Appollonio dagegen sind Schwarz und Weiß im Gleichgewicht – das »ungeklärte Verhältnis von Figur und Grund« –, die Strichdicke variiert und die Verschiebung des Mittelpunkts ist wesentlich interessanter angelegt. Zunächst werden die Mittelpunkte der kleinen, also inneren Kreise nach links verschoben, dann aber nach rechts, bis der Mittel-

3.10 Arno Lecci, Shift 2, 1969, computergeneriert

3.11 Aldo Giorgini, Wei-Chung Chen, Negative Reflection, um 1970, Siebdruck, computergeneriert

punkt des äußersten Kreises mit dem des innersten zusammenfällt. Gleichmäßige Verschiebung ergäbe, räumlich gesehen, einen Kegel anstelle der Wölbungen.

3.11 Kreise können – *topologisch* – sehr kompliziert verzerrt und in gegebene Formen – wie Halbkreise und Ecken – eingezwängt werden: Aldo Giorgini (*1934, Voghera, Italien) und Wei-Chung Chen tun dies auf sehr komplexe Weise. Das Bild wirkt mit seiner horizontalen Schwarz-Weiß-Symmetrie statisch und ausgeglichen; die Spiegelachse scheint – nach vorne – in den Raum zu treten, die Linienstrukturen scheinen Bilder von Kreisen zu sein, die in einem gewölbten metallenen Spiegel reflektiert werden. In dieser Art arbeitete Julio Le Parc, der ebene, parallele Liniensysteme an metallischen Zylindern spiegelte, wobei sich die Spiegelungen allerdings mit dem Betrachter bewegen (*kinetische Op Art*, Kat.).

Mathematisch gesehen handelt es sich bei »Negative Reflection« um Linien gleichen Potentials, vereinfacht gesagt, um Höhenlinien.

Doppeltperiodische Strukturen

Dreiecke

3.12 Hatte die periodische Struktur konzentrischer Kreise immerhin noch ein Zentrum, an dem sich das Auge »festhaken« konnte, so besteht das Bild 3.12 jetzt aus 24 x 21 gleichen, schachbrettartig angeordneten Dreiecken. Größte Monotonie bewirkt maximale Redundanz und irritiert das Auge. Die visuelle Information ist so gering, daß die Verarbeitung im Gehirn sich zusätzliche Information aufbaut (s. S. 64) und komplexe *Wahrnehmungsspiele* erzeugt. Superzeichen werden willkürlich gebildet, »Dreiecke schließen sich zu Gruppen zusammen und gruppieren sich in verschiedenster Weise wieder um. Der Helligkeitswert der Struktur wechselt ständig ... Manchmal scheinen die Dreiecke flach auf der Bildfläche zu liegen, dann wie Schattenwirkungen in einem Gebäude zurückzutreten« (Barrett, S. 20/21). Auf Grund des Simultaneffekts wirkt Weiß neben Schwarz heller, so daß ein weißes Gitter auftaucht, das die schwarzen und weißen Dreiecke zusammenfaßt. Konzentration kann auch die beiden Dreiecksarten zu Rauten vereinigen und so die Diagonale betonen.

Diese *homogene Struktur* ist damit so angelegt, daß die Aufmerksamkeit des Betrachters zwischen den verschiedenen *Ebenen von Superzeichen* pendelt. Die Superzeichen sind labil. Das Bild ist also *zweideutig* strukturiert und erhält dadurch bereits einen gewissen ästhetischen Wert (s. S. 70 und S. 174).

▷ **3.12** Doppeltperiodische Dreieckstruktur

Verformung der homogenen Struktur verringert die Labilität der Superzeichen, verdeutlicht dadurch aber das verwirrende Spiel der Wahrnehmung. Bridget Riley

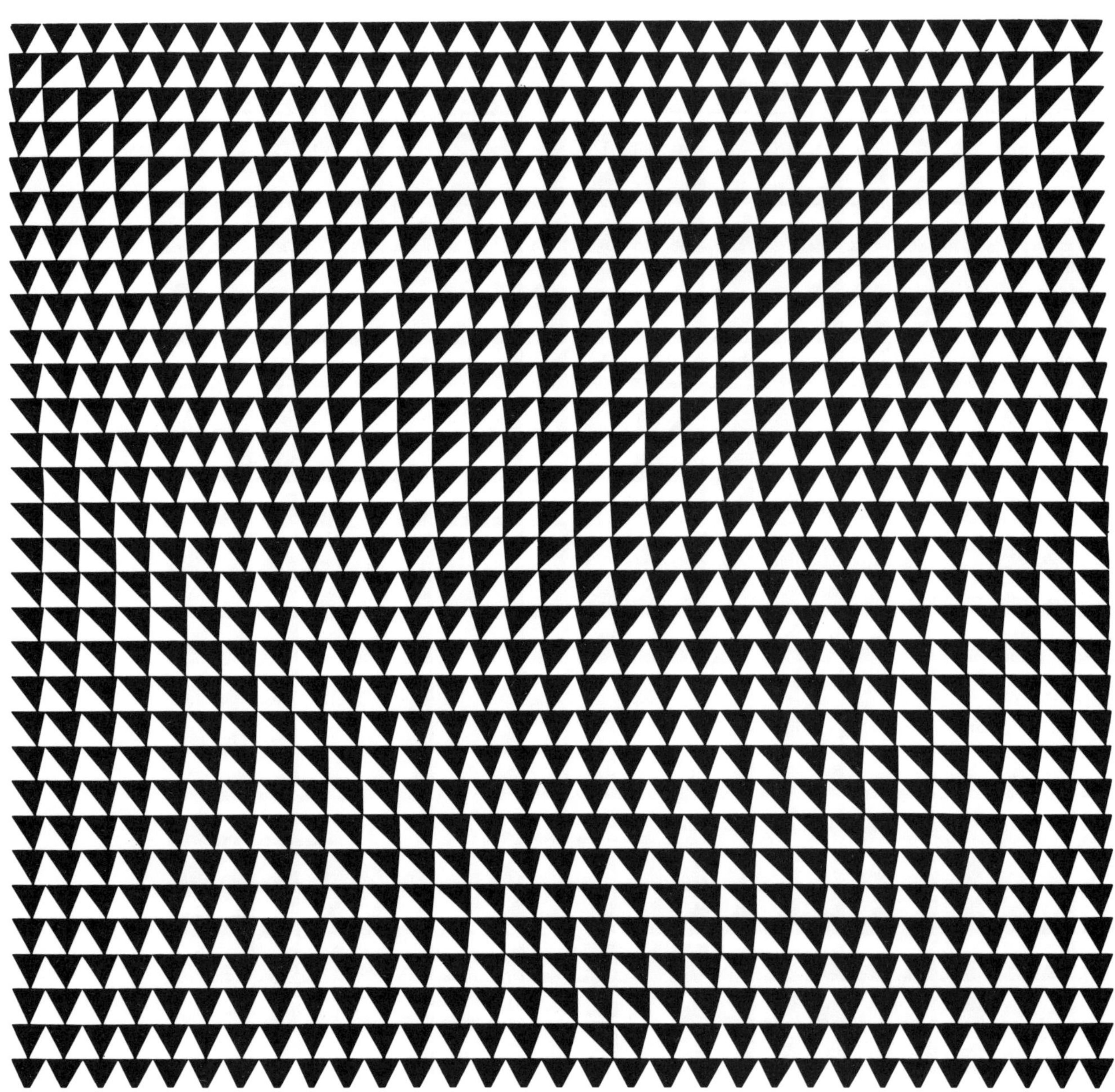

(*1931, London, lebt dort und in der Provence) unterstützt solche Irritationen bewußt und gezielt in ihren Bildern wie »Shiver«; niemand entrinnt jetzt diesen visuellen Attacken. Es wird deutlich, daß diese bedeutende Künstlerin der Op Art, die 1968 den Preis der Bienale von Venedig erhielt, äußerst systematisch und überlegt experimentiert.

◁ **3.13** B. Riley, Shiver (Schauder) 1964, Emulsion auf Karton, 69 x 69 cm, Sammlung Tony Curtis, Los Angeles

Programme, Algorithmen

Die beiden letzten Bilder sind *potentielle Computerbilder*. Leichte bzw. kleine Programme vermögen diese zu beschreiben und zu generieren. Dies soll explizit für die doppeltperiodische Dreieckstruktur erläutert werden.

Programmiersprachen sind kurz und bündig, eine Art Telegrammstil mit wenig Redundanz; Fehler haben somit sofort entsprechende, oft verheerende Konsequenzen, wenn nicht zusätzlich Sicherungen eingebaut sind. Das Bild besteht aus 24 x 21 Dreiecken bzw. Dreiecksflächen, d. h. in 24 Zeilen sind je 21 schwarze Dreiecke – rechtwinklig und gleichschenklig – untergebracht. Der Computer erhält nun Anweisungen, diese Dreiecke der Reihe nach, Zeile für Zeile, von links nach rechts und von oben nach unten, also in der gewohnten Leserichtung bzw. Leseart eines Textes, zu zeichnen. Grob vereinfacht und manchmal etwas schwerfällig, damit der Handlungsablauf, die Regel bzw. der »Algorithmus« präzise beschrieben wird, sieht dieses Programm, das den Namen »Dreieckstruktur« erhalten soll, um es von anderen zu unterscheiden, etwa so aus (Hintergrund ist die Programmiersprache LOGO, die zur LISP-Familie gehört):

```
Programm DREIECKSTRUKTUR
GEHE an den Anfangspunkt oben links
WIEDERHOLE 24 mal (folgendes):
  [WIEDERHOLE 21 mal:
    (ZEICHNE schwarzes Dreieck und
    GEHE um eine Dreieckseite nach rechts)
  GEHE an den Zeilenanfang und
  um eine Dreieckseite nach unten]
ENDE
```

Schleifen

In den Klammern steht jeweils der Teil des Prozesses, der wiederholt werden soll. Das Programm enthält zweimal die sog. *REPEAT-Anweisung* – eine *Schleife* –, die die für Computer so typische redundante »Sklavenarbeit« signalisiert, in diesem Fall die zweifache Periode. Dabei wird der Einfachheit halber vorausgesetzt, daß der Computer diese Dreiecke zeichnen kann, sie also wie Buchstaben in seinem Zeichenvorrat vorhanden und abrufbar sind.

Das Programm soll übersichtlicher und damit auch leichter verständlich geschrieben werden, indem man die doppelte Klammerung mittels eines *Unterpro-*

gramms vermeidet. Durch Angabe des Namens dieses Unterprogramms wird es vom Haupt-Programm an der entsprechenden Stelle aufgerufen. Programme können damit in kleine Häppchen zerlegt werden.

```
Programm DREIECKSTRUKTUR
GEHE an den Anfangspunkt oben links
WIEDERHOLE 24 mal:
   [ZEICHNE-EINE-ZEILE
   GEHE an den Zeilenanfang und
   um eine Dreieckseite nach unten]
ENDE
Unterprogramm ZEICHNE-EINE-ZEILE
WIEDERHOLE 21 mal:
   [ZEICHNE schwarzes Dreieck
   GEHE um eine Dreieckseite nach rechts]
ENDE
```

Statt der REPEAT-Anweisung kann auch eine *FOR-Anweisung* (FÜR ... BIS ...) das *Durchlaufen* einer Schleife bewirken. Dazu ist eine sog. *Laufvariable* notwendig, deren Vorteil beim Programm GIBSON (S. 94) klar werden wird. Zunächst soll jedoch das praktisch sich selbst erklärende Programm mit der Laufvariablen Y für die Zeilennummer und der Variablen X für die Dreiecksnummer in der entsprechenden Zeile vorgestellt werden. Die Variablen X und Y erinnern dabei an ein Koordinatensystem mit horizontaler x-Achse und vertikaler y-Achse. Die Zeilen sind vertikal angeordnet, die Dreiecke in dieser horizontal. Einrücken macht die Klammern überflüssig:

```
Programm DREIECKSTRUKTUR
GEHE an den Anfangspunkt oben links
FÜR Y=1 BIS 24 TUE:
   ZEICHNE-EINE-ZEILE
   GEHE an den Zeilenanfang und
   um eine Dreieckseite nach unten
ENDE
Unterprogramm ZEICHNE-EINE-ZEILE
FÜR X=1 BIS 21 TUE:
   ZEICHNE schwarzes Dreieck
   GEHE um eine Dreieckseite nach rechts
ENDE
```

Bridget Riley verwendet in ihren systematisch-ästhetischen Untersuchungen als doppeltperiodisches Grundmuster auch das scheinbar einfachere, weil seit Urzeiten bekannte Schachbrettmuster. Statt schwarzer Dreiecke sind schwarze Quadrate zu zeichnen; da deren Abstand die doppelte Quadratseite ist, wird zwischen ihnen je ein weißes Quadrat aus der Grundfläche ausgespart. Die Zeilen beginnen folglich alternierend mit einem schwarzen – bei ungerader Zeilennummer Y – bzw. einem *weißen* Quadrat – bei *gerader* Zeilennummer. In das Unterprogramm muß also eine entsprechende *Bedingung* (WENN... DANN...) in Abhängigkeit von der Laufvariablen Y eingebaut werden: **Das Schachbrett**

Programm SCHACHBRETT
GEHE an den Anfangspunkt oben links
FÜR Y=1 BIS 12 TUE:
  ZEICHNE-EINE-ZEILE
  GEHE an den Zeilenanfang und
  um eine Quadratseite nach unten
ENDE

Dieses Programm unterscheidet sich fast nur im Namen vom Programm DREIECKSTRUKTUR: *Dreieckseite* wurde durch *Quadratseite* ersetzt. Das Unterprogramm ändert sich wie folgt und zeigt bereits den Vorteil der Laufvariablen Y:

Unterprogramm ZEICHNE-EINE-ZEILE
WENN Y gerade
DANN GEHE um eine Quadratseite nach rechts
FÜR X=1 BIS 6 TUE:
  ZEICHNE Quadrat
  GEHE um *zwei* Quadratseiten nach rechts
ENDE

Wenn Y ungerade ist, führt der Computer keinen Befehl aus: das schwarze Quadrat wird in der Tat am Zeilenanfang gezeichnet. Insgesamt besteht das Schachbrett aus 12 x 12 Feldern.

»Movement in Squares« (Bewegung in Quadraten) von Bridget Riley ist die **3.14**
Abwandlung des Schachbrettmusters mittels einer *Progression* in horizontaler Richtung; dabei vergrößert sich die Anzahl der zu Rechtecken gepreßten schwarzen oder weißen Quadrate auf 22. Der Betrachter erhält den »quälenden Eindruck von einem sich zusammenziehenden Schlangenkörper mit quadratischen Schuppen«. Das *Konstanzphänomen* läßt diese Rechtecke aber auch als in den

▷ **3.14** Bridget Riley, Movement in Squares, 1961, Tempera auf Karton, 122 x 122 cm, Arts Council of Great Britain

Raum gedrehte Quadrate erscheinen und bewirkt so für den abendländisch geschulten Betrachter eine Wölbung »wie das langsame Ein- und Ausbiegen einer glänzenden schachbrett-gemusterten Fläche« (Türr, S. 91).

Wie verschiedenartig sich solche einfachen Bilder visuell artikulieren und deuten lassen! Werner Hofmann spricht von »Bedeutungsspielen«, die von den Wahrnehmungsspielen provoziert, diese ergänzen. Gerade die Vermeidung der Eindeutigkeit macht die Bilder ästhetisch interessant. Die Intention von Riley entspricht eher der ersten Deutung, da sie durch Rhythmisierung ihrer Bilder die *Zeit* visuell darstellen wollte, nicht den Raum. Ein weiterer Hinweis ist die Tatsache, daß die Transformation der Quadrate rechts beginnt und »entgegen der europäischen Leserichtung« (Türr, S. 89) fortschreitet.

»Mein Begriff von Raum ist der offene, flächige Raum, der Raum, wie er z. B. bei Pollock zu finden ist ... Auch Mondrian pflegte so vorzugehen. Man hat dabei auf das plane Zusammenspiel von Zug- und Stoßkräften ... zu achten« (Riley in Barrett, S. 131/132).

Sollte das Bild mit dem Computer generiert werden – man beachte dabei das *Format* des Bildes –, so ist die entsprechende Deformation bzw. mathematische *Funktion* nur in der FOR-Schleife des obigen Unterprogramms zu berücksichtigen – ohne sonstige Änderung des Programms. Diese Funktion läßt sich folgendermaßen intuitiv erfassen – so wie sie letztlich auch von der Künstlerin intuitiv konzipiert wurde und keineswegs mathematisch – und als Zeit-Weg-Diagramm veranschaulichen:

3.15 Werden die Rechtecke einer Zeile gezählt und geschieht dieser Zählvorgang zeitlich gleichmäßig, so verlangsamt sich die Augenbewegung dort, wo die Rechtecke schmäler werden, sie wird schneller, wo diese sich verbreitern; es ändert sich also das »visuelle Tempo« (Barrett, S. 137). (Dieser Geschwindigkeit proportional – wenn auch viel schneller – werden die Zeilen vom Computer generiert, unter der Annahme, daß bei jedem Durchgang in der FOR-Schleife die Befehle in derselben Zeit ausgeführt werden.)

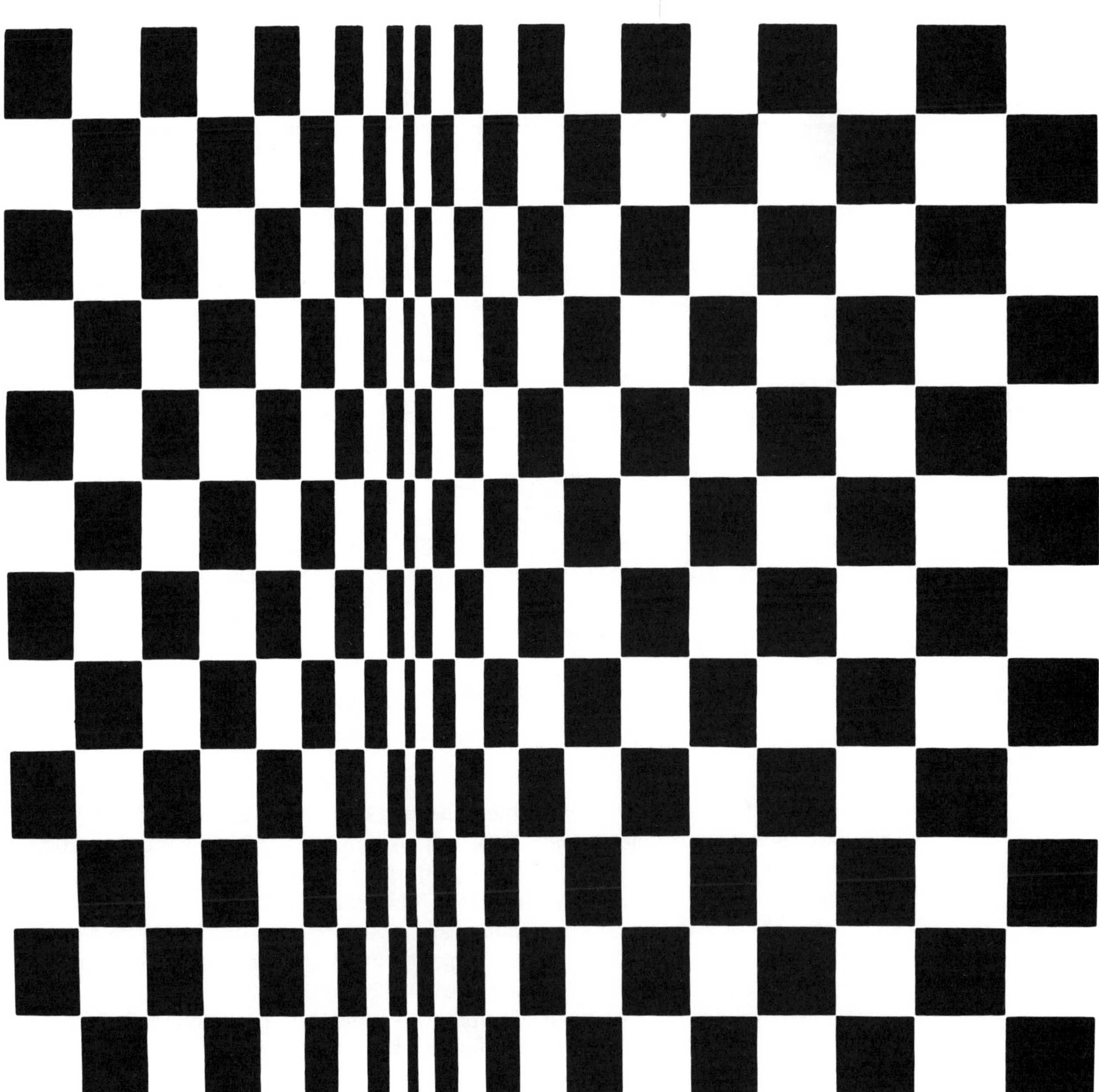

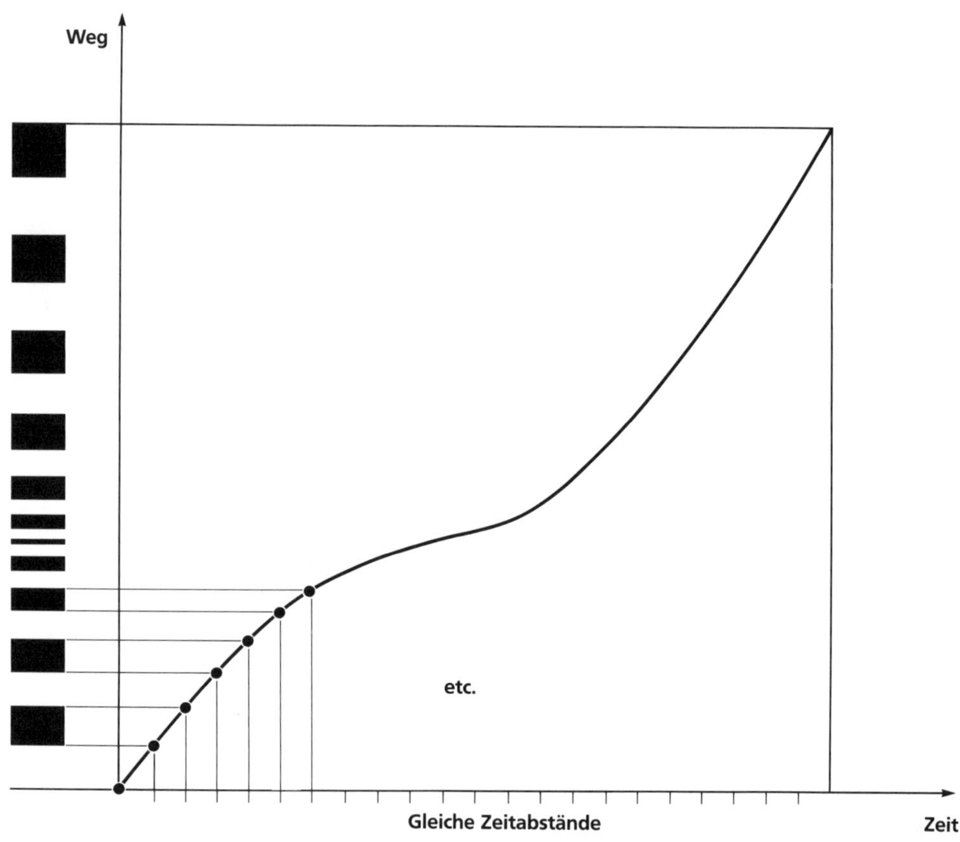

3.15 Visuelles Tempo

Rhythmen
3.16

Die Idee für die Bildserie »Rhythmen« besteht darin, zwei verschiedene Perioden – wie Duolen und Triolen in der Musik, nur allgemeiner – gegeneinander auszuspielen. Die ästhetisch einfachste Version zeigt das Prinzip. Sowohl die obere, als auch die untere Hälfte des Bildes sind durch fünf durchgehende Linien in vier gleiche Intervalle geteilt. Diesen 4 Grundintervallen werden in der oberen Hälfte 4+2, also 6, in der unteren Hälfte 4+3, also 7, gleiche Intervalle überlagert. Die übrigen Bilder stützen sich auf die Grundintervalle 20, 45 und 90 (s. auch S. 38).

▷ **3.16** Erwin Steller, Rhythmen, 4:6:7, 20:22:23, 45:47:48, 90:92:93, 1986/88

Damit wird es notwendig das Programm so *variabel* zu gestalten, daß der Benutzer die Möglichkeit erhält, bei seinem Abruf, die ANZAHL der Grundintervalle einzugeben. ANZAHL stellt damit eine Variable dar, die – in einem *Dialog* mit dem Computer – rechtzeitig definiert werden muß:

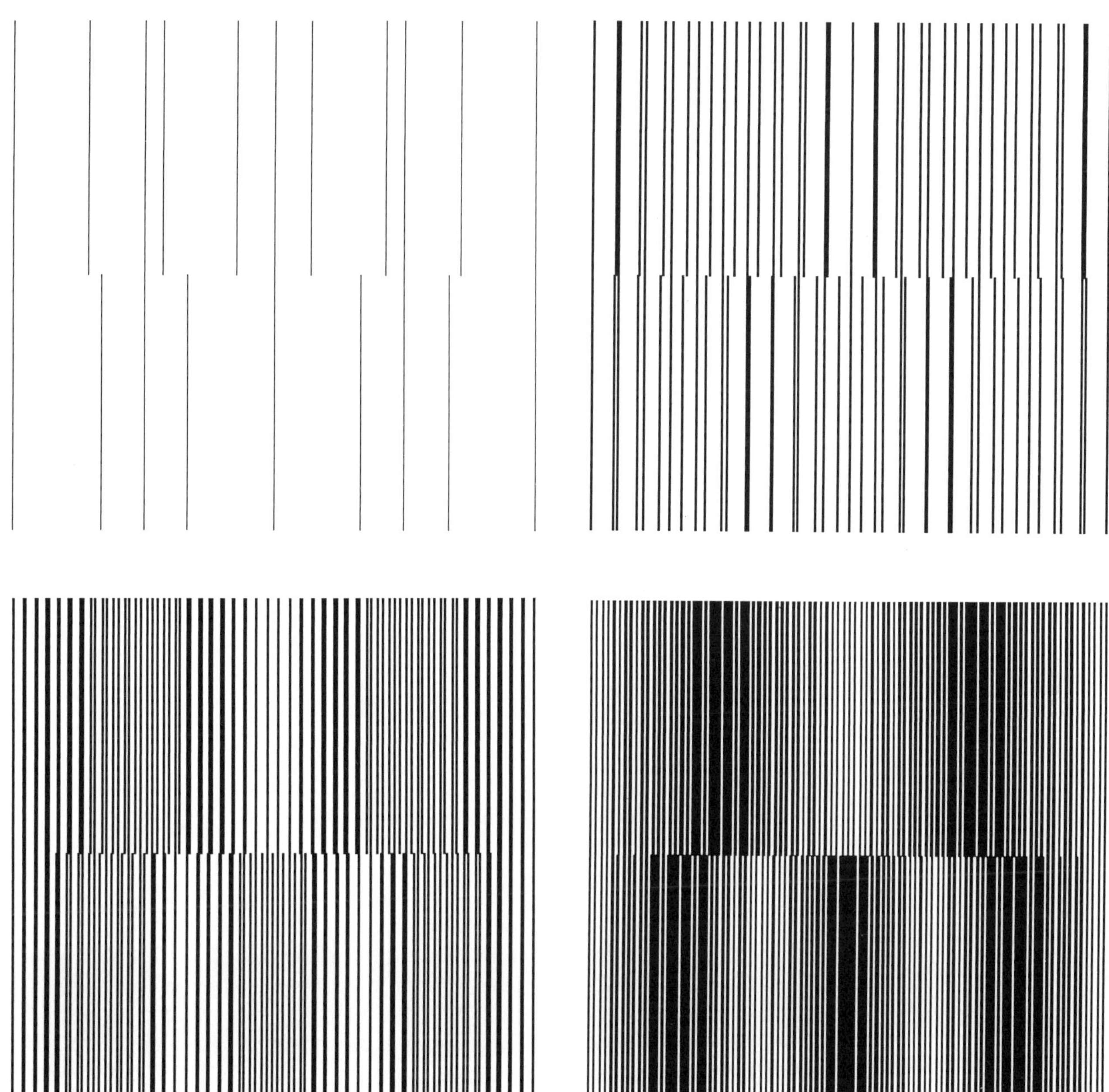

Unterprogramm DIALOG
SCHREIBE (auf den Bildschirm)**:**
»Zahl der Intervalle? «
LIES EIN: ANZAHL (auf der Tastatur)
ENDE

Der *Schreib-Befehl* ist ein sog. *Output*: Der Computer gibt nämlich gewisse Daten – eine Frage, eine Zahl – aus. *Lese-Befehle* warten dementsprechend auf Inputs, die der Benutzer durch Eintippen auf der Tastatur dem Computer zuführt.
Nach diesem DIALOG sollen die obere und die untere Hälfte der Bilder nacheinander generiert werden. Im Hauptprogramm folgen deshalb dem DIALOG die beiden Unterprogramme HÄLFTE1 und HÄLFTE2:

Programm RHYTHMUS
DIALOG
HÄLFTE1
HÄLFTE2
ENDE

Diese Unterprogramme sind im einzelnen zu definieren:

```
Unterprogramm HÄLFTE1
GEHE nach links oben
STRECKE
FÜR X=1 BIS ANZAHL TUE:
   GEHE um (Bildbreite/ANZAHL) nach rechts
   STRECKE
GEHE nach links oben
FÜR X=1 BIS (ANZAHL+2) TUE:
   GEHE um (Bildbreite/(ANZAHL+2)) nach rechts
   STRECKE
ENDE
```

Erläuterungen

»STRECKE« ist ein nicht angegebenes Unterprogramm für das Zeichnen einer vertikalen Strecke der festen Länge 200 Pixel, der halben Bildhöhe. Der Term »Bildbreite/ANZAHL« veranlaßt den Computer zu einer Division, die die Intervallbreite, bzw. den Abstand der Linien, ermittelt. Im zweiten Teil des Unterprogramms wird die ANZAHL um 2 erhöht – entsprechend der höheren »Frequenz«, also der größeren ANZAHL von Intervallen. Das Unterprogramm HÄLFTE 2 hat analoges Aussehen; statt um 2 wird die ANZAHL um 3 erhöht.

Das Wesentliche des Programms RHYTHMUS ist also seine – wenn auch noch geringe – *Variabilität*. Wurde das Programm zunächst für eine relativ kleine Streifenzahl konzipiert, so eröffnet ein systematischer Test die Möglichkeit, diese Zahl bis in die Größenordnung 100, ja 200 zu treiben. Mit der Zunahme der Streifenzahl erhalten die Bilder immer mehr eine wellige Scheinräumlichkeit. Dieser räumliche Eindruck kann beim Betrachter erhalten bleiben bzw. sensibilisiert werden, wenn sein Blick wieder zu Bildern mit geringerer Streifenzahl zurückkehrt.
Als Interferenz periodischer Linienstrukturen handelt es sich um ein *Moiré*, allerdings um ein entartetes, da Schnitte von parallelen Linien nicht möglich sind. Die Linien können sich allerdings überlappen und breitere Bänder erzeugen.
Die äquidistanten Parallelenscharen lassen sich als akustische *Wellen*, die durch Verdünnungen oder Verdichtungen der Luft charakterisiert sind, interpretieren. In dieser Auffassung stellen die Bilder *Schwebungen* dar – mit der Schwebungsfrequenz 2 oben, bzw. 3 unten. Moirés sind sich »reibende« grafische Strukturen – analog den schon erwähnten reibenden Tönen.

Progressionen

▷ **3.17** Almir Mavignier, Konkav-konvex, 1966, Serigrafie, 62 x 62 cm

Das Bild »Konkav-konvex« von Mavignier (*1925 in Brasilien, lebt in Hamburg) ergibt – um 90 Grad gedreht – einen ähnlich räumlichen Eindruck zweier Wellen, jedoch mit variabler Frequenz. Aufgrund der verschieden großen weißen Punkte entfaltet sich eine Lichtwirkung, die das Bild wieder typisch als Op erscheinen läßt. Mavignier, Schüler von Max Bill, Max Bense und Josef Albers an der berühmten *Ulmer Hochschule für Gestaltung* der 50er Jahre, ging von einer Idee Paul Klees aus: Das Zusammentreffen zweier Linien bewirkt im Auge energetische Aktivität, wie dies, das *Einzellinien-Moiré* zeigt. Also beginnt Mavignier bei einem Gitter, einer doppelperiodischen Struktur, besetzt die Energiezentren mit weißen Punkten, verändert deren Größe systematisch und bewirkt trotz ihres *gleichbleibenden* Abstandes die erwähnte Scheinräumlichkeit (nach W. Rotzler).

3.14

Während bei Riley in »Movement of Squares« im Mittel die Schwarz-Weiß-Verteilung konstant ist und somit eine Scheinräumlichkeit erschwert, sind bei Mavignier Helligkeitsschwankungen deutlich festzustellen; eine räumliche Interpretation wird provoziert, unabhängig davon, ob die Schwankungen *diskret* oder *kontinuierlich* verlaufen.

▷▷ **3.18** Erwin Steller, Zylinder, 1988, Bildschirmfotografie

Painting-Systems, also *Malsysteme*, die als Software – in Form von Programmen – von Computerfirmen angeboten werden, stellen meist als eine der vielen Zeichen- oder Malmöglichkeiten *Farbenprogressionen* zur Verfügung, also diskrete oder dem Auge stufenlos erscheinende Übergänge von einer Farbe zu einer anderen bzw. von einem Farbton zu einem helleren oder dunkleren, insbesondere auch eine kontinuierliche Grauwertskala, ein *Grauwertglissando*. Ein Rechteck kann in

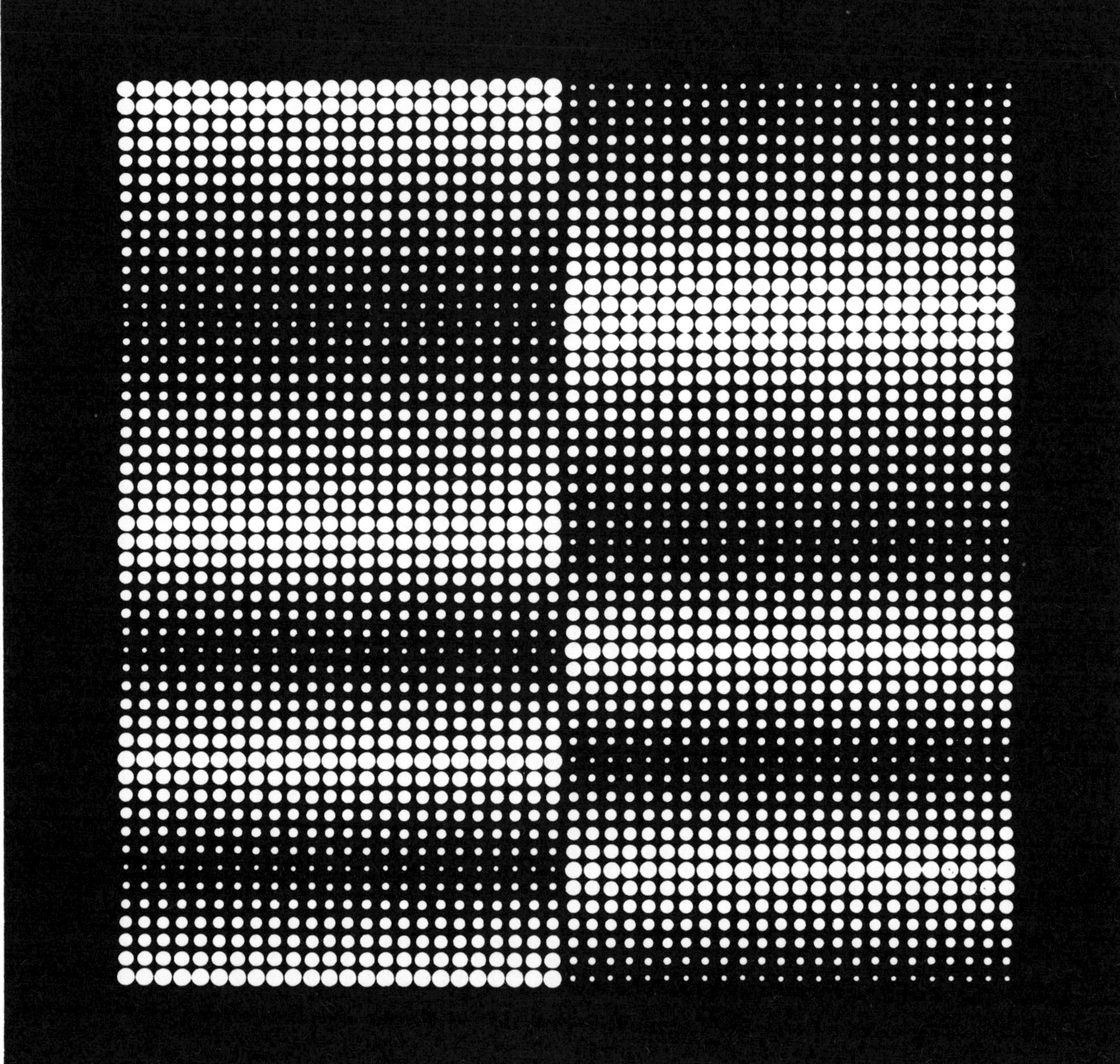

horizontaler oder vertikaler Richtung von Schwarz nach Weiß aufgefüllt werden (*filling option*). Jede Bildhälfte entstand – unter Verwendung einer Skala – auf diese Weise durch fortgesetzte Rechteckhalbierung. Rechtecke lassen sich mit der »Maus« zeichnen, indem man ihre unsichtbar bleibende Diagonale zieht.

▷ **3.19** J.J. Gibson, Optische Figur, Transformation rechteckiger Formen, 1950

▷▷ **3.20** Horst Bartnig, Entwicklung zum Quadrat I, 1984, Siebdruck, 48 x 48 cm, Programm: V. Hartmann

Die »Optische Figur« von Gibson, der wie McKay die Perzeption untersucht, zeigt systematisch die Transformation eines kleinen Quadrats mit der Seite 1 bis hin zu einem zehnmal größeren Quadrat, während das tabellarische, computergenerierte Bild von Horst Bartnig (*1936, Militsch in Schlesien, lebt in Berlin) eine analoge Verdichtung, bei 0 beginnend, visualisiert.

Programme sind hier leicht aufzuschreiben, z.B. für die »Optische Figur« von Gibson, das andere Bild möge der Leser selbst zu programmieren versuchen.

Die Programmiersprache möge das Unterprogramm RECHTECK (X,Y), das Rechtecke mit der Breite X und der Höhe Y zeichnen kann, zur Verfügung stellen. Die Höhe der Rechtecke stimmt gerade mit der Zeilennummer Y, ihre Breite mit der Spaltennummer X überein und damit mit den entsprechenden *Laufvariablen*; deren Vorteil wird nun klar. Laufvariable werden nicht nur zum Zählen der Schleifen verwendet, sondern auch in Anweisungen *innerhalb* dieser Schleifen – wie beispielsweise auch in der Anweisung GEHE …:

```
Programm GIBSON
Anfangspunkt
FÜR Y=1 BIS 10 TUE:
   ZEILE
   GEHE an den Zeilenanfang und
   um (Y+5) nach unten
ENDE

Unterprogramm ZEILE
FÜR X=1 BIS 10 TUE:
   RECHTECK(X,Y)
   GEHE um (X+5) nach rechts
ENDE
```

Der Abstand zwischen allen Rechtecken beträgt 5 Einheiten.

▷▷▷ **3.21** Julio Le Parc, Séquences progressives ambivalentes No. 19, 1959

Diesen einfachen Progressionen soll eine wesentlich komplexere Progression von Julio Le Parc – bei gleicher Hintergrundstruktur – gegenübergestellt werden. »Das ungeklärte (ambivalente) Verhältnis von Figur und Grund« ist auf die Spitze getrieben. Ein schwarzes Gitter vor weißem Grund und ein weißes vor schwarzem Grund sind unauflöslich ineinander verwoben. Quadrate werden transformiert.

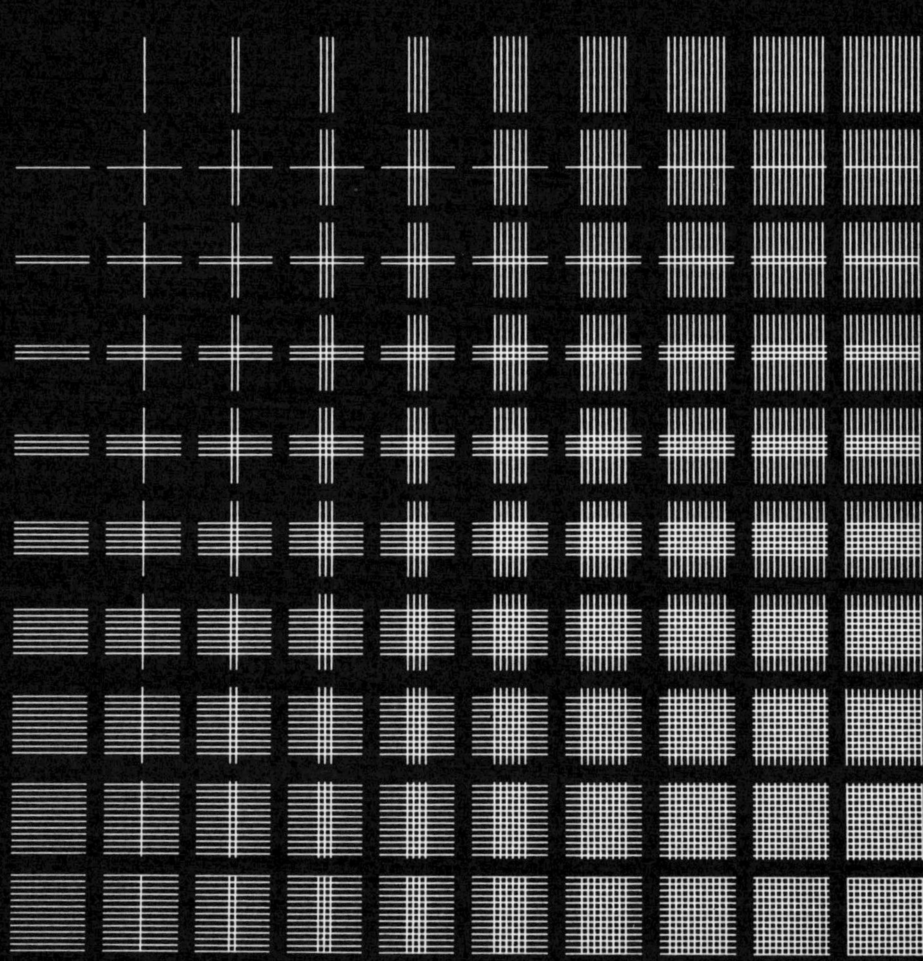

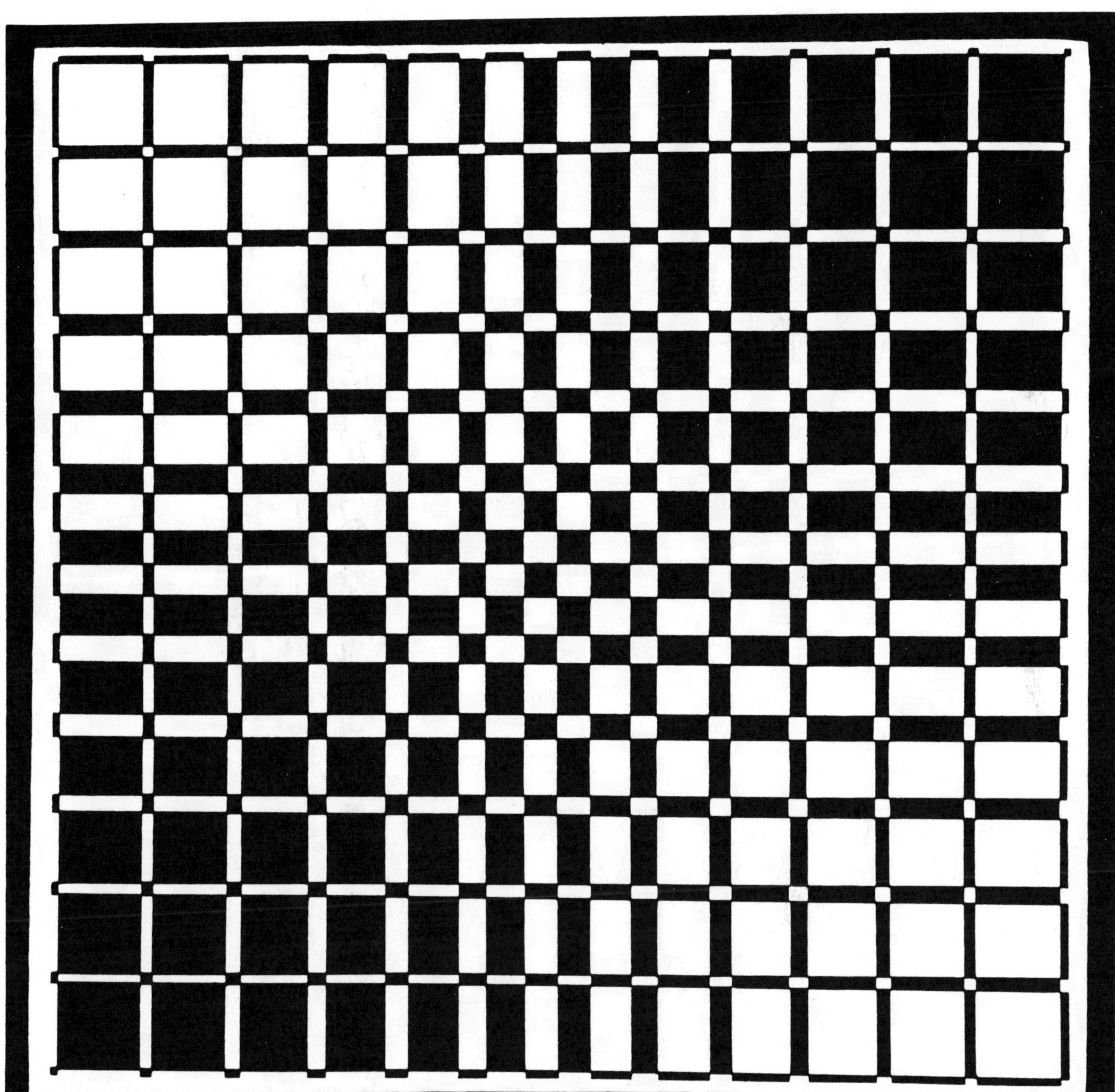

Die Doppelläufigkeit dieser Transformation bewirkt, daß die Figur jede der beiden Diagonalen als Symmetrieachse hat, nicht nur jeweils eine, wie in den beiden vorausgegangenen Bildern. Sicher ließe sich das Bild von Le Parc programmieren, mögen die Feinheiten auch Probleme aufwerfen.

Das Bild unterstützt bewußt die Hermann'sche Kontrasttäuschung, »im Gegen- **3.1**
satz zu Mondrian, der auf seinen gekreuzten schwarzen Bändern diesen Effekt gewissermaßen hinnehmen mußte – wenn er ihm überhaupt bewußt geworden ist« (Türr, S. 85).

Zuletzt sei ein Bild gezeigt, das auch den ungeübten Betrachter in mannigfacher Weise irritieren wird. Es macht einen Unterschied, ob das Bild genau senkrecht über seiner Mitte oder schräg betrachtet wird, in Richtung zur Mittelachse oder zu einer Diagonalen. Jedesmal entstehen andere Superzeichen und somit andere Deutungen. Die Verwirrung kann sich so steigern, daß die Hand über das Bild streicht, um zu prüfen, ob es denn wirklich eben sei.

◁ **3.22** Gruppo N, Struttura Ottico-Dinamica 1963

Moirés

Virtuelle Bewegungen, verursacht durch eine Art *Netzhautmoiré* (s. S. 64f), wer- **3.3**
den durch Erzeugung von Moirés direkt auf der Bildfläche *stabilisiert* – wie das Fresnel-Ring-Moiré. Schon die Überlagerung so einfacher periodischer Strukturen ergeben komplexe Gebilde, bei dem das Auge mehrere Kreissysteme sieht, obwohl nur ein einziges Kreissystem dem Liniensystem überlagert wird. Die Strukturen brauchen nicht periodisch zu sein, wie dies ein Bild von Peter Sedgley sehr gut veranschaulicht:

Ein kaum sichtbares Kreissystem mit progressiv zunehmenden Radien, und Mittelpunkt im linken unteren Viertel des Bildes, wird mit dem klar erkennbaren System von rechten Winkeln, deren Scheitel wiederum nicht im gleichmäßigen Abstand auf einer S-Kurve liegen, überlagert. Daß sich bei dieser Interferenz auch verzerrte Kreissysteme bilden, erscheint einleuchtend.

▷ **3.23** Peter Sedgley, Spur 7, 1964, 160 x 160 cm, Sammlung Max Simpson, USA

Künstler, die mit dem Computer arbeiten, ließen sich solche einfachen Möglichkeiten zur Erzeugung komplexer Figurationen nicht entgehen. Ein sehr schönes und geradezu didaktisches Beispiel gibt Jürgen Lit Fischer. Es wird ein System mit sich selbst zur Interferenz gebracht, nachdem es zunächst verkleinert, gedreht und etwas verschoben wurde.

▷▷ **3.24** Jürgen Lit Fischer, Die Zeichnung mit zwei Rechtecken, 1986, 20 x 30 cm

Computer-Moirés stellen immer noch ein beliebtes Thema dar. A. Giorgini, **3.11, 3.25**
zusammen mit Wei-Chung Chen, überlagerte seine Potentiallinien, Eudice Feder

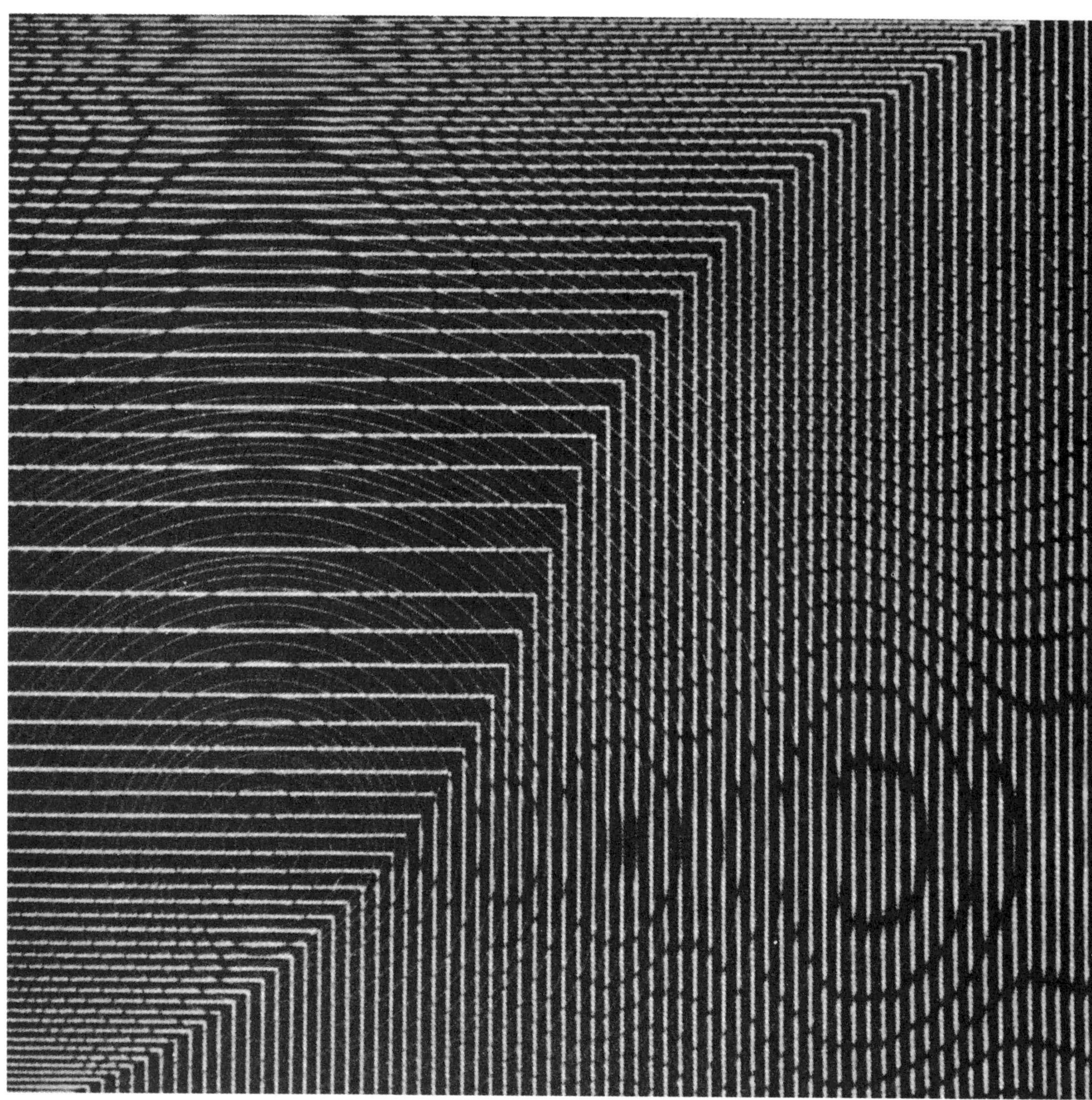

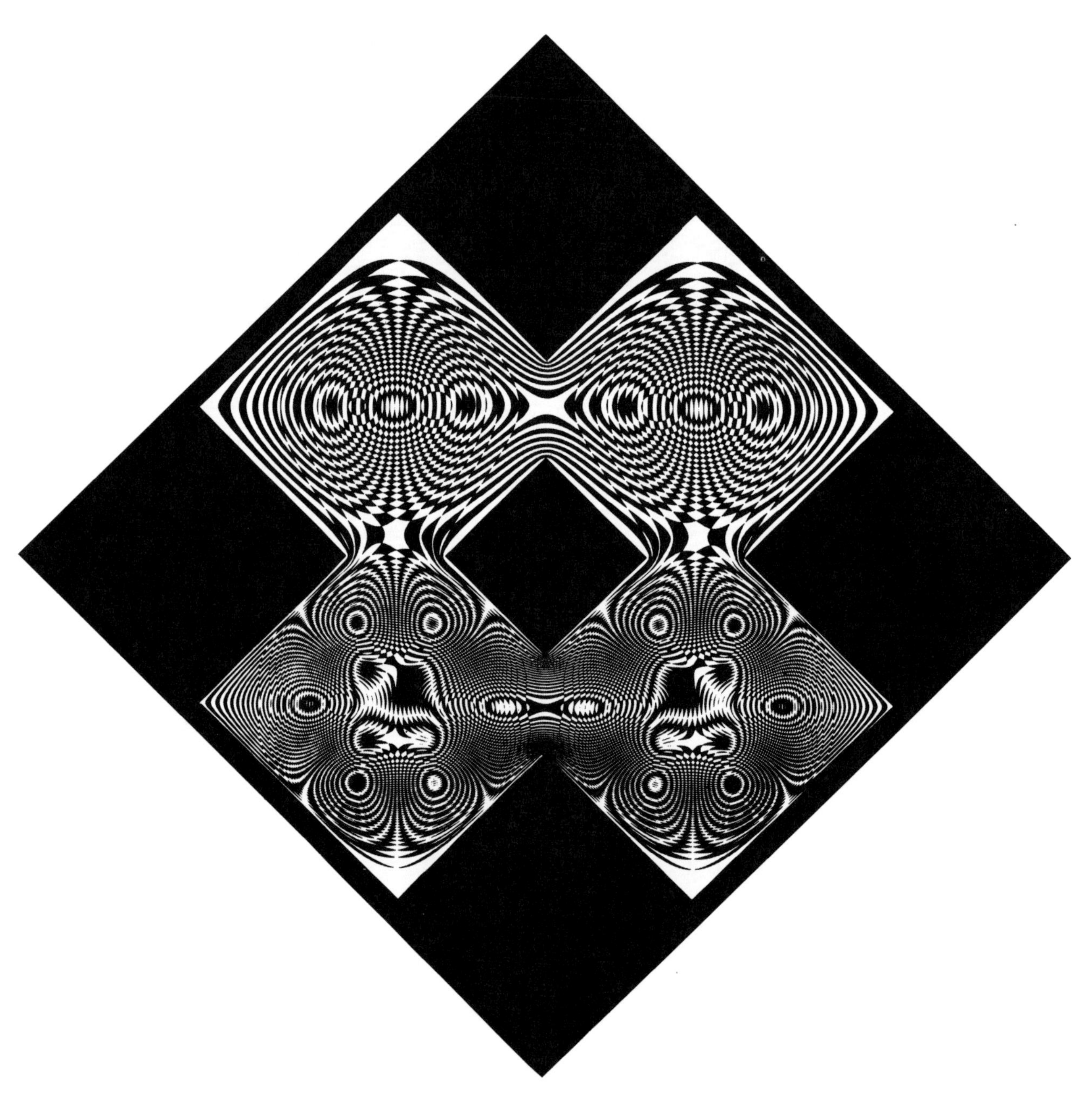

stellte Moirés bei Siggraph '85 und '86 vor, ebenso wie Christa Schubert 1983, und Peter Weibel in einer Computeranimation 1988.
In der Op Art realisierte Ludwig Wilding (*1927 Grünstadt/ Pfalz, lebt in Ratingen und Hamburg), aber auch Carlos Cruz-Diez (*1923 in Caracas) solche Moirés mit zwei *Folien*, denen die Strukturen aufgeprägt wurden (Kat.). Aufeinanderlegen der Folien und leichtes Verschieben erzeugen Serien von Moirés. Diese können auch im Raum erzeugt werden. Statt mit zwei Folien arbeitet Jesus Rafael Soto (*1923 in Ciudad Bolivar, lebt in Paris) mit zwei parallelen Plexiglasplatten, die einen Abstand in der Größenordnung von 10 cm aufweisen (Kat. Soto oder Rotzler). Die Überlagerungen hängen vom Ort des Beobachters ab und *bewegen* sich beim Vorbeigehen (*kinetische Op Art*). Es genügt aber auch eine Grundplatte zu bemalen und vor diese, an Nylonfäden aufgehängt, Drähte leicht schwingen zu lassen. Auch ohne Veränderung des Beobachters werden so vibrierende Moirés von starkem Reiz und beträchtlicher Irritation erzeugt.
Wolfgang Zach (*1949 in Bremen, studierte Informatik und Bildende Kunst in Karlsruhe, lebt in Bremen) macht seine Skulpturen aus feinen, silbrigen Drähten, die in mehreren, nicht immer parallelen Schichten als variable Fächer angeordnet sind. Die Kompliziertheit der räumlichen Anordnung veranlaßte den Künstler, den Computer einzusetzen – allerdings nicht von Anfang an. Die Tendenzen der kinetischen Op Art erfuhren in ihrer Komplexität eine Steigerung .
Selbst die Schwarz-Weiß-Zeichnungen, die der Künstler – in mehreren schmalen Bändern ohne sichtbare Übergänge – zur Vorbereitung einer Skulptur von einem Drucker ausgeben läßt, sind vom eigenem grafischen Interesse und hoher Qualität (Artware).
François Morellet (Mitglied der GRAV) untersucht – *ohne* Computer – äußerst systematisch die Überlagerung mehrerer ebener, aber auch räumlicher Raster bzw. Gitter. Leichte Verdrehung der Gitter, manchmal nur um +1° oder -1°, erzeugen entsprechend dichte Moirés (Kat.). Ein visuell sehr ähnlicher Eindruck wird ohne Überschneidungen durch leichte, progressive Parallelversetzung von Strecken erreicht; Manfred Mohr (*1938, Pforzheim, dort Studium der Kunst, Jazzmusiker, verwendet ab 1969 den Computer, lebt in New York) arbeitet mit solchen Versetzungen in seinen ersten computergenerierten Grafiken.
Wegen der sehr großen Ähnlichkeit mit entsprechenden Bildern von Morellet kann verzichtet werden, diese abzubilden, umso mehr, als sich Gelegenheit bieten wird, an anderer Stelle mehr über diesen Künstler zu sagen.
Auch Claudia Keller (*1942 in Dessau, Studium der Kunst in Köln und Düsseldorf, lebt in Düsseldorf) bringt systematisch Parallelen- oder Kurvenscharen zum

◁ **3.25** Aldo Giorgini, Wei-Chung Chen, Turbulent Communication, ohne Angaben

▷ **3.26** Wolfgang Zach, Skulptur 2/86, Bewegliches Drahtobjekt, 80 x 120 x 80 cm

▷▷ **3.27** Manfred Mohr, 4 von 6 »Graph Pattern«, P 137, 1974, 55 x 55 cm

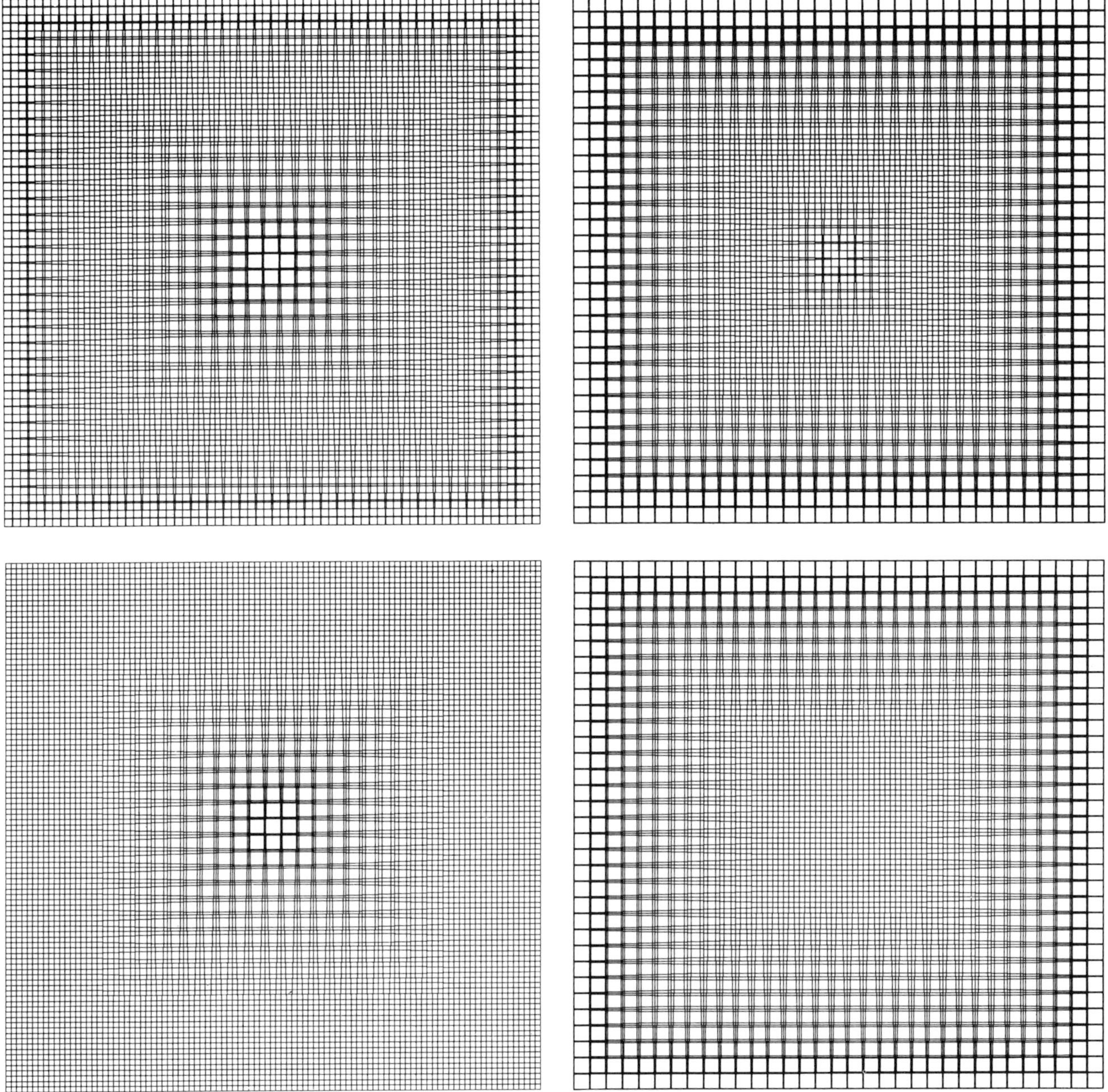

Schnitt, um die Effekte virtueller Bewegung bzw. Instabilität herauszuarbeiten, unterstützt durch *subtraktive* und *optische Farbmischung* (s. Glossar). Die drei abgebildeten Plotter-Serigrafien verwenden die *Primärfarben* Gelb, Cyanblau und Magentarot (s. Glossar).

▷ **3.28** Claudia Keller, Plotter-Serigrafie, 1981, 43 x 43 cm

Durch die Überlagerung fast horizontaler, dünner, primärfarbiger Linien entsteht ein vertikales Schimmern in hellen und dunkleren Tönen, ein Vibrieren in Richtung der *Sekundärfarben* Orangerot, Grün und Violettblau. Die stufenförmige Abnahme der Liniendichte nach oben bewirkt eine atmosphärisch-durchsichtige, von Lichteinfällen durchbrochene Impression. Interessant ist, daß Claudia Keller heute *Landschaften von Hand* zeichnet, die, vom Horizont abgesehen, nur aus horizontal geschichteten Linien mit sehr feinen Tonabstufungen bestehen. Claudia Keller benutzte den *Computer*, angeregt von Jürgen Lit Fischer, nur *vorübergehend*. Ihre Landschaften scheinen auf den ersten Blick zwar immer noch computergeneriert, gerade auch deshalb, da die Linienprogressionen rational abgestuft erscheinen, obwohl die Linien, intuitiv sicher, mit der Reißschiene gezeichnet sind. Sie sagt selbst über die Rückkehr zur »traditionellen Handzeichnung«:

»Grund dafür war nicht nur die wenig animierende Atmosphäre der jeweiligen Rechenzentren, sondern die Erkenntnis, daß für mich nicht nur das Endergebnis, das fertige Bild, das Wichtigste ist, sondern daß auch der Prozeß des Zeichnens eine ganz wesentliche Rolle dabei spielt. Ja, und wenn mir so ein Plotter nun fix und fertig fehlerlos diesen ›lustbesetzten‹ Prozeß abnimmt, dann werde ich beim Betrachten der exakten, ästhetisch sicher reizvollen, Resultate nicht so recht froh. Es gibt den weisen Satz: ›Der Weg ist das Ziel.‹ Ich würde auf mich bezogen, einschränkend sagen: ›Der Weg ist ein (maßgeblicher) Teil des Ziels.‹«

Künstler – und dafür ist Claudia Keller ein Beispiel – sind häufig der Spannung zwischen dem direkten handwerklichen Arbeiten und dem Arbeiten mit einer Maschine, welcher Art auch immer, ausgesetzt. Früher nämlich, wenn auch mit nachfolgender Einschränkung, schrieb Claudia Keller (Franke 1984): »Der Computer hilft mir nicht nur, Ideen zu verwirklichen, sondern auch, die Ideen zu erfinden ...« Es können die extremen Fälle eintreten, daß Künstler in dem Medium mit seiner technischen Atmosphäre völlig aufgehen, oder daß sie, bei äußerlicher Vereinfachung der Bilder, auf dieses konsequent verzichten – wie Torsten Ridell bei seinen neueren Arbeiten.

▷▷ **3.29** Claudia Keller, Jürgen Lit Fischer, 1982, 30 x 40 cm

Das nächste Blatt, in Zusammenarbeit mit Jürgen Lit Fischer, zeigt vertikale, leicht geschwungene Linien in größerer Dichte; Resultat sind intensiv sich steigernde, horizontal gelagerte Farbstufen. In der Ferne erscheint ein Horizont, der zu weiteren Assoziationen verleiten mag.

◁ **3.30** Claudia Keller, Jürgen Lit Fischer, 1982, 30 x 40 cm

Auch dieses Bild ist wieder eine Gemeinschaftsarbeit, die jedoch deutlich auf spätere Arbeiten Lit Fischers hinweist. Man hat streng genommen nur scheinbar ein Moiré, da dieses nicht durch Überlagerung entsteht, sondern durch systematische Unterbrechung der cyanblauen Linien. Von oben nach unten und symmetrisch dazu von unten nach oben, erkennt man 1, 2, usw. bis 48 Unterbrechungen; im letzten Fall bleibt allerdings von der cyanblauen Linie nichts mehr übrig. Die Grafik erhält so die zur mittleren Horizontalen aufgelockerte, kreisähnliche Wellenstruktur, von der man weiß, daß sie bei Lit Fischer als Metapher für das Licht steht – in seinem Namen steht Lit für Licht (s. die Bilder 2.11, 2.12).

Linienstrukturen

Der phänomenologische Vergleich soll mit Linienstrukturen ohne Überlagerung beendet werden, und zwar Strukturen mit geraden und geschwungenen Linien, die Kandinsky »Geometrische« und »Gebogene« nannte (s. S. 36f).

Geometrische Linien

▷ **3.31** Erwin Steller, Schwebung 1988, Serigrafie 70 x 70 cm, computergeneriert

Das Bild einer verfremdeten »Schwebung« besteht aus schwarzen und weißen, horizontalen und vertikalen, geraden Linien. Zwei Minima befinden sich links und rechts am Rand des Bildes und ein Maximum in der Mitte, da wo der Ton am lautesten ist. Schnittpunkte sind Punkte höherer Energie; deshalb entstehen an Stellen, an denen gleichfarbige Linien aufeinanderprallen, Bereiche der nämlichen Farbe. Insbesondere bei leicht schräger Ansicht von unten erscheint in der Tat ein regelmäßiges Muster dunkler und heller Zonen, ein Muster, das sich erst beim Betrachter konstituiert.

▷▷ **3.32** R.S. Gessner, Collage aus dem Buch 15 Constellations by Gessner und Gomringer, Anfang der 60er Jahre, im Besitz des Künstlers

▷▷▷ **3.33** Erwin Steller, Binärer Baum, 1988, Serigrafie 70 x 70 cm, computergeneriert

Bild 3.31 bleibt in der Fläche, was bei den nächsten beiden Bildern nicht der Fall ist. Verschiedene Strichdicken bewirken verschiedene mittlere Grauwerte *(optische Mischung*, Glossar) und damit verschiedene räumliche Tiefe. Weiß erscheint größer (*Irradiation*), Schwarz kleiner, sich zurückziehend. Kontinuierliche Änderung der Strichdicke bzw. Änderung in kleinen Stufen ergibt zylinderartige Wölbungen, diskrete Änderungen an wenigen Stellen eine dachartige Scheinräumlichkeit. Das zweite Bild ist eine Visualisierung des in der Mathematik oft verwendeten *binären Baums* (s. Bild 8.14), d. h. eines Systems von Zweigen, an deren Ende je zwei Zweige herauswachsen – die Zweige werden hier durch abwechselnd schraffierte Quadrate repräsentiert, deren Seiten halbiert werden und von oben nach unten »wachsen«.

Gebogene 3.34, 3.35

Die beiden Bilder von B. Riley und M. Noll, dem schon erwähnten Pionier der Computergrafik, sind, oberflächlich gesehen, von frappierender Ähnlichkeit. Die

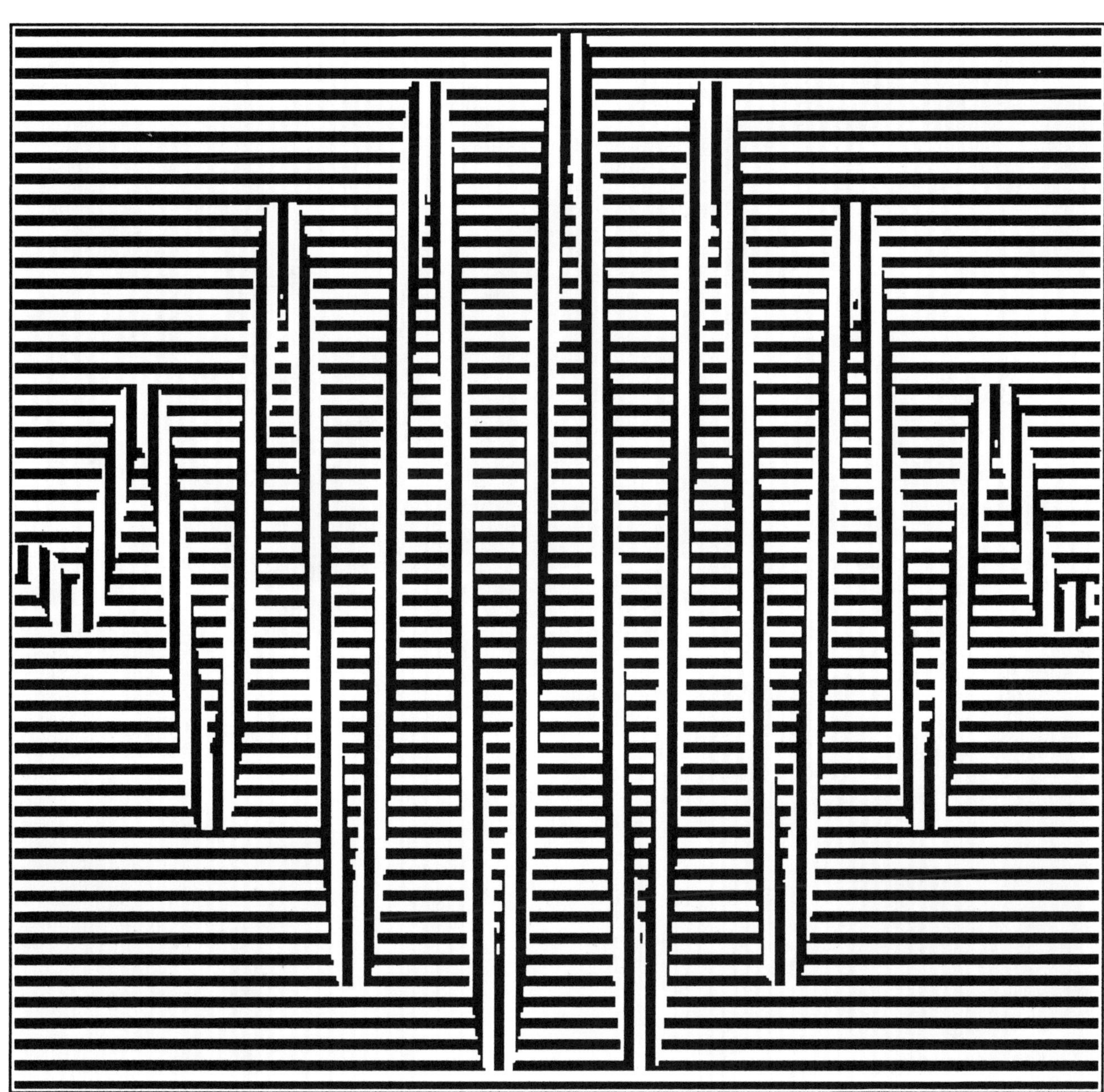

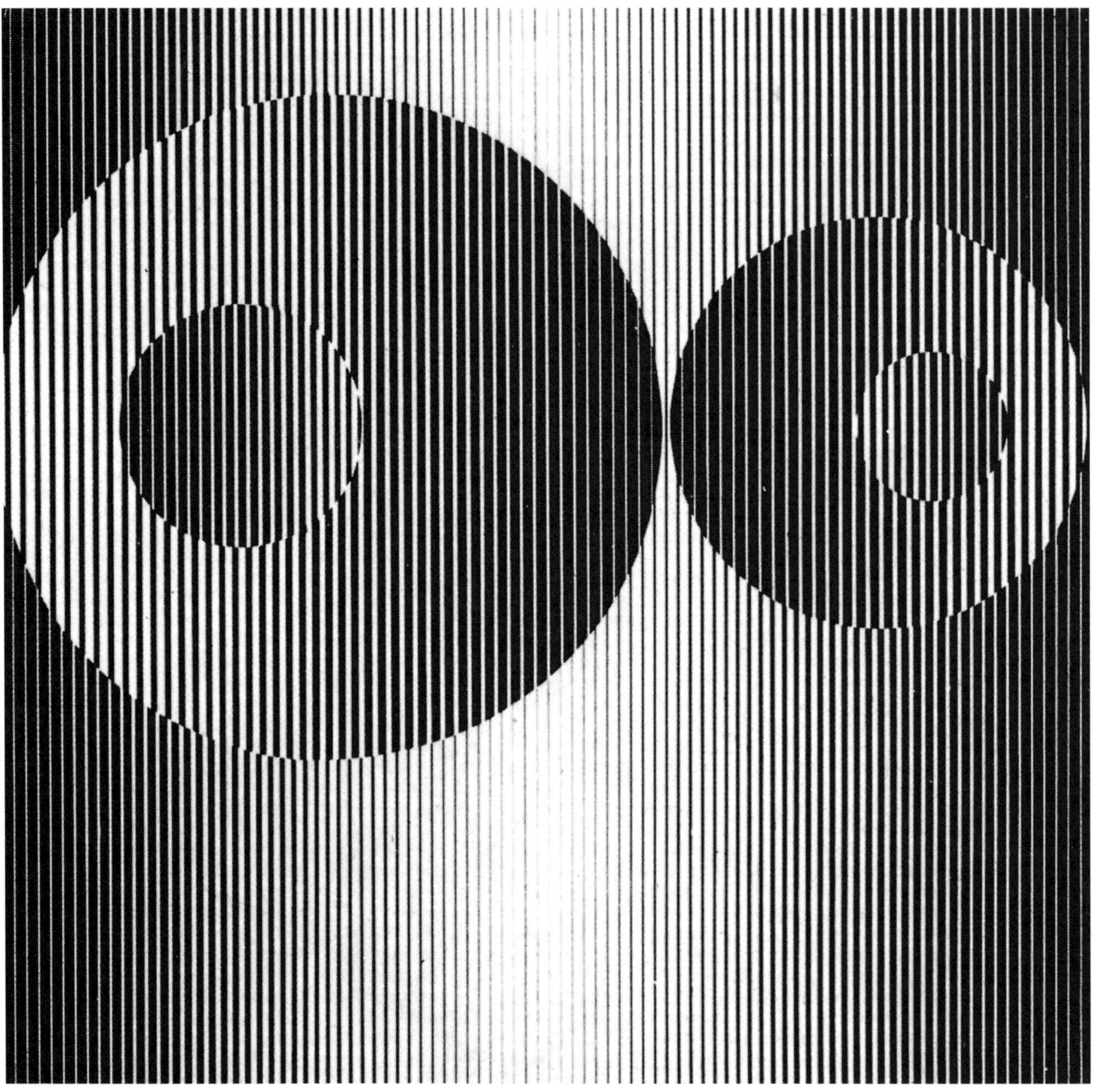

▷ **3.34** Bridget Riley, Current (Strömung) 1964, 148 x 148 cm, Museum of Modern Art, New York

▷▷ **3.35** Michael Noll, Ninety computer-generated sinusoids with linearly increasing period, 1965, Photograph of plotter drawing, ca. 21 x 28 cm

rein äußeren Dimensionen der beiden Bilder – ein Quadrat von fast 1,5 m Seitenlänge bei Riley gegen das kleine DIN-A4-Format bei Noll – symbolisieren gewissermaßen den großen, inneren Abstand beider Werke. Der aktive Betrachter bemerkt das Bestreben Bridget Rileys, das Bild in der Fläche zu belassen. Dies erreicht sie dadurch, daß sie dort, wo sich bei Noll die Linien zu einem schattenartigen und daher scheinräumlichen Effekt verdichten, die Linien dünner zieht und so Berührungen vermeidet. Deshalb ergeben sich wesentlich stärkere Irritationen – wie Flimmern oder Farberscheinungen – als im zweiten Bild. Formal handelt es sich bei Riley um eine Art Sinusschwingung, deren Frequenz von oben nach unten zunimmt, dann wieder abnimmt. Dies veranlasste wohl Noll, die Zeichnung mittels eines Programms zu simulieren, allerdings mit gleicher Strichdicke und fehlender Ergänzung zum voll ausgefüllten Rechteck, Konsequenzen der 1965 noch nicht so perfekten Computertechnik. Gerade dieses Beispiel lehrt, daß einerseits Welten zwischen zwei scheinbar ähnlichen Werken liegen können – einmal eine schöpferische, das andere Mal eine simulierende –, aber andererseits auch da mathematische Exaktheit durchscheint, wo sie nur intuitiv, experimentell gemeint ist. Daher ist es kaum verwunderlich, wenn Bridget Riley von derartigen Simulationen »troubled« ist, wie sie dem Autor mitteilte.

3.36, 3.37 Für die nächsten beiden Bilder gilt das eben Gesagte noch in einem größeren Umfang, wenn auch Prueitt sicher nicht das raumfüllende Bild (1,8 x 1,8 m) von Riley imitieren wollte. Dieser erweckt zum ersten voll bewußt die von Riley vermiedene bzw. abgeschwächte räumliche Wirkung. Während zweitens bei Riley eine Bewegung, stromlinienförmig, den Blick, weit ausholend, diagonal über das Bild zieht, wird dieser bei Prueitt in den perspektivisch zu stark verzerrten Abfluß in die Mitte des Bildes gelenkt und dort gehemmt, wo die Kugel zu schweben scheint – gehalten von einem imaginären Luftstrom nach oben. Der Unterschied zwischen dem »multi-lokalen Raum« (Riley) und einem *zentrierten Raum* wird klar. Das Bild von Prueitt, dessen Farben nicht viel beisteuern, ist ca. 20 Jahre später mit einem schon recht aufwendigen Programm erstellt worden – man beachte die schwachen Glanzlichter auf der Kugel.

▷▷▷ **3.36** Bridget Riley, Zufluß, 1964, 180,5 x 180,5 cm, Sammlung John Powers, USA

Es sei an dieser Stelle erwähnt, daß es auch computerunterstützte Bilder gibt, deren Ausmaße an die von B. Riley herankommen, wie Bilder von Manfred Mohr (s. S. 182f) oder Zdeněk Sýkora (s. S. 188f). Das Format alleine macht nicht den wesentlichen Unterschied.

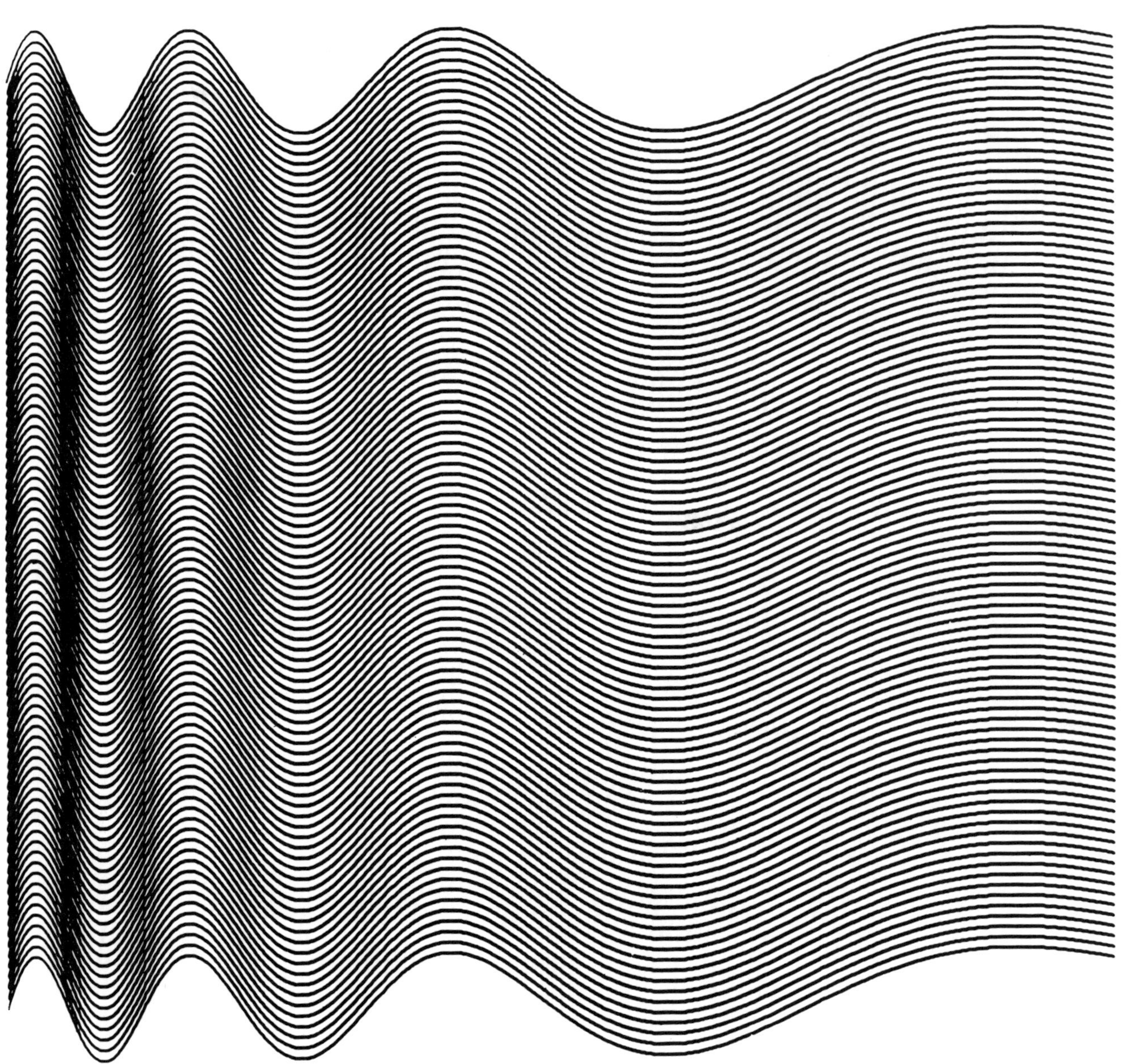

3.37 Melvin L. Prueitt, Down the Drain, 1983

3.4 Zusammenfassung

Ungegenständlichkeit

Die Verbannung des Gegenständlichen ist ein wesentliches Charakteristikum der Op Art. Bereits 1944 schrieb Willi Baumeister hellsichtig, mit treffender Wortwahl, das Gegenständliche stelle »keine optischen Werte der Malerei« dar. Solche *optischen Werte* konkretisierte in besonderer Art die »optische Kunst«, die Optical Art, die in ihrer Gegenstandslosigkeit zum bewußten Sehen erzieht.

Symbole der Technik

Nach Hofmann (S. 434f) macht die Op Art darüber hinaus in einem Verfremdungsverfahren die »anonyme Formelhaftigkeit« moderner technischer Geräte (wie »Drucktasten, Schaltknöpfe, Signalschriften, ...«) bewußt, dadurch, daß diese ihrer Funktion beraubt wird (analog der »macchine inutile« des Bruno Munari in den 30er Jahren bzw. der sich selbst zerstörenden Maschinen des Jean Tinguely um 1960). »Zugleich erschließt dieser Prozeß eine neue Sinnsphäre... Ein roter Kreis auf einem Quadrat mag im täglichen Leben eine Lichttaste signalisieren – in die Dimension des Tafelbildes übertragen, kann er zu einer symbolischen Form höherer Ordnung werden« (s. auch S. 27). »Zweifellos werden mystische Interpretationen von der Reduktion des Informationsgehaltes auf ein Minimum an Anschauungsdaten begünstigt.« Letztlich liegt »zwischen dem wissenschaftlichen Diagramm und der ›optischen Kunst‹ ein Niemandsland ..., das sich nicht eindeutig als ›Kunst‹ oder ›Nichtkunst‹ definieren läßt...« **3.7, 3.9, 3.14**

Algorithmen

Es ist nicht verwunderlich, daß an dieser Stelle der Computer sein Terrain finden kann, insbesondere, da die Op Art mit formaler Nüchternheit und mechanischer Präzision arbeitete, oft nach mehr oder weniger einfachen, klaren Regeln bzw. Algorithmen, die sich beschreiben und damit *programmieren* lassen. Op Art ist also ihrer *Methode* gemäß *potentiell Computerkunst*, nimmt diese vorweg, ja fordert diese geradezu heraus. Es sei das Eingangszitat von Morellet wiederholt, der bereits 1962 schreibt: »Eine wirkliche Untersuchung sollte ... von kontrollierbaren Elementen, die einem Programm in systematischer Progression folgen, geleitet werden« (Kat.1977). Wesentlich ist allerdings der kreative Vorgang selbst, der sich bei der Computerkunst – teilweise oder ganz – auf die abstrakte Ebene von *Beschreibungen* in Programmform verlagern kann.

Systematisch-konstruktive Kunst

Die zweite Zielrichtung der Op Art, irritierende Netzhautreizungen zu provozieren, wird von entsprechender Computerkunst im allgemeinen nicht aufgegriffen. Computerkunst ist damit – und das ist das wesentliche Ergebnis – auch Teil der die Op Art umfassenden Kunstgattung der *systematisch-konstruktiven Kunst* (s. Kat. der Sammlung Etzold).

Computerkunst ist kein Stil

Trotz der mit der systematisch-konstruktiven Kunst verwandten Methoden, werden mit dem Computer sofort auch Bilder erzeugt, die in eine ganz andere Richtung gehen und die »Handschrift des Malers« und dessen Intuition zu simulieren scheinen. Computerkunst ist kein Stil.

4 Zufall und Intuition

Trotz aller Experimente und Forschungen, trotz Suchens,
sind alle wirklich großen Werke durch Zufall oder auf Umwegen,
jedenfalls in unkontrollierbarer Weise gefunden worden.
WILLI BAUMEISTER

4.1 Zufall in der Kunst?

Computerkunst ist kein Stil; sie führte auch sofort in Bereiche, die *nicht exakt* und damit nicht computertypisch erscheinen mögen, Bereiche, in denen Zufall und Intuition eine ausschlaggebende, jetzt zu klärende Rolle spielen.

Globaler und lokaler Zufall

Der Zufall spielt in der Kunst viele, nicht immer klar umrissene Rollen. Schon bei der Suche bzw. der Wahl eines Motivs, sei es gegenständlich oder nicht, werden äußere und innere Umstände, Stimmungen und andere Gegebenheiten vom Zufall mitbestimmt. Diesem sozusagen *globalen*, das ganze Kunstwerk betreffenden Zufall, steht ein *lokaler*, die Komposition bzw. die Wahrnehmung im Detail lenkender Zufall gegenüber.

Emanzipation vom Zufall?

Im Gegensatz zu anderen Kunstrichtungen scheint der Arbeitsprozeß in der systematisch-konstruktiven Kunst und in der Computerkunst so penibel festgelegt zu sein, daß dem Zufall offenbar keine Chance bleibt. Hat sich jetzt der Künstler von allen Zufälligkeiten *emanzipiert*, die ihn sonst während des Schaffens doch immer wieder von seinem eigentlichen Ziel, von seiner Vision ablenkten und wegführten? Kann er nicht mehr seiner momentanen Intuition nachgehen – den Pinsel anders handhaben als vorgesehen –, offen sein für Formfindungen, für das »Unbekannte«, für Innovationen, was doch schlechthin Kunst ausmacht?

Scheinziele

Kunst als offenem System entspricht einem Denken, das der Gestaltung Raum verschafft, und nicht einem Denken, das – wie in der Wissenschaft – auf *ein* fest umrissenes Ziel rational ausgerichtet ist. In der Kunst wird also »das vorangestellte Ziel zum Scheinziel degradiert... (Dieses) fungiert nur als Reiz, der durch Anreicherung und Intensivierung zur Antriebskraft wurde« (Baumeister in »Das Unbekannte in der Kunst«). Dieses Scheinziel – als Vision häufig mit dem Genialen in Zusammenhang gebracht – kann im Extremfall ganz aufgegeben oder so verlagert werden, daß dem Zufall von vorneherein eine wesentliche Rolle zugestanden wird, stets jedoch in einem vorgegebenen Rahmen und damit nie völlig unkontrolliert. Statt sich vom *Zufall* zu emanzipieren, wird er bewußt eingesetzt, so wie er sich z.B. in der *Natur* als *zeitlich nicht vorhersehbarer Zerfall* von radioaktiven Stoffen oder als *willkürliche, räumliche Verteilung* eines Baumbestandes zeigt.

4.2 Der physikalische und der psychologische Zufall

Das Gesetz des Zufalls

Scheint der Zufall traditionelle Kunst *unbewußt* beeinflußt zu haben, so verwenden ihn mindesten seit dem *Dadaismus* viele Künstler *bewußt*. Marcel Duchamp (1887-1968) läßt 1913/14 – aus einer Höhe von einem Meter – horizontal gespannte Fäden der Länge 1 m auf den Boden fallen, fixiert das Ergebnis und delegiert so an den Zufall die Gestaltung von Linien.

Hans Arp (1887-1966) spricht um dieselbe Zeit vom *Gesetz des Zufalls,* als er eine zerrissene Zeichnung auf den Boden fallen läßt und die dabei entstehende Anordnung der Papierfetzen bewundert. »Das Gesetz des Zufalls, das alle Gesetze in sich begreift und uns unfaßlich ist wie der Urgrund, aus dem das Leben steigt, kann nur unter völliger Hingabe an das Unbewußte erlebt werden. Ich behaupte, wer dieses Gesetz befolgt, erschafft reines Leben« (Arp, zitiert bei Hofmann). Offensichtlich wird der rein *physikalische Zufall* künstlerisch und *psychologisch* interpretiert.

Aufwendiger macht es der Holländer Herman De Vries (*1931 in Alkmaar/Holland, lebt in Arnheim und Eschenau) der einen exakt geschliffenen, marmornen Kubikmeterwürfel einen Felsabhang bei Carrara hinunterstürzen läßt und das Resultat als Skulptur deklariert.

Chaos

Auch malend kann der Künstler sein Werk mit Zufälligkeiten initiieren – ohne klares Ziel. Er kann mit beliebigen, unregelmäßigen Strukturen einsetzen, wie sie durch die Maserung eines Brettes gegeben sind oder durch das Abklatschen frisch gestrichener Leinwände mehr oder weniger unkontrolliert entstehen.

▷ **4.1** Jackson Pollock, Full Fathom Five, 1947, Öl auf Leinwand mit Nägeln, Reißnägeln, Knöpfen, Münzen, etc., 129 x 76,5 cm, (Ausschnitt)

Hofmann zitiert Paul Klee, der beim »Prämorphen« anfängt (S. 424):

»Ich beginne logischerweise beim Chaos, das ist das Natürlichste. Ich bin dabei ruhig, weil ich fürs erste selber Chaos sein darf. Das Chaos ist ein ungeordneter Zustand der Dinge, ein Durcheinander. ›Weltschöpferisch‹ (kosmogenetisch) ein mythischer Urzustand der Welt, aus dem sich erst allmählich oder plötzlich, aus sich selbst oder durch die Tat eines Schöpfers, der geordnete Kosmos bildet.«

Kunst als Droge Bei Klee entsteht also noch Ordnung; trotzdem betritt er »sehr früh (und anders als Kandinsky) jene Bereiche des ›Informel‹« (Hofmann, S. 424), der bereits erwähnten Kunstrichtung, die feste Kompositionsregeln ablehnt, das *Gestische* und *Spontane* betont, ja man kann sagen, nur aus »handschriftlichen Impulsen des Malaktes« (Hofmann) besteht und im Extremfall Psychogramme hervorbringt, die wie im Zustand des Rausches oder der Halluzination entstehen: *Action painting* mit Jackson Pollock (»Ich bin die Natur«) oder Henri Michaux, der in der Tat die Droge Mescalin verwendet. Die Natur, die sich in zufälligen Gebirgsformen oder Inseln mit zufälligen Küstenlinien manifestiert, bringt Gebilde hervor, die – mit dem Computer simuliert (Mandelbrot) – in der Tat aufs Haar Bildern von Michaux gleichen. Es wird davon noch die Rede sein (s. Fraktale).

4.1–4.3

Kontrollierter Zufall Trotzdem handelt es sich stets um einen Zufall mit klaren, festen Rahmenbedingungen, einem *kontrollierten Zufall*, von dem auch Pollock sprach, obwohl er an anderer Stelle – scheinbar widersprüchlich – meint: »Wenn ich male, habe ich eine allgemeine Vorstellung, worum es mir geht. Ich kann den Fluß der Farbe kontrollieren, es gibt keinen Zufall, wie es auch kein Anfang und Ende gibt« (zitiert bei Karin Thomas).

Der Widerspruch löst sich auf, wenn man weiß, daß diese Künstler die Psychoanalyse C. G. Jungs kannten und mit dem *Zen* innerlich verbunden waren; Pollock unterzog sich einer psychoanalytischen Untersuchung. Das Malen als Ausdruck spontaner innerer Erregungsprozesse erfolgt, psychologisch gesehen, *automatisch* (»Dessins automatiques«, s. Bild 6.2), ohne Plan oder erkennbare Kausalzusammenhänge, ist also das, was dem Künstler in einem gewissen Sinne *zu-fällt*. Im Gegensatz zu den obigen Fallversuchen wird der Zufall bewußt-unbewußt provoziert.

4.3 Koexistenz von Zufall und Präzision

Erstaunlich ist, daß die »Formlosigkeit« des Informel und die »Formstrenge« der Op Art, beide schwankend zwischen Kunst und Kunstlosigkeit bzw. zwischen »Kunst ohne Fakten« und »Fakten ohne Kunst« (Hofmann), eine gewiße Verbindung eingehen können, in dem Sinne, daß Künstler der Op Art bzw. der Computerkunst sich des Zufalls in der *Mikrostruktur* ihrer Bilder bedienen. Dabei ist nicht zu vergessen, daß die Op Art eine Reaktion auf das Informel darstellt, sollte doch gerade die Handschrift, das Gestisch-Geniale des Künstlers ausgeschaltet und

4.2 Henri Michaux, Ohne Titel, 1977, Mischtechnik auf Papier, 33 x 51 cm

4.3 Benoit Mandelbrot, Brownsche Küstenlinien und Inselketten, 1975

Exaktheit erreicht werden. Oder gehören die exakte »selbstgesteuerte Technik (z.B. Fließbandarbeit) und das künstlerische Spiel mit dem Zufall als komplementäre Momente in die gleiche historische Perspektive«, wie Gottfried Boehm in dem Beitrag »Vermessung des Zufalls« zu einem Ausstellungskatalog von François Morellet meint (Kat. 1977)?

Statistik in der Kunst

Die komplexen Überlagerungsstrukturen der Moirés in der Op Art waren ebensowenig kalkulierbar wie die möglichen Irritationen der Bilder von Bridget Riley; der Zufall war also implizit vorhanden. Morellet verwendet in manchen seiner Bilder dagegen von Anfang an den Zufall im mathematisch-statistischen Sinne, also in einer vom psychologischen weit entfernten, stark begrifflichen Wahrnehmungsstufe.

▷ **4.4** François Morellet, Zufällige Verteilung von Dreiecken, den geraden und ungeraden Zahlen eines Telefonbuches folgend, 1958, 80 x 80 cm, Öl auf Holz

Ausgehend von der Protoform eines *Rasters* aus 20 x 20 weißen Quadraten – die Rahmenbedingung –, verteilt er rechtwinklig-gleichschenklige *schwarze Dreiecke* so, daß die Hypotenusen der Dreiecke mit einer der vier Quadratseiten zusammenfallen; in ein Quadrat passen somit vier Dreiecke. Die *Distribution* (Verteilung) ist *aleatorisch*, also zufallsbedingt, und geschieht mit Hilfe eines Telefonbuches; ist beim Durchlesen des Buches die Nummer ungerade, wird ein schwarzes Dreieck gesetzt, anderenfalls nicht, der Platz bleibt frei. Jedes Quadrat wird im Uhrzeigersinn, die Quadrate selbst werden zeilenweise abgearbeitet. Mit dieser »Spielregel«, wie Morellet sagt, bzw. mit dem *Algorithmus* entsteht sukzessiv das Bild. Ganz oben links ist ein schwarzes Dreieck, entsprechend einer ungeraden Telefonnummer, anschließend sieben freie, weiße Plätze, entsprechend sieben aufeinanderfolgenden geraden Nummern, und so fort.

Die schwarzen Dreiecke und als deren Negativform die weißen sind damit im gesamten Bild zu je ca. 50% statistisch verteilt. Lokal gesehen treten jedoch Schwankungen sowohl in ihrer Zahl, als auch in der Anordnung auf. Die *lokale Gestaltung* überläßt Morellet dem Zufall. Der Betrachter kann die Dreiecke oder Elementarquadrate in größere Gebiete zusammenfassen und eine unabsehbare, interessante, nicht repetitive Formenvielfalt erkennen. Die Wahrnehmungsspiele – das Oszillieren zwischen den Ebenen der Superzeichen – sind trotz ähnlicher Code-Elemente wie bei den Bildern 3.12 und 3.13 also von völlig verschiedener Qualität. Lokalen, zufallsbedingten Ordnungen stehen weiterreichende, mehr globale Ordnungsstrukturen gegenüber – der »Nahordnung« die »Fernordnung« (Moles) bzw. den *Mikrostrukturen Makrostrukturen*.

Die Generierung des Bildes ist nach 20 x 20 x 4, also nach 1600 Schritten abgeschlossen. Da im allgemeinen meist wesentlich mehr Telefonnummern zur Verfügung stehen, kann das Lesen der Nummern an fast beliebiger Stelle einsetzen.

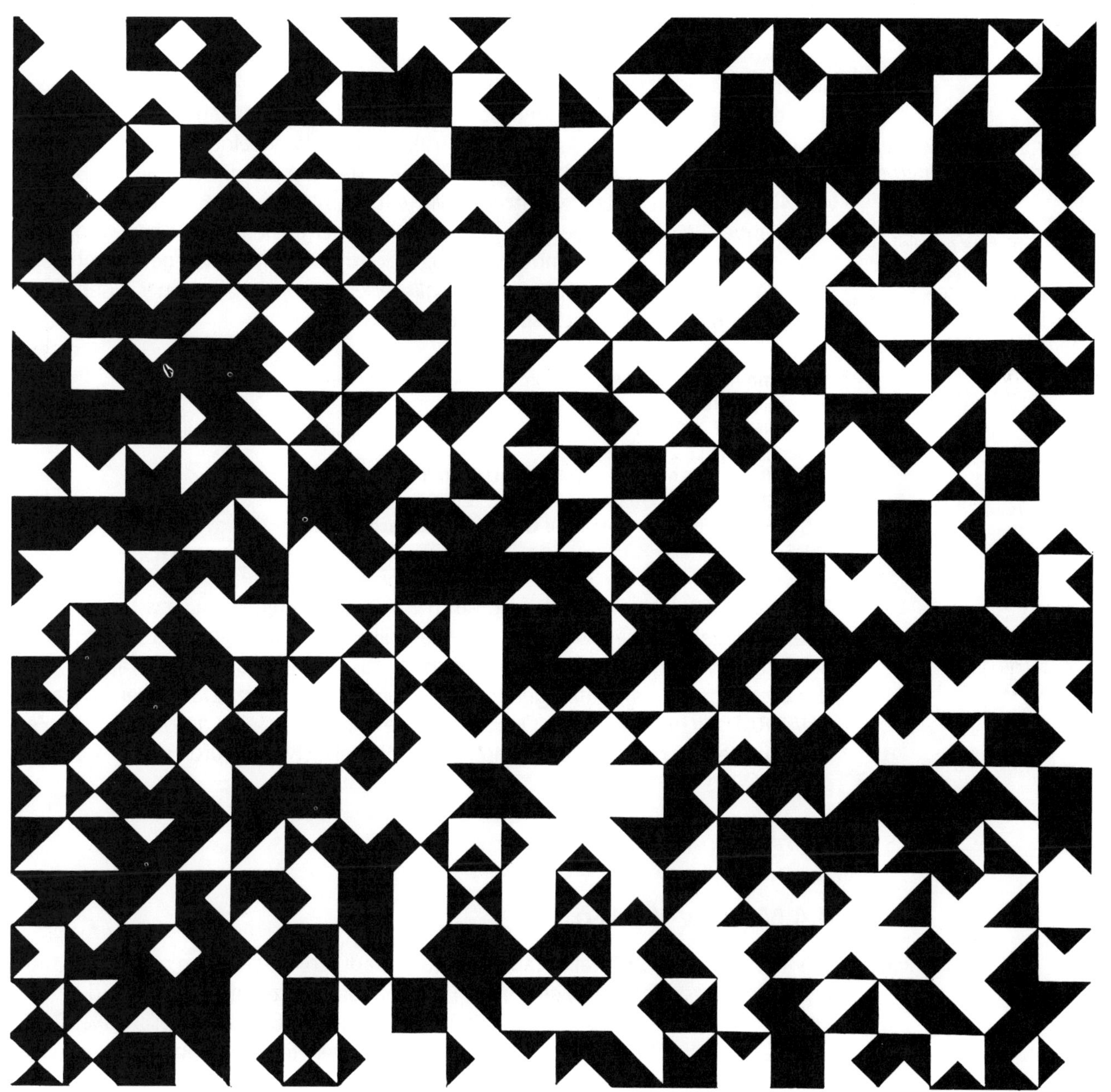

Die erhaltenen Bilder gleichen dem ersten wie ein Daumenabdruck dem anderen. Nur Lese- und Sehfaule merken keinen Unterschied. Jede neue Serie von 1600 Nummernfolgen erzeugt ein *Original* (!).

Statt eines Telefonbuches eignen sich auch Würfel oder Münzen.

▷ **4.5** François Morellet, Aleatorische Verteilung von 40000 Quadraten, den geraden und ungeraden Zahlen eines Telefonbuches folgend, 1961, Siebdruck, 80 x 80 cm

Ein im Aufbau analoges – die Mikrostruktur und damit eine *Textur* noch mehr akzentuierendes – Bild ist das folgende: Rote Quadrate werden auf die große Zahl von 40000 blauen Plätzen aleatorisch verteilt, nämlich auf ein Quadratraster der Seitenlänge 200. Die Farbe wird wiederum mit dem Telefonbuch bestimmt. Das Bild »schreit nach dem Computer«; der Algorithmus, die Spielregel ist sehr einfach, da jeder Computer einen sog. *Zufallsgenerator* besitzt (genauer einen *Pseudozufallsgenerator*, der noch zu erklären sein wird):

```
Programm MORELLET (vgl. Programm DREIECKSTRUKTUR)
Anfangspunkt
WIEDERHOLE 200mal:
   [WIEDERHOLE 200mal:
      (WENN  ZUFALL(2) = 1 DANN  QUADRAT
      GEHE um eine Quadratseite nach rechts)
   GEHE nach links und um eine Quadratseite nach unten]
ENDE
```

Dabei ist ZUFALL(N) ein Unterprogramm für Zufallsgeneratoren, das beim Aufruf eine Zufallszahl im Bereich von 1 bis N ausgibt. ZUFALL(2) simuliert einen *Münzwurf* mit zwei Möglichkeiten, nämlich 1 für Kopf und 2 für Wappen. Für N = 6 erhält man den Zufallsgenerator für einen *Spielwürfel.* Das Unterprogramm QUADRAT zeichnet ein rotes Quadrat an die Bildschirmstelle, an der sich der Zeichenstift gerade befindet. Der Hintergrund des Bildschirms wurde vorher blau eingefärbt.

4.4 Markov-Ketten

Die Matrix

Das letzte Bild von Morellet läßt sich auch dadurch beschreiben, daß man sagt, die *Übergangswahrscheinlichkeit* von der ersten zur zweiten Farbe und umgekehrt von der zweiten zur ersten Farbe sei gleich groß, also jeweils 50%. Diese Übergangswahrscheinlichkeit kann auf verschiedenste Weise abgewandelt werden, wie folgendes Beispiel zeigt:

Es soll nach Schwarz (bzw. dunklem Grau) häufiger wieder Schwarz folgen, z. B. in 75 % aller Fälle, und Weiß (bzw. helles Grau) jetzt demnach nur in 25 % aller Fälle. Weiterhin kann für die Folge Weiß-Weiß eine beliebige Wahrscheinlichkeit vereinbart werden z.B. 0,9; in 90 % aller Fälle soll also auf Weiß wieder Weiß folgen, sonst Schwarz. Es ergeben sich so relativ lange Ketten schwarzer Elemente und noch längere Ketten weißer Elemente (sog. *Markov-Ketten*).

Tabelle (Matrix) der Übergangswahrscheinlichkeiten:

von/nach	Schwarz	Weiß		von/nach	Schwarz	Weiß
Schwarz	0,75	0,25	bzw.	Schwarz	p	1−p
Weiß	0,1	0,9	allg.	Weiß	1−q	q

Es genügt die Kenntnis der beiden Wahrscheinlichkeiten p und q.
Die Farbigkeit eines Elements gerät also in Abhängigkeit vom vorausgehenden Element (Nachbarelement). Diese *Nachbarschaftsbeziehungen* könnten auch über mehrere Elemente ausgedehnt werden.
Für p = q = 0.5 erhält man das Konzept des zweiten Bildes von Morellet; andere Werte für p und q ergeben Strukturen wie sie die Bilder 4.6 und 4.7 zeigen. In
4.6 Bild 4.6 sind die Übergangswahrscheinlichkeiten p und q gleich; oben und unten nehmen diese Wahrscheinlichkeiten von links nach rechts zu, bleiben oben unter 0.5 bzw. 50%, während sie unten größer als 50% sind. Der Reihe nach von links nach rechts nimmt p oben die Werte 1%, 10%, 25% an und unten die Werte 75%, 90% und 99%. Es ergibt sich eine »Fortsetzung von Morellet mit anderen Mitteln«. Je extremer die Werte von p werden (p = 1% oder p = 99%), desto unwahrscheinlicher oder desto sicherer sind die Übergänge von einer Farbe zur selben Farbe, desto »mehr Gestalt« gewinnen durch Betonung der Vertikalen oder Horizontalen die Figuren. Informationstheoretisch bedeutet dies eine Zunahme der *Redundanz*. Welche Bilder entstehen für p = 0% oder p =100%?
4.7 Sind die Übergangswahrscheinlichkeiten p und q nicht mehr gleich, so sind die beiden Farben nicht mehr gleichverteilt wie bisher. Im Bild sind links die Übergänge von Rot nach Rot weniger häufig als die der zweiten Farben, p ist also kleiner als q, nämlich oben p = 25 % und q = 70%, und unten p = 9% und q = 90%. Rechts sind die Verhältnisse gerade umgekehrt, also p = 70 % und q = 25%, und unten p = 90% und q = 9%. Ungleiche Verteilung der jeweils zwei Farben – der *Quantitätskontrast* der Farben (Johannes Itten) – bewirkt ebenfalls eine Vergrößerung der Redundanz.

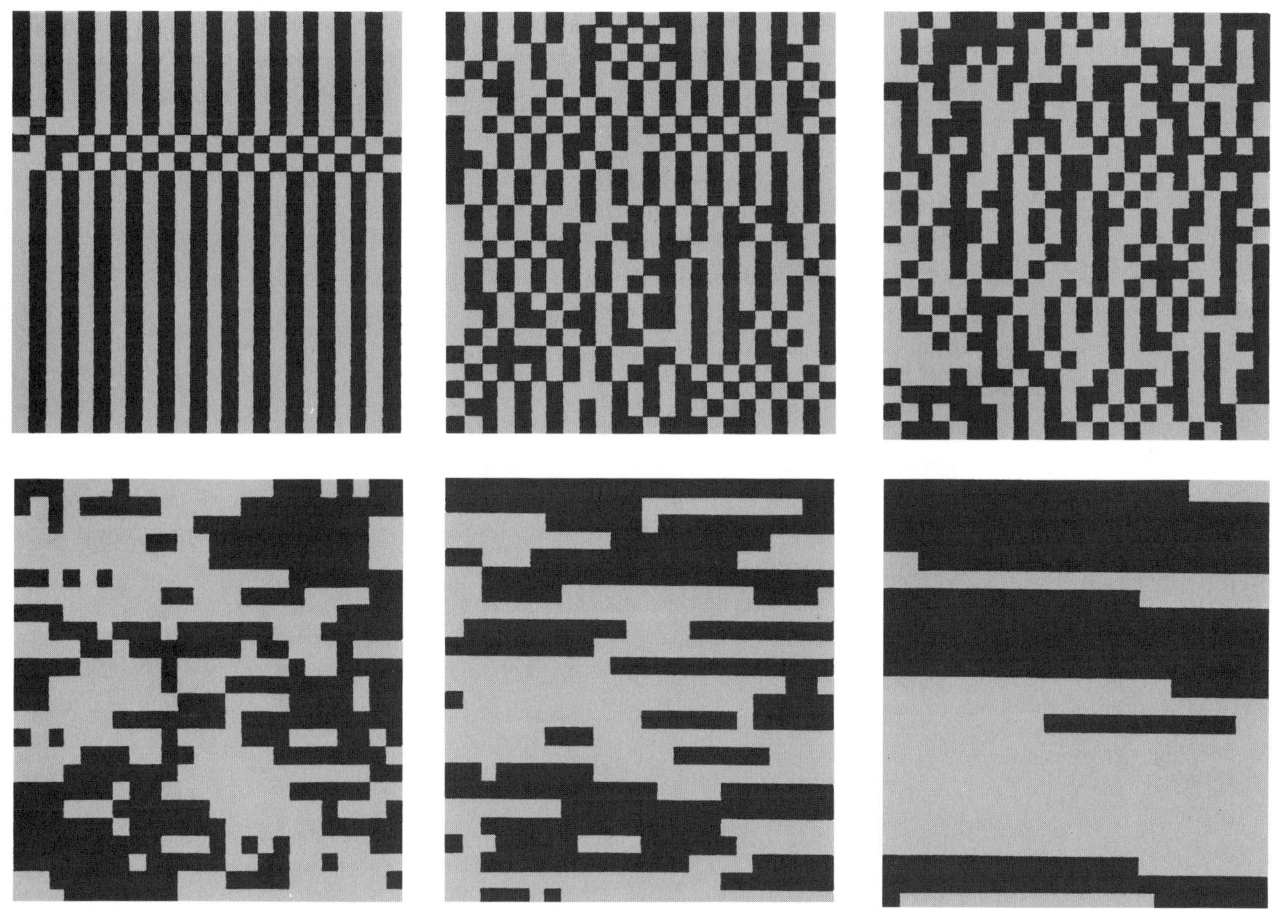

4.6 Erwin Steller, 6 Beispiele für Markov-Ketten, farben-gleichverteilt (p = q), p in der Reihe oben: 1%, 10%, 25%; unten: 75%, 90%, 99%

Programmverfeinerung

Ein Programm für Markov-Ketten entsteht durch Verfeinerung der WENN-DANN-Bedingung im Programm MORELLET; man testet, ob das eben gezeichnete Quadrat die Farbe 1 hat oder nicht; für p = q = 90% (Bild 4.6 Mitte unten) sieht dies so aus – eine Übung in *Logik*:

TEST: Das Quadrat hat die Farbe 1 (?)
(1) WENN (TEST wahr und ZUFALL(100) ≤ 90) oder
(2) WENN (TEST falsch und ZUFALL(100) ≤ 10)
DANN QUADRAT(Farbe1)

Im ersten Fall – der Test konstatiert ein Quadrat der Farbe 1 – werden von den Zufallszahlen 1 bis 100 die Zahlen 1 bis 90 zur Zeichnung wieder eines solchen Quadrats verwendet, im zweiten Fall – der Test konstatiert die Farbe 2 – nur die Zahlen 1 bis 10; auf das Quadrat der Farbe 2 folgt in nur 10% aller Fälle eines der Farbe 1. Es genügt Quadrate *einer* Farbe zu zeichnen – dies tut der Befehl QUADRAT(Farbe1) –, wenn die Grundfläche in der anderen Farbe unterlegt ist.

Da *Statistik* betrieben wird, kann man nicht erwarten, daß die resultierenden *Häufigkeiten* der Farbfolgen mit den vorgegebenen Wahrscheinlichkeiten zusammenfallen. Erst bei über 10000 Bildelementen wäre der Fehler kleiner als 1%. In der Ästhetik sind mathematische Fehler oft irrelevant; damit ist diese große Zahl nicht nötig; im Gegenteil, die Fehler verbreitern das Spektrum der möglichen Bilder.

Exkurs: Entropie und Negentropie

4.6

Die 6 Markov-Ketten beschreiben (mit ihrer abnehmenden und wieder zunehmenden *Redundanz*) einen geringeren oder größeren *Ordnungsgrad*. Diese Bildreihe ist damit ein äußerst vereinfachtes Modell dafür, daß Kunst zwischen den Polen idealer Ordnung einerseits und chaotischer Unordnung andererseits eingespannt ist – bzw. zwischen »Formstrenge«, wie bei den florentinischen Malern Andrea del Sarto oder Angelo Bronzino, und »naturalistischer Formlosigkeit«, wie bei den Venezianern Vittorio Carpaccio oder Jacopo Tintoretto (Hofmann, S. 112f). Dazu ein paar Stichworte.

In der Antike und in der Renaissance war es ein Ziel, Ordnung zu vervollkommnen, Kunst einem Ideal anzunähern – dem höchsten, zeitlosen Allgemein-Schönen. Dagegen meint der von Baumgarten (1714–67) eingeführte Begriff »Ästhetik« (griechisch: Wahrnehmung) ursprünglich nicht nur die Lehre vom Schönen, sondern, weniger anspruchsvoll, auch die Lehre der »niederen« Sinneskenntnis bzw. die *Lehre von der sinnlichen Wahrnehmung* – im Gegensatz zu einer »höheren« begrifflichen Erkenntnis.

Eine dogmatische Auffassung vom idealen Kunstschönen läßt Änderungen kaum zu und führt zur Stagnation. Große Künstler haben dieses Dogma des ideal Voll-

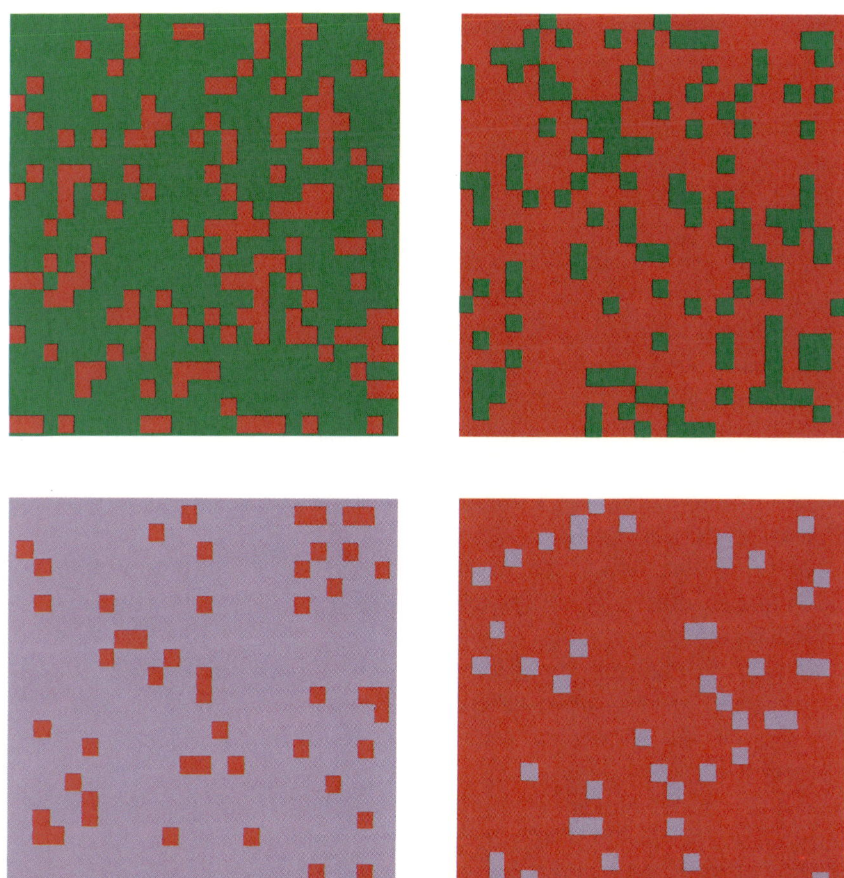

4.7 Erwin Steller, 4 Beispiele für Markov-Ketten, farben-ungleichverteilt

endeten immer schon mißachtet. Dies beweisen beispielsweise die wuchtigen Sklavenskulpturen von Michelangelo, die – aus welchen Gründen auch immer unvollendet – die Kraft der Sklaven durch den rohen, unbehauenen Stein dramatisch steigert. Skizzen von Gemälden beeindrucken oft mehr als diese selbst. Unvollendetes kann mehr Ausdruck zeigen als detailgerechte, akademische Ausführung. Was heute klar erscheint, war dies nicht immer: »Nietzsches berühmt gewordene Kriterium, daß sich jedes große Kunstwerk dadurch auszeichne, in allen seinen Momenten … auch anders denkbar zu sein, gesteht diese wesentliche Unbestimmtheit der ästhetischen Realität ein« (Bense 1982, S. 323).

4.2, 4.3 Im extremen Fall, wie beim Tachismus oder bei Bildern von Morellet, verläuft der *Gestaltungsprozeß* eines Kunstwerkes in die physikalische Richtung, hin zur »Unordnung« (Entropie), also gerade umgekehrt wie gewohnt: Bense redet von *reziproken Illusionismus*, dem er ein Kapitel in seiner Aesthetica widmet. Frappante Beispiele sind Bilder von Michaux im Vergleich mit den Computersimulationen von Mandelbrot. (Gerade die Brownsche Molekularbewegung versinnbildlicht die Entropie sehr gut).

Während zum Wesen des künstlerischen Gestaltungsprozesses bisher zu gehören schien, entgegen den Naturprozessen mehr *Ordnung* zu erzeugen (»Negentropie«, Bense), etablierte sich mit dem bewußt verwendeten Zufall die *Statistik* in der Kunst. Daraus entwickelte sich der Wunsch, quantitative Methoden einzuführen, wie dies in der Informationstheorie geschah (Kap. 5).

Nachbarschaftsbeziehungen in der Kunstszene

Nach dieser Abschweifung wieder zurück zu den Markov-Ketten bzw. allgemeiner zu Nachbarschaftsbeziehungen.

Während Morellet ohne Computer arbeitet, entwickelte der Italiener Mario Nigro
4.8 (*1917, Mitglied der Mailänder Gruppe »mac«) mit Computerprogrammen Bildserien und wählte die ihm ästhetisch wertvollen Bilder aus (»ars programmata«, um 1970). Der abgebildete, nicht computergenerierte »Entwurf für ein Schachbrett« von 1950 ist visuell erstaunlich nahe einer Markov-Kette, die jedoch nicht verwendet wurde. Ähnliche optische Effekte werden nämlich auch mit mehr oder weniger komplizierten, gesetzmäßig definierten *Zahlenreihen*, einer ausgeklügelten *Kombinatorik*, die die Übergänge ohne Zufall streng regeln, oder durch freie Gestaltung erzielt.

4.9 Ähnlich arbeitet auch der Holländer Pieter Struycken (*1939, Den Haag, Teilnahme an der »documenta 7«, 1982). Nigro, Struycken, Sýkora und auch Jean-Pierre Ivaral (*1934, der Sohn von Vasarely) sind Künstler der systematisch-konstruktiven Kunst, die den geradezu logischen Wechsel zur Computerkunst bzw. zum »programmmierten Konstruktivismus« vollzogen.

4.10, 4.11 Zdeněk Sýkora (*1920 in Louny/CSFR, lebt dort, Kunststudium, arbeitet bereits ab 1963 mit dem Computer) verwendet komplizierte Spielregeln zum Bildaufbau, bei dem der Zufall nur wenig Chancen hat – aber er hat sie noch. Sýkora experimentiert, auch in Zusammenarbeit mit dem Mathematiker Blažek, mit schwarzen und weißen Halbkreisflächen, die er in verschiedenen Lagen – ähnlich den Dreiecken Morellets – auf ein Quadratraster verteilt. Die Zahl der *Halbkreise* – auf farblich komplementären Quadrat – ergeben eine Skala für die Quantität an Schwarz bezüglich dieses Quadrats, und zwar der Reihe nach von hellen nach dunklen *Werten*, wie dies die Tabelle zeigt:

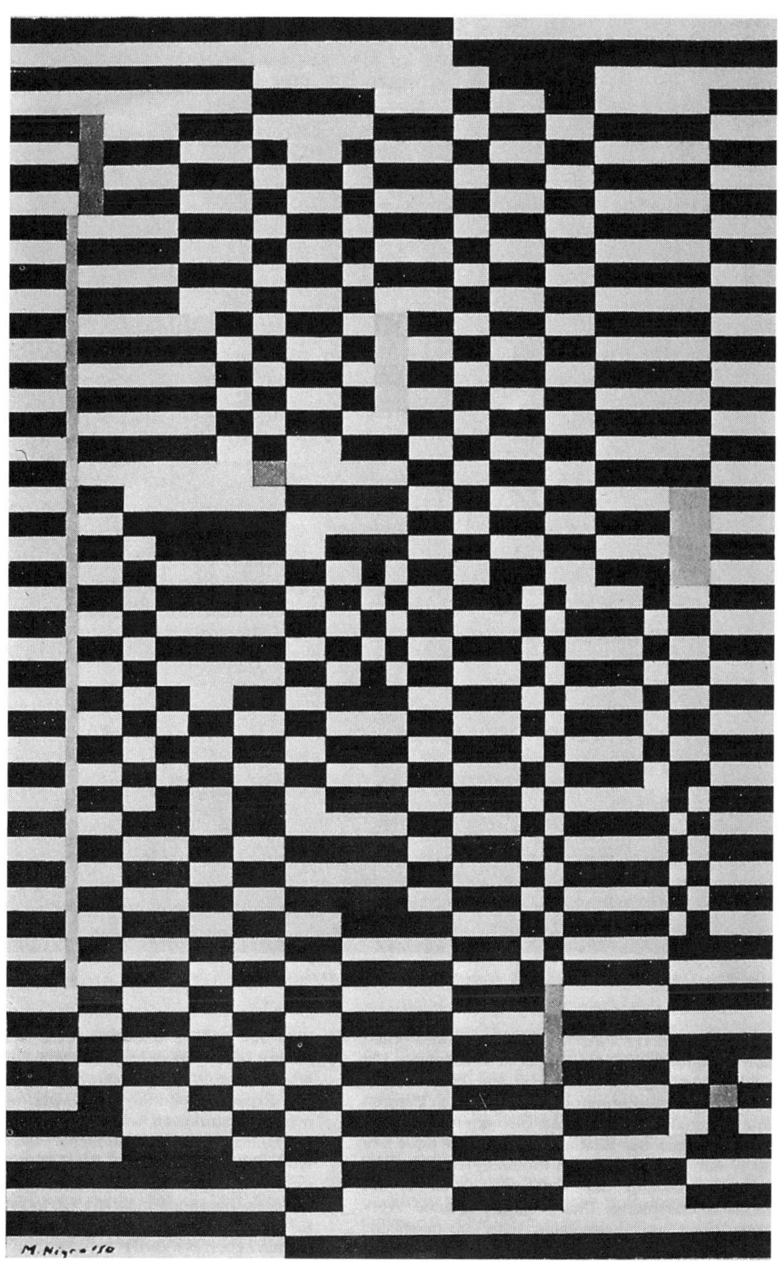

4.8 Mario Nigro, Entwurf für ein Schachbrett, 1950, Gouache, 44 x 25 cm, Tel Aviv Museum

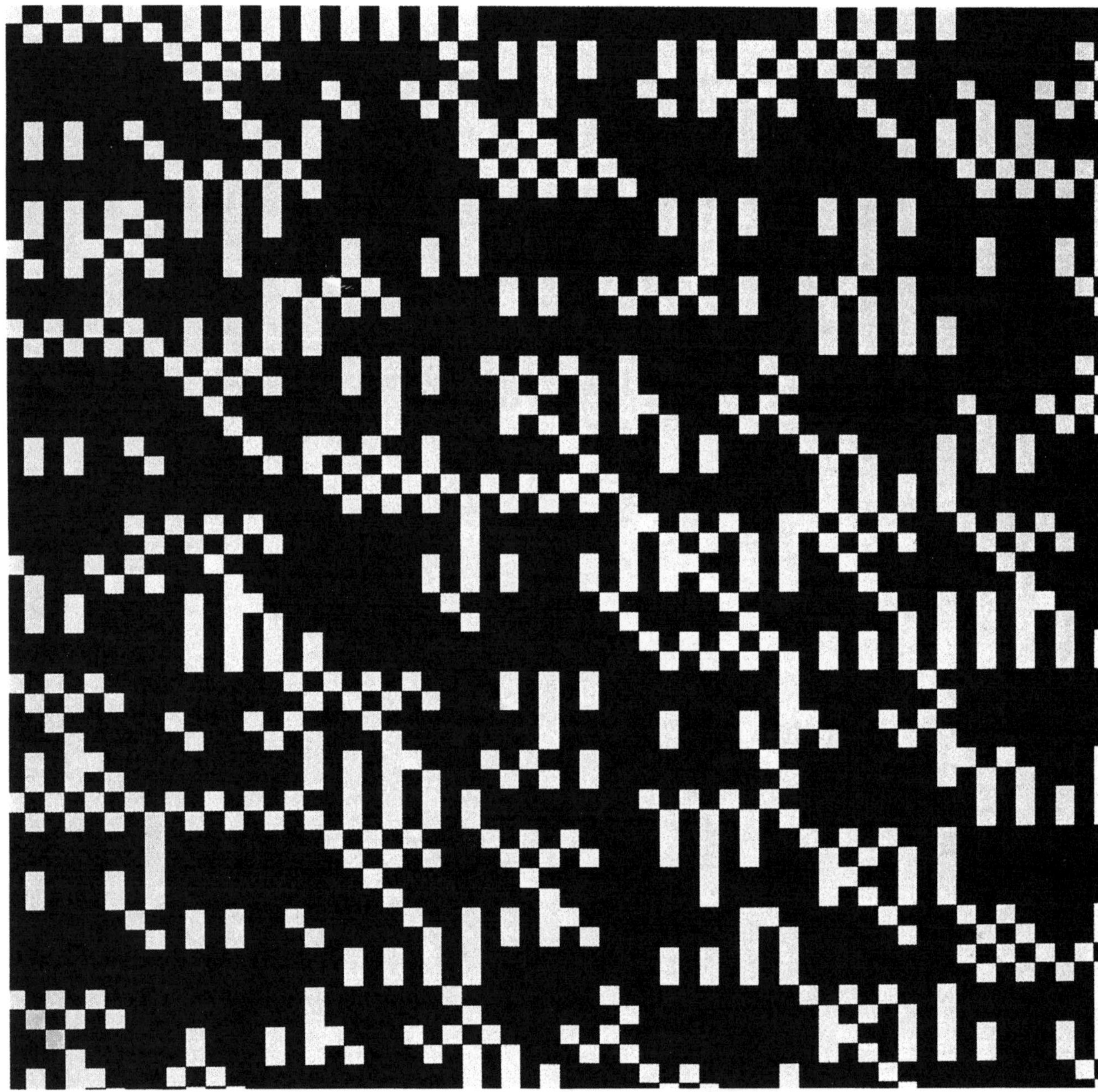

	1	2	3	4	5	6	7	8	9	10	11
1	−	−	−				+	+		−	−
2	−		+	+	−	−	−		+	−	
3	−	+	+		−		−				
4.	−	+	+	+	−	−	−		+	+	
5					−		−	+	+		−
6	−	+	+		−	−		+	+	+	
7	−	+		+		−	−		+		−
8		+	+	+		−	−			−	−
9	+	+	+			−	−	+	+		−
10	+			+				+	+		−
11		−	−	−				−	−	−	
12								−	−	−	
13			−	−					+	+	
14									+	+	
15	+	+									
16				+	+			+	+		−
17	−				+			+	+		−
18	−			+	+					−	−
19	−				+		+	+	+	−	
20							+	+	+		−
21	−		+		−	−	+	+			−
22	−				+			+	+	+	

Halbkreiszahl	2 (weiß)	1 (schwarz)	1 (weiß)	2 (schwarz)
Werte a	0,2	0,4	0,6	0,8
Werte b	1	2	3	4
Zahl mögl. Lagen	6	4	4	6

Die Werte a für Schwarz sind auf eine Stelle *gerundet*. Das nicht benutzte schwarze Quadrat hat dabei den angenommenen Wert 1. Die Zahlen ergeben sich aus einfachen Berechnungen der Inhalte von Halbkreisflächen. Sýkora verwendet die fünfmal größeren Werte b und damit die ganzen Zahlen 1 bis 4. Aufgrund der *Zahl der möglichen Lagen* der Halbkreisflächen – Vollkreise werden nicht zugelassen – hat das Repertoire 20 verschiedene Elemente. Die Nachbarschaftsbeziehungen dieser 20 Elemente werden durch gewisse in den Computer eingegebene Spielregeln bestimmt.

Das Komplizierte dabei ist, daß der Künstler im gegebenen Bildformat, im Beispiel ein Doppelquadrat, ein *Teilbild als Anfangsfigur* beliebig wählen kann. Für ein noch nicht belegtes Rasterquadrat wird der Wert für Schwarz als Mittel der Werte der benachbarten Elemente berechnet. Soll dieser Wert jedoch um einen bestimmten Betrag zu- oder abnehmen, so wird dies durch + oder – im Rasterquadrat gekennzeichnet. Dieses Teilbild definiert damit grob bereits die Helligkeitsverteilung – wie der Vergleich mit dem endgültigen Bild zeigt. Das Bildraster wird, oben beginnend, zeilenweise, hin und her, ohne Sprung, abgearbeitet. Die Regeln für diesen *Farbwechsel*, kombiniert mit einem hier nicht näher erläuterten *Formenwechsel*, sind nicht »widerspruchsfrei« und nicht eindeutig. Bei einem Widerspruch wird eine Bedingung vernachlässigt, Mehrdeutigkeit wird durch den *Zufall* überspielt.

Der Computer druckt nur die errechneten Werte b (s. Tabelle) und die Codezahlen für die Lage der Elemente aus, also Zahlenpaare an jeder Stelle des Rasters. Diese Matrix verwertet der Künstler und malt anschließend in langer Arbeit das Bild in Öl auf Leinwand (s. Claudia Keller, S. 106).

Selbst diese wenigen Andeutungen machen bereits die Komplexität der durch die Anfangsbedingungen definierten Bildmöglichkeiten klar, insbesondere, wenn das Spiel mit bunten Farben gesteigert wird.

Sýkora bezieht sich bei seinem Tun auf den späten Cézanne, der Formelemente wie Baum, Berg, Haus, auch deren Farben in Relation setzte und die zunächst statischen Lösungen »dynamisierte«. Sýkora bekennt anschließend in seinem Aufsatz, daß er bei seinen ersten Arbeiten über die Dynamik und Tiefenillusion seiner Bilder – erzeugt durch Asymmetrie und die verschiedenen Farbwerte – erstaunt

◁◁ **4.9** Pieter Struycken, Struktur Nr. 4, 1970/71, Kunstharz auf Perspex, 150 x 150 cm, Humlebaek, Louisiana Museum

◁ **4.10** Zdeněk Sýkora, Anfangsfigur von Bild 4.11

◁ **4.11** Zdeněk Sýkora, Schwarz-Weiß-Struktur, 1966, Öl auf Leinwand, 220 x 110 cm

▷ **4.12** Ryszard Winiarsky, Fläche 94, Durchdringung von illusionistischem Raum in 24 Sektoren, 1971, Acryl auf Holz, Humlebaek, Louisiana Museum

war. Es handelt sich – und das ist das anfängliche Thema des Kapitels – um die »Kluft ... zwischen der ursprünglichen Gestaltungsabsicht ... und ihrer tatsächlichen Verwirklichung« (Hofmann).

Kunst ist immer auch »Erweiterung der Erfahrung« (Fiedler, zitiert bei Hofmann).

4.12 Wie weit man dieses Spiel – allerdings in anderer Richtung – treiben kann, zeigt das zusätzlich in seiner Scheinräumlichkeit irritierende Bild des Polen Ryszard Winiarsky (*1937 in Lemberg, lebt in Warschau, Professor an der Kunstakademie, ab 1983 auch Lehrauftrag an der Hochschule für Gestaltung in Offenbach), der auch mit dem Zufall systematisch arbeitet.

4.5 Eine ungewöhnliche Textverarbeitung

Bekannt sind statistische Textanalysen, die beispielsweise ermöglichten, Bibeltexte nach verschiedenen Autoren zu klassifizieren. Dazu werden im einfachsten Fall die Häufigkeiten der verwendeten Wörter ermittelt. Ändern sich solche Häufigkeiten signifikant, kann auf einen Autorenwechsel geschlossen werden.

4.13 Man kann nun ähnlich verfahren und einen *Text* nur im Hinblick auf seine *Wortlängen* statistisch untersuchen. Das Künstler-Informatiker-Team G.F. Kammerer-Luka (*1929 in Gernsbach, lebt in Belfort) und J.B. Kempf (*1941 in Belfort, lebt in Lyon) tun dies mit einem Text von Baudelaire. Neben den Häufigkeiten der Wortlängen wird auch die Häufigkeit der Längen zweier aufeinanderfolgender Worte festgestellt (*Markov-Ketten*). Statt um Quadrate in zwei Farben handelt es sich nun um ein wesentlich größeres Repertoire, nämlich um Wörter der Länge 1 bis 16 Buchstaben. Die maximale Wortlänge ist nämlich 16 – längere Wörter kommen praktisch nicht vor. Es ergibt sich deshalb eine Liste (Matrix) von 16 Zeilen und 16 Spalten, statt wie oben nur von 2 Zeilen und 2 Spalten. Y sei die Zeilennummer und X die Spaltennummer (vgl. das Schachbrett oder die Dreieckstruktur, S. 84f). An der Kreuzung XY steht die Häufigkeit mit der ein Wort der Länge Y auf eines der Länge X folgt.

Mit diesem Wissen wird nun – analog der Generierung der Bilder 4.6 und 4.7 – der Text in Form eines »Buches« neu »geschrieben« und jedes Wort auf einen schwarzen, horizontalen Balken entsprechender Länge reduziert. Vom Inhalt wird also völlig abstrahiert, weswegen statt Baudelaire im Grunde auch ein anderer Text hätte verwendet werden können. Die Seiten wurden in ein Raster von 50 x 50 Modulen horizontal und vertikal eingeteilt, einschließlich der leeren Zwi-

schenzeilen. Jede Seite diese Buches besteht also aus maximal 25 Zeilen. Das wesentliche ist die progressive Konstruktion des »Buches« bis zu genau 50 Seiten, dem Rasterlimit: Auf der Seite n stehen in 25 Zeilen genau n Buchstaben, Zwischenräume (spaces) mitgezählt, also auf Seite 1 ein Buchstabe oder eine Leerstelle. Damit erscheinen anfangs realiter meist weniger als 25 Zeilen, da manche Zeilen leer sind. Bei größerer Seitenzahl können nach Voraussetzung niemals Wörter mit mehr als 16 Buchstaben auftreten. Diese Baudelaire simulierenden »Texte« sind, soweit wie möglich, beiderseitig bündig und zentriert geschrieben.
»Lest die Zeichen des Geistes anderswie, wenn der Sinn der Worte pervertiert; zelebriert denn die Form, wenn der Inhalt schwindet. Spürt das universelle Pulsieren in des Lebens unendlicher Struktur. Askese des Wortes wird rhythmische Partitur« (Frei vom Autor übersetzter Auszug aus dem Vorwort zur »Partition«).
In einer völlig anderen und erschreckenden Interpretation sieht Johannes Glötzner seine linksbündigen, sonst sehr ähnlichen skripturalen Bilder: »Totale Zensur« (Bilder Digital). Die Ambiguität könnte nicht extremer sein.

4.6 Simulierte Intuition und Zufallsobjektivierung

Zerstörung des Rasters

Wird dem Zufall mehr Spielraum gelassen, so scheint die Präzision zu schwinden, das Bild unregelmäßiger, chaotischer zu werden. Frieder Nake lockert das strenge Quadratraster auf, indem er drei unabhängige Raster übereinanderlegt. Beim ersten 10x10-Raster werden auf die 100 Rasterquadrate in gut der Hälfte aller Fälle kleine Quadrate verteilt und zwar statistisch nicht gleichmäßig (also *keine Gleichverteilung*), sondern einseitig mehr nach rechts unten konzentriert (in *exponentieller Verteilung*). Beim zweiten und dritten Durchgang wurden auf andere Raster zwei verschiedene Sorten kleiner Dreicke aleatorisch distribuiert, wobei wieder manche Rasterquadrate leer ausgingen. Da jeder »Zufallswurf« von dem vorausgehenden unabhängig ist, können sich Quadrate oder Dreiecke auch überlappen. Nake erhielt 1966 für dieses Bild, bei einem Wettbewerb, der ab 1963 von der Zeitschrift »Computers and Animation« ausgeschrieben wurde, den 1. Preis. Ein Jahr früher erhielt diesen Preis Noll für Bild 3.35. **4.14**

Ähnlich chaotisch beginnt, wie schon festgestellt, Paul Klee seine Bilder und verteilt scheinbar willkürlich Punkte und kurze Striche auf sein Zeichenblatt; er lenkt den Zufall jedoch so geschickt, daß durch die dabei sich ergebenden Verdichtungen ein Porträt entsteht. **4.15, 4.16**

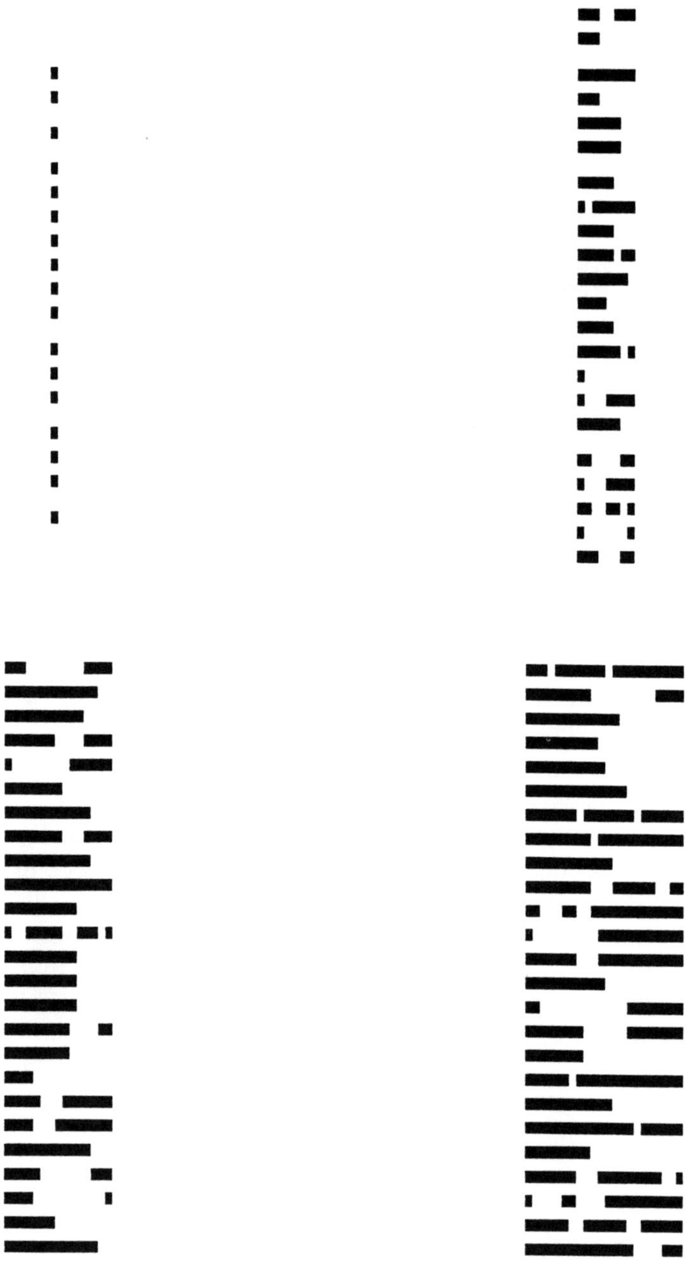

4.13 Kammerer-Luka, Kempf, Partition, die Seiten 1, 8, 15, 22, 29, 36, 43 und 50, DIN A4

4.17 Der bereits erwähnte holländische Künstler Herman de Vries, der der Zero-Bewegung nahe stand, arbeitet bereits seit 1962 (!), wie er es nennt, mit »Zufallsobjektivierungen« – jedoch ohne Computer. Seine ein Raster völlig ignorierende Zufallsverteilung weißer Quadrate auf schwarzem Grund ist sehr zurückhaltend, erhält aber durch die zusätzliche aleatorische Verdrehung der Quadrate ihren optischen Reiz. De Vries schreibt 1972 (zitiert im Kat. System + Zufall): »Wir können sagen, daß ein mehr oder weniger persönliches Konzept objektiviert wird durch den Zufall: es gibt uns eine Chance, aus einer nicht zu fassenden großen Serie von Möglichkeiten zu wählen, von welcher wir nicht sagen können, daß die eine besser ist als die andere …«, ein Satz, der ohne weiteres auf gewisse computergenerierte Bilder anwendbar erscheint.

Strukturell mit dem Bild 4.14 von Nake in gewissen Sinne vergleichbar – eine Überlagerung mehrerer Schichten – sind die »Blautöne« (Bild 4.18) des jugoslawischen bcd-Teams (Vladimir Bonačić, *1938; Miro Cimerman, *1945 und Dunja Donassy, *1945). Die unregelmäßigen, geschlossenen und ebenfalls nicht mehr an ein Raster gebundenen Formen sind in verschiedenen Blautönen ausgelegt und bewirken so eine völlig andere, mehr expressive Beziehung zum Betrachter. Das Zentralthema der Gruppe ist die »Liebe«, die in diesen Bildern anklingen soll.

4.19 Frieder Nake, Zufälliger Polygonzug, 1963, 10 x 10 cm

Zufällige Linien

Der Zufall erhält weitere Entfaltungsmöglichkeit, wenn die aleatorisch auf die Grundfläche distribuierten Code-Elemente, in ihrer Farbe und Form, selbst zufallsbedingt sind. Die »Zufallsobjektivierung« (s.o.) kann zu *simulierter Pinselführung* oder *Handschrift* führen.

4.19 Ohne Absicht tat dies Nake bereits mit seiner ersten Grafik »Zufälliger Polygonzug«, die er im Rechenzentrum der Universität Stuttgart 1963 herstellte (s. S. 57).

4.20 Vera Molnar (*1924 in Budapest, dort Kunststudium, lebt in Paris, Mitbegründerin der GRAV 1960) visualisiert – von einem Quadratraster ausgehend – den überhandnehmenden Zufall in einer Bildfolge sehr anschaulich und übersät zuletzt die ganze Fläche mit Vierecken; Verwirrung und visuelle Information nehmen zu. Sparsam eingesetzte Farben, wechselnde Dichte der Linien und die sich verlierende Systematik der zwei-, vierfach etc. überlagerten Vierecke geben den Bildern einen besonderen Reiz. Wer die Ruhe sucht kehrt wieder zum ersten Bild zurück, um dort zu verweilen. Geringe Störungen laßen die Neugier auch dort nicht erlahmen. Diese Störungen in Farbe und Form sind aleatorisch und werden *prozentual* vorgegeben.

▷ **4.14** Frieder Nake, Felder mit Zeichenverteilungen, zweimal überlagert, Nr. 5, 13.9.1963, zweifarbig, 30 x 30 cm

4.21 Georg Nees bearbeitet das Polygonzugthema in seinem Buch »Generative Computergraphik« systematisch und kommt zu Bildern, die man als »computerisiertes« Informel bezeichnen könnte, wenn nicht der geistige Hintergrund völlig

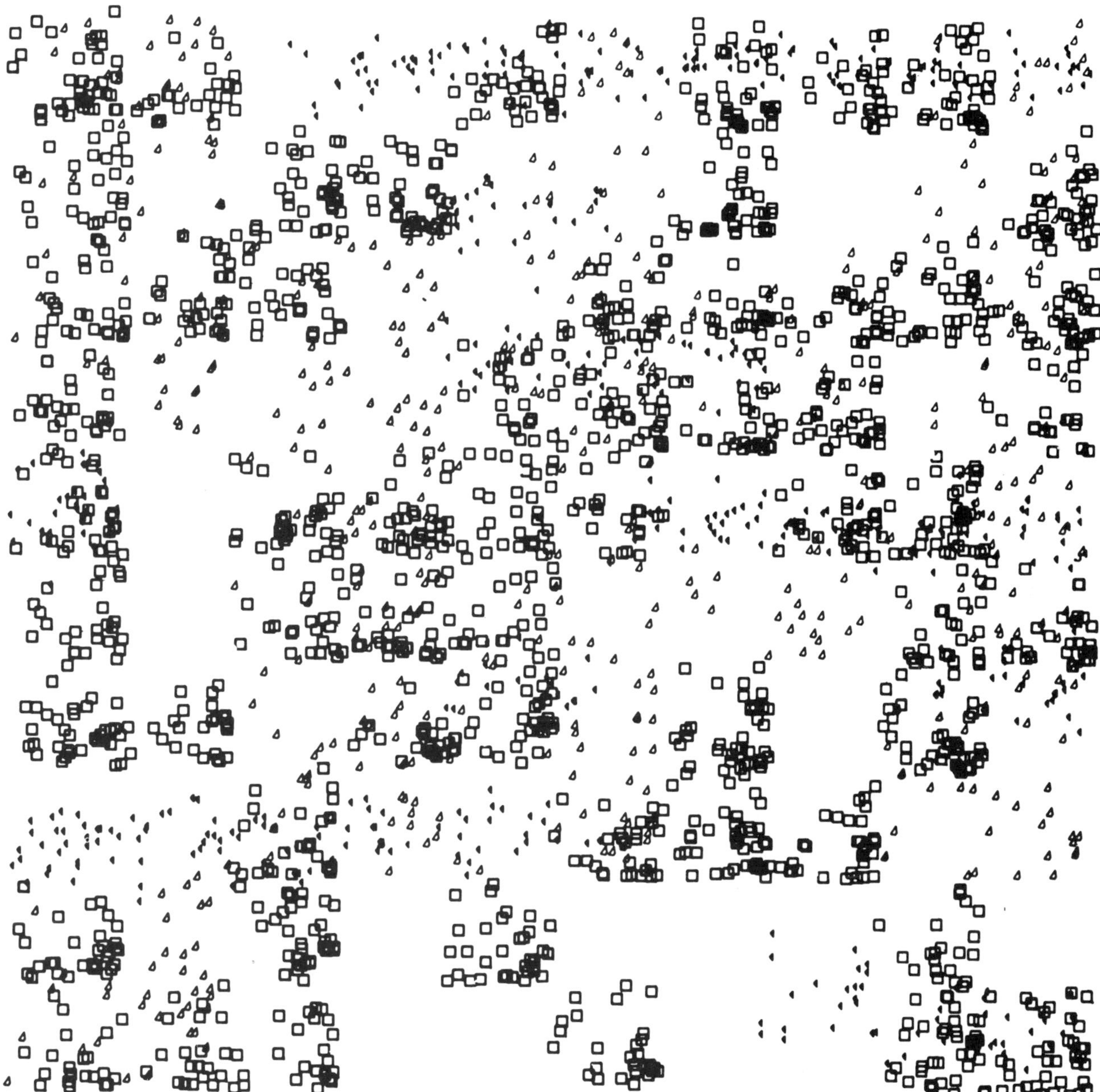

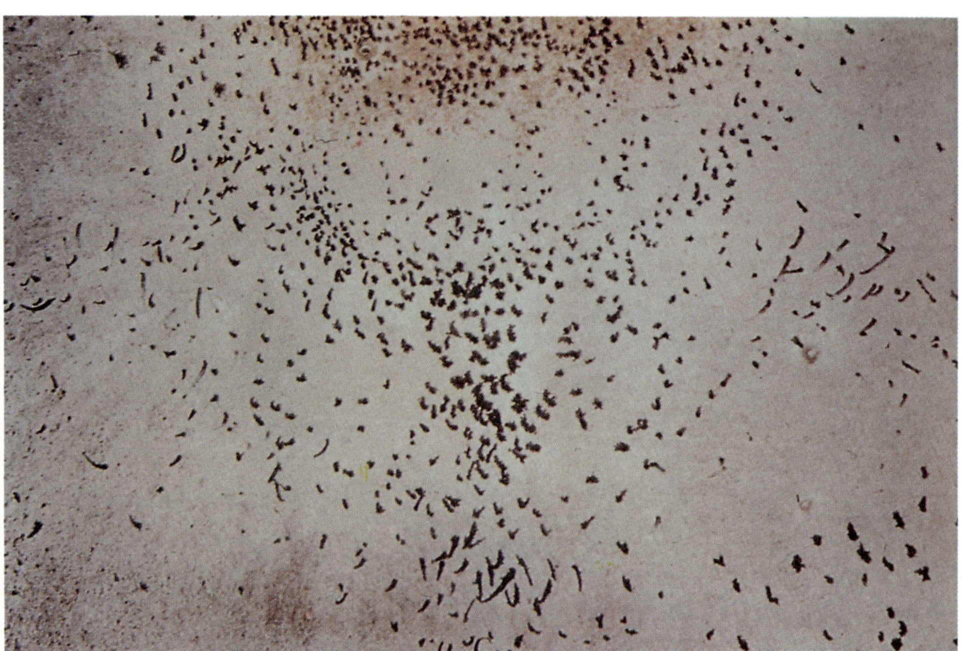

4.15 Paul Klee,
Ausschnitt von Bild 4.16

anders erschiene. Oder werden mit dem Computer psychische Erlebnisabläufe ja die *Intuition* simuliert, wie dies Max Bense behauptet?

4.22 Nees zeichnet ein »Kreisbogengewirre«, dem man Bilder von Pollock gegenüberstellen könnte. Das Computerbild ist, trotz seiner recht dichten textuellen Struktur, den informellen Bildern klar unterlegen, einerseits wegen seiner zu großen Gleichmäßigkeit der Verteilung und der Strichdicke, andererseits wegen seiner mangelnden malerischen Detail- und Oberflächenstruktur, der *Faktur.* Frieder Nake schreibt in DIGITAL 86: »Das Bild hat eine überraschend starke Assoziation zu Bildern des ›Informel‹... Dieser Eindruck ist natürlich sehr oberflächlich: Nees' Grafik ist schwarz-weiß, ihr Strich hat gleich bleibende Stärke, große weiße Flächen bleiben offen... Wie Pollock hat Nees einen Prozeß in Gang gesetzt, dessen Rahmenbedingungen er kontrolliert, dessen Ablauf er genau beschreiben kann, dessen Ergebnisse im einzelnen er jedoch nicht vorher weiß.«

4.23, 4.24 Der nächste Bildvergleich soll veranschaulichen, was man nach Max Bense (AESTHETICA) unter *simulierter Intuition* mit »pseudoindividueller Note« verstehen kann. Alfred Kubin (1877–1959) geht im Detail scheinbar völlig ziellos bzw. unbestimmt vor und erhält so interessante texturähnliche Strukturen, die an man-

4.16 Paul Klee, Portrait des Mr. A. L., 1925, Zürich Kunsthaus

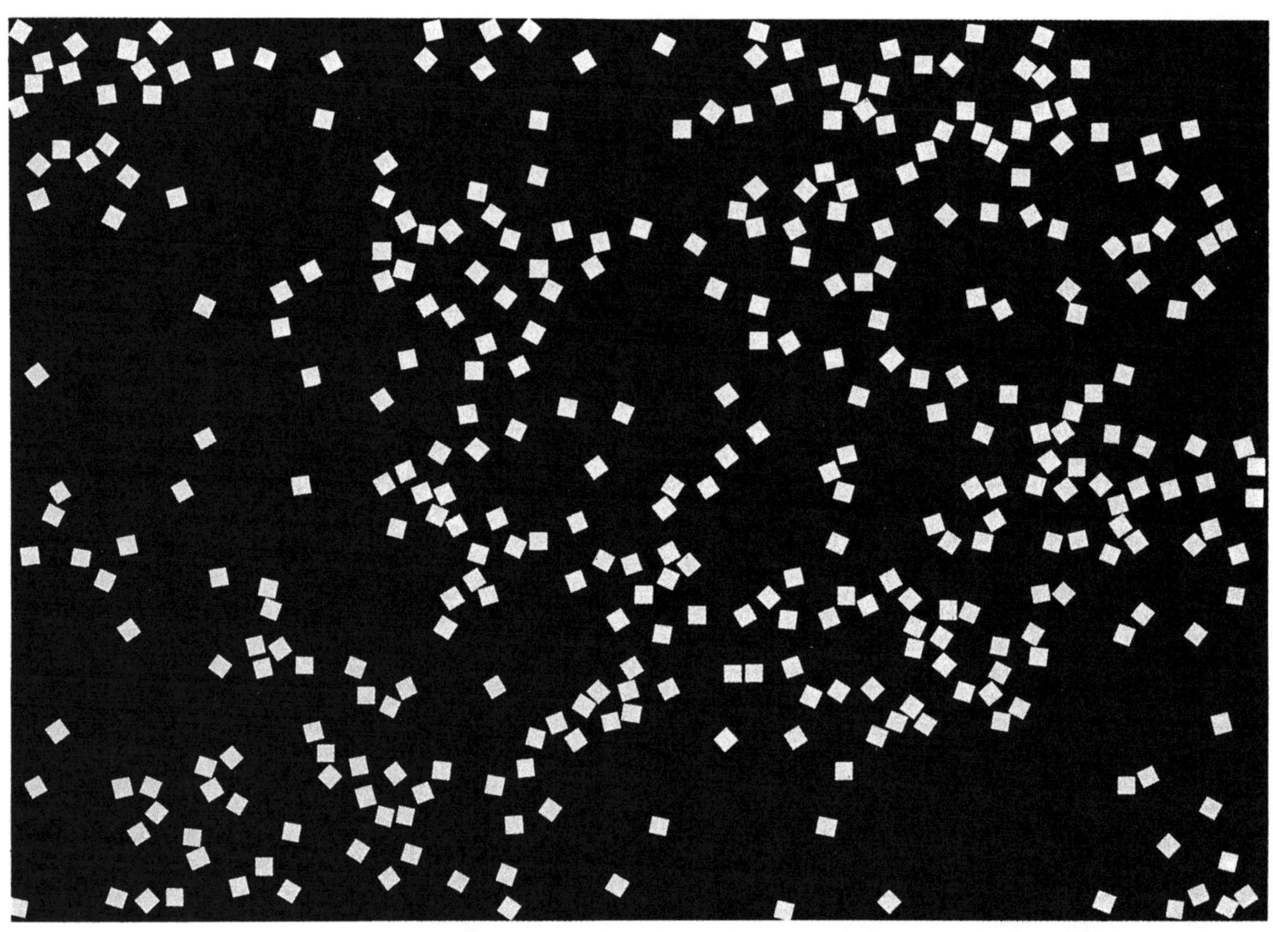

4.17 Herman de Vries, Werk V68-84, 1968, Collage, 50 x 70 cm, Humlebaek, Louisiana Museum

chen Stellen starke Zufallskomponenten aufweisen, an anderen sich auf überlagerte Schraffuren reduzieren. Die Feinheit und auch die Vielfalt dieser Gestik macht das Interessante an dem Bild aus, der »Fischer« ist sozusagen nur der äußere Anlaß. Bei Vera Molnar sind die Code-Elemente einfache Winkelhaken; Länge und Winkel sind in begrenztem Maße zufallsbedingt. Da die Horizontalen alle etwas länger sind, ergibt sich eine Textur mit horizontaler Betonung: Ein Mikadospiel, scheinbar frei hingeworfene Stäbe – Buchstaben – jedoch an Zeilen orientiert. Bei der ungegenständlichen Computerzeichnung stellt sich eine freie Deutung ein, die der ungeschulte Betrachter im gegenständlichen Bild von Kubin

nicht sucht, da er ja weiß, daß der Ausschnitt Teil eines Busches ist. So kann er durch vordergründig Gegenständliches gehindert werden, das Wesen der Handschrift Kubins bewußt zu sehen.

4.18 Gruppe -bcd-, ohne Angaben

Vera Molnar geht bewußt an das Problem heran, Handschriften zu simulieren: **4.25**
»Meine Mutter hatte eine schöne Handschrift. Die hatte etwas Gotisches, aber auch etwas Hysterisches. Der Anfang jeder Zeile, links, war immer ganz regelmäßig, streng-gotisch, und am Ende der Zeile rechts, wurde es immer unruhiger, nervöser, beinahe hysterisch.... Sie schrieb jede Woche einen Brief und das war wirklich ein Ereignis in meiner visuellen Welt... Als sie starb, gab es keine Briefe

4.20 Vera Molnar, Structure de Quadrilatères, 1988, 30 x 40 cm, Plottergrafie, Tusche (Photo: Molnar)

4.21 Georg Nees,
ZEF/122, Programm SERIE
(10.0, 10.0, 16, 12, ELIRR)

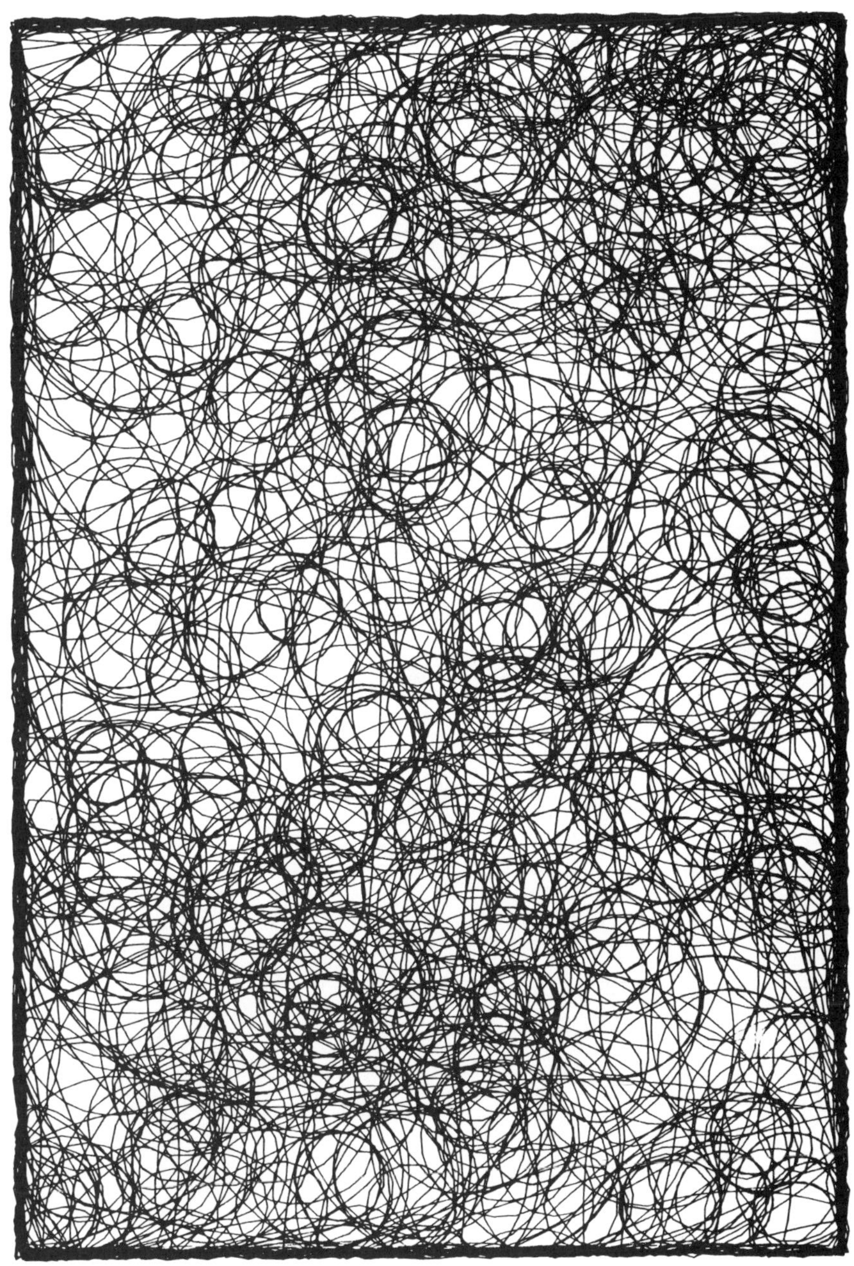

4.22 Georg Nees, Kreisbogengewirre, vor 1969, DIN A4, Transparentpapier

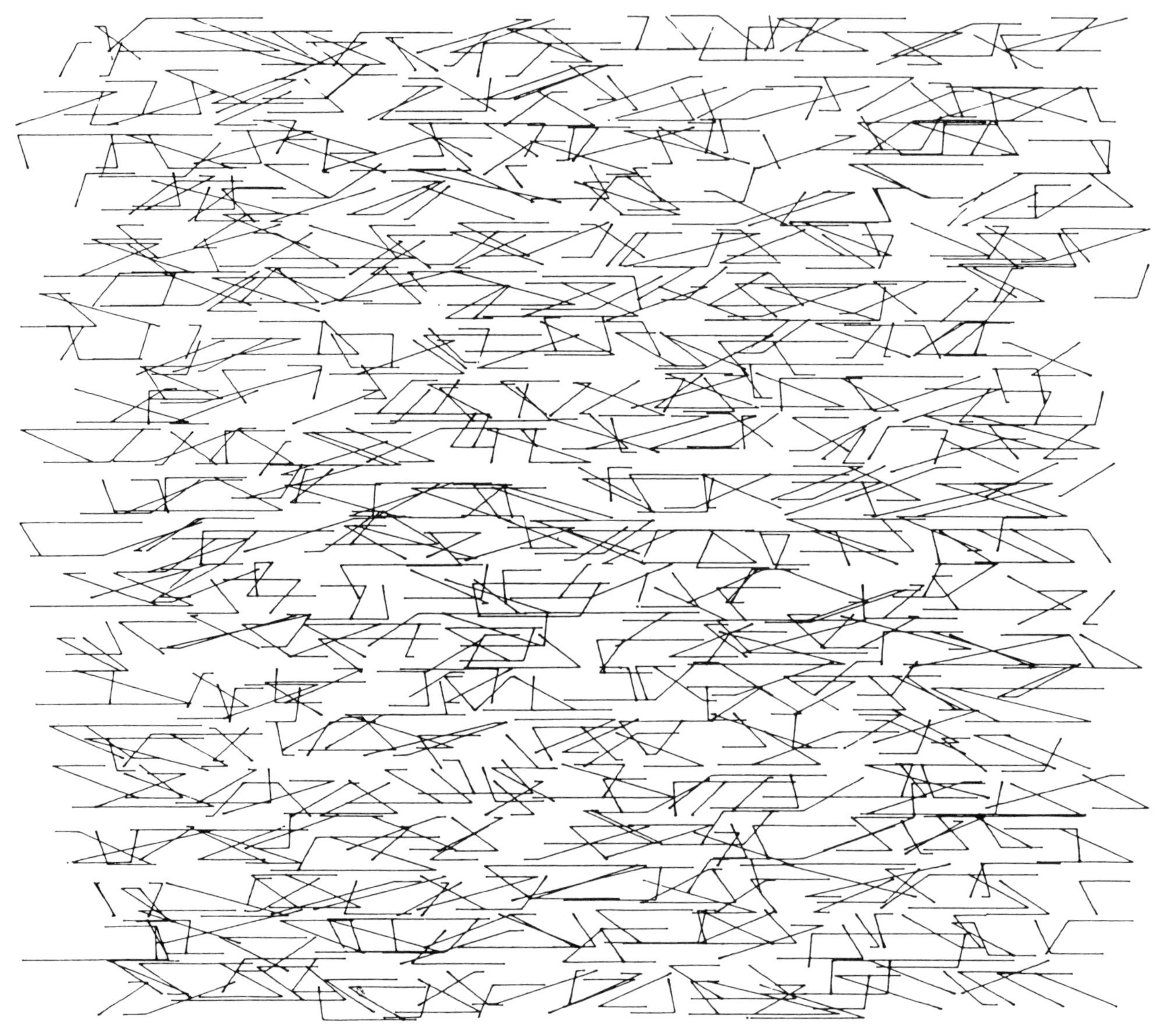

4.23 Vera Molnar, Angles 1, 1978, Tinte auf Computerpapier, 21 x 29,6 cm

4.24 Alfred Kubin,
Der Fischer, mit Ausschnitt,
Federzeichnung, 1911,
22,5 x 14,8 cm

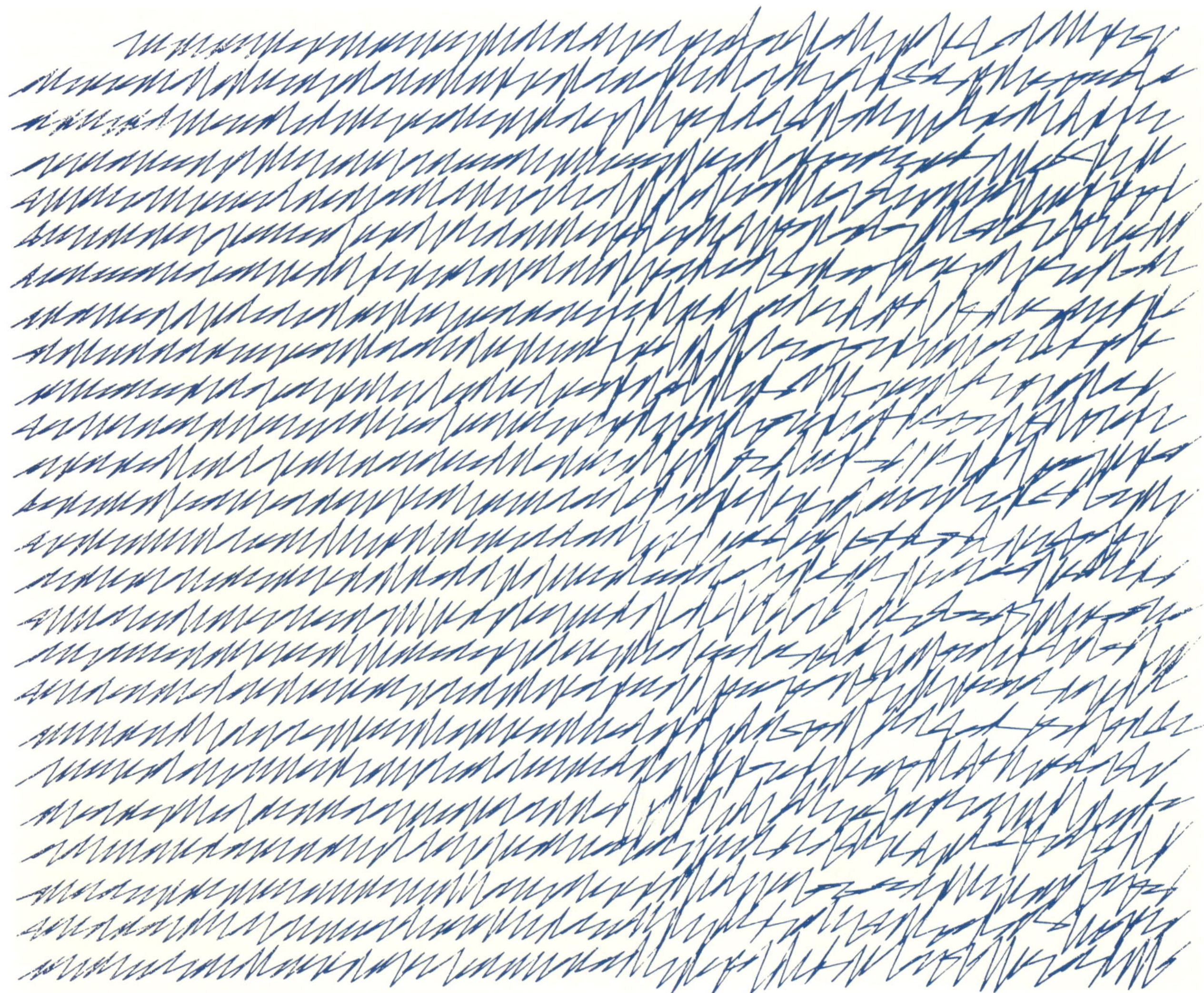

4.25 Vera Molnar, Briefe der Mutter (2 Seiten), 1988, Tinte auf Computerpapier, 30 x 40 cm

4.26 Hans Hartung, Zwei Pole, 1956, Öl auf Leinwand

▷ **4.27** Frieder Nake, Geradenscharen, Nr.2, 12.7.1965, 50 x 50 cm

mehr ... Dann habe ich mir selbst ihre Briefe weitergeschrieben, weitersimuliert: gotisch-hysterisch« (ArtBit).

Etwas in die Theorie gehend unterschied Vera Molnar schon Jahre früher, nämlich 1982 in »L'Art et l'Ordinateur« (Kat.), »zwei visuelle Welten: die klassische und die barocke, oder ... die appolinische und die dionysische.« Sie vergleicht dann die Schönheit einer in Eile hingeworfenen, ungeschickten, nervösen Skizze mit dem fein säuberlichem Ausdruck eines Plotters, spricht von der Ambiguität des Regelmäßigen und des Unregelmäßigen (s. auch Entropie und Negentropie, S. 132) und meint:

»Nichts hindert mich, diese Ungeschicklichkeiten zu analysieren, die Irregularitäten zu ›formalisieren‹; es gibt überhaupt kein Hindernis das Natürliche künstlich zu herzustellen. Was ist denn eine natürliche Linie? Sie ist die Bahn, die eine Bleistiftspitze durchläuft, um von einem Punkt der Ebene zu einem anderen zu gelangen, nicht auf einer geraden Strecke, sondern in Form kleiner Kurvenstückchen mit variablen Parametern.«

Bei einer »Schraffur« ist der Zufall stark eingeschränkt; nur durch Strichlänge und gelegentlichen Richtungswechsel kommt er noch zur Geltung wie bei »Zwei Pole« von Hans Hartung.

Die Computergrafik »Geradenscharen Nr. 2« von Nake wurde mit Hartung in Verbindung gebracht; es war nicht Nakes Intention, diesen zu imitieren oder zu simulieren, wie er dies bei einem Bild von Paul Klee tat (s. S. 326f). Auf eine gewisse Anzahl von zufällig gewählten Leitgeraden werden Strecken gezeichnet, deren Längen und Schräglagen (Steigungen) sich nur in kleinen Bereichen ändern. Die Folge ist die Bündelung der Strecken zu Geradenscharen, die etwas von einer Schraffur haben.

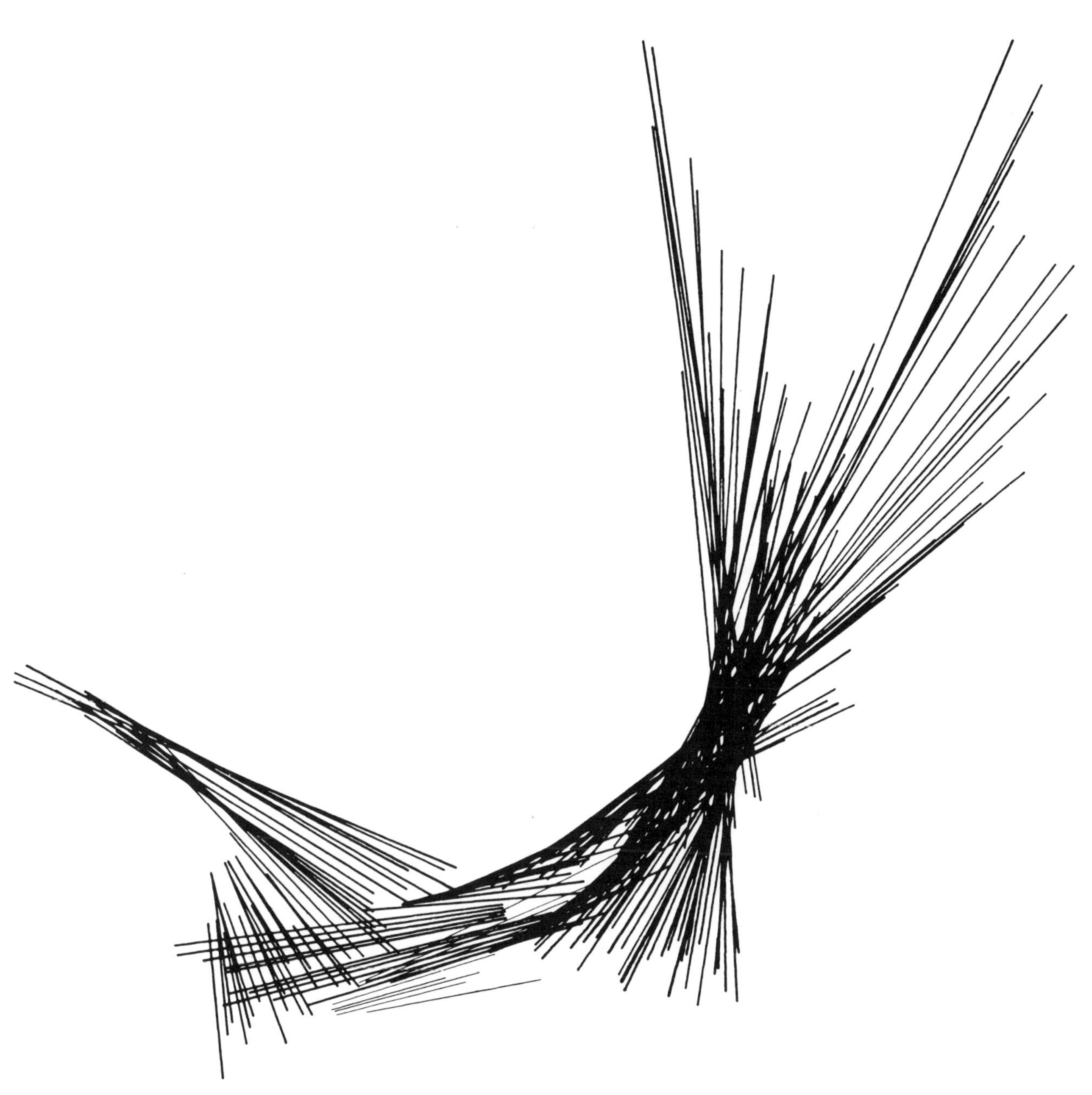

4.7 Zusammenfassung

Die zweite schöpferische Instanz

Wird bei den Bildern von Nake, Nees, Molnar wirklich Intuition simuliert? Nach dem Brockhaus ist Intuition eine »plötzliche Eingebung, ein ahnendes Erkennen neuer Gedankeninhalte, besonders auf künstlerischen Gebiet«. Kann dies jedoch eine maschinenhafte Kunst? Die Frage wurde u.a. von Bense und Nees dahingehend beantwortet, daß der *Zufall* (*random*) im wesentlichen zunächst das Detail, die *Mikrostruktur* eines Kunstwerkes durch aleatorische Auswahl (Selektion) von Form und Farbe der Grundelemente generieren sollte: diese Selektion kann jedoch auch kompositorische Auswirkungen auf das Bild, auf dessen *Makrostruktur,* haben. Damit ergeben sich in beiden Bereichen *innovative* Überraschungsmomente, der Zufall wirkt als »zweite schöpferische Instanz«. Diese Instanz benutzten – wie festgestellt – bereits die Dadaisten, auch ohne Maschine, beispielsweise mittels des freien Falles oder Künstler der systematisch-konstruktiven Kunst und Computerkünstler mit ihren Telefonbüchern bzw. in Computern eingebauten *Zufallsgeneratoren.* Der Computer erhält eine *kreative Komponente* und generiert *»Random-Kunst«.*

Die physikalische Komponente der Kunst

Die Verwendung der Zufallsgeneratoren vermindert den Einfluß des Künstlers auf sein Bild. Bense spricht deshalb von der »nicht-freien Kunst«, d.h. einer Kunst, der er eine *physikalische Komponente* zuspricht, nämlich in Richtung auf zunehmend »gleichmäßige Verteilung der Elemente als der wahrscheinlichere Zustand der Farben bzw. des Schwarz-Weiß« (Bense 1982, S. 167), also in Richtung zunehmender *Entropie* (s. S. 132f). Das malerische Chaos eines Klee oder des Informel (s. S. 122f) bzw. das sog. »weiße Rauschen« (s. u.) sind Ausdruck hoher Entropie bzw. hohen Informationsgehaltes.

Klar ist, daß die *Intuition des Künstlers* selbst in keiner Weise ausgeschaltet wird; sie entwickelt sich beim Entwerfen der Bildidee. *Kreativität* wird nur partiell an die Maschine delegiert und dort simuliert. Diese beiden *Komponenten der Intuition* meint wohl Max Bense, wenn er einerseits sagt : »Es ist klar, daß durch Einführung des Zufalls... es auch der Maschine unmöglich ist, ein Produkt identisch zu wiederholen. Es bleibt der singuläre Charakter auch des maschinell erzeugten ästhetischen Objekts gewahrt, es zeigt eine pseudoindividuelle oder pseudointuitive Note« (S. 337).

Ästhetische Programme

4.5

Andererseits ist die so erzeugte »künstliche Kunst« durch Einschiebung eines Programms, also eines »Vermittlungsschemas zwischen Schöpfer und Werk«, charakterisiert. Bild 4.5 von François Morellet wurde mit einem solchen »ästhetischen Programm« generiert; dieses induziert die Komposition des Bildes:

Zeichen, nämlich rote Quadrate, werden nach einer *Spielregel* bzw. mehreren Einzelregeln aleatorisch auf ein 200 x 200-Raster verteilt und damit gegeneinander in Relation gesetzt, also miteinander verknüpft. Die Auswahl der *Zeichen* und *Regeln* unterliegt der *Intuition* des Künstlers (nach Nake 68). Diese Regeln bzw. Algorithmen können mit Pseudozufallsgeneratoren eine Intuition zweiter Stufe simulieren (*Mikroinnovation*).

Die Methode ist das Bild (R. P. Lohse)

Diese Zusammenhänge beleuchten eindringlich den Hintergrund des folgenden Zitats von Winiarsky (Kat. System + Zufall): »Am wesentlichsten scheint die Tatsache zu sein, daß nicht das gezielte Gestalten, sondern die Wahl der Handlungsmethode, die Spielregel, diese oder jenes visuelle Erlebnis erzielt, das später wie ein Bild mit vorbestimmtem Aussehen verwendet wird.«

Bemerkung

Es sei angemerkt, daß nur in den einfachsten Fällen das *ästhetische Programm* mit einem *Computerprogramm* – wie in den obigen Beispielen – praktisch übereinstimmen kann; andernfalls muß das ästhetische Programm des Künstlers von einem Informatiker in ein Computerprogramm übersetzt werden. Solange Künstler und Informatiker nicht in einer Person vereint sind, liegen die Schwierigkeiten auf der Hand; gute Computerkunst oder computerunterstützte Kunst haben sich nach fast 30 Jahren deshalb nicht so weit verbreitet, wie zu erwarten gewesen wäre.

4.8 Exkurs: Pseudozufallsgeneratoren

Das Prinzip

Pseudozufallsgeneratoren beruhen meist auf mathematischen Theorien, die exakt *determinierte Zahlenfolgen* liefern, die allerdings psychologisch rein zufällig erscheinen. Eine bekannte Methode, die *Kongruenzmethode*, sei kurz beschrieben:

Eine Zahl Z sei gegeben; man erhält die nächste »Zufallszahl« ZZ der Folge, indem man die gegebene Zahl Z mit 5 multipliziert und das Ergebnis durch eine fest vorgegebene Zweierpotenz 2^n dividiert; der dabei entstehende Rest ist die gesuchte Zahl ($ZZ = 5*Z \bmod 2^n$).

Beispiel: Die gegeben Zahl sei 1, die Zweierpotenz 2^5 d.h. 32; dann ergibt sich als Folge:

1	5	25	29	17	21	9
13	1	5	25	29	17	...

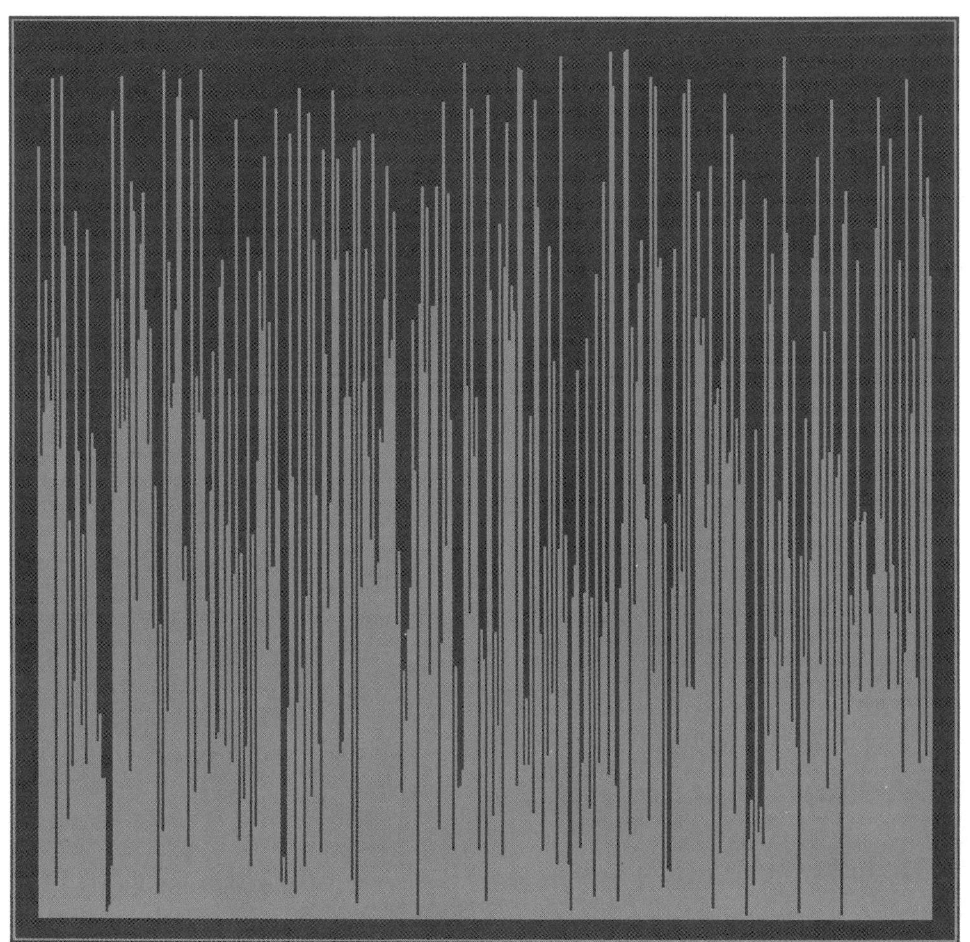

4.28 Histogramm mit eingebautem Pseudozufallsgenerator erzeugt

Die 29 beispielsweise ist der Rest der Division (25*5)/32 (d.h. 29 = 5*25 mod 32). Die Folge ist periodisch, ihre Periodenlänge ist 8, d.h. nach 8 Folgengliedern ergibt sich wieder dieselbe Zahl. Es ist $8 = 2^3 = 2^{5-2}$.

Allgemein läßt sich zahlentheoretisch beweisen, daß für die Potenz 2^k die Länge der Periode 2^{k-2} ist. Nees setzt in seiner Doktorarbeit „Generative Computergraphik" für k = 33; arbeitet also mit der

Zweierpotenz $2^{33} = 8\,589\,934\,592$ und der
Periodenlänge $2^{31} = 2\,147\,483\,648$.

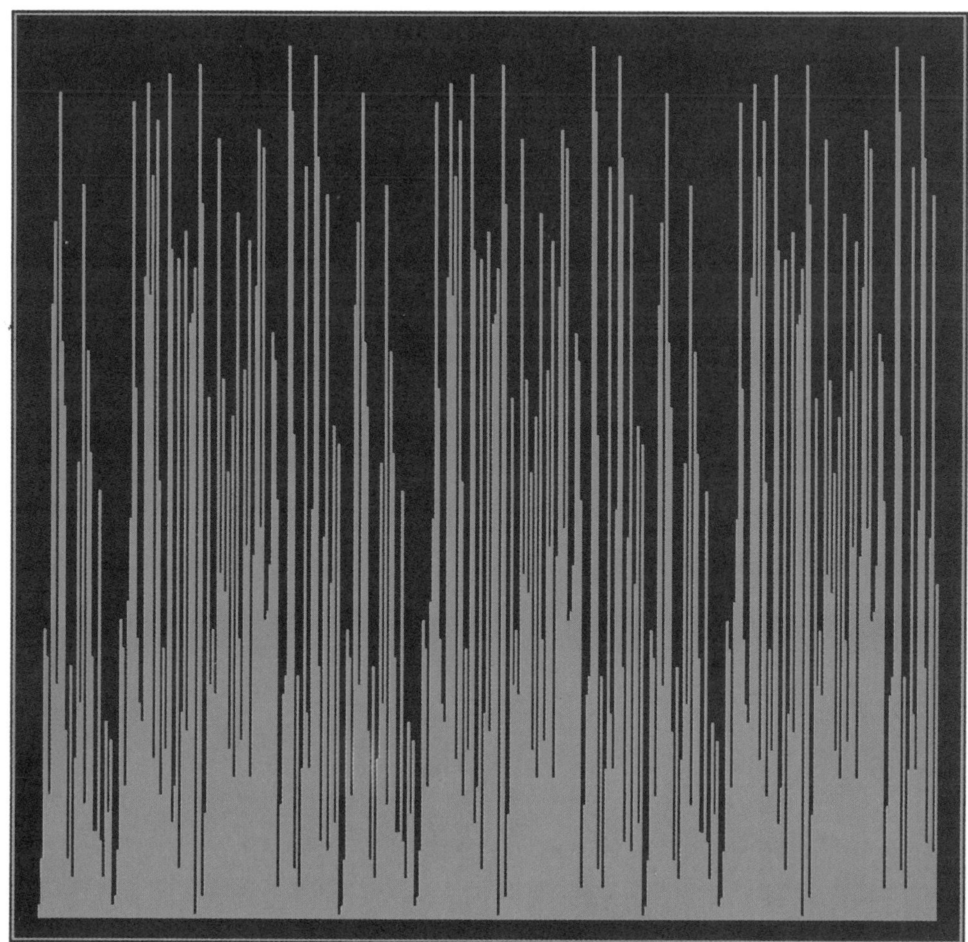

4.29 Histogramm mit der Kongruenzmethode (Potenz = 2^9 = 512, Periode = 128) erzeugt

Eine derart lange Periode genügt für grafische Zwecke. Die Zahlen scheinen in der Tat »unberechenbar« zu sein.

Zwei Beispiele mögen dies erläutern; im ersten Bild ist keine Periode erkennbar, im zweiten ist eine solche deutlich zu sehen – sie zeigt sich praktisch dreimal. Ein »Refrain« bewirkt – wie jeder weiß – Informationsminderung bzw. Erhöhung der Redundanz. Nees nennt solche Zufallsgeneratoren mit kurzer Periode »entartet« und erzeugt mit ihnen, ausgehend von Bild 4.28 oder 4.21, grafisch interessante, redundante Strukturen.

4.28, 4.29

Weißes Rauschen

◁◁ **4.30** Erwin Steller, Weißes Rauschen, 1988, Siebdruck, 60 x 60 cm

◁ **4.31** Erwin Steller, Histogramm Rot-Blau, 1989, Acryl auf Leinwand, 60 x 60 cm

▷ **4.32** Erwin Steller, Doppelhistogramm Magenta-Orangerot, 1988, Bildschirmfoto

▷▷ **4.33** Erwin Steller, Tektonisch, 1989, Siebdruck, 60 x 60 cm

Histogramme werden bei der *Business-Grafik* verwendet. Diese Grafiken können ästhetisch überhöht werden. Statt statistischer Daten bestimmt bei den Bildern 4.30–4.33 allein der Zufall die Länge der Stäbe; deren Breite, Abstand und Farbe können jedoch beim Programmabruf in einem »Dialog« (s. S. 90) gewählt werden. In allen Fällen handelt es sich um das sogenannte *weiße Rauschen*, ein Begriff, der bei der Nachrichtenübermittlung gebräuchlich ist, und mit dem das störende, völlig zufällig erzeugte *Hintergrundrauschen* gemeint ist.

Visuell kann dieses Rauschen völlige Amorphie bewirken, wie dies der Hintergrund von Bild 6.24 zeigt. Gitterstruktur wie bei Morellet oder Sýkora, Eindimensionalität der Reihung wie bei Histogrammen oder/und geringe Zahl der Code-Elemente hemmen als Rahmenbedingungen das Zerfließen der Form. In allen Fällen ergibt sich eine »völlig zweideutige Botschaft«, die zu einer »Interpretationsanstrengung anspornt« (Eco) – oder aber den Betrachter »überfordert«, daß er »aufgibt« (Moles).

Schmale Stäbe mögen »Gotisches« assoziieren, die horizontale Halbierung des Bildes – vielleicht schon zu eindeutig – einen Horizont bzw. eine Landschaft, in der ein Objekt steht (Bild 4.30). Dieser Eindruck wird durch Reduzierung auf nur zwei Farben verunklärt (Bild 4.31).

Abwandlungen gibt es sehr viele, wie Verdoppelung der Stäbe oder eine von vorneherein nicht vorgesehene *Engführung*: Wird der Abstand der Stäbe kleiner als ihre Breite, so ergeben die auftretenden *Überlappungen* einen völlig anderen – in Bild 4.33 tektonischen – Eindruck.

Aus der unüberschaubaren Menge der möglichen Histogramme läßt sich eine sinnvolle Auswahl dadurch erreichen, daß Bilder nach einem Gesetz zu ästhetisch stimmigen Folgen zusammenfaßt werden: Das »Doppelhistogramm« ist Teilbild einer Schwarz-Weiß-Serie, die nur mit wenigen Stäben beginnt, und deren Anzahl jeweils verdoppelt wird – wie bei dem Wachstum einer Population. Auch visuell ergibt sich dabei die kritische Situation: Das Zusammenwachsen der Stäbe läßt das Bild umkippen: Der Hintergrund reduziert sich zu Stäben, die von den Bildrändern oben und unten in die Mitte wachsen.

Bemerkung

Farben erscheinen gegen dunklen Hintergrund gesättigter als gegen hellen, also relativ verschieden (*Simultaneffekt*). Obwohl die Stäbe in Bild 4.32 nur mit zwei Farben generiert sind, erscheinen am Bildschirm objektiv mehr Farben und zwar so wie es auch das Auge subjektiv empfinden würde.

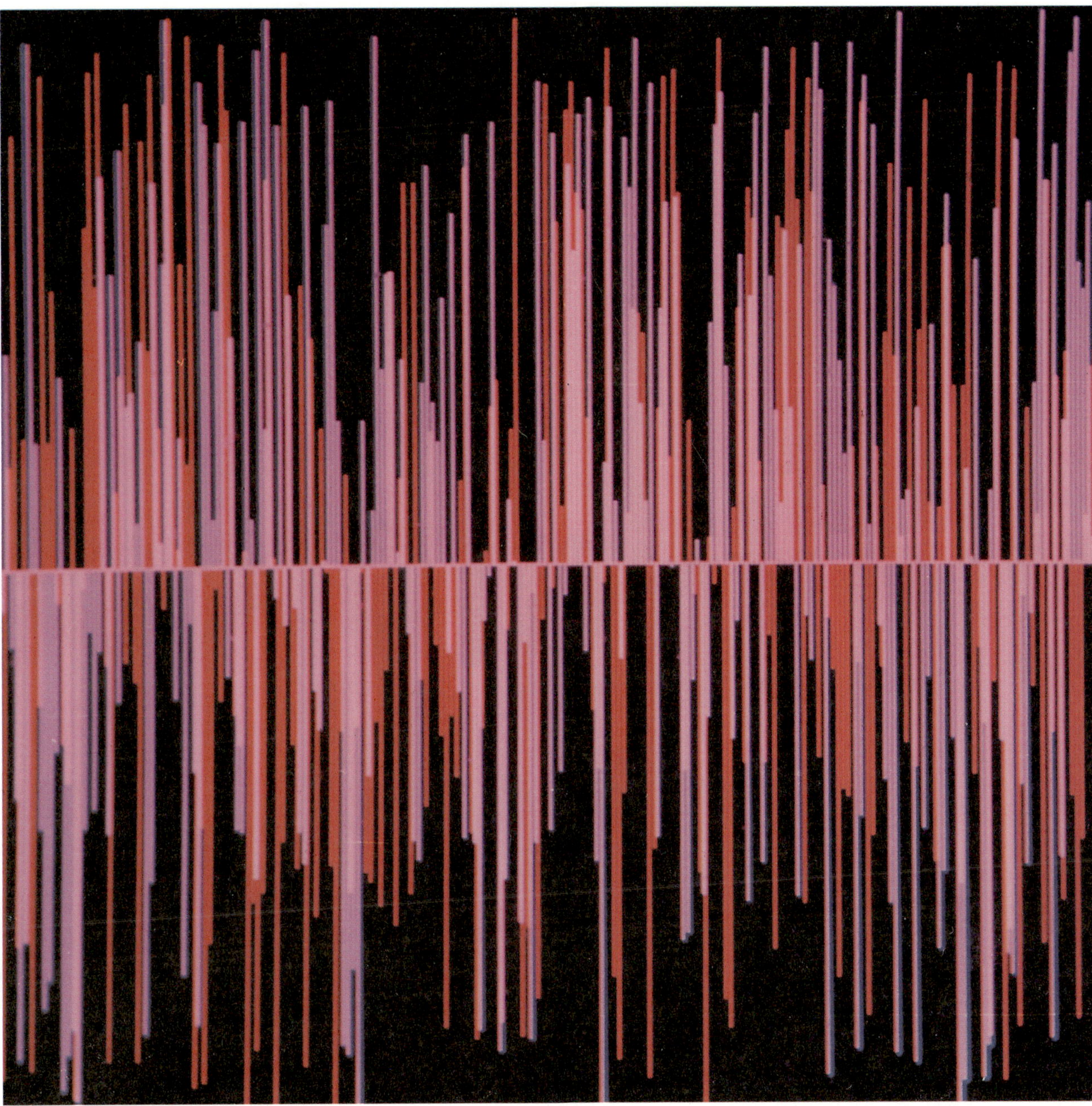

5 Ästhetiken

Die systematische Erforschung verschiedener Operationsmethoden an der immer gleichen Struktur bringt schließlich immer neue Zeichen hervor, die ohne den Computer niemals hätten konzipiert werden können.
MARIE LOUISE SYRING über Manfred Mohr

Die Anfänge der Computerkunst standen in Deutschland stark unter dem Einfluß der Schule Benses. Dessen Denkanstöße gründeten sich auf die *Prozeßästhetik,* die *Semiotik* (Zeichenlehre), die *generative Ästhetik* und die *Informationstheorie,* Theorien, die hier eingefügt werden, weil sie einerseits für sich gesehen interessant erscheinen und ihre Wirkung taten, andererseits, weil die Informationsästhetik in eine Sackgasse führte und als Paradigma für immer wieder mögliche Sackgassen steht.
Die Semiotik drängte sich insofern auf, als sie erkenntnistheoretische Grundlage für viele Disziplinen wie Logik, Mathematik, Linguistik und Ästhetik darstellen kann. Nicht verwunderlich, daß sich auch Philosophen wie Ludwig Wittgenstein (1889-1951, Österreich) und John Dewey (1859-1952, USA) damit beschäftigten. »Es wird die Zeit kommen, die allgemein akzeptiert, daß zwischen kohärenten logischen Schemata und den künstlerischen Strukturen ... kein grundsätzlicher ... Unterschied besteht« (Dewey, zitiert bei Morris, 1987). Damit ist auch die generative Ästhetik hellsichtig vorweggenommen.

5.1 Prozeßästhetik

Interpretationsästhetik

Die von Dewey ausgedrückte Erkenntnishaltung beginnt mit dem Bewußtwerden, daß die Malerei die Sicht und damit die Einschätzung der Welt ändert (s. das Zitat von Baumeister auf S. 20). Die Kunst erhält ein »kognitives Moment«, das »integraler Bestandteil« ästhetischer Erfahrungen ist, denn sogar »die Emotionen in der ästhetischen Erfahrung (haben) eine kognitive Funktion« (Goodman). Spürbar wird dies schon bei Worringer oder Kandinsky, die von »Gehirnarbeit« sprachen, ja im Grunde bereits seit dem 18. Jahrhundert, als die Kunst mit dem Verlust ihrer Auftraggeber, Kirche und Hof, auch ihr Selbstverständnis verlor und so immer wieder aufs Neue *hinterfragt* und *interpretiert* werden mußte. Es entwickelte sich eine »geisteswissenschaftliche Interpretationsästhetik Hegelschen Typs« (Bense). Mit der damit einsetzenden *Verwissenschaftlichung* der Kunst waren in extremis die Prozeßästhetik und Semiotik vorprogrammiert.

Die Emanzipation von Kirche und Hof führte nämlich im 19. Jahrhundert zu einer neuen Haltung: Das autonom gewordene Bild sollte nichts mehr erzählen, es sollte keinen Palast schmücken und nicht als Ikone Gottes Frömmigkeit erwecken. Nicht passiv – im vorgeprägten Urteil –, sondern *aktiv* – in kognitiver Rezeption – mußte der Betrachter Kontakt suchen mit einer Kunst, die jetzt öffentlich in Museen zur Diskussion gestellt wurde.

Kritik

Aktivität erzeugt aber auch *Kritik.* Aus einfachem Staunen wird Staunen plus Kritik. Der professionelle Kunstkritiker etabliert sich. Konsequent tritt an die Stelle des traditionellen, geschlossenen Begiffs des »Kunstwerks« der neue, offene Begriff des »Kunstprozesses«, in dem Künstler und Betrachter wie in einem »Resonanzraum« unwiderruflich verwickelt sind. Für Hofmann wird damit auch die Grenze zwischen Kunst und Nicht-Kunst verwischt, bzw. der »Nicht-Künstler (wird) von der risikolosen Passivität des Betrachters entbunden und zum Mitvollzug der Kunstwirklichkeit ermächtigt« (S. 500). Es sei erinnert, daß Hofmann Kunst als *offenen Vereinbarungsbegriff* erläuterte (s. Einführung).

Die Rückkopplung

Neben Bense, Nake u.a. beschrieb diesen *ästhetischen Prozeß* sehr klar Werner Leinfellner, der in der sogenannten *Prozeßästhetik* im wesentlichen neben der *Realisationsphase* die *Transitions*- und *Konsumationsphase* unterscheidet:

1. Der Künstler realisiert ein Objekt.
2. Das ästhetische Objekt wird an Betrachter übermittelt.
3. Der Betrachter erlebt und interpretiert, beurteilt und kritisiert das Kunstwerk und damit den *Künstler*.

Die Prozeßästhetik entspricht mit dieser *Rückkoppelung* zum Künstler einer offenen, demokratischen Gesellschaft. Daraus entwickelte sich der fundamentale Gegensatz zur Idee des absolut Schönen, die letztlich starr und dogmatisch an bisher Erreichtem festzuhalten trachtete. Analyse und Kritik garantieren dagegen Nach- und Umdenken, Selbsterneuerung und Weiterentwicklung. Diese Neuerungen allerdings – und dies ist wohl die Kehrseite – ersetzen sich immer schneller, überhitzen die Kunstszene und beschleunigen den »Thesen- und Formenverbrauch« (Hofmann, S.40). Es wird Mode – und diese begann bei den

Dadaisten – immer wieder vom *Nullpunkt der Kunst* zu reden, wie es bei Malewitsch das erste Mal mit Berechtigung geschah. Es eröffnen sich aber auch die Möglichkeiten der Kunstproduktion, wie sie in Teil 2 dieses Buches behandelt werden sollen (ab S. 215).

Neben dem eben geschilderten Rückkopplungsprozeß gibt es noch zwei weitere, rückgekoppelte *Teilprozesse*, die einmal beim Künstler, z.B. beim Maler, das andere Mal beim Betrachter für sich gesondert ablaufen: *Malakt* und *Sehakt.*

Der Malakt

Abgesehen davon, daß der Künstler sein Werk selbst betrachtet, kritisiert und daraufhin korrigiert, ist der Gestaltungsprozeß nicht von vorneherein determiniert. Der Künstler reproduziert nicht ein »Bild in seinem Inneren« oder ahmt exakt ein Bild nach, das er vor sich hat, sondern er schafft etwas, was sich erst im Laufe der Zeit bzw. der Gestaltung artikuliert und was den Eigengesetzlichkeiten der verwendeten Mittel – das kann auch ein *Programm* sein – unterliegt und von vielen Unwägbarkeiten und schon besprochenen Zufälligkeiten abhängt (s. Kap. 4) – beispielsweise von einer nicht geplanten oder dem Zufall überlassenen *Parameterwahl* oder der *Abänderung des Repertoires*, wie dies zum Beispiel Sýkora tut (s. S. 192). Diese Betrachtungen gelten nicht nur für die konkrete Kunst, sondern auch für den Illusionismus oder Naturalismus. Nachahmen scheitert letztlich auch hier. »Malen ist eine Tätigkeit, daher wird der Künstler eher dazu neigen, das zu sehen, was er malt, als das zu malen, was er sieht« (Gombrich, zitiert bei Hofmann).

Der Sehakt

Der aktive Betrachter nimmt das ästhetische Objekt wahr, er analysiert, läßt seiner Emotion freien Lauf, assoziiert, deutet vielfältig: »Der Betrachter setzt das Abenteuer des schöpferischen Aktes fort, sobald er den Bedeutungspluralismus akzeptiert und bereit ist, im Gespräch mit dem Bild Bedeutungsspiele zu spielen« (Hofmann, S. 313); von den *Bedeutungsspielen* war bei B. Riley schon die Rede (s. S. 86). Dieser Prozeß ist dabei von variabler Intensität und erreicht »im Augenblick der Erleuchtung, irgendwo in der Mitte auf dem Weg vom Unverständlichen zum Offensichtlichen« seine größte Dynamik (Goodman). Bilder die in einem gewissen Maße entschleiert werden, werden damit entsprechend abgebaut, informationsärmer, »konsumiert«.

5.2 Semiotische Ästhetik

Die Autonomie nicht nur der Künstler und Kunstwerke, sondern auch der Form und Farbe, die Erfindung des ungegenständlichen Bildes, führten zwangsläufig zur Suche und zu Vereinbarungen *reiner Elemente der Malerei* – die als *Zeichen* fungieren – und deren gegenseitigen Beziehungen, wie sie u.a. Kandinsky, Klee und Mondrian beschrieben. Hier liegt die Schnittstelle zur Semiotik offen zutage. Hauptaufgabe einer semiotischen Ästhetik wird die Beschreibung dieser Zeichen, die Analyse ihrer Beziehungen und ihrer *Bedeutungen* sein. Die *Prozeßästhetik* erhält damit ein theoretisches Fundament, mit dem ihre Rückkopplungen systematisiert werden können.

Das Zeichen

Semiotische Ästhetik geht davon aus, daß es Zeichen gibt wie Wörter, Bilder, Symbole etc.. Zeichen verweisen auf etwas, z.B. einen Gegenstand. Das Wort »Apfel« oder das gemalte Bild eines Apfels meinen also Apfel. Die materiale Farbanhäufung auf dem Bild ist der *Zeichenträger* oder das *Mittel,* um auf ein Objekt – den Apfel – zu verweisen, den letztlich ein Betrachter als solchen *interpretiert.*
Sehr anschaulich beschreibt diese Zuordnung von Mittel zum Objekt bereits Augustinus (354-430). Er geht dabei über seine Vorgänger – wie Plato und Aristoteles – hinaus, indem er Zeichen nicht nur auf verbale Zeichen beschränkte, also nicht nur linguistisch untersucht; Wittgenstein zitiert ihn gleich zu Beginn seiner »Philosophischen Untersuchungen«, in denen es zunächst im wesentlichen um die menschliche Sprache geht:
»Nannten die Erwachsenen irgend einen Gegenstand und wandten sie sich dabei ihm zu, so nahm ich das wahr und begriff, daß der Gegenstand durch die Laute, die sie aussprachen bezeichnet wurde, da sie auf ihn hinweisen wollten. Dies aber entnahm ich aus ihren Gebärden, der natürlichen Sprache aller Völker, der Sprache, die durch Mienen- und Augenspiel, durch Bewegungen der Glieder und den Klang der Stimme die Empfindungen der Seele anzeigt, wenn diese irgendetwas begehrt, festhält, zurückweist oder flieht. So lernte ich ... verstehen, welche Dinge die Wörter bezeichneten.«
Hier schält sich die *Semiotik* von Charles Morris (Foundation of the theory of signs, 1938) auf der Grundlage des Amerikaners Charles Sanders Peirce (1839-1914) schon klar heraus. Konzentriert formuliert Nake (1974) allgemein so:

»Im Zeichen z wird ein Zusammenhang ausgedrückt zwischen einem realen Mittel m, das für einen Interpreten i stellvertretend für das Objekt o stehen kann.«
Und auf eine mathematisch-nüchterne Definition reduziert:
»Ein Zeichen z ist ein Tripel (m,o,i) aus einem Mittel m, einem Objekt o und einem Interpreten i.« (Eine ausführliche Begründung einer ähnlichen Definition findet sich bei Walther, 1974, ab S. 44).

Das Kunstwerk als Zeichen

Morris definiert auch Kunstwerke als Zeichen bzw. als Hierarchie von Zeichen oder Superzeichen. Auf dieser Basis wird die Ästhetik Sonderfall der *Semiotik.* Diese zerfällt in drei Teile, entsprechend der Tatsache, daß Zeichen zuerst auf ihre Mittel reduziert betrachtet werden können, dann erst auf das Objekt und zuletzt auf den Interpreten bezogen. Die Mittel mit ihren gegenseitigen Beziehungen nennt Morris *Syntaktik,* die Bedeutungen der Mittel, also den Mittel-Objekt-Bezug, *Semantik,* und deren Bezug auf den Interpreten *Pragmatik.*

Die *Syntaktik* behandelt das *Repertoire* der bildnerischen Mittel (Formen, Farben) **Syntaktik**
und deren *Relationen,* die chromatischen und eidetischen *Kontraste* (wie kalt-warm, hell-dunkel bzw. rund-eckig, groß-klein – als äußere Form – oder Texturen – als innere Form), die *Ordnungs-* bzw. *Kompositionsprinzipien* (Proportionen, Reihungen, Zentrierung, Symmetrie, Raster, etc.) und *Ordnungsverfahren,* die gestaltend, systematisch oder aleatorisch sein können.

Dieser Teil der Ästhetik, bei der Zeichen nur als Mittel betrachtet werden, läßt sich unter gewissen Umständen voll an den *Computer* delegieren, wie weiter unten die ausführlichen Beispiele (Nees, Mohr, Sýkora) und die *generative Ästhetik* Benses zeigen.

Die *Semantik* untersucht die *Bedeutung* und den *Ausdruck,* den Zeichen als **Semantik**
codierte Kommunikation mitteilen – die Codes bergen kulturell verschiedene Assoziationen, so bei der Raumauffassung (wie die Perspektive der Renaissance oder der byzantinischen Malerei).

Bedeutung kann sich sowohl in der Zuordnung zu *realen* wie auch zu *abstrakten* **6.27**
Objekten konstituieren. Im ersten Fall wird beispielsweise ein Schachspiel mimetisch erfaßt – jede der dargestellten Figuren wird in diesem Fall als *Ikon* bezeichnet –, im zweiten Fall wirkt die Position der Figuren als *Symbol* oder als *Metapher* für eine »Bedrohung« (s. das computergenerierte Bild 6.27 von Gerd W. Biebrich). Bedeutung kann zum Teil ebenfalls dem *Computer* überantwortet werden, näm-

lich dann, wenn dieser »intelligent« genug ist, Ikone oder Symbole zu erkennen und zu verarbeiten (s. Künstliche Intelligenz und Bilderkennung, S. 333f).

Ausdruck ist eine Art »physiognomische« Rezeption, eine Wahrnehmungsweise, die der Synästhetiker Kandinsky ins Zentrum seiner Betrachtungen über Punkt, Linie und Fläche rückte (s. Abschnitt 2.3). Die reinen Farben und Formen werden zu Metaphern, indem sie mit den obengenannten Kontrasten in eine neue Ebene gehoben werden (s. S. 36).

Pragmatik

Die *Pragmatik* bezieht das Werk auf das kulturelle und historische Umfeld, untersucht den Schöpfungsprozeß (s. Malakt) und die Intentionen des Künstlers, Wirkungen und Einflüsse auf die Zeitgenossen, offenbarte Botschaften, aber auch Irritationen durch Wahrnehmungsfehler etc., und bezieht den Betrachter als Interpreten explizit mit ein.

Zeichen können vieldeutig interpretiert werden: Das Zeichen »Δ« symbolisiert insbesondere für Mathematiker ein Dreieck, für Physiker und Griechen bedeutet es den Buchstaben »Delta«, und in der religiösen Symbolsprache das Auge Gottes.

Vieldeutigkeit bei Kunstwerken ermöglicht die beim Prozeß der Nachschöpfung (s. *Sehakt*) erwähnten »Bedeutungsspiele«. Es sei wiederholt, daß für den durch seine Romane nun allgemein bekannten Semiotiker Umberto Eco nur dann eine »Botschaft eine ästhetische Funktion (hat), wenn sie sich *zweideutig* strukturiert darstellt«. Die *Ambiguität* hält den Interpreten »in der Schwebe zwischen Information und Redundanz«, führt somit zu einer »Interpretationsanstrengung« und zur Beobachtung, wie die Botschaft selbst eigentlich »gemacht ist«: »Autoreflexivität« ist für Eco das zweite wesentliche Kennzeichen dafür, daß eine Botschaft ästhetisch erfahren wird. Bei Goodman ist es die »Dichte« der Zeichensysteme, die »die Vertrautheit niemals vollständig und endgültig« werden läßt. Der *Prozeß*, der hier initiiert wird, kann als solcher das eigentliche Thema einer Bildaussage sein – man denke an die Manipulationen der Perzeption.

Damit ist klar, daß der *Computer* nicht den Platz des Interpreten einnehmen kann.

Schwerpunkte

Zusammenfassend läßt sich nach Bense sagen, daß das Zeichen ein »dreidimensionales Gebilde« ist, das die »drei Freiheitsgrade« der Syntaktik, Semantik und Pragmatik aufweist. Diese Freiheitsgrade haben in verschiedenen Zeiten verschiedenes Gewicht.

Die Hegelsche Interpretationsästhetik betonte die *Semantik:* ein Kunstwerk hat Bedeutung und soll in diesem Sinne »bedeutend« (Hegel) sein. Bense sieht »in der Hegelschen Ästhetik echte Ansätze zu einer ästhetischen Semiotik«.

Interpretationen sind subjektiv, können deshalb angefochten oder für »falsch« erklärt werden und so als *Reaktion* die *Syntaktik* in den Vordergrund schieben.

Andere Gründe für die Betonung der Syntaktik können systematische Kompositionen oder aleatorisches Spiel mit reinen Formen sein, die damit einhergehenden Techniken bis zu Computerprogrammen, und Versuche, Bilder sogar zu quantifizieren, wie dies in der Informationsästhetik (s. S. 202f) geschah.
Nicht verwunderlich ist deshalb, daß es keine einheitliche Fachsprache für die sich verschiedenartig in Amerika und Europa entwickelten Semiotiken gibt. Schon der Begriff »Ikon« wird nicht einheitlich konzipiert (s. Thürlemann oder Henrich/Iser). Im obigen Beispiel der Schachpartie wurde ein Zeichen dann als *Ikon* angesehen, wenn es ein *analoges Abbild* eines »realen« Objekts ist. Mit dieser Definition läßt sich naiv recht gut arbeiten – das Problem besteht darin, was unter »Realität« zu verstehen ist (s. Thürlemann).

5.3 Analysen computergenerierter Bilder

Analysen, die im Rahmen der Semiotik durchgeführt werden, konstituieren sich folglich aus syntaktischer, semantischer und pragmatischer Analyse und dringen in dieser Reihenfolge in immer umfassendere Bereiche ein. Wenn es auch problematisch erscheint, Analysen derart aufzuspalten – denn das einheitlich Ganze sollte, wie bereits Morris betont, nicht aus dem Auge verloren werden und darin ist das wesentliche Anliegen auch der Künstler zu sehen –, so soll trotzdem in Hinblick auf die exakten Konzepte, die für Computerbilder nötig sind, insbesondere die syntaktische Analyse herausgestellt werden. Auch auf die semantische Analyse wird eingegangen, während die pragmatische im wesentlichen unberücksichtigt bleibt; es werden nur Bezüge zum Umfeld und anderen Werken der vier besprochenen Künstler, da wo es notwendig erscheint, aufgezeigt. – Nees initiiert eine Tendenz, die für manche Grafiken vorbildhaft erscheint, Mohr stellt sich ein Problem, das er in die verschiedensten Richtungen systematisch verfolgt, Sýkora überläßt dem Zufall einen weiten Spielraum als »zweite Instanz der Intuition« und Catmull ist interessant, da er nicht so richtig in das System zu passen scheint.

Georg Nees – Stochastische Computergrafik

Syntaktische Analyse
5.1

Das *Repertoire* besteht aus einer großen Menge von vertikalen, horizontalen und schrägen Strecken verschiedener Lage und Länge. Diese werden mittels eines aleatorischen *Ordnungsverfahrens* zu 23-Ecken bzw. eigentlich 24-Ecken zusammengefaßt. In einem zweiten Schritt werden dann auf einem 14 x 19-Raster entsprechend viele solche Polygone systematisch verteilt. Nees konzipiert in »rot 19« die aleatorische Generierung dieser Polygone wie folgt:

»zeichne, im figurenquadrat irgendwo beginnend, einen abwechselnd horizontal und vertikal – in der horizontalen zufällig nach links oder rechts, in der vertikalen zufällig nach oben oder unten – innerhalb des figurenquadrats verlaufenden streckenzug mit 23 teilstrecken zufälliger länge. verbinde anfangs- und endpunkt des streckenzugs geradlinig.«

Dieses *ästhetische Programm* (s. S. 160/61) ist in ein Computerprogramm zu übersetzen: Das Raster selbst mit seinen »Figurenquadraten« wird zunächst analog der Dreieckstruktur auf S. 83f programmiert. Im wesentlichen ist die Anweisung ZEICHNE-schwarzes-Dreieck – gemäß dem Konzept von Nees – durch ein Unterprogramm ZEICHNE-23-ECK zu ersetzen.

Bemerkungen

1) Es ließe sich auch die unüberschaubar große Menge der 23-Ecke – die Zahl ist abschätzbar – als das gegebene Repertoire ansehen, wie beispielsweise bei Morellet die Dreiecke (Bild 4.4). Dieser Übergang von einzelnen Strecken zu *Superzeichen* wäre durchaus möglich, entspräche aber nicht der Intension von Nees, dem es ja gerade auf die Art der Generierung dieser Superzeichen ankommt.

2) Wurde bisher ohne Erläuterung angenommen, daß Formen – wie Dreiecke oder Quadrate – im Zeichenvorrat des Computers vorhanden sind, so wird jetzt deutlich, daß nicht nur das *Konzept* eines Bildes, sondern auch dessen zwei- oder mehrdimensionalen *Formen* in linearen, also eindimensionalen *Beschreibungscodes* im Gedächnis des Computers gespeichert sind. Dort stehen sie als *virtuelle Formen* zum Abruf bereit.

Semantische Analyse

Da ein Bezug auf vorhandene Gegenstände nicht beabsichtigt ist und deshalb fehlt, können die Superzeichen nur auf sich selbst bezogen werden, bedeuten also nur sich selbst. Allein der Ausdruck, den das Bild macht oder die Assoziationen, die es weckt, können aufgedeckt werden. Es besteht der Kontrast zwischen einer festen Ordnung, dem Raster, und der mehr oder weniger lockeren, spielerischen Bewegung der einzelnen Figuren. Diesen lassen sich jedoch in ihrer Vielfalt Gegenstände aller Art wie strukturierte Quader, Häuser, Hieroglyphen, Episkope und vieles mehr assoziieren. Bedeutung lagert sich an, taucht auf, emergiert. *Autoreflexivität* und *Ambiguität* der Zeichen verleihen dem Bild nach Eco sicher eine ästhetische Funktion.

Ein Vergleich
5.2

Mit *Raster-* oder *Matrixanordnungen* entwerfen auch andere Künstler hieroglyphenartige Schreibtafeln, wie Manfred Mohr, Roger Vilder (s. Franke 1984) u.a.

5.1 Georg Nees: 23-ECKE, 1964, Computergrafik

Zum Künstler Das Bild von Georg Nees ist eine der ersten Computergrafiken mit ausgesprochen ästhetischen Zielen und ist ein Beispiel der »Generativen Ästhetik« (Bense), die im nächsten Abschnitt behandelt wird. Die Grafik wurde – wie schon erwähnt – im Februar 1965 in einer eintägigen Ausstellung, der ersten dieser Art in Deutschland, gezeigt (s. S. 57).

Nees wollte durch Wiederholung die »ästhetische Redundanz« und mittels der »zufälligen Parameterwerte bei jeder Wiederholung die ästhetische Unwahrscheinlichkeit der Grafik« zeigen, also den innovativen Charakter des Erzeugungsprozesses. Das Auge kann unermüdlich die Formenvielfalt der 23-Ecke erforschen, wie dies in der semantischen Analyse beschrieben wurde.

Ziel der Untersuchungen von Nees war, *Informationstheorie qualitativ* zu betreiben, nicht zu messen, sondern nur Ab- und Zunahme von Innovation bzw. Redundanz bei systematischer Abänderung der Bilder zu zeigen und diese, wo möglich, zu ordnen.

4.21 Das in seiner »Generative Computergraphik« besprochene Programm ist deshalb so variabel gehalten, damit die Seiten der Vielecke die Einteilung des Rechteckrasters auch überschreiten können. Die Vielecke überlappen sich, erhöhen so die Komplexität und damit die Information bzw. die Innovation und verringern dazu gegenläufig die Redundanz. Genügend große Dichte kann zu *Texturen*, ja zu »malerischen« Effekten führen.

Modell des künstlerischen Schöpfungsprozesses Nees beschreibt den Computer (»Generator«) so (S. 167): »Jeder Generator ist ein Modell des künstlerischen Schöpfungsprozesses und insofern ist auch das Produkt das Modell eines Kunstwerkes. Es ist, wie Max Bense sagt, ›Künstliche Kunst‹«. Die wesentliche Arbeit, die dem Computer übertragen wird, ist die Auswahl (*Selektion*) und die Verteilung der Zeichen auf eine vorgegebene Fläche (*Komposition*). Mit großer Sorgfalt trennt Nees diese beiden ästhetischen Komponenten in seinen Programmen, auch wenn eine absolute Trennung nicht immer möglich erscheint. Im Beispiel handelt es sich um die Selektion von Strecken und deren Komposition zu 23-Ecken bzw. auf einer höheren Stufe um die Selektion von 23-Ecken und deren rasterbestimmte Komposition.

Eine andere Möglichkeit der Komposition ist für Nees das statistische Verteilen der selektierten Elemente eines Repertoires über die gesamte Grundfläche; es ergeben sich »Haufenbilder«, wie sie auch Piet Mondrian, sich vom Kubismus lösend, mit farbigen Rechtecken auf hellem Grund bereits 1917 malte (z.B. »Komposition in Blau B«, Öl auf Leinwand, 61 x 48 cm, Otterlo, Museum Kröller-Müller). Die Komposition bzw. deren Dichte wird u.a. durch die *Zahl* der gewählten Elemente bestimmt.

▷ **5.2** Manfred Mohr, P 120 Meta Language II, 1974, 50 x 50 cm

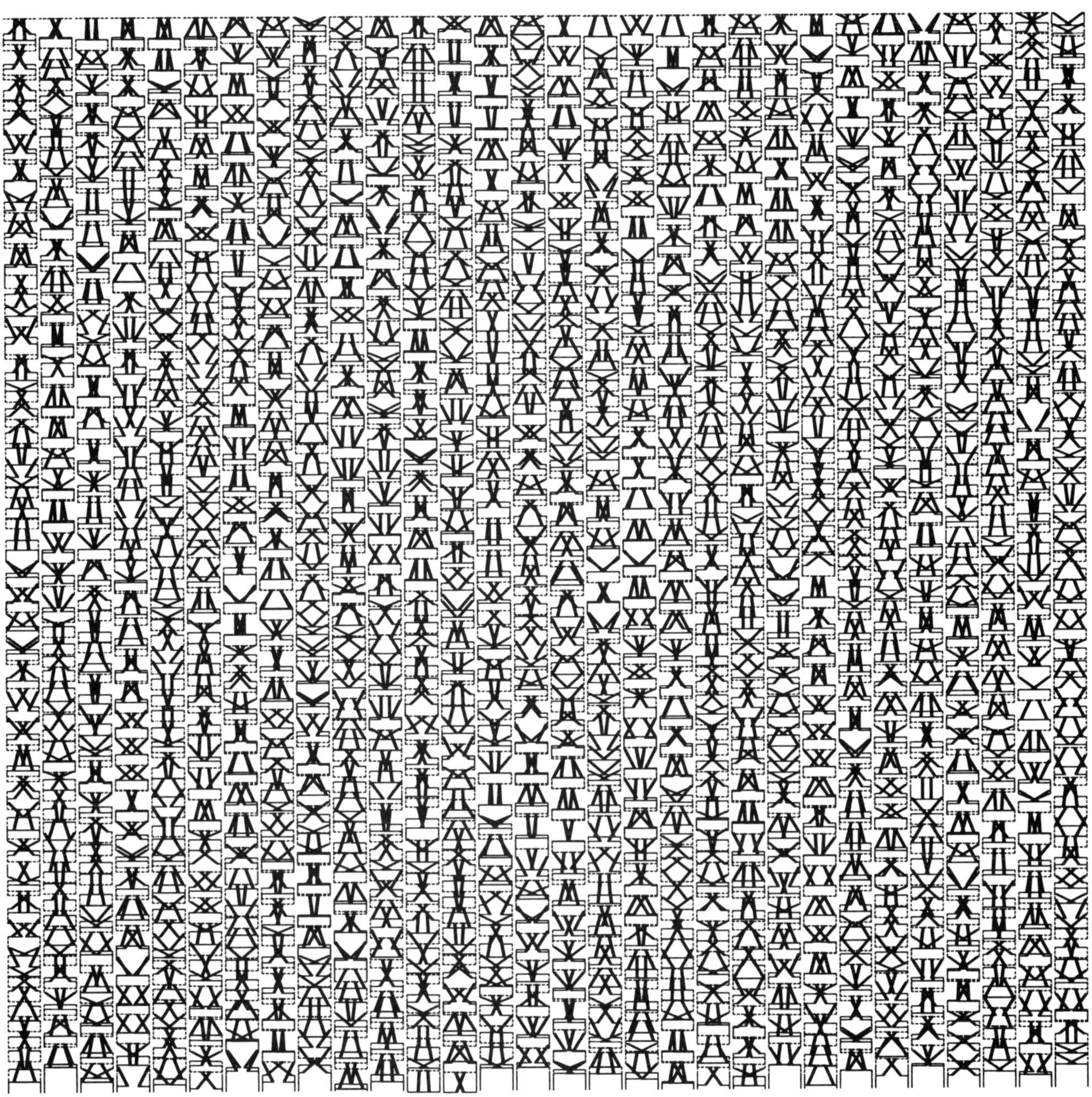

Der Computer weist natürlich nicht sämtliche Komponenten des Schöpfungsprozesses auf – wie sie beim Malakt (s.o.) angedeutet wurden –, da er weder zu eigener Kritik noch Korrektur fähig ist. Der Mensch als Interpret ist mit einzubeziehen.

Manfred Mohr – Zeichenfindungen

Syntaktische Analyse

▷ **5.3** Manfred Mohr, Teil 2, 3, 10 und 9 von P-161, 1975, je 42 x 42 cm

Die Elemente des Repertoires sind nur die 12 Kanten eines perspektivisch gezeichneten Würfels, also 12 Linien in genau vorbestimmter Lage und Richtung; damit kann jedes Element nur einmal entnommen werden oder überhaupt nicht.
Das Ordnungsverfahren besteht aus systematischen *Kombinationen*, dem Computer zur Ausführung überlassen:
Teil 0 der Bildfolge besteht aus dem ganzen Würfel bzw. den 12 Kanten. Bei Teil 1 werden alle 12 Möglichkeiten, vom Würfel eine Kante zu entfernen, durchgespielt.
Bei Teil 2 (s. Bild) werden 2 Kanten entfernt. Für die erste Kante hat man 12, für die zweite Kante nur noch 11 Möglichkeiten. Von diesen 12 x 11, d.h. 132 Möglichkeiten sind paarweise je zwei visuell nicht unterscheidbar, da die Reihenfolge der beiden Kanten nicht unterscheidbar ist. Somit ergeben sich nur (12 x 11)/2, also 66 Kombinationen, die alle dargestellt werden.
Teil 10 entspricht rechnerisch Teil 2; 10 Kanten werden entfernt, 2 bleiben noch übrig, also wieder 66 Kombinationsmöglichkeiten.
Teile 3 und 9 bestehen entsprechend aus (12 x 11 x 10)/(3 x 2 x 1), d.h. 220 Kombinationen; die Reihenfolge je dreier Kanten bleibt wieder unberücksichtigt; diese Tripel lassen sich auf 3 x 2 x 1 Arten kombinieren. (Die Zahlen 66 und 220 heißen *Binomialkoeffizienten*.) Usw., usw.
Das ästhetische Konzept ist damit angedeutet.

Semantische Analyse

Manches was bei Nees gesagt wurde, gilt auch hier. Insgesamt gesehen kann eine Schrift, ein »Alphabet« assoziiert werden. Je nach »Leserichtung« wird jedoch die Deutung dieser Superzeichen als Würfel systematisch ab- und aufgebaut und damit der *Grad der Ikonizität*, also der Würfelähnlichkeit verändert. Schon 3 Kanten können die Illusion eines Würfels hervorrufen. Also handelt es sich um »unstabile Zeichen, da sie eine visuelle Unruhe evozieren« (Mohr).
Bedeutungsinhalt ist damit auch der dynamische *Prozeß* zwischen »mimetisch-erkennender« und »physiognomischer« (Thürlemann) Rezeption dieser Superzei-

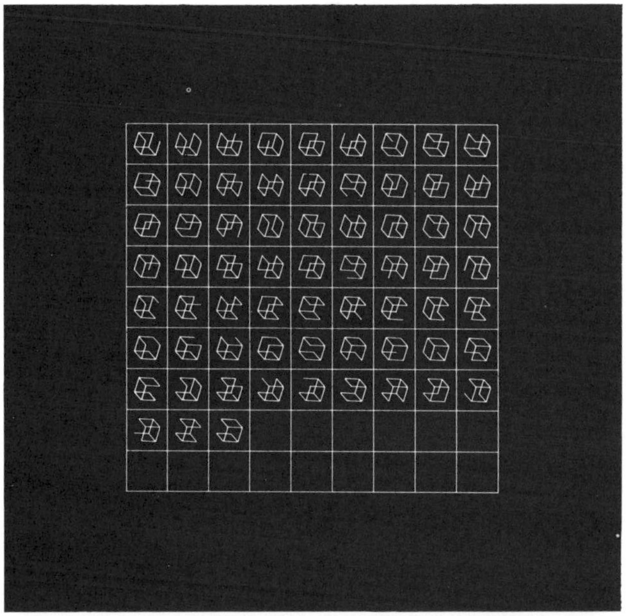

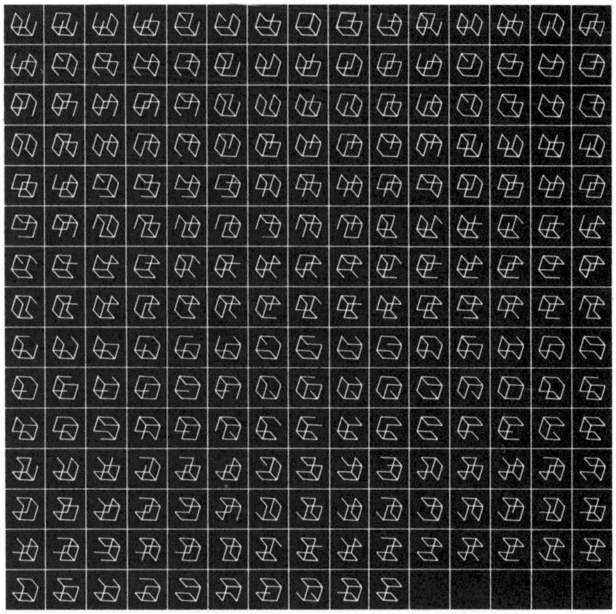

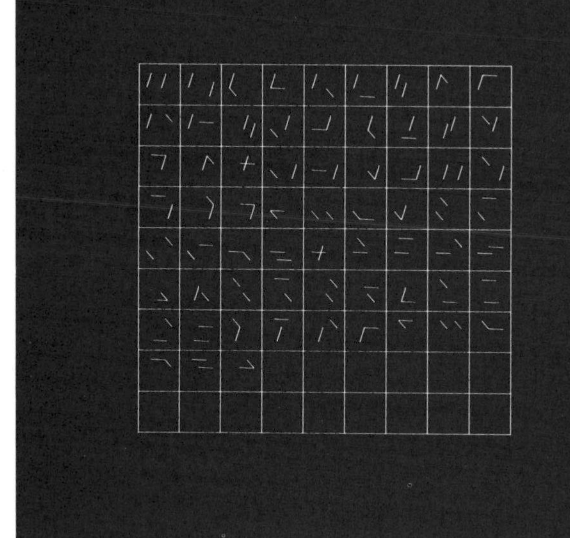

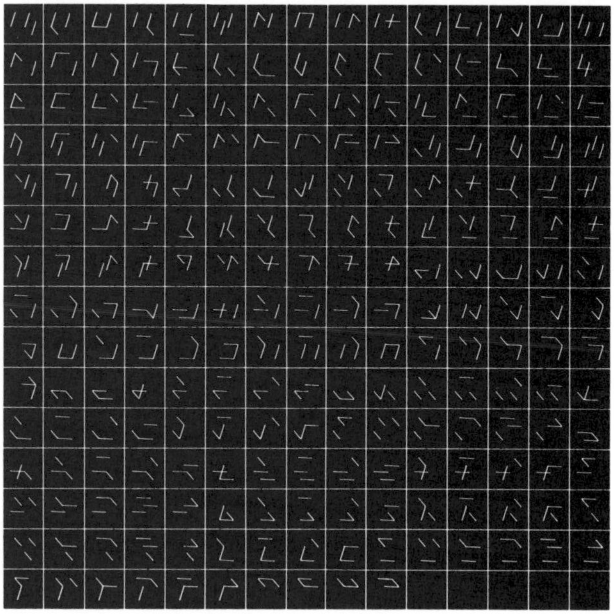

chen bzw. die Darstellung des Prozesses der »Auflösung« (Mohr) oder der dazu komplementären *Neuschöpfung* eines Würfels.

Die Thematisierung des Würfels als Leitidee

Der Künstler unterwirft sich einem streng binären System, wie es in der Op Art geschildert wurde; dies kommt einerseits im strengen Schwarz-Weiß zum Ausdruck – und dies gilt nicht etwa wegen einer technischen Notwendigkeit –, andererseits ist das Repertoire so gewählt, daß ein Zeichen – Mohr spricht von »êtres graphiques« – nur 0- oder 1-mal gesetzt werden kann (»Sein oder Nichtsein«). Die Zusammenfügung der Elemente ergeben ein »Alphabet«, das – wie gesagt – nicht nur räumlich gesehen werden soll, sondern auch plan.

Dieses *Alphabet* ist extrem umfangreich. Alle 13 Tafeln zusammen ergeben angefangen vom vollständigen Würfel bis zum leeren Zeichen – alle 12 Kanten wurden entfernt – insgesamt 2^{12}, also 4096 Möglichkeiten. Dies läßt sich mit der binomischen Formel für $(a + b)^{12}$ für a=b=1/2 beweisen. Man könnte, was Mohr nicht beabsichtigt, die 13 Tafeln als Visualisierung der 13 Binomialkoeffizienten

1, 12, 66, 220, 495, 792, 924, 792, 495, 220, 66 ,12, 1

didaktisch verwerten.

▷ **5.4** Manfred Mohr, P-163-F1, 1975, Tusche/Papier, 1. von 4 Teilen, 40 x 37 cm

▷▷ **5.5** Manfred Mohr, P-197 J, 1979, Acryl/Leinwand, 135 x 135 cm, Privatsammlung H. Teufel

Weitere »generative Arbeiten« von Mohr sollen das *Umfeld* dieser Grafik beleuchten. Neben *kombinatorischen* Ordnungsverfahren zieht der Künstler auch *statistische* oder *mengentheoretische* Verfahren heran. In Bild 5.4 werden jeweils vier Zeichen durch Addition – die Vereinigung der Mengenlehre – innerhalb der Kreise überlagert bzw. zusammengefaßt.

In dieser Werkphase, die Mohr »cubic limit« nennt, verwendet er auch eine Art *clipping*, das im wesentlichen darin besteht, den Würfel mittels eines ebenen Schnitts durch seinen Mittelpunkt zu halbieren, die beiden Hälften gegenseitig zu verdrehen, in die Ebene zu projizieren und schließlich durch ein »quadratisches Fenster« zu *beschneiden* (to clip), indem nämlich außerhalb des Fensters die Linien dünner gezogen werden als innerhalb.

Die Zeichenvielfalt ist nun praktisch unbegrenzt, obwohl nun der Gesamtwürfel – also nicht mehr Kombinationen von Kanten – zur Zeichenherstellung verwendet wird. Das Computerprogramm wird erheblich komplizierter, weil bei diesen Manipulationen der dreidimensionale Raum im Hintergrund steht, auch wenn das Ergebnis ästhetisch nur eben wirken soll. Die Drehungen im Raum bleiben dabei emotiv spürbar und stehen im Kontrast zur starren Gitterordnung. Das Bild mag so die thermische Bewegung eines Kristalls vor Augen führen. Syntaktik und Semantik sind eng miteinander verbunden. Nach der Analyse wird das Ganzheitliche wieder wirksam.

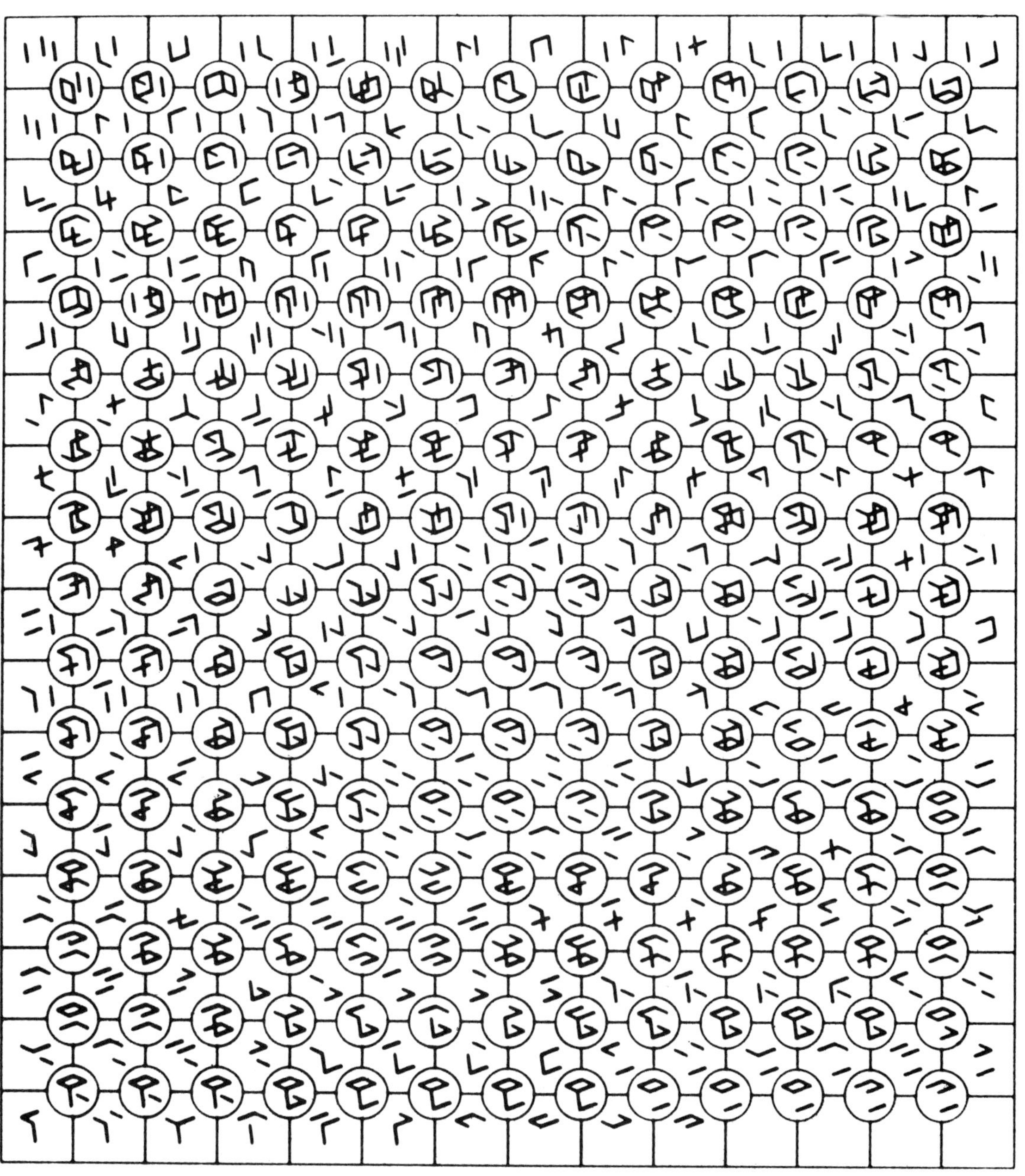

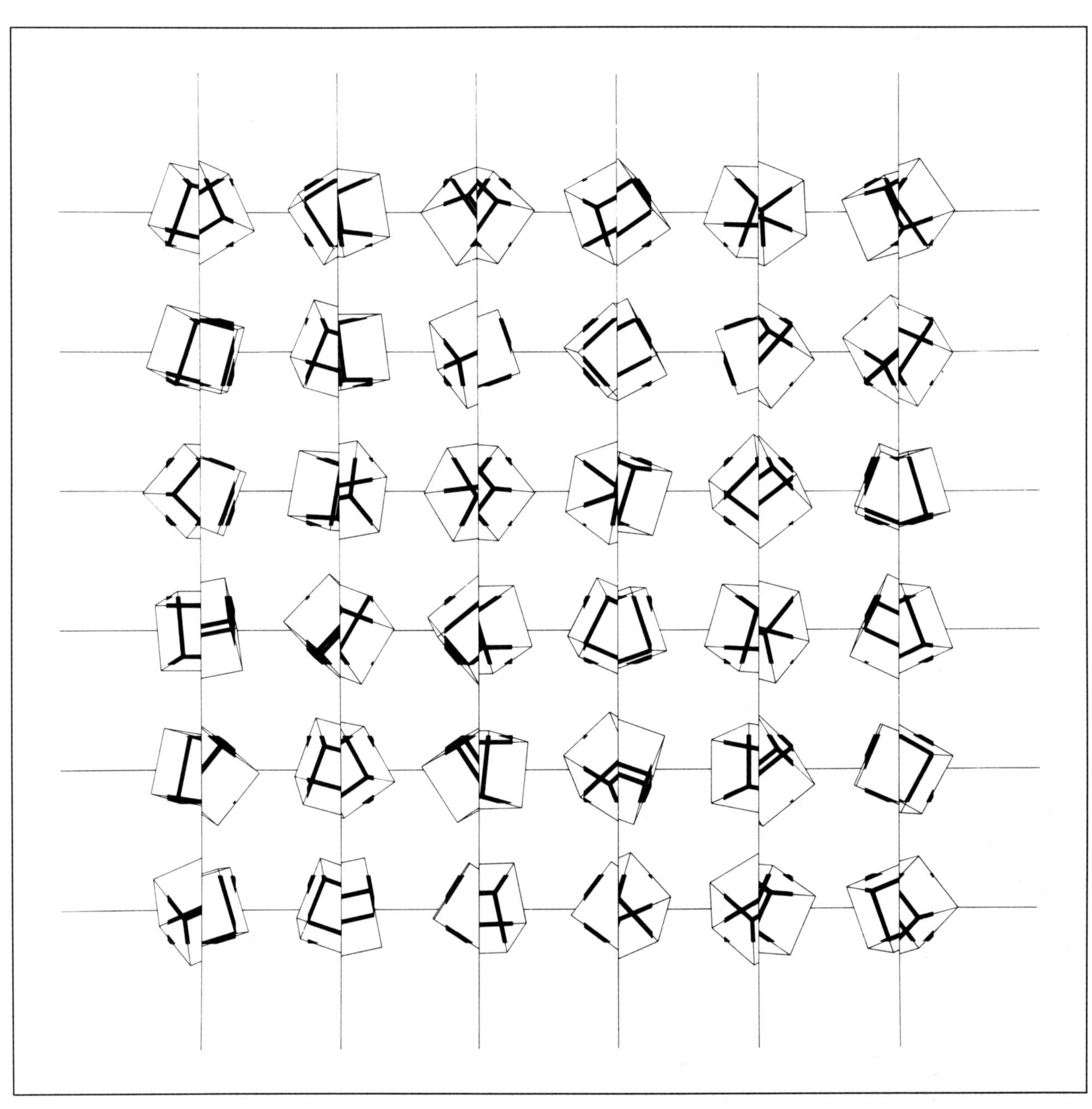

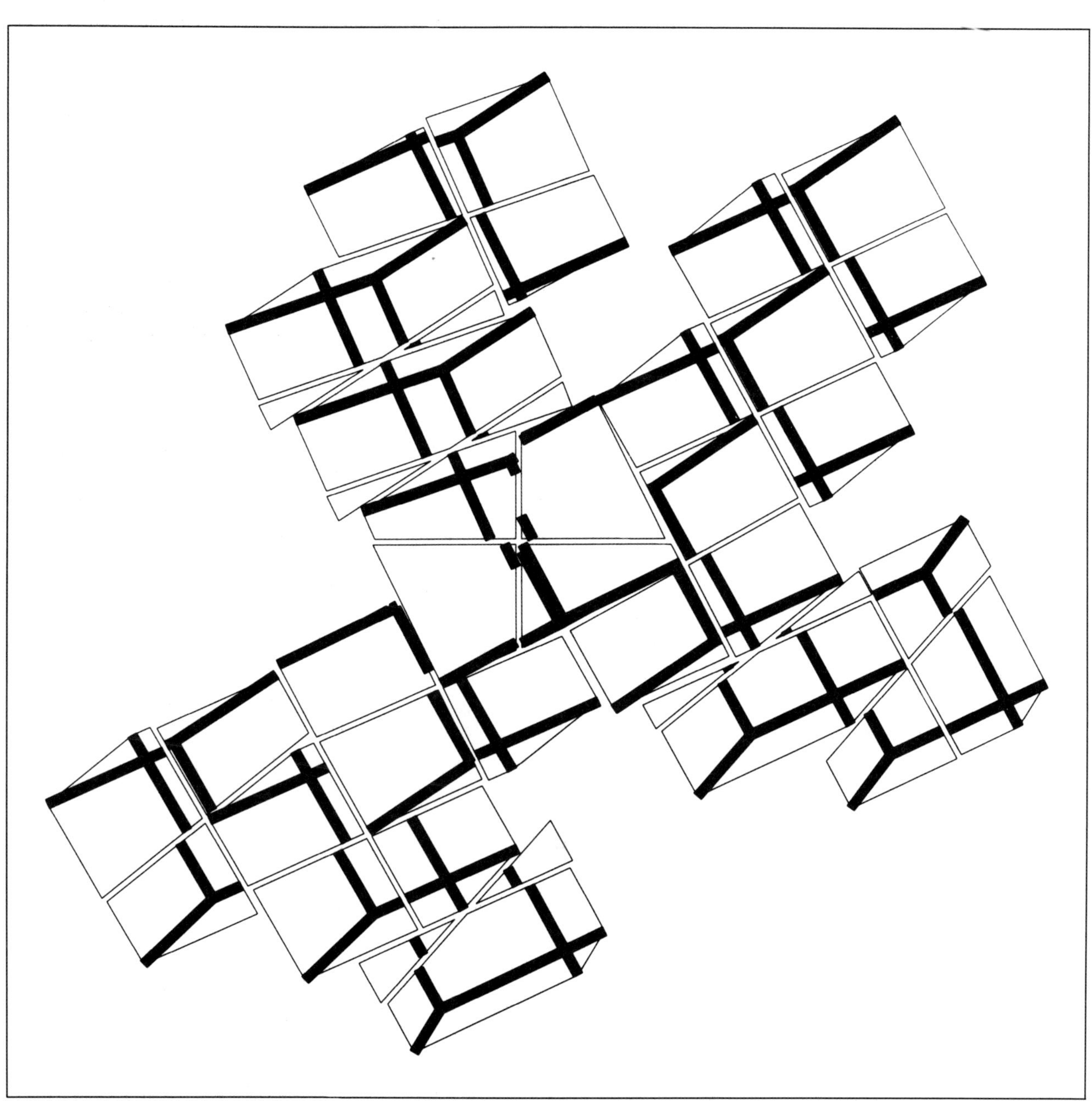

◁ **5.6** Manfred Mohr, P-370-C, 1984, Acryl/Leinwand, 136 x 136 cm (Privatsammlung H. Teufel)

In der nächsten Werkphase »Divisibility« (1980-86) zerlegt Mohr die Würfel durch einen horizontalen und vertikalen Schnitt in vier Teile. Er arbeitet mit analogen Operationen wie vorher, allerdings ohne Fenster. »Im zweiten Teil dieser Werkphase (1982-84) wird eine Art Zellwachstum am Würfel hergestellt, bei der die viergeteilte Struktur als Wachstumskern fungiert« (Mohr). Auf Einzelheiten soll nicht eingegangen werden. Die Komplexität der Generierung einer Grafik wird klar, auch wenn dies vordergründig nicht in Erscheinung tritt.

Die Ausmaße des Bildes sind erheblich; ein Plotter zeichnet in diesem Falle nur die Konturen, Mohr vollendet das Bild in Acryl.

Hyperwürfel

Es sei erwähnt, daß Mohr in der Werkphase »Dimensions« ab 1978 auch mit dem vierdimensionalen *Hyperwürfel* (s. Glossar) arbeitet. Es ergäben sich 2^{32}, also fast 4,3 Milliarden Möglichkeiten, falls das Zeichenrepertoire so wie in Bild 5.3 behandelt würde. Es wird unabdingbar, dem Computer *Auswahlkriterien* einzuprogrammieren, da der Künstler, falls er die letzte Wahl selbst treffen wollte, überfordert wäre. Ein solches Kriterium ist beispielsweise die Einschränkung auf mögliche Verbindungswege zweier gegebener (z.B. diagonal gegenüberliegender) Punkte des Hyperwürfels.

▷ **5.7** Manfred Mohr, P-407-CC, 1987, Acryl/Leinwand/Holz, 160 x 161 cm

Oder man kann seine zweidimensionale Projektion wieder durch quadratische Fenster verfremden. Die acht Fenster enthalten Teilaspekte der acht dreidimensionalen Begrenzungswürfel, und zwar deren Vorder- (schwarz) oder Rückansicht (hellgrau).

In seinen neuesten Arbeiten verwendet Mohr – in logischer Entwicklung – auch den 5-dimensionalen Würfel, von dessen 80 Kanten er 20 auswählt, je 4 in den 5 Dimensionsrichtungen (Galerie Heinz Teufel, 1991).

Mathematik

Die Beispiele verdeutlichen, daß, neben der notwendigen, nur angedeuteten, nicht von jedem Kunstliebhaber nachvollziehbaren Mathematik, das primäre Anliegen des Künstlers darin besteht, »visuelle Spannungen« und »ästhetische Kraftfelder« zu erzeugen. Dies gelingt ihm durch »bewußtes Stören oder Zerbrechen der Symmetrie im Würfel«. Durch diese Verfremdung des Würfels, durch dieses »Herausreißen aus seiner gewohnten Umgebung« (Kandinsky), generiert er neue, nie gesehene Zeichen, die nach Marie-Luise Syring eine »fast kristalline Schönheit« (Kat. Mohr 1980) aufweisen, wie dies Worringer forderte (s. S. 23: Zwei Pole): »... so findet der Abstraktionsdrang seine Schönheit im lebensverneinenden Anorganischen, im Kristallinischen ...«.

Manfred Mohr wurde so ausführlich behandelt, weil er einer der Künstler ist, die den Computer voll und zielsicher für die Kunst ausnützen, und international anerkannt ist, was die sehr vielen Einzel- und Gruppenausstellungen in Galerien,

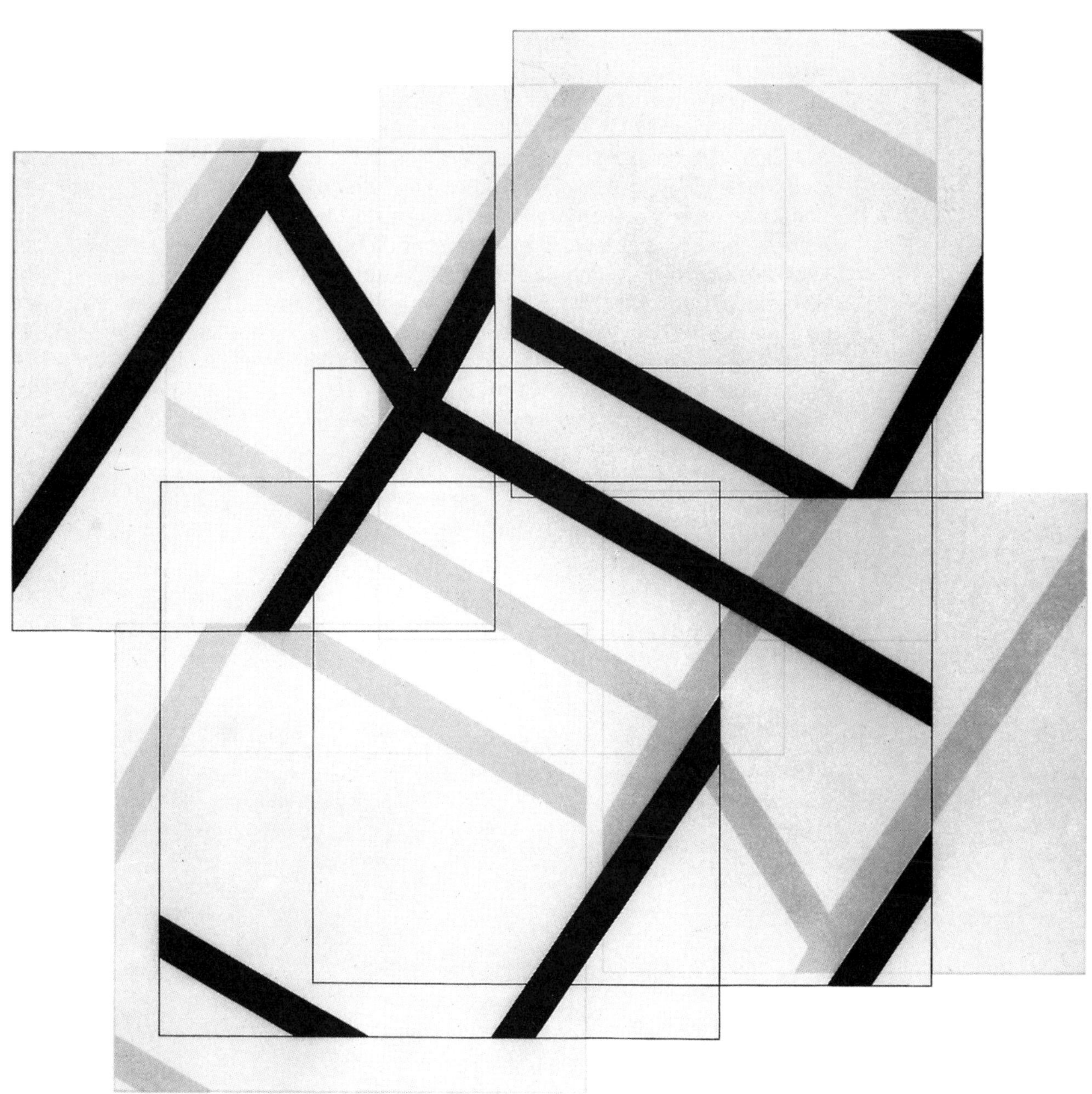

Museen, Bienalen zum Ausdruck bringen (Kat. 87). 1990 erhielt er die seit 1987 vergebene »Goldene Nica« des »Prix Ars Electronica 90« für die Grafik »P-411-A«, 1988, die den Hyperwürfel als Thema hat (s. Leopoldseder und Bild 5.7). Wesentlich erscheint m. E., daß seine Kunst nicht »spektakulär« ist, »mit der zuweilen der Einsatz des Computers für künstlerische Zwecke herausgestellt wird« (Franke 1984), trotzdem aber eine Komplexität aufweist, die sich der Betrachter erst erarbeiten muß. Die Mathematik steht zwar nicht im Vordergrund, erhöht aber das intellektuelle, ästhetische Vergnügen, wie es die Kenntnis der Fugenstruktur beim Hören Bachscher Musik tut, auch wenn ohne diese Kenntnis, diese Musik ebenfalls die eindringliche Intensität spüren läßt. Und trotzdem: »Meine Kunst ist keine mathematische Kunst, sondern eine aus meinem Erlebnisbereich geformte Aussage. Ich will keine kalte Mathematik, sondern eine vitale Philosophie darstellen« (Mohr 1987).

Dieser Satz mag weniger überraschen, wenn man weiß, daß Mohr vom Informel herkam (1965/66).

▷ **5.8** Zdeněk Sýkora, Linienbild Nr. 42, Programm: Zd 1 von J. Blažek, 30.12.1986–27.1.1987, Realisation: Tempera-Öl auf Leinwand, 150 x 150 cm Art Affairs

Zdeněk Sýkora – Datenstrukturen

Syntaktische Analyse

5.8 Das Repertoire besteht aus (Geraden- und) Kreisbogenstücken verschiedener Krümmung, Länge, Breite und Farbe, die zu durchgehenden Kurven, von Sýkora *Elemente* genannt, tangential zusammengefügt werden. Diese Elemente sind damit bereits Superzeichen und *nicht* die Elementarzeichen des Repertoires.

5.9 Das Ordnungsverfahren ist aleatorisch; der Computerausdruck zeigt eine umfangreiche *Datenstruktur*, die eines der vielen möglichen Bilder festlegt. Kurz gesagt, werden praktisch alle möglichen Parameter – wie Anzahl der Elemente, der Kreisbögen und deren Bestimmungsstücke – dem Zufall überlassen.

Zunächst wird als erstes die Zahl (35) der verwendeten Elemente (Kurven) aleatorisch bestimmt, dann die *Maximalzahl* (180) der möglichen Tangentenrichtungen (directions), gemessen von der Nordrichtung aus im Sinne des Uhrzeigers, und schließlich die Maximalzahl (30) der Grundfarben. Von insgesamt 180 möglichen Richtungen wurden vom Computer nur 12 ausgewählt und angegeben; ebenso wurden von den 30 möglichen, von 1 bis 30 durchnummerierten vorgegebenen Farben – zufällig auch – 12 gewählt und ebenfalls angegeben.

Die Vorbereitung des Bildes betrifft als nächstes die einzelnen Elemente: Der Zufallsgenerator selektiert Bereiche bzw. *Maximalwerte* für die »Länge der Elemente«, d.h. *Anzahl* der Kreisbögen plus Anfangsstrecke, für die Strichbreite und die Länge der Tangentenabschnitte.

Jetzt beginnt das eigentliche Verfahren: Der Reihe nach werden Kreisbögen *selektiert* und zu Kurven (Element 1, Element 2, etc.) *komponiert*; dadurch werden auch die Elemente als Ganzes, also als Superzeichen selektiert und auf der Zeichenfläche zueinander in Relation gesetzt, komponiert.

Dieses Verfahren manifestiert sich jedoch nur virtuell in Form von Zahlen, wie dies der Computerausdruck für die Elemente 1 und 2 zeigt: Neben den Koordinaten des Anfangspunkts (origin) des Elements, wurden im Rahmen der zunächst definierten Bereiche die Länge (die Anzahl der Kreisbögen) und Strichbreite – stets aleatorisch – gewählt, ebenso die Anzahl (4 bzw. 2) und die Werte der Farben, aus denen die Farbe des Elements gemischt werden soll.

5.10 Jetzt folgen in einzelnen »steps« die Bestimmungsstücke der Kreisbögen durch Zahlenpaare für Richtung und Länge der Tangentenabschnitte. Das erste Zahlenpaar (150, 32) des Elements (Nummer1) stellt die Richtung 150° und die Länge 32 cm des ersten, meist geraden Kurvenstücks dar. Das nächste Zahlenpaar (140, 23) beschreibt den folgenden Kreisbogen, definiert durch zwei Tangentenabschnitte, deren Länge wieder durch die zweite Zahl des Paares (23) bestimmt ist; der erste

Tangentenabschnitt ist die Verlängerung des Geradenstücks, bzw. allgemein des zweiten Tangentenabschnitts des vorausgehenden Kreisbogens; die Richtung des zweiten Tangentenabschnitts wird durch die erste Zahl des Paares (140) gegeben. Der zweite Tangentenabschnitt wird an den ersten, dem Winkel entsprechend, angefügt.

5.9 Computerausdruck

```
                    L I N I E   N R . 42

                    Date of computing: 10.7.1986

Number of elements: 35,   directions: 180,   colors: 30

Choice of directions:   12
Chosen directions:      316 150 262 116 238 326 274 140 68 14 264 10

Choice of colors:       12
Chosen colors:          15 20 17 13 16 14 4 19 28 18 29 7

ELEMENTS:
Length of element:  0 to 50
Breadth of element: 1 to 30 mm
Tangents from 2 to 35 cm

                    ELEMENT NUMBER 1

Origin x = 19   y = 121      Length: 39      Breadth: 7

Chosen colors (4):  28 20 19 7

Steps (direction,tangent):
(150, 32)   (140, 23)   (150, 17)   ( 68, 13.5) (150, 21.5) (264, 27.5)
(262, 26.5) (238, 9.5)  (316, 29)   …           …           …      etc.

                    ELEMENT NUMBER 2

Origin x = 146   y = 59      Length: 39      Breadth: 25

Chosen colors (2):  28 4

Steps (direction,tangent):
(140, 32)   ( 14, 21.5) (116, 7.5)  (140, 34)   (326, 13.5) (262, 20.5)
(274, 12.5) (274, 6)    ( 14, 15)   (262, 26.5) (150, 35)   ( 14, 8.5)
(262, 24.5) ( 14, 12)   (116, 27.5) (238, 12.5) (316, 6.5)  (264, 18)
( 68, 22.5) (140, 21)   (326, 30.5) (316, 21)   ( 14, 13)   (116, 30)
(316, 26.5) (150, 7)    (238, 16.5) (262, 11.5) (326, 25.5) (150, 12)
(140, 13.5) (264, 17)   ( 10, 22.5) ( 10, 16.5) (116, 14.5) (238, 5)
(316, 33.5) (264, 10)   ( 10, 21)
```

Sýkora konstruiert zuerst die Konturen der Elemente mit dem Bleistift und Zirkel exakt auf die große Leinwand und malt sie erst am Schluß mit Farbe aus. An jeder Schnittstelle bestimmt er mittels eines Zufallsgenerators, welche der beiden sich schneidenden Elemente über oder unter das andere zu liegen kommt. Auf Grund der endlichen Strichbreite sind dazu nie mehr als zwei Elemente gleichzeitig zu betrachten. Diese einfache Regel kann zu äußerst dichten, komplexen Strukturen führen.

Semantische Analyse Einer solchen etwas »kaltblütigen« Analyse steht – wie immer – nie unverbunden eine »gehirnlose affektive Reaktion« – ein Wollknäuel! – gegenüber, denn »Wahrnehmung, Vorstellung und Gefühl vermischen sich miteinander und interagieren« (Goodman). Eco behauptet vertiefend, daß in der Semiotik *alle* Betrachtungs- bzw. »Realisationsebenen ... auf Grund eines einzigen allgemeinen Codes, der sie strukturiert, definierbar wären«. Attribute der Linien-Syntaktik tauchen als Emotionen in der semantischen Ebene auf: Verwirrung, Verflechtung, Zufälligkeit, Wucht und Zartheit, Anfang und Ende, das Aus-dem-Bild-treten und Wieder-zurückkehren:

»... deshalb können (die Bilder) natürliche und kosmologische Vorstellungen evozieren wie Geburt, Dauer und Untergang, Begegnung und Überdeckung, Verschwinden und Auftauchen« (Jiří Valoch, Kat.). Wird hier nicht die Theorie Benedetto Croces von der »Kosmizität der Kunst« (Eco) evoziert?

Wechsel des Repertoires Das Programm mit seinen aleatorisch gewählten Parametern ist ein typisches »Modell des künstlerischen Schöpfungsprozesses« (Nees) und unter diesem Gesichtspunkt ein wesentliches Beispiel für die Unterstützung des Künstlers durch den Computer.

4.11 Ein flüchtiger Vergleich mit einem Bild Sýkoras aus seiner früheren Schaffensperiode verblüfft. Es handelt sich jedoch keineswegs um einen Stilbruch, wenn man weiß, daß Sýkora ab 1972 seine flächigen Halbkreismotive – bei gleichzeitiger Schrägstellung des Rasters – stark vergrößert. Die so entstehenden »Makrostructura« leiten den Blick den Begrenzungslinien – konstituiert aus Halbkreisen – entlang. Betonung und Verallgemeinerung dieser Linien führen zu einem *neuen Repertoire* und so zu einer logischen Abwandlung des Stils, gekennzeichnet durch das wesentlich verschiedene Ordnungsverfahren. Der Gestaltungsakt ändert sich im Rahmen der *Prozeßästhetik*.

»... aber auch der sinn änderte sich – nicht das ausschöpfen der möglichkeiten des gegebenen repertoires, sondern das schaffen linearer verläufe, die alle gleichwahrscheinlich sind. ... sýkora ... gewinnt ... eine neue allgemeine qualität, die ›qualität der freiheit‹. Die leere ist mittels kurven artikuliert, sie bekommt hier eine

▷ **5.10** Sýkora: Zeichnung

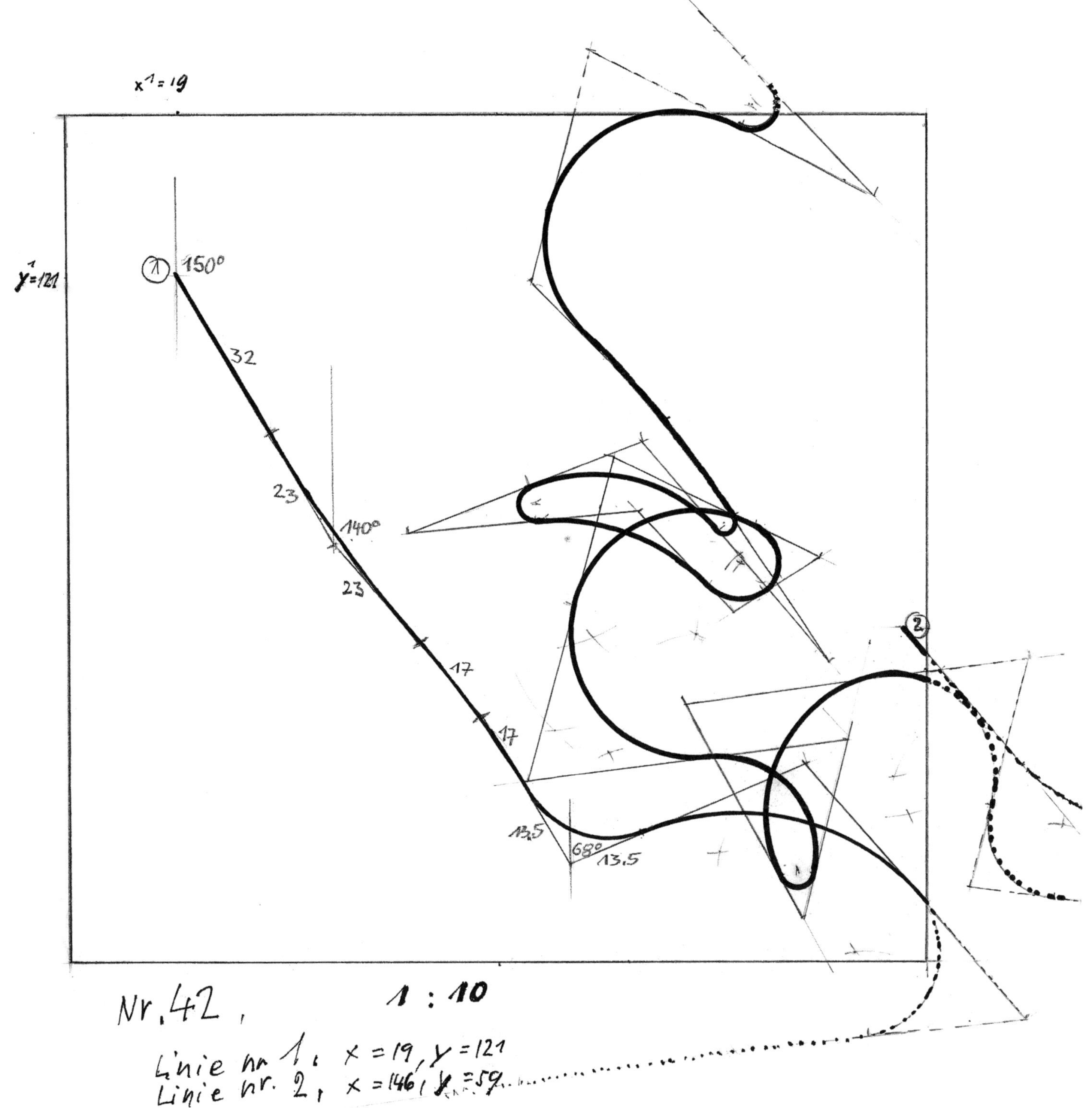

x1 = 19
y1 = 121
1
150°
32
23
140°
23
17
17
13.5
68°
13.5
2
Nr. 42,
1 : 10
Linie nr. 1, x = 19, y = 121
Linie nr. 2, x = 146, y = 59

aktive rolle und das erinnert uns an die ähnlich aktive rolle der leere im zen« (Jiří Valoch).

Die Materialisierung Wesentlich und deshalb nochmals hervorzuheben ist, daß Sýkora die ausschließlich *numerischen* Vorgaben des Computers in einem oft wochen- oder monatelangen Prozeß auf die Leinwand – man beachte deren großes Format – überträgt: »als würde der langsame Prozeß der materialisierung des werkes auch zu einem teil seiner botschaft ..., die sich gleichzeitig an den menschlichen intellekt und seine aufnahmefähigen sinne wendet« (J. V.). Es sei an die Aussage von Claudia Keller erinnert (s. S. 106). Der Computer wird nicht als Bildgenerator verwendet und ist in extremer Weise nur *Hilfsmittel* – liegt darin seine zukünftige Bedeutung?

5.11 Programme lassen sich auf die verschiedenste Art leicht ändern; sie sind so beweglich wie es der Künstler ist. Beispielsweise können Zahl der Linien und Winkel der Tangenten auf einen gewissen Bereich eingeschränkt werden – und erstaunlich Neues tut sich auf. Die Freiheit erhält auch hier Raum.

Ed Catmull – Problem des Repertoires

Syntaktische Analyse
5.12 Das Repertoire scheint aus einem »Glas« und einem »partiellen Schachbrett« zu bestehen – oder aus Ellipsen bzw. Polygonen und verschieden gefärbten Trapezen?

Die *Komposition* ist klar und zentriert *gestaltet*, unterstützt durch das quadratische Format und einer Teilsymmetrie. Die Verbindung von Fuß und Becher ist im Mittelpunkt des Bildquadrats. »Glanzlichter« sind ein Indiz, daß das Bild bereits mit einer fortgeschrittenen »Technik« generiert ist (s. S. 238f).

Semantische Analyse Der Grad der Ikonizität ist sehr hoch: Ein Champagnerglas steht – perspektivisch gesehen – auf einer schachbrettartigen Unterlage.

Die *Rückkehr zur Perspektive* und *Gegenständlichkeit* erscheint problematisch (s. S. 240f). Die Gegenständlichkeit akzentuiert ein weiteres Problem, das schon öfters auftauchte und nun genauer untersucht werden soll.

Das Repertoire bei der Analyse Wie ist das *Repertoire* zu definieren, wenn die Bilder wie im letzten Beispiel *Ikone* (s. S. 175) sind? Sind seine Elemente Trapeze und Ellipsen oder »Schachbrett« und »Glas«?

Dies erscheint eine Frage der *Zweckmäßigkeit* zu sein: Im Beispiel ist es noch möglich, elementare Zeichen, keine Superzeichen als Elemente zu vereinbaren. Aber bei van Gogh? Eigentlich sind in seiner letzten Periode die Elementarzeichen

▷ **5.11** Zdeněk Sýkora, Linie Nr. 64, 1989, Öl auf Leinwand, 148 x 148 cm

die einzelnen farbigen Pinselstriche. Dieser Ansatz erscheint wohl ebenso wenig sinnvoll wie der Rückgriff auf einzelne Atome bei einem DNS-Molekül, das sich mit den einschlägigen Basen und Säuren als Superzeichen klarer beschreiben läßt. Bei van Gogh läßt sich evtl. doch – um einen Überblick zu erhalten – einfacher von »Baum«, »Stuhl«, »Tisch«, von »Wolken« oder »Sternen«, etc. reden – zunächst als rein materielle Superzeichen verstanden – so wie man auch von »Dreieck« und »Kreisbögen« redet.

Weiter ist festzuhalten, daß Perspektive, Räumlichkeit, auch wenn sie sich aus unserer Sehgewohnheit aufdrängen, zur Semantik gehören. Die Syntaktik eines Tafelbildes bewegt sich jedoch in der zweidimensionalen Fläche; ihr überlagert sich somit eine gewisse Semantik, wenn »Stuhl« Grundelement sein soll. Diese Schwierigkeit besteht letztlich in der »vor-ikonischen Beschreibung« eines Ikons. Bense sah dies so: »Die Elemente selbst können sowohl materialer, sinnlicher Natur (Töne, Farben, Laute) wie auch vorinterpretierte Bedeutungen (Gegenstände, Figuren, Wörter) sein« (AESTETICA, S. 333).

Kurz gesagt, kann man auch von semantischen Elementen – ästhetischen Semantemen – ausgehen.

Das Repertoire bei der Synthese

Zu unterscheiden von dieser Betrachtungsweise der Analyse ist diejenige bei der *Synthese* eines Werkes, also beim schöpferischen Mal- oder Gestaltungsakt. Jetzt sind bei van Gogh in der Tat die »vibrierende Pinselrythmen« (Hofmann), bei Seurat die *Punkte* die Elementarzeichen, nicht »Stuhl« oder »Tisch«, oder bei Sýkora (Bild 5.11) Strecken und Kreisbögen und nicht »Wellenlinien« oder ähnliches.

Hintergrundrepertoires können durch einfaches Betrachten beispielsweise eines Bildes von van Eyck oder eines illusionistischen Computerbildes ohne genaue Kenntnis nicht festgestellt werden. Viele alten Meister malten Schicht auf Schicht mit transparenten Ölfarben. Auch sie arbeiteten dabei stets mit *künstlichen* und nicht mit *natürlichen Zeichen*, nämlich mit Strichen, Linien, Umrißlinien, Farbflecken, auch wenn dies erst im 19. und 20. Jahrhundert klar bewußt geworden ist.

▷ **5.12** Ed Catmull, Simulation eines transparenten Objekts auf dem Bildschirm, 1975

»Die neuen Meister« *beschreiben* in einem Stapel von Unterprogrammen mit mathematischen und physikalischen Methoden geometrische Objekte z.B. näherungsweise durch Polyeder – man betrachte genau Bild 5.12 – und umhüllen sie mit Licht und Schatten. Die *Reliefwirkung* wurde ihnen wieder so wichtig wie einem Leonardo. Einige Methoden zur Erzeugung derartiger Bilder sind Thema des nächsten Kapitels.

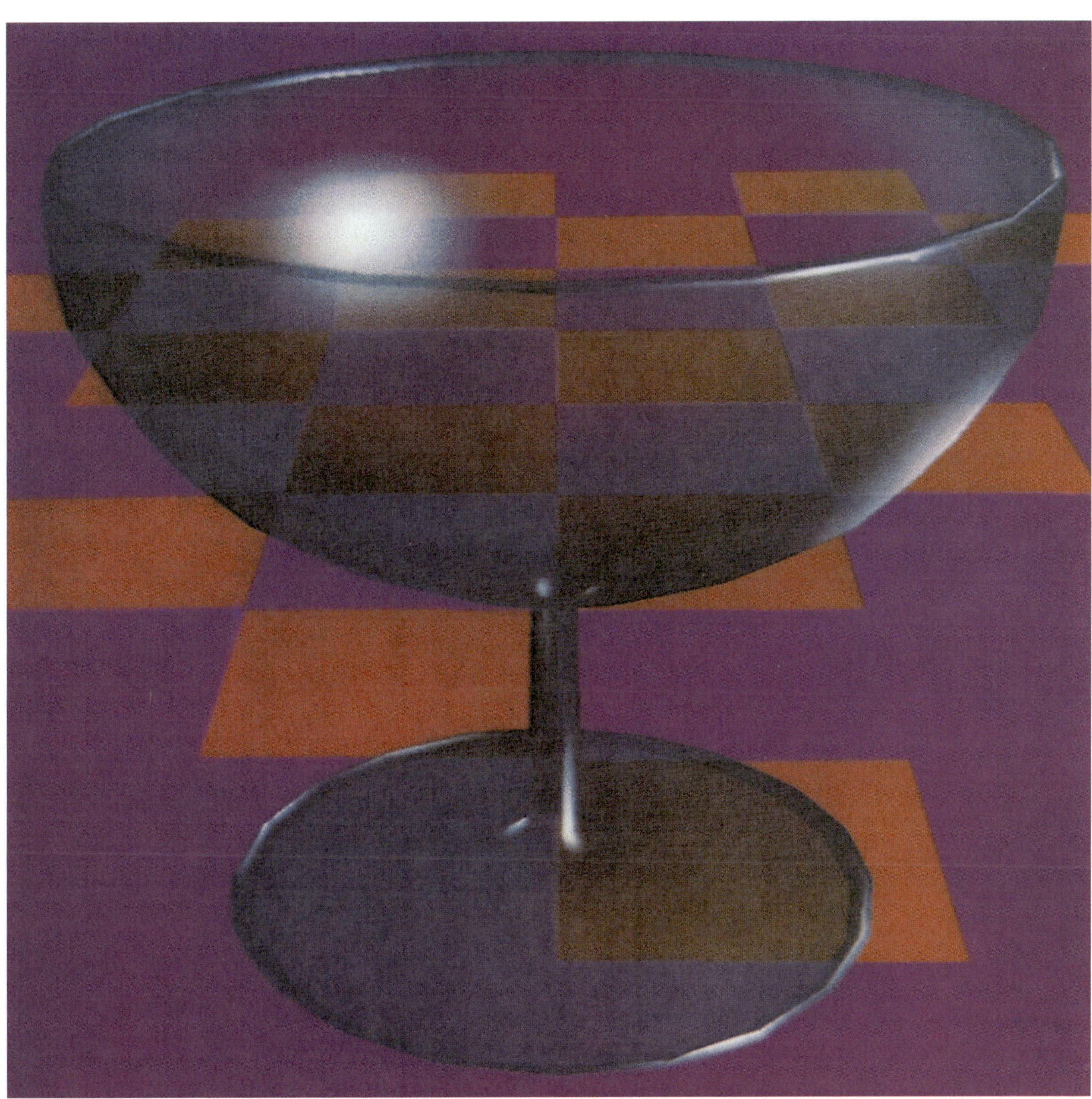

5.4 Generative Ästhetik

Die Definition

Der Begriff »generative Ästhetik« wurde, wie schon erwähnt, von Max Bense unter dem Titel »Projekte generativer Ästhetik« in der kleinen Schrift der Sammlung »rot 19« und in Teil V der AESTHETICA verwendet. Er definiert dort recht kompakt:

»unter generativer ästhetik ist die zusammenfassung aller operationen, regeln und theoreme zu verstehen, durch deren anwendung auf eine menge materialer elemente, die als zeichen fungieren können, in dieser ästhetische zustände (verteilungen bzw. gestaltungen) bewußt und methodisch erzeugbar sind.«

Bense unterscheidet deutlich zwischen dem *materialen Träger*, z.B. Farbmaterie, und dem mit ihm realisierten *ästhetischen Zustand,* also der Anordnung der Farben und Form auf der Fläche. Er verwendet den Begriff *Zeichen* und bezieht damit diese Ästhetik auf die Semiotik. Die Menge der materialen Elemente ist das bekannte *Repertoire*.

Zeichen können damit wie in der *Logik* (s.o. Dewey) aus anderen Zeichen abgeleitet, nach zulässigen Regeln kombiniert und transformiert werden; Wahrscheinlichkeitsbeziehungen sind dabei möglich.

4.14, 4.21, 4.22, 5.1

Auf dieser Grundlage der Ästhetik beginnt sich in Deutschland die »Computerkunst« zu entwickeln. Georg Nees schreibt 1969 seine interessante, schon zitierte Doktorarbeit »Generative Computergraphik«, Frieder Nake widmet dem Begriff in seinem sehr ausführlichen, theoretischen Werk »Ästhetik als Informationsverarbeitung« ein über 100 Seiten langes Kapitel, Manfred Mohr spricht von »generativen Arbeiten«.

Ohne auf die lange und kritische Untersuchung Nakes einzugehen, der die Definition Benses letztlich nicht wissenschaftlich, sondern als eine Art Manifest, also programmatisch einstuft, kann man verkürzt und so vielleicht jedermann verständlich sagen, daß das *wesentlich Neue* der generativen Ästhetik der dabei zu verwendende *Algorithmus* ist, um ästhetische Objekte herzustellen – Algorithmus im Sinne von »Spielregel« (Morellet, Winiarsky) oder Rezept. Genauer definiert Nake in seinem Buch (S.188):

»Ein Algorithmus ist eine endliche Liste von Instruktionen, die wohldefiniert sind. Für jedes Problem einer Klasse von Problemen liefert der Algorithmus nach endlich vielen Schritten eine Lösung, indem man die Instruktionen eine nach der anderen ausführt.«

▷ **5.13** Marcello Morandini, 1978, Siebdruck, 70 x 70 cm

Auf Grafiken übertragen, beinhaltet diese Definition die wesentliche Tatsache, daß mit jedem Algorithmus eine ganze *Serie* bzw. *Klasse von Bildern* generiert

▷ **5.14** Horst Bartnig, 256 Striche, 256 Rechtecke, 256 Quadrate, 256 lange Rechtecke, 1985, Siebdruck (Programm: D. Garling)

werden kann. Insbesondere gilt dies bei Künstlern, die die Idee des Algorithmus durch *Bildfolgen* zum Ausdruck bringen. Bereits Monet – mit seinen Bildserien von Heuhaufen und Kathedralen – oder Picasso – mit seinen Abstraktionsverläufen – setzten Prozesse in Gang, die durch die *Progressionen,* wie sie Algorithmen ermöglichen, gesteigert und zu einem gewissen Abschluß geführt werden.

Solche Algorithmen können, ausgehend von einem *ästhetischen Programm* (s. S. 160f), an Maschinen delegiert werden, wie es viele Künstler tun, müssen dies

5.13 aber nicht, wie Bense u.a. apodiktisch postulierten. Marcello Morandini (*1940 in Mantua, lebt in Varese/Italien) arbeitet ohne Computer und, wie man am Bild sieht, algorithmisch. Die Regel wird sofort klar, wenngleich die raffinierten Überschneidungen große Schwierigkeiten bei der Umsetzung in ein Computerprogramm verursachen würden. Das Bild vereinigt eine Klasse von Bildern in einer klaren Progression.

5.14, 5.15 Von solchen Bildserien können auch nur wenige Bilder ausgewählt und betrachtet werden, wie dies die Beispiele von Horst Bartnig und Pavel Rudolf (*1943 in Brno, CSFR, lebt in Brno) zeigen. Die Bilder lassen sich auch – wie in der Musik – als *Thema* mit *Variationen* auffassen. Das prozeßhafte Wechselspiel von Information und Redundanz ist offensichtlich. Die Variationen des Anfangsmotivs werden visuell immer dichter, mit allen Konsequenzen in der semantischen Ebene.

Selbst ein einziges Bild kann auf eine Serie verweisen, wenn der Algorithmus bzw. eine Erweiterungsfähigkeit deutlich werden.

Erzeugungsästhetik »Die generative Ästhetik ist also eine ›Erzeugungsästhetik‹. Sie ermöglicht die methodische Erzeugung ästhetischer Zustände, in dem sie diese Erzeugung in endlich viele unterscheidbare und beschreibbare Einzelschritte zerlegt.« (Bense 1982, S. 335)

Bense unterscheidet definitionsgemäß – anders als es oben bei den Werkanalysen geschah – für diese ästhetische Synthese vier mögliche Verfahren, das semiotische, das metrische, das statistische und das topologische Verfahren (heute würde auch das fraktale Verfahren anzufügen sein, Kapitel 7).

5.2–5.7 Das *semiotische Verfahren* stellt das Zeichen in den Vordergrund, wie dies bei den Arbeiten von Mohr geschieht und im Eingangszitat von Marie-Louise Syring bereits anklang. »Und um die Innovation, die Entdeckung einer neuen ästhetischen Zeichensprache geht es Manfred Mohr…« (Kat. Mohr 1980). Natürlich können die Bilder von Mohr auch – wie es oben geschah – dem *systematischen* Ordnungsverfahren zugeordnet werden.

Das *statistische Verfahren* (»Prinzip Verteilung«) erzeugt lokale Struktur, also *Mikroästhetik* (Kapitel 4).

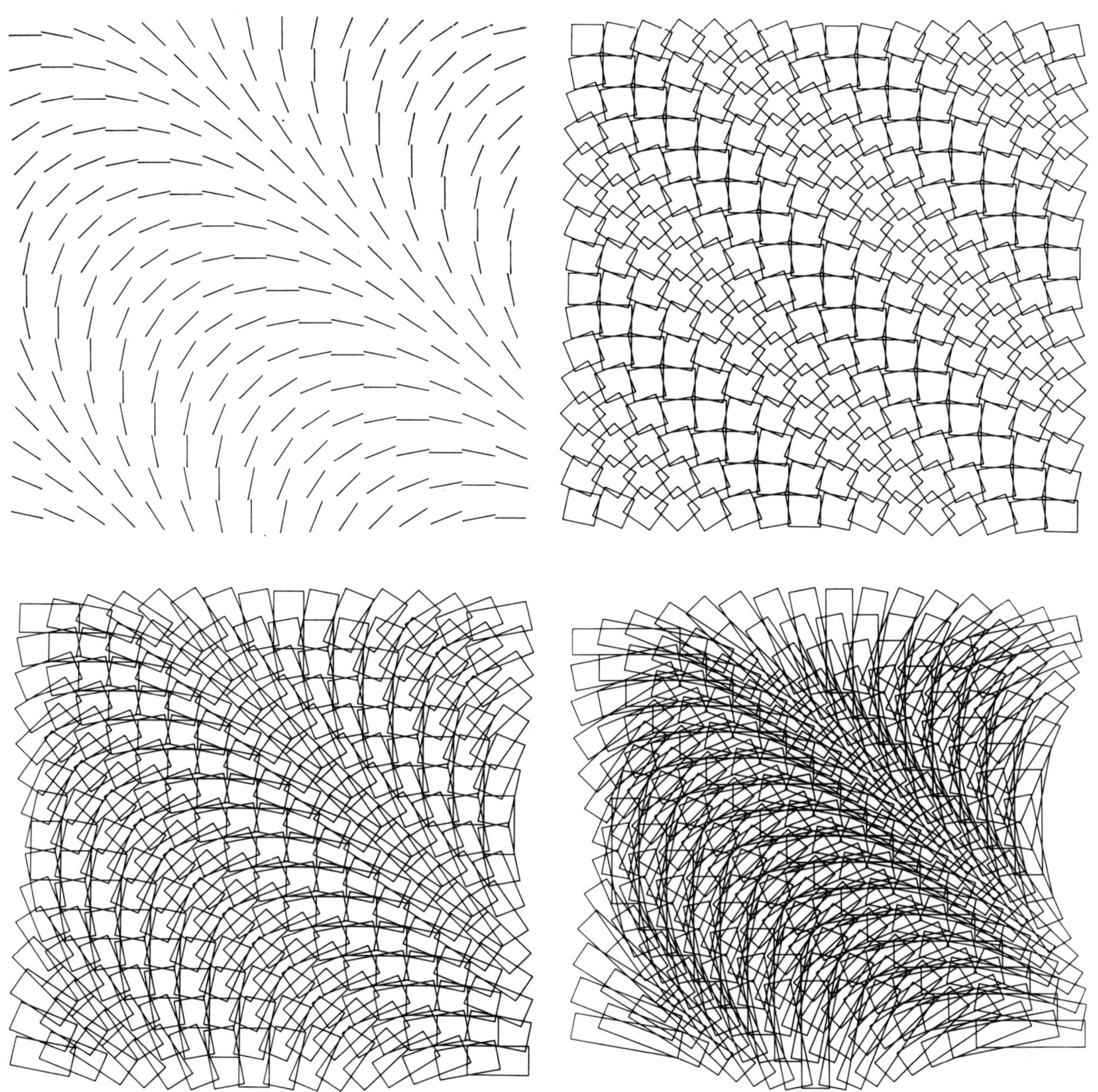

2.19, 3.20, 5.11, 5.12 Das *metrische Verfahren* (»Prinzip Gestaltung«) benutzt Parameter wie Länge, Breite, Abstand, Anzahl, Verhältnis, usw., und definiert damit die globale Struktur, die *Makroästhetik,* nach Bense die Komposition der »Gestalt«, der »Figur«, der »Form« des Bildes.

3.14, 3.22, 3.34–36 Das *topologische Verfahren* wird in der allgemeinen Kunsttheorie kaum erwähnt. Laienhaft verkürzt ausgedrückt handelt die Topologie u.a. von Verformungen, mathematisch gesprochen von Abbildungen oder Funktionen, bei denen der Zusammenhang einer Figur gewahrt bleibt (»Prinzip Zusammenhang«) – oder diese in mehrere Teile zerfällt, wie dies in einem Spiegelkabinett der Fall sein kann. Das einfachste Beispiel ist das Bild »Bewegung in Quadraten« von B. Riley, das durch Stauchung oder Kontraktion aus einem schachbrettartigen Muster erzeugt wird. Die dazugehörige Funktion wurde angegeben. Bild 3.22 der Gruppo N ist eine zwei-dimensionale Verformung, wie sie auch Vasarely in seiner eigenen Art verwendet. (Es ist dazu *eine* Funktion mit *zwei* unabhängigen Variablen nötig; häufig genügen auch *zwei* Funktionen mit *einer* Variablen, die, wie bei Bild 3.22, sogar gleich sein können.)

Jede Wellenlinie kann als Verformung einer Geraden angesehen werden. Bilder von Riley, Lit Fischer u.a. sind also topologisch klassifizierbar. Lit Fischer läßt, wie er selbst sagt: »Gerade in Schwingungen übergehen«. Peter Weibel verwendet topologische Abbildungen direkt bei seinen Animationen wie »Truth Table« in »Gesänge des Pluriversums« (s. S. 350)

5.5 Informationsästhetik

» … werden präzisere Begriffe unvermeidlich sein und mit der Zeit mittels Ausmessungen bestimmt erreicht werden. Der Zahlenausdruck wird hier unumgänglich sein.«
KANDINSKY 1923

Feststellungsästhetik

▷ **5.15** Pavel Rudolf, T2/1: 6, 12, 24, 36, 1990, Plottergrafik, je 21 x 21 cm

Äußerste Konsequenz und Verabsolutierung wissenschaftlicher Kunst gipfelt in der »Feststellungsästhetik Galileischen Typs« (Bense): Meßbar machen, was noch nicht meßbar ist. Die mehr subjektive Interpretationsästhetik wird durch eine objektive, naturwissenschaftliche Ästhetik ergänzt. Bilder werden jetzt vermessen und eventuell mit dem so erhaltenen Wissen regeneriert (*Simulation von Kunst-*

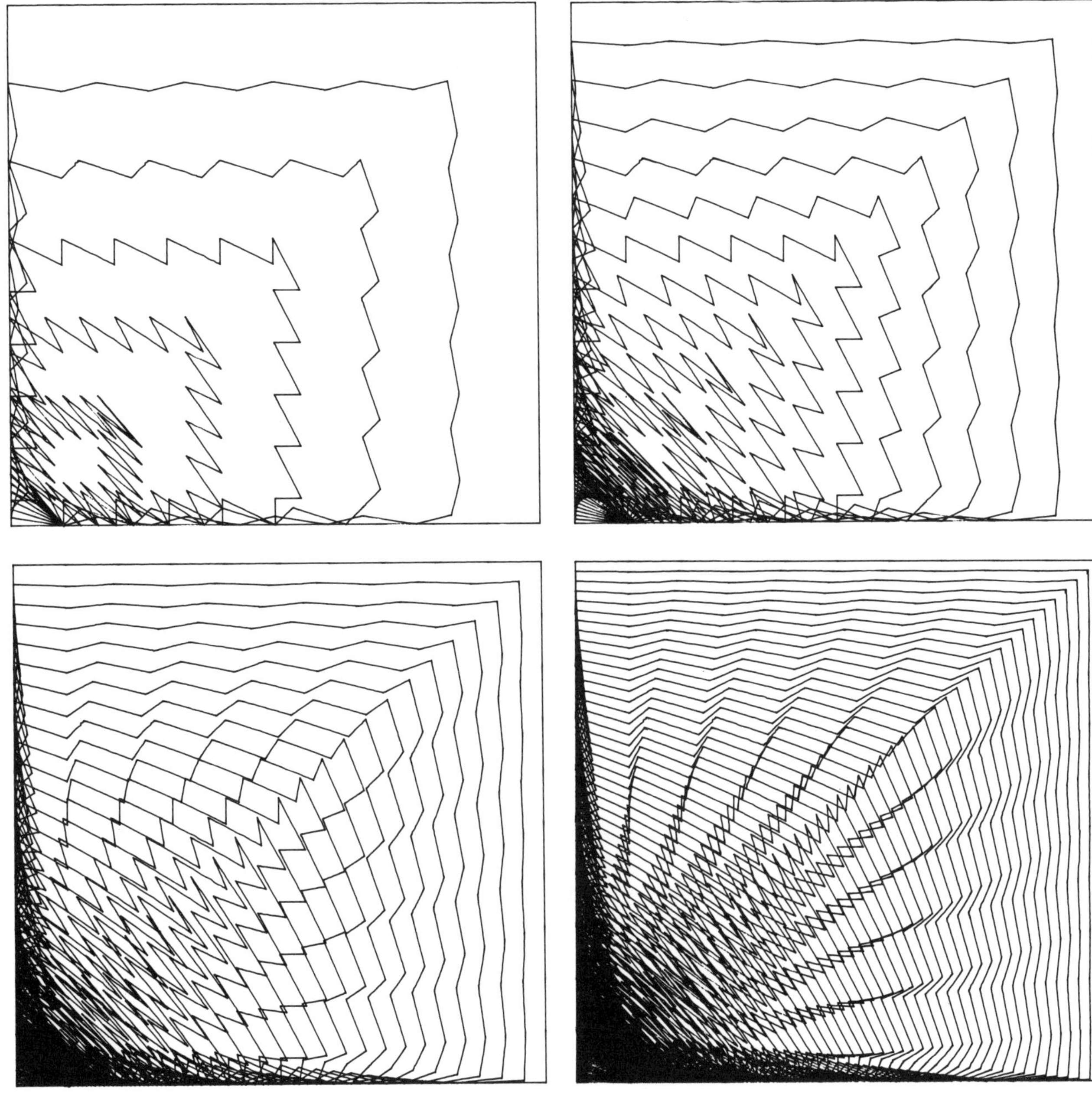

werken, s. S. 323). Die interessantesten Ergebnisse erzielte dabei die *Informationsästhetik* mit Hilfe der *Informationstheorie,* die auf *ästhetische Objekte* angewandt, davon ausgeht, daß diese als Superzeichen bzw. Zeichensysteme *ästhetische Information transportieren*. Diese Theorie, die mit rein *statistischen Methoden* arbeitet, suchte einerseits auf Grund der ermittelten *Häufigkeiten* ein Maß für die Botschaft eines Bildes aufzustellen und so z.T. die *Bildanalyse* zu quantifizieren, andrerseits aber auch – mit vorgegebenen *Wahrscheinlichkeiten* der Zeichen eines Repertoires – die *Bildsynthese* (wie bei den Markov-Ketten, s. S. 128f, oder bei der eben erwähnten *Simulation* von Bildern).
Auf die Informationstheorie wurde in den 60er Jahren große, aber vergebliche Hoffnung gesetzt. Trotzdem soll diese Theorie, die Claude E. Shannon für *Texte* in seiner Schrift »A Mathematical Theory of Communication« 1948 entwickelt hat, kurz behandelt werden. Ziel Shannons war es, ein ökonomisch verwertbares Maß für Texte zu definieren.

Das Informationsmaß und Redundanz

Alternativen Statt mit Texten, also mit Buchstaben oder Wörtern, soll das wesentliche sofort an Bildern erläutert werden.

4.5 Am einfachsten zu behandeln ist ein Bild, dessen Repertoire aus nur zwei Elementen besteht – blaue und rote Quadrate wie bei Morellet –, die auf ein Raster verteilt sind. Diese Elemente sind in ihrer Aufeinanderfolge völlig unvorhersehbar statistisch gleichverteilt. Beim zeilenweisen »Lesen« des Bildes bleibt auf immer gleiche Weise unbestimmt, welche Farbe ein Quadrat hat. Der Grad dieser Unbestimmtheit wird durch die *einzige* Alternative A – blau oder rot – charakterisiert; kurz: A = 1.

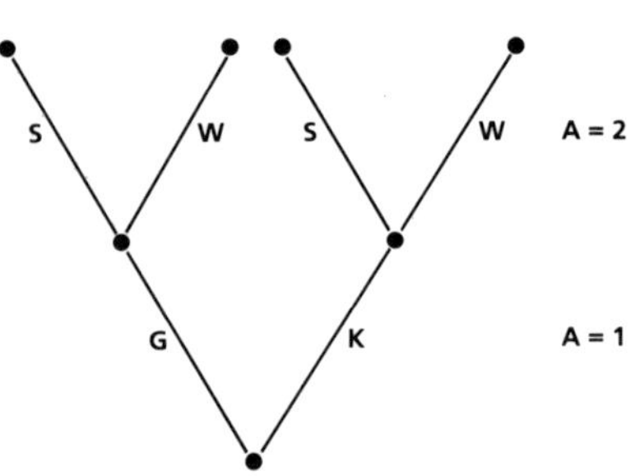

5.16 Entscheidungsbaum

Besteht ein Repertoire aus 4 Elementen, wie beispielsweise aus großen (G) und kleinen (K), schwarzen (S) und weißen (W) Kreisscheiben, so ergeben sich zwei Alternativen für die Größe und die Farbe, die sich mit einem *Entscheidungsbaum* darstellen lassen. Der *Grad der Unbestimmtheit* oder *Unsicherheit* ist damit A = 2.
Dieser Grad gilt für alle möglichen gleichwahrscheinlichen Verteilungen dieses Repertoires, also für eine ganze *Serie* von Bildern, aber auch für jedes andere Repertoire aus 4 Elementen, solange diese ebenfalls gleichwahrscheinlich verteilt sind.
Die Unbestimmtheit wird aufgehoben, wenn beim Analysieren des Bildes festgestellt wurde, um welches Element es sich, jeweils an einer bestimmten Stelle des

Rasters, handelt. Die Zahl der dazu nötigen Alternativen stellt gleichzeitig ein *Maß für die erhaltene Information* dar – immer unter der Voraussetzung gleicher Wahrscheinlichkeit, die bei 4 Elementen offenbar für jedes Element 1/4 beträgt. Bezeichnet man das Informationsmaß für Elemente mit der Wahrscheinlichkeit p mit H(p), so gilt im Beispiel: H(1/4) = 2.

Allgemein läßt sich sagen: Hat ein Repertoire $n = 2^k$ Elemente, so bestehen für ein bestimmtes Element genau k Alternativen, falls alle Elemente *gleichwahrscheinlich* auftreten. Die *Zweierpotenz* 2^k läßt sich fortlaufend halbieren, wie dies oben im Beispiel der Entscheidungsbaum zeigt. Für die Wahrscheinlichkeit p gilt:

(1) $$p = 1/n = 1/2^k$$

Das Informationsmaß für ein Element wird demnach wie folgt definiert:

(2) $$H(p) = k$$

Das Maß hat die Einheit *bit*.

Die Schreibweise bringt deutlich zum Ausdruck, daß es auf die Semantik – die Art des Versuches – nicht ankommt, sondern nur auf die Syntaktik, d.h. hier auf die Wahrscheinlichkeit p.

Die Alternativen sind nichts anderes als die *Dilemmata* von Leibniz, der nach Moles »jede Nachricht als Wahl unter einer Vielzahl von möglichen Fällen« ansah.

1. Verallgemeinerung 5.17

Eine erste Verallgemeinerung besteht darin, die Anzahl n der Elemente nicht mehr auf eine Zweierpotenz zu beschränken. Trotzdem soll die Definition (2) im wesentlichen erhalten bleiben. De Vries verteilt »Punkte« in 5 verschiedenen Größen mittels einer Tabelle für Zufallszahlen gleichwahrscheinlich auf ein Raster. Statt der Tabelle könnte auch der Zufallsgenerator ZUFALL(5) verwendet werden (s. S. 128). Es ergeben sich mehr als 2, aber weniger als 3 Alternativen – mit 3 Alternativen werden 8 gleichwahrscheinlich verteilte Elemente erfaßt ($8 = 2^3$). Das Informationmaß liegt irgendwie zwischen 2 und 3 – und wird mathematisch, losgelöst von den Alternativen, mit dem *binären Logarithmus* ld 5 erfaßt.

Wahrscheinlichkeiten Häufigkeiten

Das Bild von De Vries visualisiert eine Statistik durch gewisse *Häufigkeiten,* die von der vorgegebenen Wahrscheinlichkeit 1/5 im allgemeinen mehr oder weniger abweichen. Greift man aus dem Raster 100 beliebige Gitterpunkte – wie ein 10 x 10 Raster – mittels einer Maske heraus, so ergibt das Auszählen z.B. der größten Punkte fast nie die Zahl 20 d.h. 100/5. Ohne Kenntnis des Generierungsprozesses, läßt sich von den Häufigkeiten nur mit gewissen, statistisch erfaßbaren *Fehlern* auf die zugrundeliegenden Wahrscheinlichkeiten schließen (s. S. 132).

2. Verallgemeinerung
2.3

Im allgemeinen haben n Elemente eines Repertoires n verschiedene Wahrscheinlichkeiten. So bei Bild 2.3 von Bridget Riley, dessen Repertoire aus 4 verschieden großen »Punkten« besteht, wobei der kleinste keine Ausdehnung hat, also als »unsichtbares Wesen« (Kandinsky) seine Stelle im Diagonalraster einnimmt – wie eine Pause in einem Musikstück. Die Wahrscheinlichkeiten sind unbekannt und werden bei der Bildanalyse durch die ausgezählten Häufigkeiten angenähert. Der Reihe nach, angefangen bei den größten Punkten, ergeben sich für diese ungefähr:

1/10 1/5 1/5 1/2

Zur Vereinfachung, d.h. um Logarithmen zu vermeiden seien diese Häufigkeiten etwas abgewandelt:

1/8 1/8 1/4 1/2

Jedem einzelnen Element wird das entsprechende Informationmaß zugeordnet, also der Reihe nach:

H(1/8) H(1/8) H(1/4) H(1/2)

und berechnet:

3 3 2 1

Es läßt sich sofort feststellen, daß bei abnehmender Wahrscheinlichkeit die Information zunimmt: Seltene Ereignisse sind interessanter und haben deshalb ein großes Informationsmaß.
Das *mittlere Informationsmaß* H pro Zeichen des Repertoires wird aus diesen Einzelmaßen dadurch sinnvoll definiert, daß man diese *gewichtet* mittelt – gemäß den Häufigkeiten der auftretenden Elemente:

$$
\begin{aligned}
H &= 1/8 * H(1/8) + 1/8 * H(1/8) + 1/4 * H(1/4) + 1/2 * H(1/2) \\
&= 1/8 * 3 + 1/8 * 3 + 1/4 * 2 + 1/2 * 1 = 1{,}75 \text{ (bit)}
\end{aligned}
$$

Die Shannon'sche Formel

Der Mittelwert dieser Einzelmaße führt für ein beliebiges Repertoire von n Elementen, die mit den Wahrscheinlichkeiten p_1, p_2 bis p_n auftreten, zur Shannonschen Formel, die hier mitgeteilt werden soll:

$$H = p_1 H(p_1) + p_2 H(p_2) + \ldots + p_n H(p_n)$$

Satz vom Maximum

Wären die 4 Elemente des Bildes von Bridget Riley mit gleicher Wahrscheinlichkeit generiert, hätte das Informationsmaß H – wie festgestellt – den Wert 2, statt nur 1,75. Das Beispiel veranschaulicht die wichtige, allgemeingültige Tatsache,

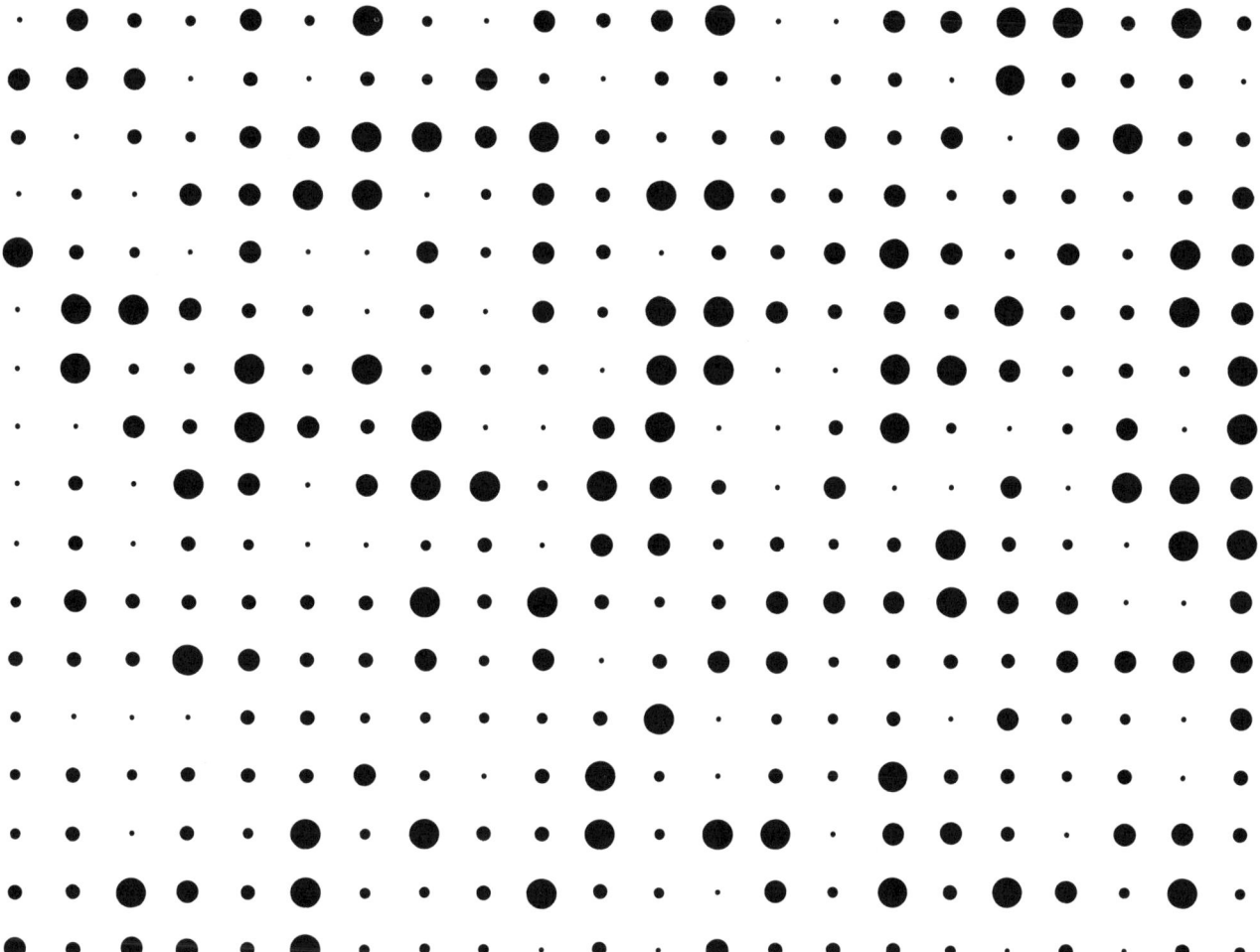

5.17 Herman De Vries, Zeichnung V71-28, 1971, 50 x 65 cm

daß ein Bild im Mittel dann *maximale Information* H_{max} vermittelt, wenn die Elemente seines Repertoires *gleichwahrscheinlich* sind – wie dies im Bild von de Vries der Fall ist. Die Verminderung des Informationsmaßes von 2 auf 1,75 im Bild von Riley wird dadurch intuitiv klar, daß bereits die 1. Alternative die Unbestimmtheit beseitigen kann, ob es sich um einen der drei sichtbaren oder um den *einen* unsichtbaren Punkt handelt. Im letzten Fall ist das Maß auf 1 reduziert.

Redundanzen Das *maximale Informationsmaß* stellt ein gewisses Bezugsniveau dar. Der so mögliche *Überfluß* an Information gegenüber dem üblich kleineren Maß H wird als *absolute Redundanz* definiert:

(3) $$R_{abs} = H_{max} - H$$

Die *relative Redundanz* wird durch *Normierung* erhalten, d. h. durch Division von H_{max}:

(4) $$R_{rel} = 1 - H/H_{max}$$

Der bisher nur intuitiv verwendete Begriff der Redundanz ist nun mathematisch streng definiert; die *Gegenläufigkeit* von R und H soll an bekannten Beispielen veranschaulicht werden.

5.17 Für $H = H_{max}$ wird die Redundanz 0 (De Vries); jedes Bilddetail überrascht, keine Wiederholungen werden garantiert.

3.12 Ist das Informationsmaß $H = 0$, dann wird $R_{rel} = 1$. Dies ist der Fall, wenn sich – wie bei der Dreiecksstruktur – stets dasselbe *Element* an jeder Stelle eines Rasters befindet. Es gibt keine Alternative und damit keine Unbestimmtheit. Das Bild ist rein informationstheoretisch gesehen »banal« (Moles). Die Manipulation der Perzeption wird jedoch nicht erfaßt (S. 80).

2.3 Bei dem leicht abgeänderten Bild von Riley ist $R_{rel} = 1 - 1{,}75/2 = 0{,}125$.
Die relative Redundanz bewegt sich für alle nur denkbaren Versuche zwischen den Grenzen 0 und 1 und *scheint* somit ein recht brauchbares Vergleichsmaß für gewisse Bildtypen darzustellen.

Messungen höherer Ordnung

Superzeichenbildung Wesentlich ist in diesem Rahmen der folgende, weitreichende, nicht leicht zu beweisende Satz über Superzeichen:
Superzeichenbildung verringert das Informationsmaß, vergrößert also die Redundanz.

Werden mindestens zwei Zeichen zu einem Zeichen zusammengefaßt, dann ist dieser Satz bereits anwendbar. Das Lesen z.B. eines Textes wird sicherer. Aufgrund der größeren Redundanz kann selbst ein Satz, in dem einige Buchst.ben fe.le., g.les.. we...n. Es macht also einen Unterschied, ob nur die einzelnen Zeichen statistisch untersucht werden oder Paare, Tripel, bzw. allgemein n-Tupel. Es handelt sich um informationstheoretische Messungen 1., 2., 3. und höherer Ordnung.

Messungen 4.5, 4.6

Die Bilder 4.5 und 4.6 bestehen nur aus zwei verschiedenfarbigen, gleichwahrscheinlich verteilten Quadraten. Also gilt wie bei Bild 5.17 von de Vries:

$$H_{max} = 1 \text{ und } R = 0.$$

DIe Bilder sind also – trotz ihrer visuellen Verschiedenartigkeit – zahlenmäßig durch H oder R *nicht zu unterscheiden*.

Die Verschiedenartigkeit der 6 *Markov-Ketten* von Bild 4.6 läßt sich erst durch Messungen 2. Ordnung auch zahlenmäßig erfassen. Zwei Quadrate, die in einer *Zeile* aufeinanderfolgen, werden zu einem Zeichen, einem *Digramm*, vereinigt. Das Repertoire besteht somit aus den vier Digrammen SS, SW, WS, WW, und nicht aus den beiden ursprünglichen Elementen S und W; S steht für die erste, W für die zweite Farbe – ursprünglich Schwarz und Weiß. Diese Digramme sind, den verschiedenen Übergangswahrscheinlichkeiten p und q entsprechend, sehr verschieden verteilt. (In jede der 24 Zeilen passen nur 23 Digramme; jede Markov-Kette wird damit aus insgesamt 23 x 24, also 552, Digrammen generiert.) Die Vermessung ergibt:

	Kette 1	Kette 2	Kette 3	Kette 4	Kette 5	Kette 6
p=q	1 %	10 %	25 %	75 %	90 %	99 %
SS	1	34	82	208	246	275
SW	279	245	197	63	24	5
SW	270	243	208	66	28	4
WW	2	30	65	215	254	268
H_2	0,05	0,52	0,83	0,78	0,45	0,12
R_2	0,95	0,48	0,17	0,22	0,55	0,88

Das Auszählen der verschiedenen Digramme und das Berechnen von H_2 bzw. R_2, also der Maße 2. Ordnung, geschieht – parallel mit der Generierung der Bilder – durch den Computer. (R_2=1–H_2, da H_{max}=1; s.u.).

Die in den Computer eingegebenen Parameter p und q definieren stets die ganze Matrix, für p = q =1% beispielsweise (s. S. 130):

von\nach	S	W
S	1%	99%
W	99%	1%

Es sei erwähnt, daß sich H_2 als *Differenz* des Informationsmaßes der Digramme und des ursprünglichen Informationsmaßes H_1 der Einzelelemente darstellen läßt. Dies bedeutet, daß H_2 eigentlich nur der *Zuwachs* zum ursprünglichen Informationsmaß ist; das *Vorwissen* H_1 mitzurechnen, erweist sich aufgrund der Theorie als nicht nötig. H_{max} ist damit die Differenz 2 – 1 der maximalen Maße von Bildern aus 4 Diagrammen bzw. aus 2 Quadraten.

Ergebnisse Wenn auch die Rechenergebnisse für H_2 wegen der relativ geringen Zahl 552 der Bildelemente noch fehlerhaft sind, lassen sich doch signifikante Aussagen machen:

4.6 Die erste Markov-Kette vermittelt bei größter Redundanz geringste Information. Wird das Bild, der Generierung entsprechend, in *Zeilen* gelesen, dann ist der »Bildverlauf« bereits praktisch bekannt, da sich die beiden Farben ständig abwechseln, von 3 Störungen abgesehen: einmal tritt die Folge S-S auf, zweimal die Folge W-W. Diese geringen Störungen bewirken, grafisch gesehen, einen starken Reiz, der in der *Minimalart* hoch eingeschätzt wird. Ohne jegliche Störung ergäbe sich ein *Parallelgitter*, eine periodische und damit monotone McKay-Figur mit $H_2 = 0$ und $R_2 = 1$. Werden solche Störungen häufiger bzw. System (Ketten 2 und 3), steigert sich der Grad der Unsicherheit, also das Informationsmaß H_2. Der McKay-Figur werden schachbrettartige Erinnerungsfetzen überlagert, die schließlich auch zerstört werden.

4.5 Zwischen den Ketten 3 und 4 kann das Bild von Morellet (mit p = q = 50%) eingeordnet werden, das auch bei Messungen höherer Ordnung praktisch maximale Information und verschwindende Redundanz aufweist. Der Grund ist darin zu sehen, daß die statistische Verteilung perfekt ist und sich deshalb auch keine Präferenzen für die Digramme ergeben (s. weißes Rauschen, S. 166).

Die letzten drei Ketten weisen wieder abnehmende Information und steigende Redundanz auf. Die Horizontale wird betont, da die Ketten länger werden. Ohne Störungen, also bei sicheren Übergang von einer unbunten Farbe zur anderen, ergäbe sich ein monochromes Bild, dessen Farbe die des ersten Elements oben links wäre.

Ergebnis ist, daß *Gestaltbildung* oder Strukturierung die *Information erniedrigt* und die *Redundanz erhöht*. Die so wesentlich erscheinende *Umkehrung* dieser Aussage ist nicht möglich, da erhöhte Redundanz auch die sehr ungleichwahrscheinliche Verteilung des ursprünglichen Repertoires, also der Quadrate, signalisieren kann, wie sie der Satz vom Maximum nahe legt. Die Markov-Kette in der Mitte unten von 4.6 hat ungefähr dieselbe Redundanz wie die beiden unteren Bilder von 4.7; Gestalten oder Strukturen sind bei diesen kaum zu erkennen. **4.6, 4.7**

Kritik

»Dabei besteht nur eine Gefahr, daß der Zahlenausdruck hinter der Gefühlsempfindung bleibt und sie dadurch hemmen wird. Die Formel ist dem Leim ähnlich. Sie ist auch dem ›Fliegentod‹ verwandt, dem die Leichtsinnigen zum Opfer fallen. Die Formel ist auch ein Klubsessel, der den Menschen fest mit seinen warmen Armen umschlingt.«
KANDINSKY 1923

Superzeichenwahl

Diese Messungen mittels Digrammen sind noch nicht objektiv genug, wurden doch die Digramme *horizontal*, also in Leserichtung definiert. *Vertikale* Digramme ergeben andere Verhältnisse. Die Kette 1 von Bild 4.6 zeigt dies: Was horizontal als Störung empfunden wurde, nämlich die Aufeinanderfolge zweier gleichfarbener Quadrate, ist vertikal gesehen fast die Regel. (Die Digramme S-S kommen 239 mal vor, die Digramme W-W 241mal.) Wesentlich ist, daß sich eine andere, niedrigere Redundanz ergibt, da jetzt die Störung – nun der Farbwechsel – relativ häufig vorkommt und den Grad der Unsicherheit erhöht.
Ein Problem liegt also in der *Wahl der Superzeichen*; diese sollten, wie ein Bild, zweidimensional sein, also Quadrate aus 4 oder 9 Teilquadraten bestehen. Der Rechenaufwand potenziert sich. Das Problem verkompliziert sich, wenn man weiß, daß Rasterbilder auch spiralförmig oder in Diagonalrichtung generiert werden können oder wenn sich die Zeichen bis zur Unkenntlichkeit überlagern.

Augenbewegung

Weiter ist zu berücksichtigen, daß die maschinelle Erfassung eines Bildes kein Modell dafür darstellt, wie der Mensch bzw. sein *Auge* ein Bild perzipiert. Das Auge liest im allgemeinen ein Bild, bzw. dessen Zeichen oder Superzeichen, nicht zeilen- oder spaltenweise; jedes Bild wird – seinen verschieden gewichtigen Schwerpunkten, allgemein seiner Syntaktik gemäß, aber auch aleatorisch – durch die verschiedensten *Augenbewegungen* in seiner Totalität erfaßt. Paul Klee hat diese in seinen schriftlich vorbereiteten Vorlesungen »Beiträge zu bildnerischen Form«, 1921/23, Kap. 7 und 8, sehr genau analysiert und für einige Beispiele grafisch sehr instruktiv dargestellt. Später, 1972, hat François Molnar sogar die Matrix der Übergangswahrscheinlichkeiten von jedem »Fixationspunkt« des Bildes »Himmlische und irdische Liebe« von Tizian zu anderen solchen Punkten aufgestellt: »Das menschliche Auge macht drei bis vier Bewegungen in der Sekunde. Es bleibt also 200-250 ms auf einem Fixationspunkt. Während dieser kurzen Zeit entnimmt es dem Objekt, die notwendige Information, um es wahrzunehmen... Während des Sprunges von einem Fixationspunkt zum anderen (ist das Auge) funktionell blind oder zumindest ... stark beeinträchtigt.« Damit wird klar, daß die menschliche Bilderfassung im wörtlichen Sinne andere Wege geht als die informationstheoretische.

Bildvermessungen

Was ist davon zu halten, wenn Bense Zeichnungen von Rembrandt untersucht, indem er sie grob rastert und informationstheoretische Untersuchungen nur der 1. Ordnung durchführt? Einerseits werden die Zeichnungen in ihrer Struktur total zerstückelt, andererseits hat jede der unzählig vielen Schwarz-Weiß-Raster, mit derselben Verteilung von Schwarz und Weiß wie bei einer diesen Zeichnungen, das gleiche Maß H und damit die gleiche Redundanz R. Wie oben gezeigt besteht erst bei *Untersuchungen höherer Ordnung* Aussicht auf gewisse Unterscheidungsmöglichkeiten; dies überließ Bense seinen Schülern. Geeignet waren in diesem Zusammenhang mit dem Zufall erzeugte schwarz-weiße *Rasterbilder,* deren Struktur von vorneherein solchen Messungen entgegenkam. Bereits ein *Farbwechsel* ergäbe dabei dasselbe Maß, aber völlig verschiedenen Eindruck auf den Beschauer. Nur die Zahl der Farben spielt eine Rolle, nicht deren Qualität. Diese zu starke Reduzierung auf die Syntaktik mußte unbefriedigend bleiben. Es darf jedoch nicht vergessen werden, daß Bense sofort mit dem Aufkommen des Computers vielen Künstlern interessante *Impulse* gegeben hat, für die sie dankbar waren.

Ästhetische Maße

Man hoffte mit diesen informationstheoretischen Messungen auch ein *ästhetisches Maß* M mittels der Komplexität K und der Ordnung O eines Bildes quantitativ definieren zu können, wie dies bereits 1928 Birkhoff versuchte und Siegfried Maser, ein Schüler von Max Bense, in seinem Buch »Numerische Ästhetik«, 1970, vergeblich weiter verfolgte. Die Setzungen $K = H$ und $O = R$ boten sich an, also die Komplexität mit dem Informationsmaß und die Ordnung mit der Redundanz zu identifizieren. Die Geister schieden sich bereits an dem sehr interessanten Problem, ob das Maß M als Quotient oder als Produkt von H und R definiert werden sollte. Es handelt sich um ein Problem des Geschmacks!

Der Fehlschlag ästhetische Maße zu finden und die Überbewertung, bzw. falsche Einschätzung der Informationstheorie, brachten diese in den 70er Jahren um ihre Glaubwürdigkeit und um ihren Kredit.
Eine Utopie erfüllte sich nicht.

6 Entwicklungen: Rückschritt – Fortschritt?

Zwang und Notwendigkeit haben aber mit der Schöpfung nichts zu tun, denn Schaffen verlangt Freiheit, Unabhängigkeit, Zwanglosigkeit. Darum kann man in der gegenständlichen Welt nicht von ›Schaffen‹ reden, sondern bestenfalls von ›Darstellen‹ oder ›Abbilden‹.

KASIMIR MALEWITSCH

Parallel zu der bisher behandelten Kunst, für die das Zitat von Malewitsch mahnend und fordernd steht, gibt es einen zweiten Strang in der Kunstströmung dieses Jahrhunderts – Dada und Neo-Dada, Objektkunst, Futurismus, Neue Sachlichkeit, Surrealismus, die verschiedensten »Naturalismen« bzw. »Realismen« (Hyper- oder Foto- und Neuer Realismus) –, der von der Pop Art wieder aufgenommen und fortgeführt wird. Die neuen Medien knüpfen mit Verspätung daran an, und entwickeln weiter – in noch nicht abzusehende Dimensionen.

6.1 Gegenständlichkeit und Pop Art

Gegenständlichkeit

Informatiker betrachteten es sehr schnell als ein primäres Ziel, *figürlich zeichnen* zu können, nicht nur als Herausforderung, sondern als Reaktion auf die gegenstandlosen, konstruktivistischen Grafiken, die ihnen auch Vorwurf und Kritik einbrachten. Allen voran waren im Jahre 1967 Charles Csuri, der mit seinen »Sine Curve Man« (Verfremdungen eines Kopfes mittels Fourier-Analyse, s. Nake 74 und Franke 85) Aufsehen erregte, und Leslie Mezei mit einer Figur »Bikini shifted«, die rein äußerlich an eine »Automatische Zeichnung« von André Masson (1896-1966) erinnert. Die Linien wurden – grob gesagt – durch einfache geometrische Grundfiguren oder Bilder von mathematischen Funktionen definiert, gespeichert und auch mittels Transformationen verarbeitet. **6.1, 6.2**

Diese *Transformationen* machten es möglich, von einem Bild ausgehend, eine ganze *Serie von Bildern* zu erzeugen. Durch Interpolation konnten auch die Zwischenstufen zweier gegebener Bilder berechnet werden (*Shape Interpolation*). **6.3, 6.4**

▷ **6.1** Leslie Mezei, Bikini shifted, 1968

▷▷ **6.2** André Masson, Automatische Zeichnung, 1925/26

Damit wurde vom ersten Moment an die Grundlage zum Computerfilm bzw. zur *Animation* gelegt.

Schon der Filmpionier Georges Méliès (1861-1938) entdeckte durch Zufall solche *Metamorphosen.* Die fehlerhafte Blockierung seiner Kamera bewirkte bei der Vorführung die Verwandlung eines Busses in einen Leichenwagen und von Männern in Frauen. Es gelang ihm damit, wie er selbst sagt, »das Übernatürliche, das Imaginäre, ja sogar das Unmögliche sichtbar zu machen« (zitiert bei Virilio).

6.5, 6.6 Ein schönes Beispiel für eine solche Transformation mit Einschluß des Zufalls gibt Nake. Mathematische Transformationen als *Prozeß* zu visualisieren, ist der konstruktiven Kunst nicht unbekannt, wie ein Bild von Atilla Kovács (*1938 in Budapest, lebt in Köln) zeigt.

6.7 Eine dem Bild von Frieder Nake vergleichbare Szene entwirft Achim Stößer (*1963, Durmersheim, Informatikstudium in Karlsruhe) in einer Animation von hoher technischer Qualität.

Metamorphosen verursachen erhebliche Probleme, insbesondere wenn man unbedingt synthetisierte Köpfe ineinander zu verwandeln und aus Marilyn Monroe Humphrey Bogart zu machen versucht (s. Willim, S. 469).

Die Entwicklung soll im einzelnen nicht verfolgt, sondern der Sprung sofort auf das wesentliche der heutigen Bildtechnik gezeigt und gedanklich verarbeitet werden. Erwähnt sei nur der wichtige Schritt des »Real Time Design« von DeFanti; in nicht zu rechenintensiven Fällen war es ab 1979 möglich, grafische Daten in *Echtzeit,* also gleichzeitig mit ihrer Eingabe in den Computer, zu verarbeiten und am Bildschirm sichtbar zu machen. *Interaktivität* wurde ermöglicht.

Popular Art

Mit den heutigen Bildtechniken drängt das Gegenständliche, nun auch in greller Farbgebung, in den Vordergrund. Diese Abwendung vom Abstrakten gemahnt an die Entstehung der *Pop Art*, die sich fast gleichzeitig mit der Op Art entwickelte. Auch sie wollte die »Handschrift« des Künstlers eliminieren, aber auf völlig andere Weise. Ihr Anfang wird durch die Ausstellung »This is Tomorrow«, London 1956, charakterisiert.

▷ **6.3** Herbert W. Franke, Peter Henne, Serie Algebraischer Kurven ed'a, 1969, Plotterzeichnung, 28 x 20", Programm KAES

▷▷ **6.4** M. Komura, K. Yamanaka, Return to a square (b), 1968, Siebdruck 20 x 17"

Karin Thomas beschreibt in einer Einführung der »Pop Art« von J. Pierre die Situation treffend und teilweise übertragbar auf Tendenzen heutiger Bilderzeugung mit dem Computer:

»Zu Beginn der 60er Jahre eroberte mit der Pop Art eine scheinbar unkünstlerische Kunst, eine aus der banalen Subkultur geborene Bildwelt, den amerikanischen und europäischen Kontinent. Plötzlich prangten in Gestalt von gewaltigen Marilyn Monroe- und Elvis Presley-Portraits, Coca-Cola-Flaschen und Campbell's Suppendosen ... das aufreizende Lächeln und die grelle Neonschminke der Groß-

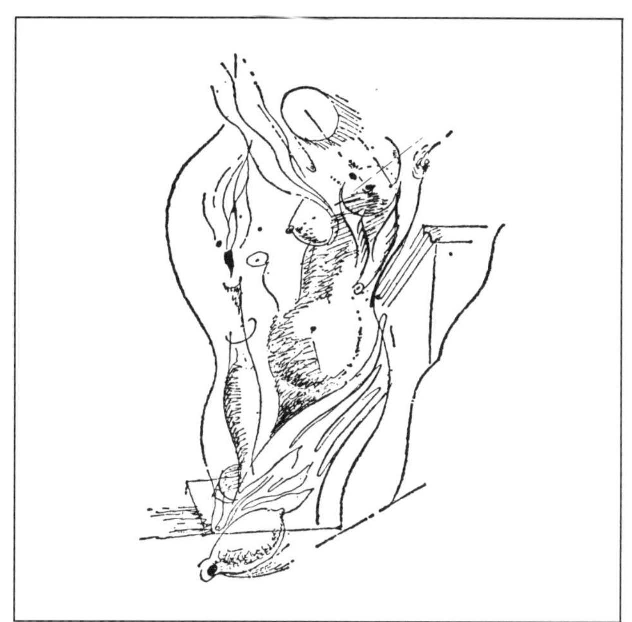
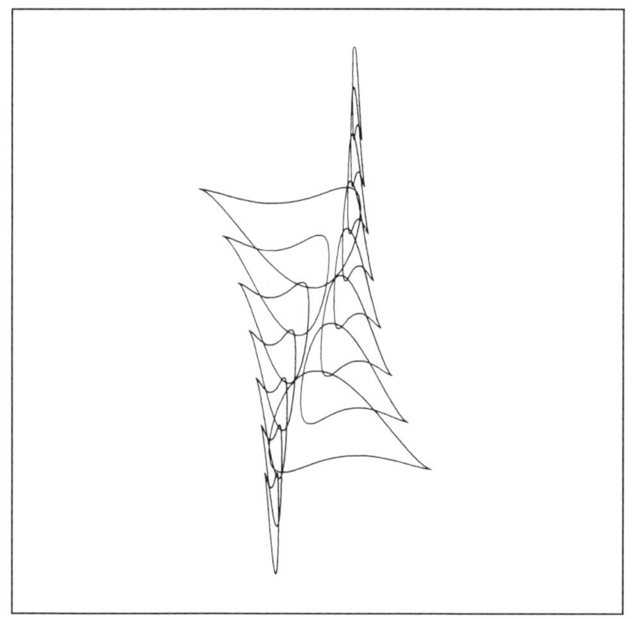
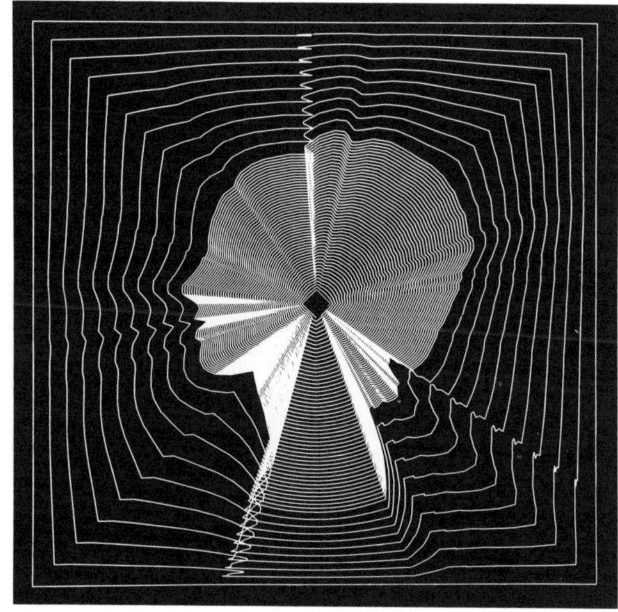

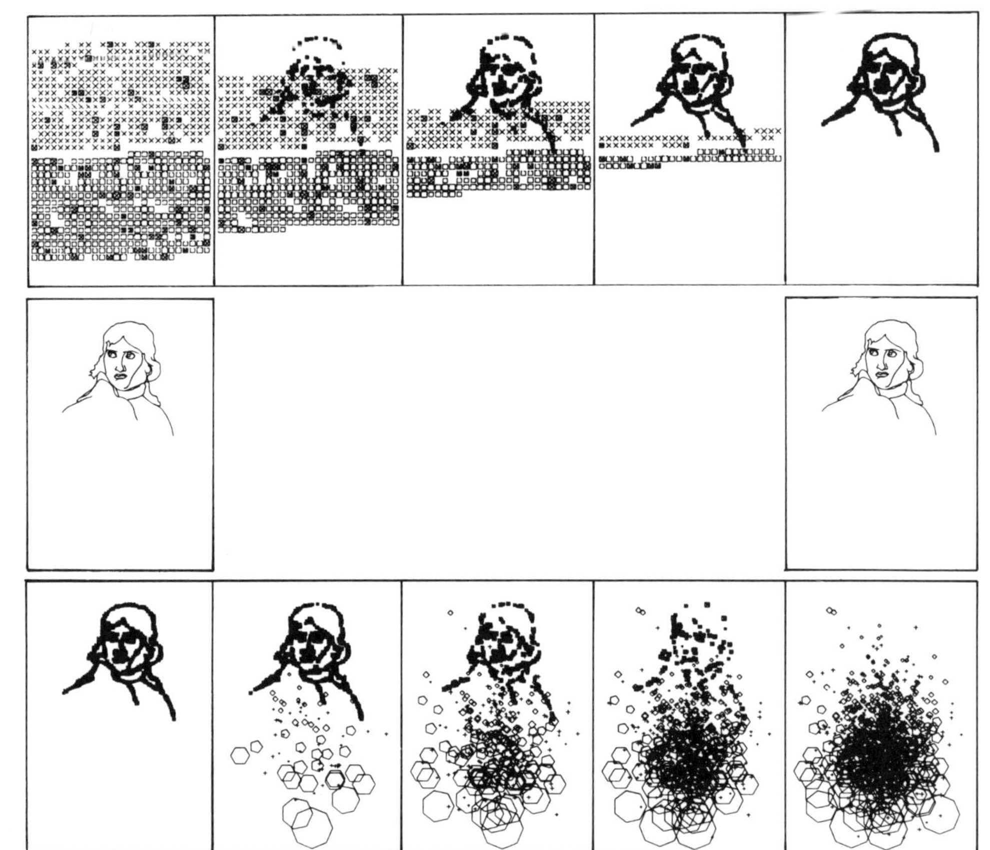

6.5 Frieder Nake, Napoleon als Struktur-Gestalt-Chaos 1969, 50 x 46 cm

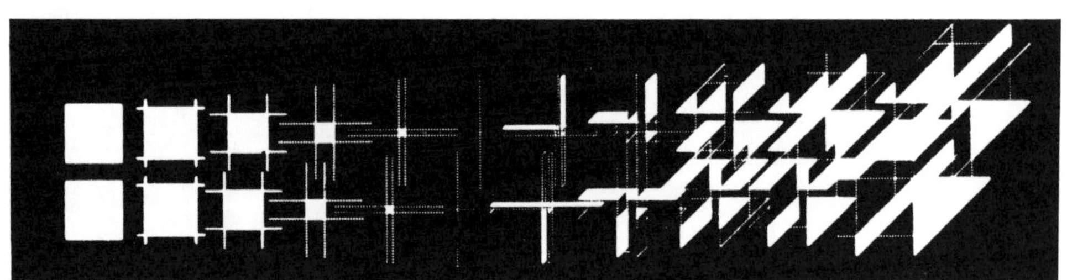

6.6 Attila Kovács, Transmutation 5, 1975, Siebdruck auf Leinwand auf Holz, 22,4 x 90 cm

6.7 Achim Stößer, Occursus cum novo, Raytracing, Computeranimation, 1987

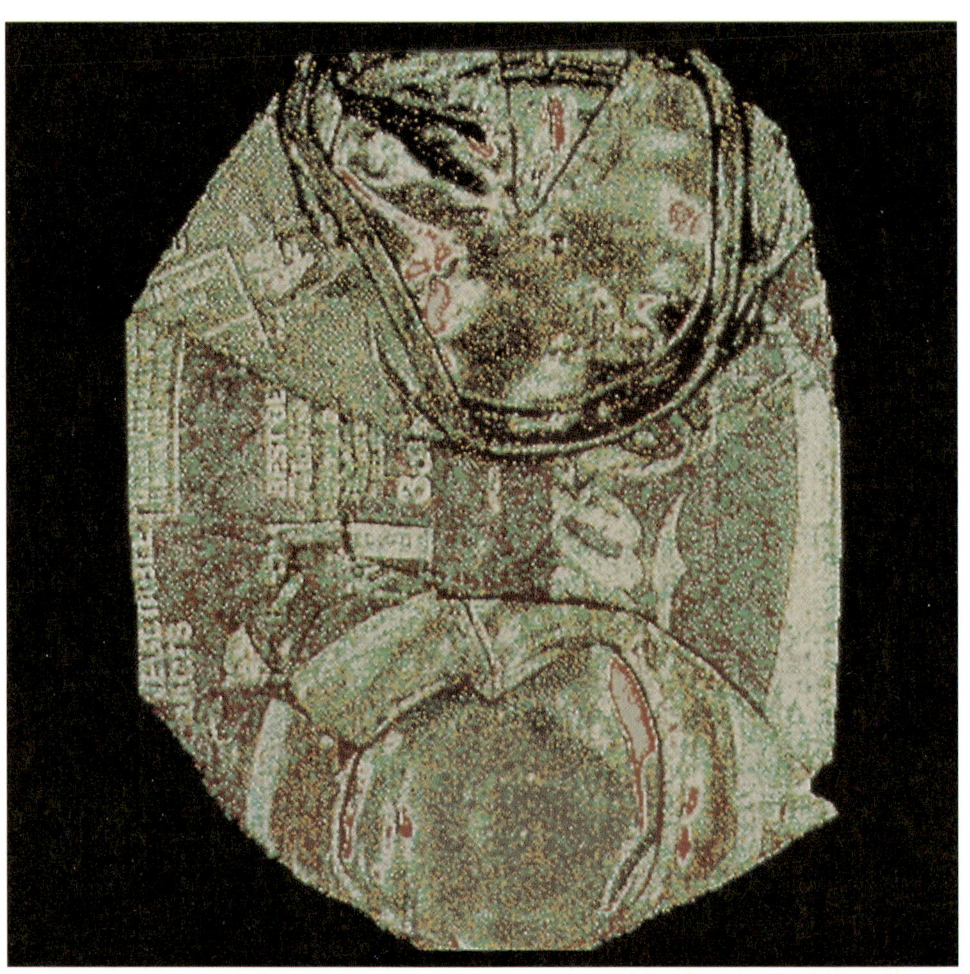

6.8 Jeff Brice, Fractal Pop – dedicated to Andy Warhol, Anerkennung für Computergraphik, Prix Ars Electronica '88

stadt in den … Galerien und Museen, in denen noch wenige Jahre zuvor das gegenstandslose Formenspiel und die subjektive hermetische Symbolik des Abstrakten Expressionismus dominiert hatten. Nun war eine neue Künstlergeneration mündig geworden, deren Themen jeder begriff, standen sie doch in direkter Nähe zu dem, was an trivialer Bildwelt auf den Flippern in den Spielhallen begegnete, was der Science Fiction-Roman beschrieb oder was man im Comicbook gesehen hatte.«

Die Suppendosen, Monroe- und Presley-Portraits stammen von Andy Warhol

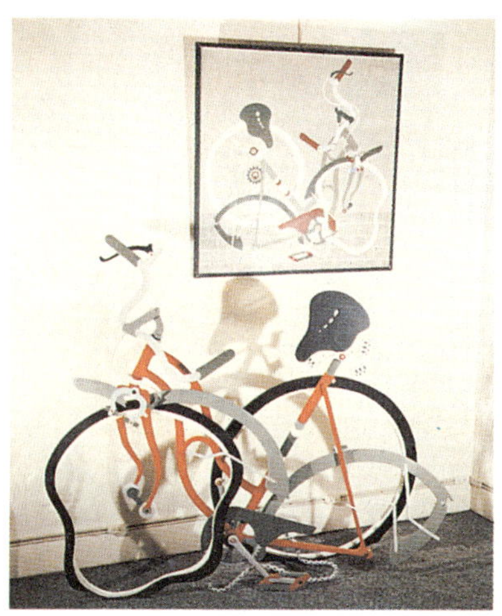

6.10 Francis Roux, Kaputtes Fahrrad, 1973, Galerie de Bellechasse, Paris

6.9a/b John Lasseter, Red's Dream, Goldene Nica für Computeranimation der Ars Electronica '88

6.11 Gabriella Monti, Fast Food, 1988, RGB-Mailand

(Pittsburgh, 1928-87), wohl dem bekanntesten Pop-Star der *USA* neben Jim Dine (*1935 in Cincinatti), Jasper Johns (*1930 in Allendale), Roy Lichtenstein (*1923 in New York), Robert Rauschenberg (*1925 in Port Arthur/Texas) und Tom Wesselmann (*1931 in Cincinatti); in *England* sind u.a. Allen Jones (*1937 in Southampton) und Richard Hamilton (*1922 in London, Organisator von »This is Tomorrow«) zu erwähnen.

6.8–6.14 Einige Bilder »der heutigen elektronischen Volkskultur, einer zweiten Stufe der Pop Art, die digitale Pop Art« (Claus), sollen die Verwandtschaft mit der authentischen Pop Art, dieser »unkünstlerischen Kunst«, aufzeigen: Direkte Anspielung auf Warhol, mit welcher Intention auch immer, einfache Gegenstände wie Plakat und Fahrräder (eindeutig in der digitalen, vielschichtig in der authentischen Pop-Version), Zimmereinrichtungen (hier ein Unterschied zwischen echter und gestörter Perspektive), zwei mit einem *Scanner,* analog einem Kopierer, eingegebene Gesichter, durch »Magnetströme« – »Correnti Magnetiche« – verbunden und verfremdet (wie dies in der Pop Art auch mit Fotografien geschah) oder die Darstellung des Überlebenskampfes der Menschheit in der heutigen High-Tech-Welt, wie John Fekner (New York). Eine Szene erinnert an den Pop-Künstler Eduardo

6.12 Richard Hamilton, Intérieur II, 1964, The Tate Gallery, London

Paolozzi, der bereits 1955 einen Mann mit einer Kamera als Kopf zeichnete. Fekner ist einer der Animatoren, die nicht nur eine Geschichte mehr oder weniger geistreich erzählen, sondern deren Hintergrund ausleuchten: »Die Auseinandersetzung mit künstlicher Umwelt und einer Überfülle an Information hat die Menschen betäubt... Die Menschheit kann versuchen, sich mit ihrer technologisch diktierten Buße auseinanderzusetzen, wenn sie lernt, mit der Technologie zu koexistieren. (Sie)...muß dazu ein klares Bewußtsein der technologischen Verführung gegenüber entwickeln, die Geist und Wissen des Individuums zerstört.«
Dem Katalog der *Ars Electronica* von 1988, dem die meisten Bilder und das letzte Zitat entnommen sind, trägt den stolzen Namen »Meisterwerke der Computerkunst«. Wenn auch mit High-tech generiert, so enthält dieser Katalog viel von der oben zitierten »trivialen Bildwelt«, auch der Comic strips in Form von Animationen. Hier muß sich jeder selbst klar werden, wie dies zu beurteilen ist: »Kunst als offener Vereinbarungsbegriff« (Hofmann).

6.13 Mario Canali, Portrait, 1988

Der zweite Strang

Zunächst ist festzustellen, daß es in der Pop Art, Teil des eingangs erwähnten zweiten Stranges der Kunstströmung dieses Jahrhunderts, sehr verschiedene Phasen und Stilrichtungen gibt; manche Künstler blieben in der Fläche, vermieden also den illusionistischen Raum – wie Jasper Johns mit seinen Flaggenbildern oder Jan Voss (Bild 8.5) –, andere blieben abstrakt – wie Nicholas Krushenick (* 1929, New York).

Welche Ziele dieser zweite Strang ansteuert, welche Prämissen der »Moderne« er aufgibt, hat Hofmann (ab S. 496) sehr klar dargestellt. Für Bereiche der heutigen »Computerkunst«, die sich in diesen Strang einblenden, ist diese Darstellung beispielhaft; sie sei deshalb kurz, pointiert und entsprechend umfunktioniert wiedergegeben, also keineswegs nur auf die sehr komplexe Pop Art und andere, inzwischen klassisch gewordene Strömungen bezogen:

Drei »zentrale Prämissen der traditionellen Kunstpraxis« – von der Prozeßästhetik im 19. Jahrhundert in Frage gestellt – werden, zumindest teilweise, wieder verwendet:

1. die *Eindeutigkeit* der inhaltlichen Aussage ohne formale Verschlüsselung – Bilder *beschreiben* wieder (vgl. Kap.1) oder erzählen in Comic strips, heute in Animationen, Geschichten,

6.14 John Fekner, The last Days of Good and Evil, 1988, Anerkennung für Computeranimation der Ars Electronica '88

2. die *akademische Formendisziplin* – als wenn »ein Cezanne nie gelebt« hätte; handwerkliches, heute hightechnisches Können werden zelebriert und
3. die *illusionistische Wiedergabe* der Wahrnehmungswelt wie bei den »Fotorealisten«, heute mittels des Raytracing-Verfahrens (s.u.).
»Allen diesen konservativen Strömungen« – sic – »kann man den Versuch attestieren, ein naives, ungebrochenes Verhältnis zur Wirklichkeit zurückzugewinnen. Mehrsinnigkeit ist nicht gefragt.« Dieses Zitat charakterisiert die digitale Pop Art wohl besser, als die authentische, die weniger die *Wirklichkeit* als deren Umsetzung in Werbung, Comic und Trivialkunst, also eine vermittelte Wirklichkeit, eine *Metawirklichkeit* thematisiert.

Entgrenzung

Hofmann fährt fort und verwendet den Begriff der »Entgrenzung«, also des Verlassens eines »begrenzten Terrains«: »Ohne Zweifel wird hier Entgrenzung praktiziert – jedoch Entgrenzung der hermetischen, artistisch verschlüsselten Problemebene, auf der sich die Strategien der Moderne entfaltet hat.«
Auf die Pop Art direkt gemünzt heißt es:
»Entgrenzung bedeutet ... (a) inhaltlich den Übergriff auf profane, bislang außer-

künstlerische Motivbezirke, ... die Trivialisierung der Kunsthoheit, (b) formal die Verschleierung bzw. Verneinung von subjektiver Erfindung und handschriftlicher Herstellungspraxis.«
»Warhols Coca-Cola-Flaschen – (werden dabei) zum verlängerten Arm der Warenwerbung.« Die Verquickung der *Werbung* mit der Pop Art ist so typisch wie sie es heute für die Hightech-Computerkunst ist. Alle Register visueller Reizung, besser Überreizung, werden gezogen und werfen den Betrachter aus dem Regelkreis der Prozeßästhetik heraus, um ihn wieder zu unkritischer Passivität zu verführen, bei der »Anschauliches Denken« – so der Titel eines Buches von Rudolf Arnheim – verschüttet wird.
Diese provozierende Aussage beschreibt die extreme Möglichkeit einer kommerziellen Kunst und soll zunächst so stehen bleiben.

6.2 Computer-Realismus

Es gibt Künstler, Designer, Animatoren, die größtmögliche Realistik erstreben und deshalb dreidimensionale, illusionistische Darstellungen verwenden – eine wesentliche Grundlage in vielen zivilen und militärischen Bereichen der Technik, wie der Auto- und Flugzeugindustrie. Solche Bilder können auch nichtrealisierbare, freischwebende Computer-Skulpturen darstellen oder als Projekte von realen Skulpturen dienen. Deshalb soll knapp eine der vielen möglichen Methoden der Generierung von Körpern im Raum beschrieben werden.

Generierung dreidimensionaler Körper (3D-Bilder)

6.24–6.27 Das Wesentliche ist, daß der Künstler – auch wenn im Ergebnis nur ein *zweidimensionales Bild* mit seinen Konturen oder Farbflächen am Monitor zu sehen ist – im Hintergrund *dreidimensional* vorgeht, einem *Bildhauer* oder einem *Töpfer* gleich, und er, wie ein solcher, sein Konstrukt von allen Seiten betrachten und – wesentlich mehr – dieses vergrößern, verkleinern, verzerren, verdoppeln und beliebig bewegen kann. Eine ganze Palette von Manipulationen (d.h. mathematischen *Transformationen* im Stile der analytischen oder projektiven Geometrie) läßt den Designer somit über sein generiertes Objekt frei verfügen. Es findet eine weitere Entgrenzung statt: Erschloß die Pop Art auch »profane, bislang außerkünstlerische Motivbezirke«, so ermöglicht die 3D-Technik darüber hinaus *künstliche,* in dieser Art noch nie gesehene *Motive* und entgrenzt damit weiterhin das bisher übliche Repertoire.

Die Töpferarbeit: Höhenliniendefinition

Um eine große, nicht rotationssymmetrische Vase – also ohne Töpferscheibe – herzustellen, legt ein Töpfer ringartig Lehmwülste übereinander und glättet diese anschließend. Ein ähnliches Verfahren läßt sich mit dem Computer simulieren, allerdings, wie gleich klar werden wird, mit wesentlich mehr Zwischenschritten. Ein Programm dieser Art wurde von der Universität Karlsruhe in Zusammenarbeit mit der INRIA (Frankreich) entwickelt. An einem einfachen Beispiel soll das Wesentliche dieses Programms aufgezeigt werden.

Übungsbeispiel

6.15

Auf einem Digitalisier- bzw. Datentablett werden mit einem elektronischen Stift der Reihe nach ebene Schnitte bzw. *Höhenlinien* der Oberfläche eines Körpers gezeichnet, indem man mit diesem Stift hinreichend viele Punkte antippt, also markiert. Diese Punkte, deren geraden Verbindungen die Höhenlinien näherungsweise definieren, werden als Raumkoordinaten *gespeichert.* Die 3. Koordinate ist dabei jeweils die Höhe, die für alle Punkte einer Linie dieselbe ist und die in gewissen Grenzen beliebig eingegeben werden kann. Der Designer muß sich an die nicht immer klar überschaubaren horizontalen Konturen des Körpers herantasten. Zur Unterstützung sieht er auf dem Bildschirm u.a. stets noch die vorausgehenden Höhenlinien.

6.16

Sind die Höhenlinien gezeichnet, lassen sich diese bereits unter verschiedenen Gesichtswinkeln betrachten. Nach Abschluß einer möglichen Korrektur sind alle eingegebenen Punkte, die wie Sommersprossen auf der Oberfläche des zu erzeugenden Körpers liegen, systematisch und höhenlinienkonform gespeichert.
Der Designer hat seine Arbeit zunächst getan.

Computerarbeit: Drahtkörper-Modellierung (Wire-frame Modeling)

6.17, 6.18

Das Computerprogramm zeichnet beliebige Projektionen des Körpers auf den Bildschirm, verbindet dabei je drei benachbarte Punkte zweier Höhenlinien zu einem Dreieck. Diese *Triangulierung* ergibt zuletzt eine Art Drahtkörper. Im Beispiel entstanden aus den 490 eingegebenen Punkten 936 Dreiecke, die *Facetten* der Oberfläche des konstruierten Körpers.
Es ist interessant zu wissen, daß Albrecht Dürer 1512 Proprotionsstudien von Köpfen zeichnete, deren Oberflächen aus Facetten bestanden – meist Dreiecke oder Vierecke.

6.19

Ein Zwischenprogramm übergibt die gesamte *Datenstruktur* einem Raytracing-Programm, das die Auswertung bis hin zu einem »naturalistischen« Bild übernimmt (Gabriele Hiddemann, *1960 in Dortmund, Designerin in Düsseldorf). Einzelheiten folgen noch.

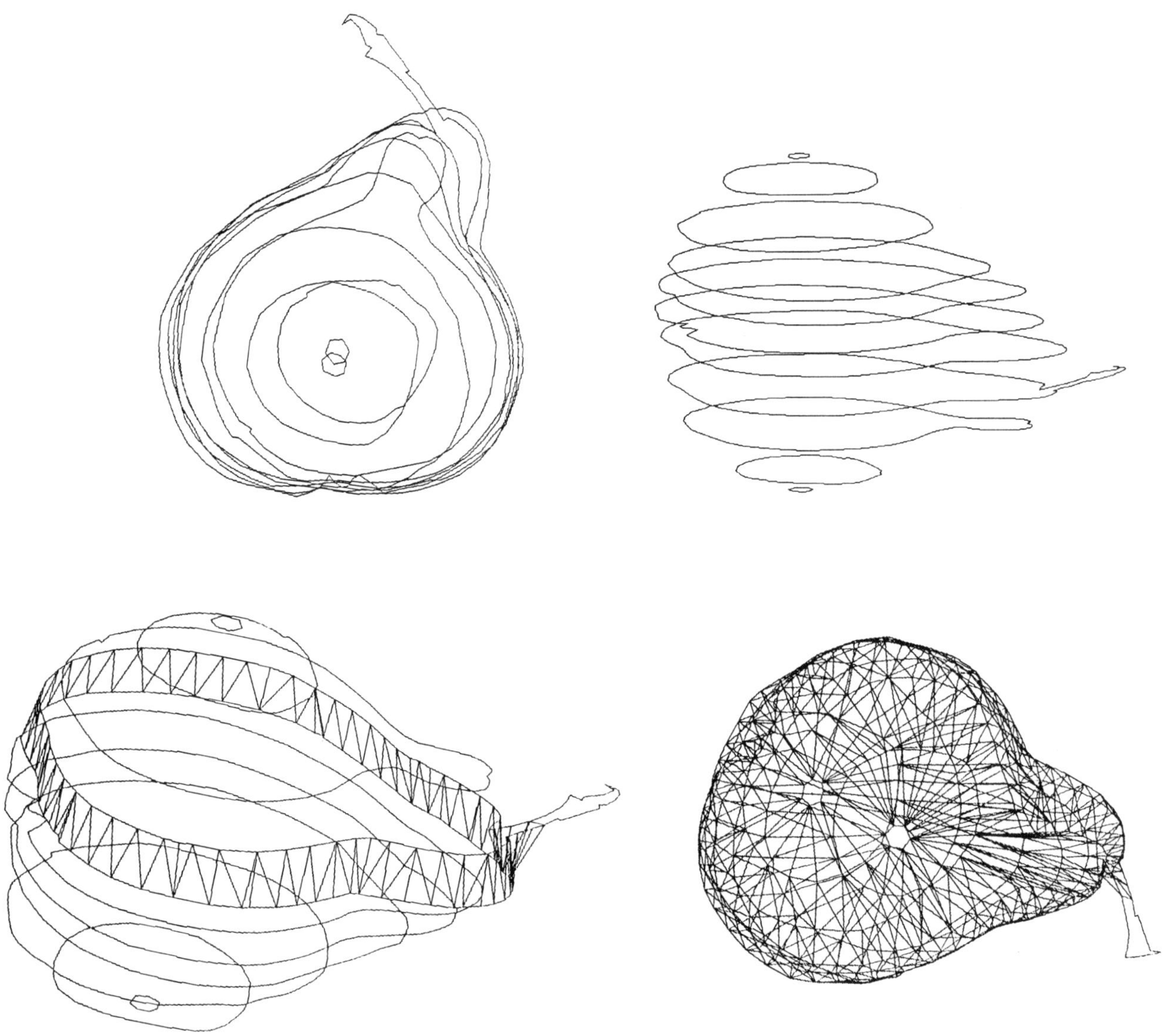

6.15 Gabriele Hiddemann, Aufsicht von 11 ebenen Schnitten einer Birne
6.16 Gabriele Hiddemann, Eine Seitenansicht der 11 ebenen Schnitte der Birne
6.17, 18 Gabriele Hiddemann, Ebene Facetten der Oberfläche der Birne

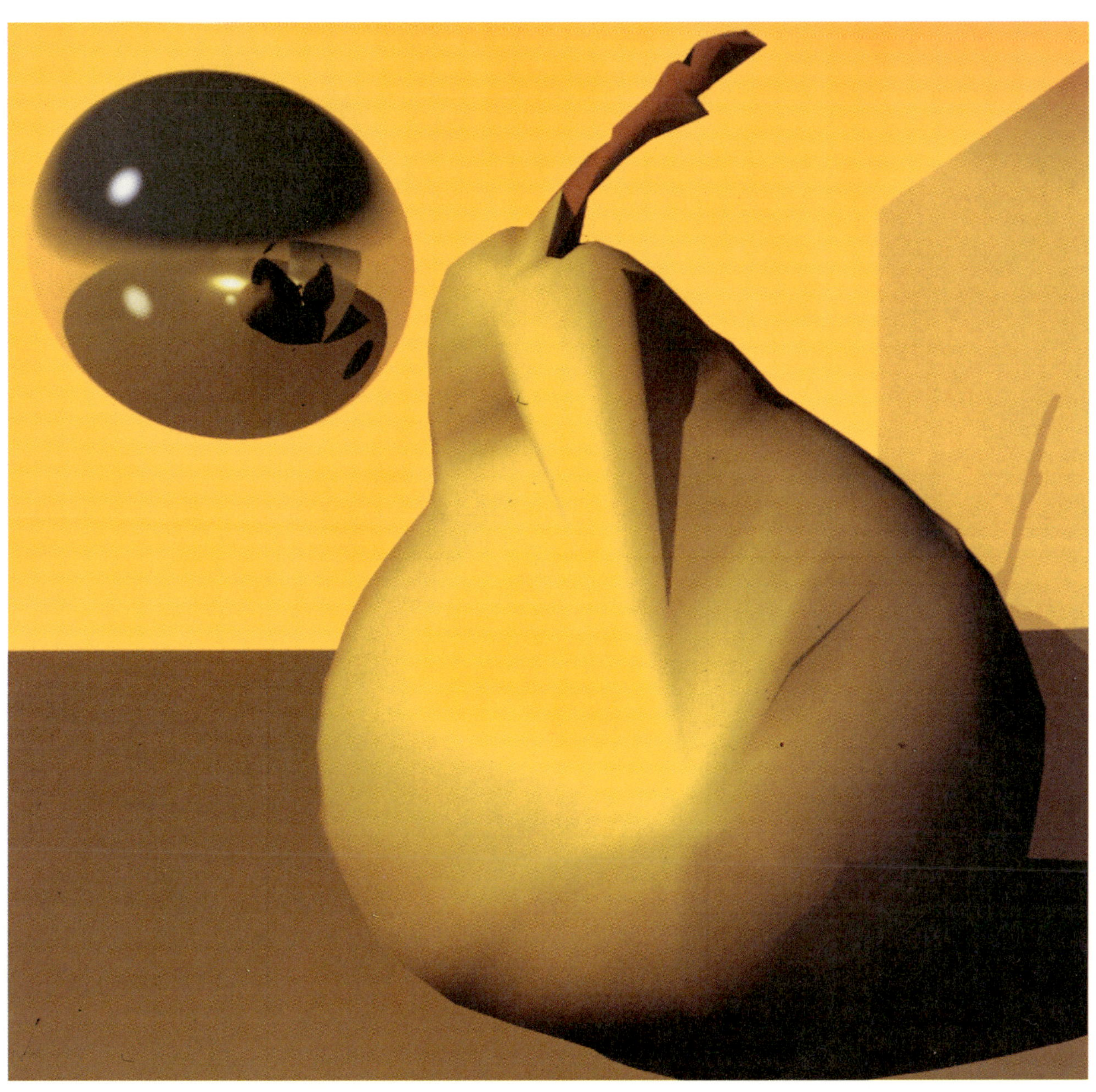

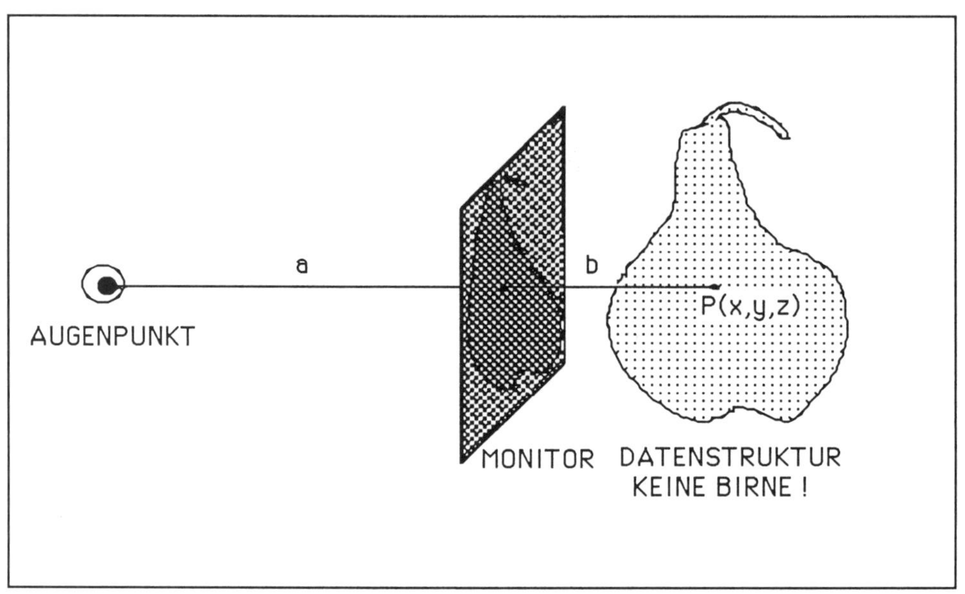

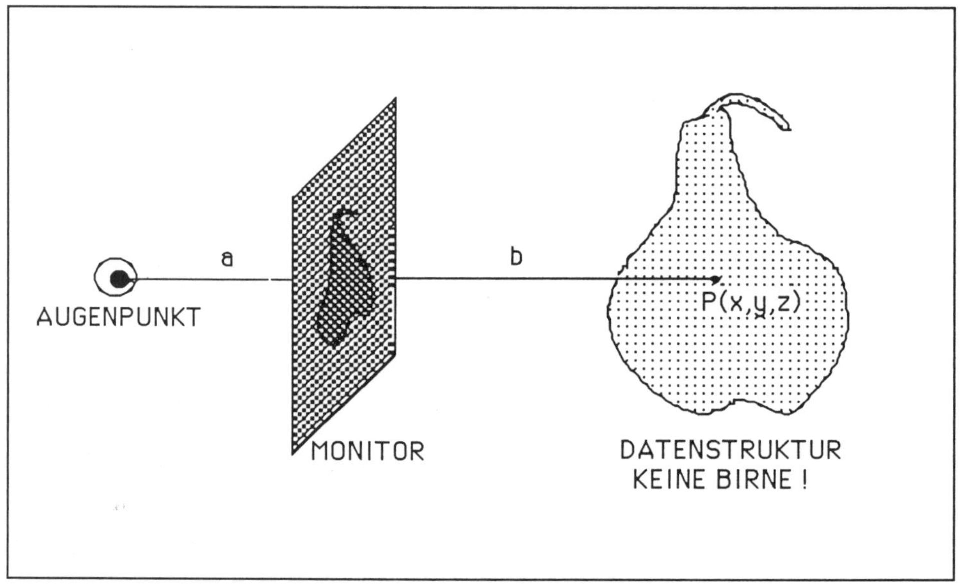

◁ **6.19** Gabriele Hiddemann, Birne, Raytracing, 1989, Matrixkamera

6.20 Skizze 1 und 2

Zunächst soll an eine wichtige Tatsache erinnert werden (s. S. 176, Bem. 2). Alle Manipulationen werden mit den *Bilddaten* gemacht, nicht an den Bildern selbst. Die oben erwähnten Bewegungen oder mathematischen Transformationen werden mit Variablen, den *Raumkoordinaten* der Punkte vorgenommen, sodaß die *alte Datenstruktur* mit neuen Zahlen aufgefüllt oder eine zweite Datenstruktur aufgebaut wird. Diese *neue Datenstruktur*, die einer gewissen Körperlage und -form virtuell entspricht – also ein *virtuelles Bild* – wird mittels einer Zentralprojektion durch *Rechnung* auf die Ebene des Bildschirms abgebildet (*rendering*). Erst wenn die Bildschirmkoordinaten errechnet sind, werden entsprechende Pixel des Schirms aktiviert und als Bild sichtbar gemacht. Punkte die außerhalb des Bildschirms fallen, werden abgeschnitten (*clipping*). Die Abstände a und b in den Skizzen definieren die Größe des projizierten Objekts auf dem Bildschirm. Variable Abstände simulieren Annäherung oder Entfernen des Objekts, Tele- bzw. Weitwinkelobjektiv. (Der *Augenpunkt* ist der Fluchtpunkt bzw. das *Projektionszentrum* der Zentralprojektion.)

Immaterielle Körper, Rendering

6.20

Strahlverfolgung (Raytracing, Whitted USA, 1980)

Szenen

Im Falle des oben angeführten Beispiels wurde die Datenstruktur an das besonders leistungsfähige Raytracing-Programm VERA überspielt, das an der Universität Karlsruhe entwickelte wurde (»Very Efficient Raytracing Algorithm« von Schmitt u.a.). Mit diesem Programm können nicht nur einzelne Körper, sondern eine Zusammenstellung mehrere Objekte, also ganze *Bildszenen,* einschließlich ihrer *Materialeigenschaften* – wie verschiedene Arten der Reflexion, *Eigenleuchten,* Brechung – und ihrer *Beleuchtung* – Lichtquellen, *Augenlicht*, diffuses Licht – bearbeitet werden. Da Objekte als *Datenstrukturen* gespeichert werden, ist es sofort einsichtig, daß einfache mathematische Objekte, wie Kugeln, Zylinder, Kegel, allgemein Rotationskörper, ebene Polygone, insbesondere Rechtecke, und damit z.B. Quader usw. direkt in diesem Programm definiert werden können. In Bild 6.19 wurden so u.a. die spiegelnde Kugel und zwei Lichtquellen, eine davon an der Stelle des Auges, eingegeben. Die Daten der Kugel sind durch Mittelpunkt M(x,y,z) und Radius r bestimmt, vier Zahlen genügen also.

Solid Modeling

Aus den genannten mathematischen Objekten lassen sich bei anderen Systemen durch Operationen der Mengenlehre (Vereinigung bzw. Addition, Bildung des Durchschnitts, Subtraktion, etc.) komplizierte Körper modellieren (*Solid Modeling*).

Simulatives Modellieren Nicht unerwähnt soll bleiben, daß mittels geeigneter Zusatzprogramme Körper – wie Bäume oder Gebirge – aufgebaut, ja eigentlich nachgebaut, also *simulativ modelliert* werden können. Simuliertes Wachstum wird mit wenigen vom Benutzer einzugebenden Parametern vom Computer abgearbeitet (s. S. 266-71 oder den Beitrag von Müller u.a. in Jürgens/Saupe).

Bildkonstruktion
6.21 Die eigentliche Bildkonstruktion beginnt im Projektionszentrum, dem Augenpunkt. Es wird von diesem Punkt aus durch jedes Pixel des Bildschirms (Monitors) ein virtueller Strahl – der *primäre Sehstrahl* – gezogen und, falls möglich, »mit einem Objekt geschnitten«. Nach der analytischen Geometrie oder Vektorrechnung werden die Schnittpunkte dieser Geraden mit Kugeln oder Ebenenstücken – wie Dreieckfacetten (bzw. *patches*, s.u.) – berechnet. Der dem Augenpunkt am nächsten liegende Schnittpunkt – der *Sehpunkt* – wird auf seine verschiedenen

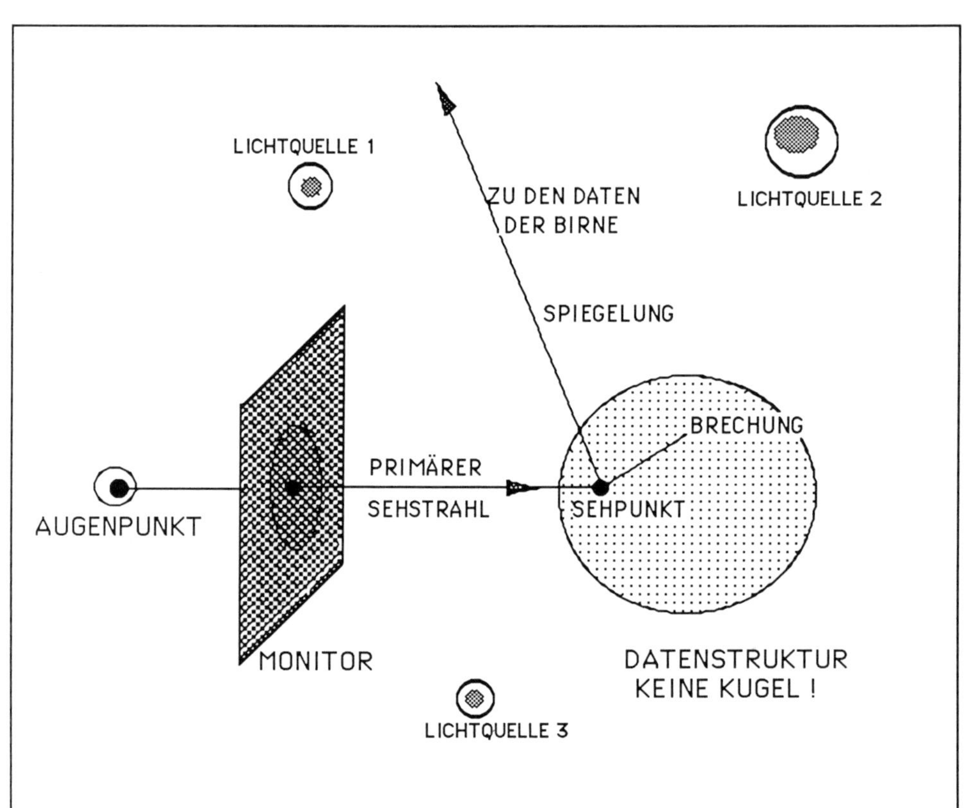

6.21 Raytracing: Schema

▷ **6.22** Achim Stößer, Buddelschiff mit den Raytrace-Tiefen 1, 2, 3, 4, 5 und 7, 1988

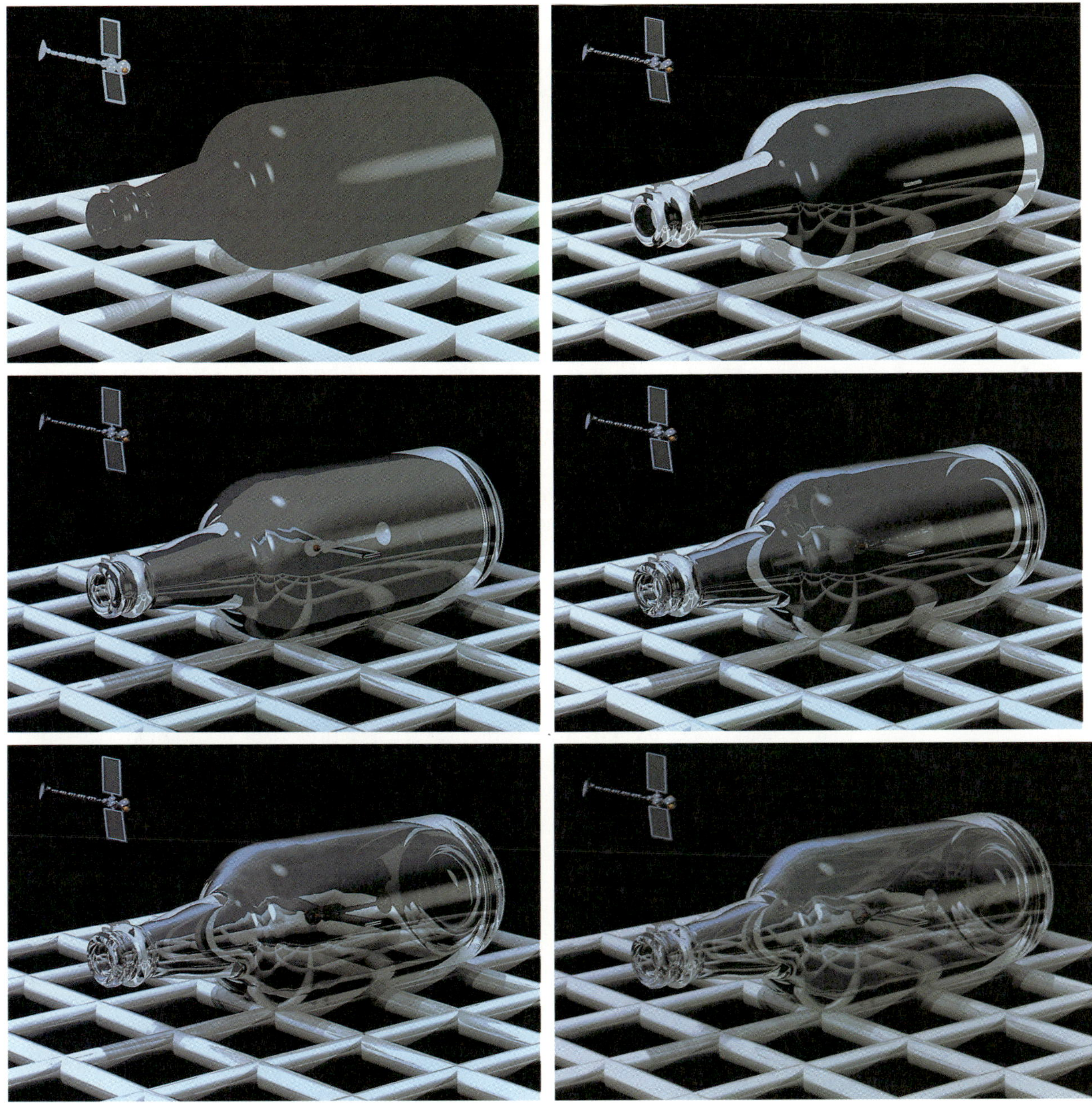

Materialeigenschaften (diffuse Reflexion, Spiegelung, Brechung, Eigenleuchten, Farben) und auf die Beleuchtungsverhältnisse für Helligkeits- oder Schattenabstufungen geprüft. An dieser Stelle wird eine Menge Physik mehr oder weniger angenähert verarbeitet, sodaß reale Verhältnisse, wie Glas, spiegelnde Kugeln, metallen glänzende Oberflächen oder der Schattenwurf simuliert werden. Im Fall einer spiegelnden Kugel wird der nach dem Reflexionsgesetz gespiegelte Strahl als *Sekundärstrahl* weiter *verfolgt*, bis er ein anderes Objekt – wie die Birne – trifft; trifft er keines, kommt eine vorher definierte Hintergrundsfarbe in Anwendung. Ist die Kugel aus Glas, wird auch der Anteil des gebrochenen Strahls – ein zweiter Sekundärstrahl – verfolgt. An dieser Stelle wird klar, warum die theoretischen Strahlen vom Augenpunkt ausgehen und nicht von einer Lichtquelle. Abgesehen davon, daß mehrere Lichtquellen definiert werden können, würden viele Strahlen nicht im Auge ankommen, also umsonst berechnet werden.

6.22 Die sekundären Strahlen, deren Richtung und Leuchtkraft vom Einfallswinkel abhängen, werden nun selbst wieder als Tertiärstrahlen gebrochen, gespiegelt und/oder absorbiert; das Programm befindet sich jetzt in der »*Raytrace-Tiefe*« 3. Die Bildserie zeigt die Entwicklung bis in die Tiefe 7, angefangen bei der Tiefe 1, also zunächst ohne Spiegelungen oder Brechungen – von gesondert behandelten Glanzlichtern abgesehen.

Antialiasing
6.23 Die generierten Bilder sind *Rasterbilder.* Selbst bei hochauflösenden Bildschirmen stört dieses Raster, wenn realistische Bilder dargestellt werden sollen. Es gibt nun viele Verfahren der *Rasterunterdrückung,* des *Antialiasing,* bei denen die getreppten Linien durch *Farbabstufung* weniger hart, ja bei einer gewissen Entfernung sogar *glatt* erscheinen (*Pixeladjustierung*). Das Beispiel ist so stark vergrößert, daß Glätte nicht zu erreichen, jedoch die auf die Nachbarpixel übergreifende Angleichung zu erkennen ist. Eine befriedigende Angleichung wird mit Hilfe einer überhöhten Abtastung (*Oversampling*) erreicht – pro Pixel werden mehrere (hier bis zu 16) Strahlen geschossen und daraus der *Mittelwert* gebildet (s. Purgathofer). Ein Verfahren mittels der Fourier-Analyse wird in Kapitel 7 angedeutet.

Bilder, die nicht rechnerisch, sondern mittels Objektiven einer Kamera generiert werden, ergeben auf dem Fernsehschirm bereits unscharfe bzw. farblich angeglichene Linien; Rasterunterdrückung ist nicht erforderlich.

Eine gegenläufige Tendenz beläßt bei Computerbildern die Rasterung, vergröbert sie sogar (s. Rasterbilder S. 290f).

Das Protokoll VERA ist ein skript-orientiertes Programm. Ein Auszug des Protokolls, das eine Birne beschreibt und definiert, kann nun mit kurzen Erläuterungen verstanden werden. Die jeweils drei Raumkoordinaten von Punkten werden nacheinander

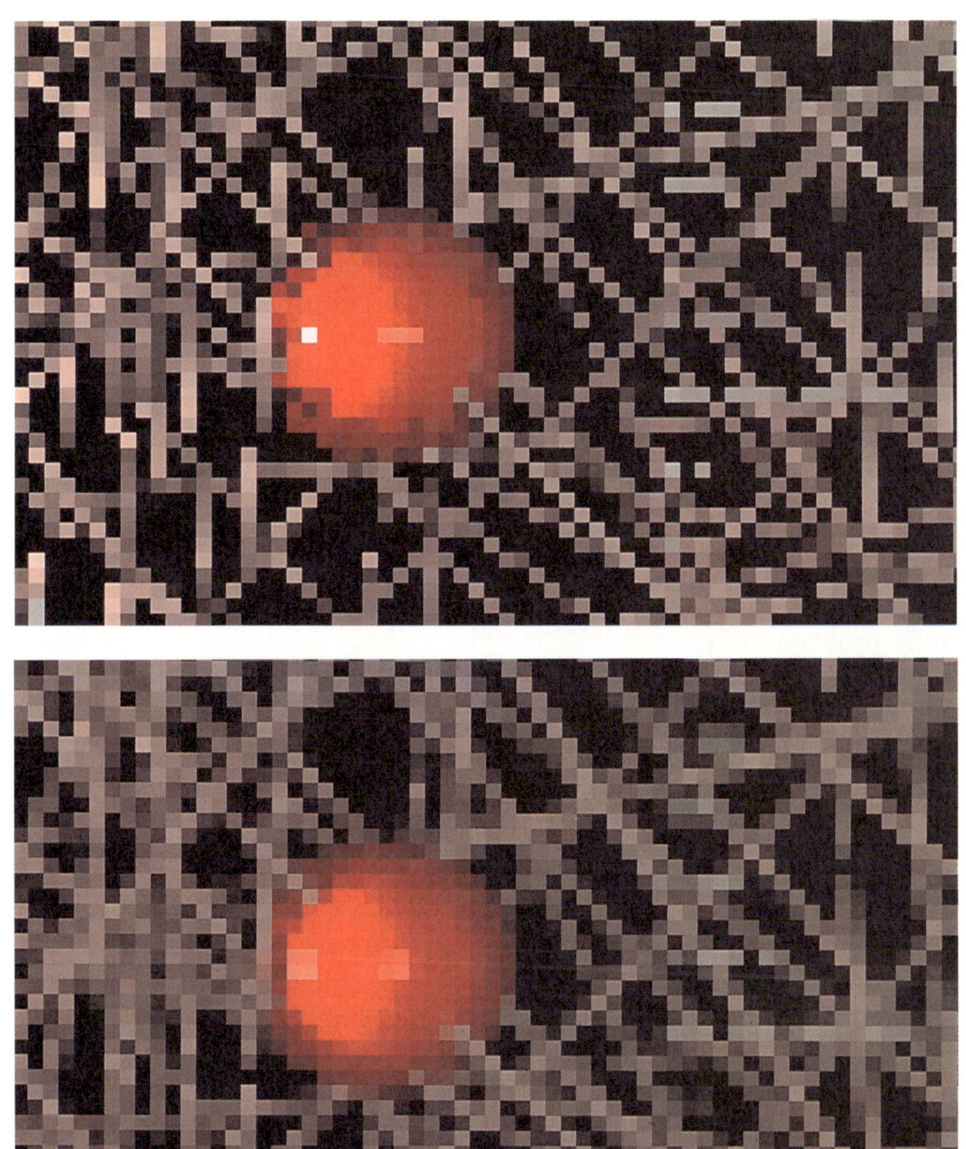

6.23 Achim Stößer, Bild
a) ohne b) mit Antialiasing

ohne Klammern geschrieben. Das relativ schwache »Augenlicht« dient zur Ausleuchtung der Schattenzonen der von einer starken Lichtquelle beleuchteten Körper. (Zur Farbaddition, s. Glossar!)

Rechenaufwand

Hier ist der Ort, über den ungeheuer großen Rechenaufwand zu sprechen. Für jedes Pixel sind die Strahlen der verschiedenen Stufen unter Berücksichtigung der Materialeigenschaften etc. zu berechnen – Tausende von Rechenschritten. Da heute Bildschirme meist eine in die Millionen gehende Pixelanzahl hat, gehen die Rechenschritte zum Aufbau eines einzigen Bildes in die Milliarden. Selbst größere Rechenanlagen benötigen dazu oft Stunden. Antialiasing verdoppelt die Rechenzeit. Zur Probe werden meist gröbere Bilder berechnet, die bereits nach einigen Minuten beurteilt werden können.

Für Animationen von einigen *Minuten* Dauer, die aus tausenden Einzelbildern bestehen, werden Datenvolumina in der Größenordnung von Milliarden Bytes – *Gigabytes* – und Rechenzeiten von *Jahren* benötigt. Geschickte *Vernetzung* mehrerer Arbeitsplatzrechner (Workstations) erlaubt es, die »Leerzeiten« zu nützen und Jahre auf *Monate* zu reduzieren (s. Beitrag von Müller u.a. in Jürgens/Saupe).

An dieser Stelle soll an das Eingangszitat der Einführung erinnert werden, in dem Albers vom Verhältnis von »Aufwand und Wirkung« spricht.

Die Gratwanderung zwischen Verschwendung und Einfachheit ist nicht neu: »Es ist die *Kostbarkeit*, so nehme ich an, und nicht die *Kunst*, die dir gefällt« (Petrarca, 1304–74, zitiert von Baxandall). Statt Datenmengen wurde *Gold* »verschwendet«, das jedoch Leon Battista Alberti, 1404–72, in seiner Abhandlung »Über die Malerei« mit Weiß und Gelb »simuliert« haben wollte – Gold wurde jetzt nicht mehr geschätzt.

3D-Digitizer

Ist ein dreidimensionales Objekt, das nachgebildet werden soll, *in natura* vorhanden, so kann zum Beispiel ein *3D-Digitizer* das Objekt in eine angemessene Datenstruktur verwandeln. Dazu überzieht man das Objekt mit einem Polygonnetz und tastet dessen Eckpunkte mit einem elektronischen Stift ab. Im obigen Beispiel hätte also auch eine echte Birne für ein Drahtmodell herhalten können; im Falle der Marylin Monroe – da sie es schon sein mußte – diente dazu eine »nachempfundene« Büste (s. auch S. 310).

Analog lassen sich ohne weiteres direkt beliebige Handbewegungen in Bilder übersetzen; Tom de Witt zeigte dies mit seinem System »Pantomation« in der Ausstellung »Elektra« (s. S. 345).

3D-Laser-Scanner

Automatisch und detailreicher läßt sich diese Methode mit einem *3D-Laser-Scanner* durchführen: Ein energieschwacher Laserstrahl umrundet das Objekt, ähnlich wie das Röntgengerät eines Tomographen den Patienten.

Protokoll	Erläuterungen
Bn BIRNE2	Bildname
Raster 1024 683	Bildformat
RayTrTiefe 4	Raytrace-Tiefe
Anti-Alias	Rasterunterdrückung
Kamera 0 -170 0 0 0 0 0 0 80	Koordinaten des Augenpunktes, des Bildmittel- und oberen Randpunktes
Himmel… Horizont… Erde… Zenit…	
Augenlicht 4100 1 1 1	Weiße Lichtquelle im Augenpunkt: Stärke 4100; Weiß als Addition der Farben Rot, Grün und Blau (RGB), jeweils mit ihrem maximalen Wert 1
Li -2000 -200 1500 750000 1 1 1	Koord. und Stärke einer weißen Lichtquelle
Fb chrom Kg -80 40 50 30	Mittelpunkt und Radius einer Kugel Kg mit der zu definierenden Materialklasse »chrom«, s.u.
Analog sind der Boden und die Seitenwand durch P4 (Polygon mit 4 Seiten) definiert…	
Usz BIRNE Rt 90 0 0 Tr 0 0 -20	Einlesen der *Unterszene* BIRNE (sie folgt sogleich) in einer gewissen Lage
Szene BIRNE	Szene mit Namen
Fb gelbgrün	Materialklasse für die Birne
Lies BIRNE	Die Datei der Datenstruktur der Birne wird eingelesen
Fb braun	Materialklasse für den Stiel
Lies Stiel	Der Stiel wurde gesondert als Datei angelegt
Bez chrom	Die Bezeichnung »chrom« wird definiert:
Spd 0.7 0.7 0.7	Spiegeldämpfung, hellgrau (70% Reflexion)
Drf 0.2 0.2 0.2	Diffusreflexion, dunkelgrau
Spk 0.98	Spiegelkeule
Bez gelbgrün	
Drf 0.8 1 0	Keine Spiegelungen, also matt (Addition R + G)
Bez braun	
Drf 0.7 0.3 0.15	etc. … …

Der *Computer-Tomograph* erstellt Millimeter-Schnitte des Patienten, die den Höhenlinienverfahren entsprechen. Bei hinreichender Anzahl solcher Schnitte werden mittels der Drahtkörper-Modellierung – jetzt meist eine *räumliche Triangulierung* – und des Raytracing gewisse Organe oder Teile des Skeletts realistisch dargestellt und dem Arzt zur Diagnose bereitgestellt. Der Realismus hat hier seinen Sinn.

Depth-buffer

Raytracing wird bei spiegelnden und transparenten Objekten verwendet. In anderen Fällen genügen einfachere Verfahren, wie das *Tiefenpufferverfahren* (depth-buffer, Catmull, 1975): zu jedem *sichtbaren* Flächenpunkt wird die Tiefe, also der Abstand vom Bildschirm bzw. vom Augenpunkt, gespeichert und entsprechend verwertet. Auf Details kann nicht eingegangen werden. Es wird auf die umfangreiche Literatur über Computergrafik verwiesen; im Verzeichnis aufgenommen wurden nur Encarnaçao/Straßer, Fellner, Newman/Sproull und Purgathofer.

Oberflächengestaltung

Fließende Schattierung
5.12

Ein Problem wurde noch nicht erwähnt. Genauere Betrachtung des Champagnerglases von Ed Catmull – es wurde mit dem Tiefenpufferverfahren generiert – lassen an den Konturen noch die Näherungspolygone erkennen. Das Glas wurde aus den oben beschriebenen *Facetten* als Drahtmodell aufgebaut. Von den problematischen Konturen abgesehen, wurden alle Kanten durch »fließende Schattierung« (Henri Gouraud, 1970) mittels *Normalen-Interpolation* geglättet; die Farbabstufungen verlaufen weich (*smoothing*).

Dieses *Phongsche Schattierungsverfahren*, 1975, soll angedeutet werden: Die räumliche Lage jeder Fläche oder Facette wird durch ihre Normale (ein Lot auf diese Fläche) definiert. Stoßen an einem Punkt des Drahtmodells beispielsweise drei Facetten aufeinander, so wird diesem Eckpunkt eine Normale mit der mittleren Richtung der drei Facetten-Normalen zugeordnet. Die Facetten erhalten also neben ihren Flächennormalen an allen Eckpunkten zusätzlich Normalen, die durch Mittelung errechnet wurden. Aus diesen Ecken-Normalen wird für jeden zu untersuchenden Punkt der Facette im wesentlichen ein gewichtetes Mittel gebildet, das von der Lage dieses Punktes relativ zu den Eckpunkten abhängt. Die auf diese Weise erhaltenen Normalen werden für die Berechnungen z.B. der Reflexion oder Brechung verwendet. So erscheinen die Facetten *quasigekrümmt*; Flächenstücke mit simulierten Krümmungen heißen auch *patches*. Das oben erwähnte Programm VERA arbeitet in diesem Sinne mit Dreiecksflächen.

Computerbilder, die nach den eben geschilderten Methoden generiert sind, zeigen eine unnatürliche Glätte und Kälte, die mathematischen Objekten wohl anstehen. Aber im Drang, die Realität immer besser nachzuahmen und im vergeblichen Versuch, die Rückkopplung beim Gestaltungsakt (»Malakt«), wie sie in der Prozeßästhetik beschrieben wurde, zu unterlaufen, wurden Methoden ersonnen, durch *Mikrostrukturen* auf der Oberfläche eines Objekts, dem Auge diese Oberfläche als natürlich erscheinen zu lassen. Holzkugeln, Marmorvasen werden so in der Tat naturalistisch erzeugt.

Texture Mapping
6.26, 6.27, 8.1

Wieder war es Catmull, der 1975 auf die Idee kam, eine zweidimensionale Textur (texture map), aber auch ein digitalisiertes Foto auf einen dreidimensionalen Körper aufzulegen. (Mathematisch handelt es sich um das Problem, eine zweidimensionale Datenstruktur über den dreidimensionalen Objektraum auf die zweidimensionale Bildschirmebene abzubilden.)

Bump-Mapping

Immer noch erscheinen die resultierenden Flächen zu glatt. Jim Blinn schlug deshalb 1978 vor, die Textur mit zusätzlichen Informationen über die Facettennormalen zu versehen, was einer Aufrauhung der Oberfläche gleichkommt (bump = Unebenheit, Delle). Im einfachsten Falle werden diese Normalen in einem gewissen Bereich *statistisch* verändert und damit die Reflexions- und/oder Brechungswinkel. Weitergehende Untersuchungen simulieren *fraktale* Oberflächen, wie Gebirge, aber auch menschliche Haut oder Schnee (s. Kapitel 7 oder die wissenschaftliche Arbeit von Krüger: »Bildsynthese von Objekten mit fraktalen Eigenschaften« in Jürgens/Saupe). Das reflektierte Licht weist größere Intensitätsschwankungen auf und hält so auch für das Auge wieder mehr Information und damit die *gewohnte Information* bereit (s. auch S. 71).

6.24, 6.25

Mit solchen Methoden lassen sich durchaus nichtreale Gebilde illusionistisch darstellen, wie dies »Fire« eindringlich zeigt. »Die Oberflächeneffekte ... wurden mit der Reflection- und Bump-Mapping-Techniken dargestellt. Der Hintergrund entstand durch weißes Rauschen (s. S. 166) im Frequenzfeld und anschließende Einfärbung« (Kopra, *1955 in Austin/Texas, Bachelor of Arts, Film, Informatik, Computeranimator, lebt in Los Angeles). *Reflection-Mapping* ist das Aufbringen einer Textur auf das Objekt, die eine gespiegelte Umgebung – das Blau eines Himmels – vortäuscht. Das Bild, das eine Auszeichnung für Computergrafik der Ars Electronica '88 erhielt, wurde abgewandelt zu »Earth« und zu »Air«, ein etwas surrealistisch anmutendes Bild, das den Betrachter herausfordert, Assoziationen spielen zu lassen.

Solid Mapping

Am Rande sei erwähnt, daß sich auch eine 3D-Textur, die den ganzen Körper ausfüllt, erzeugen läßt. Schnitte durch den Körper ergeben auch an den neuen Ober-

6.24 Andy Kopra, Fire, 1988

flächen und Kanten diese Textur. William Latham verwendet in einer interessanten Animation »The Conquest of Form« dieses Verfahren. Auf diese Animation wird unter einem anderen Gesichtspunkt nochmals eingegangen (s. S. 332).

6.3 Probleme der Perspektive

Die Probleme

6.26

Die Rückkehr zur Perspektive der Renaissance bzw. deren Fortsetzung mit den Mitteln des *Computer-Realismus* wirft allerdings Probleme auf. In Umkehrung dessen, was Lit Fischer über den »ästhetischen Hintergrund« sagt (»Der ästhetische Hintergrund...ist...vordergründige Einfachheit«), läßt sich behaupten, daß technischer Hintergrund oft nur vordergründige Ästhetik liefert. Oberflächen scheinen sich nun endlos zu spiegeln, Kugeln in Kugeln und immer wieder Kugeln

6.25 Andy Kopra, Air, 1988

– diese haben die einfachsten Daten: Mittelpunkt und Radius, keine Brechung, nur Spiegelung.
Dabei wird die Perspektive nur in ihrer einfachsten Form verwandt. Kaum war jedoch die Perspektive zu Beginn des 15. Jahrhunderts erfunden, manifestierte sich diese in den verschiedensten Abwandlungen. Bilder wurden nicht nur auf ebene Flächen, sondern auch auf *gekrümmte Flächen* (Gewölbe, Kuppeln) oder über Eck (wie bei den holländischen Perspektivkästen) projiziert; bei vorgesehenem Standpunkt des Betrachters ist die Illusion vollständig. Neben diesen Perspektiven oder auch in ihrer Folge entwickelten sich die berühmten, zum Teil auch verspielten *Anamorphosen*. Ein in der Zeichenebene oft bis zur Unkenntlichkeit verzerrt gemaltes oder gezeichnetes Bild wird bei den *perspektivischen Anamorphosen* erst durch sehr schrägen Aufblick klar erkennbar – wie bei der »Anamorphoti-schen Skizze von einem Kinderköpfchen und einem Auge« von Leonardo da Vinci, 1485. In anderen Fällen ist es erst die Spiegelung des Bildes in einem

6.26 Hsuen-Chung Ho, Untitled, 50 x 60 cm

Zylinder oder einem Kegel, die es ohne Deformation enthüllt; *Spiegelanamorphosen* kamen vermutlich bereits um 1600 von China nach Europa, wo sich malende Mathematiker damit köstlich amüsierten (s. Elffers u.a.). Der Vorgang ist hier gerade umgekehrt wie bei den spiegelnden Kugeln oder anderen spiegelnden Objekten auf dem Bildschirm eines Computers, in denen sich Gegenstände verzerrt abbilden.

6.27 In der Schachpartie »Bedrohung« (Britischer Grafikpreis, 1989) wird der Versuch gemacht durch *Radikalisierung der Perspektive* neben der Gefährdung des Königs auch die Übermächtigkeit der Großen den Kleinen gegenüber in einer Metapher einzufangen. Der Turm wirft das Spiegelbild eines Bauern brutal zurück. Die Klarheit der Figuren, deren unübertreffliche Glätte, ja Hygiene – die Hygiene einer High-Tech oder die Kälte der Macht? – läßt nicht nur den Bauern schaudern. Um welche Welt handelt es sich?

Die Perspektive wurde bereits in der Frührenaissance immer wieder radikalisiert. Es handelt sich um extreme *Verkürzungen* einzelner Figuren; diese »scorci« waren

6.27 Gerd W. Biebrich, Bedrohung, 1989, Raytracing

der »zählebige Rest der Empfänglichkeit für Goldakzente (s. S. 236), die von der Empfänglichkeit für *technische Akzente* abgelöst wurde« (Baxandall). Aber schon in der Spätrenaissance waren diese wiederum verpönt.

Wie man dazu auch stehen mag, es sei erinnert, was in Kapitel 2 von Worringer über die *Unterdrückung der Raumdarstellung* zitiert wurde und was er später (S. 75/76) wieder aufgreift:

»So ist der Raum also der größte Feind alles abstrahierenden Bemühens und er mußte also in erster Linie in der Darstellung unterdrückt werden. Diese Forderung ist untrennbar verquickt mit der weiteren Forderung, die dritte Dimension, die Tiefendimension, in der Darstellung zu umgehen. Die Tiefenrelationen verraten sich nur aus Verkürzungen und Schatten; zu ihrer Erfassung bedarf es also einer Gewöhnung und einer Vertrautheit mit dem Objekt, die aus diesen Andeutungen heraus sich die Vorstellung der körperlichen Realität desselben bildet. Es leuchtet ein, daß dieses starke Ergänzungspostulat an den Beschauer, dieser Appell an die subjektive Erfahrung allem Abstraktionsbedürfnis widersprach«.

Skulpturen

Da mit dem Raytracing Projekte oder Simulationen von Skulpturen generiert werden können, soll ein weiteres, sehr interessantes Problem erörtert werden. Konsequent weitergedacht sind nämlich – nach der eben dargelegten Theorie Worringers – dreidimensionale Darstellungen mittels *Skulpturen* ein Widerspruch in sich. Während in der Fläche ein Objekt individualisiert werden konnte, steht »eine freiplastische Darstellung ... eigentlich ebenso verloren und willkürlich im Weltbild wie ihr Naturvorbild« (S. 123). Die Lösung des Problems sieht Worringer darin, die Skulptur so weit wie möglich als ein *geschlossenes System* zu schaffen und damit im gewissen Sinne ebenfalls zu individualisieren. Dies wird erstens erreicht durch die »Geschlossenheit des Materials«, die dem chromatischen Zusammenhang des Objekts in der Fläche entspricht. Dazu kommt die Geschlossenheit des kompakten, ja »kubischen Raums«, in der ein Michelangelo ein »Maximum an Bewegung« findet, wie seine berühmten, unvollendeten Sklaven eindringlich zeigen.

▽ **6.28** Pol Bury, Sphère sur Cylindre, 1969, Messing verchromt, 6/8, 50 x 20 x 20 cm, Humlebaek, Louisiana Museum

▷ **6.29** Friedrich Riedelsberger, Entwurf für eine Skulptur, 1989, Laserdruck

Ein Beispiel der Moderne ist eine Skulptur – das fotografische Bild könnte mit dem Raytrace-Verfahren hergestellt sein – von Pol Bury (*1922 in Haine-St-Pierre/Belgien) dem »langsamsten Kinetiker«; seine Kugeln bewegen sich meist unmerklich: »... die zu erlebende Bewegung (ist) eine Absage an die Geschwindigkeit: ihr Merkmal ist die irritierende Trägheit, die Zeitlupe, die Zeitdehnung« (Rotzler). Bury zelebriert das genaue Gegenteil dessen, was bei Animationen leider häufig der Fall ist oder war, wo sich dauernd Logos, Schachteln, Werbespots etc. schnell über den Bildschirm bewegen.

Geschlossenheit zeigt auch ein computerunterstützter Entwurf einer Skulptur für einen Kindergarten von Friedrich Riedelsberger (*1949 in Marl, Kunststudium in Mailand, lebt in Jockgrim/Pfalz). Mit dem Computer läßt sich eine Skulptur isoliert darstellen, aber auch in verschiedenen Umgebungen simulativ einbetten. Das Schwarz-Weiß-Bild entstand aus einem Raytrace-Farbbild, dessen Farbintensitäten mittels Schwarz-Weiß-Patterns (über das sog. *Dithering,* s. Encarnaçao u.a.) in grafisch interessante Graustufen übersetzt wurden. Einbettungen heben die Geschlossenheit teilweise wieder auf, können aber durch Verunklärung in eine andere ästhetische Ebene gebracht werden: Schattenwurf und Spiegelung fallen im Bild 6.30 fast zusammen und irritieren auf diese Weise den Betrachter. Realistische Einbettungen unterstützen die Vorstellung, wie eine Skulptur am zukünftigen Standort wirkt.

Ähnlich geht Achim Stößer vor, wenn er sein Mobile 1 durch Spiegelungen so verunklärt, daß die Verwirrung des Raums durch die Konzentration der Szene gemildert, aber auch die eindeutige *Realistik* durch raffinierte Spiegelung aufgehoben wird – ein Ansatz, trotz 3D-Darstellung den perspektivischen Raum zu verlassen.

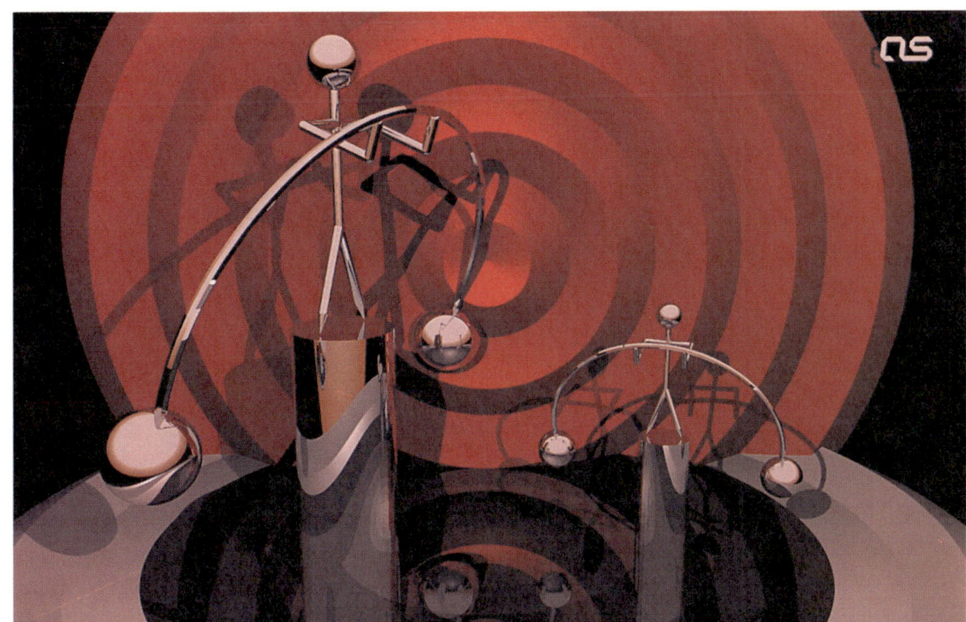

◁ **6.30** Friedrich Riedelsberger, Skulptur mit Umgebung, 1989, Raytracing

6.31 Achim Stößer, Mobile 1, 1987, Raytracing

6.32 Achim Stößer, Mobile 2, 1987, Raytracing

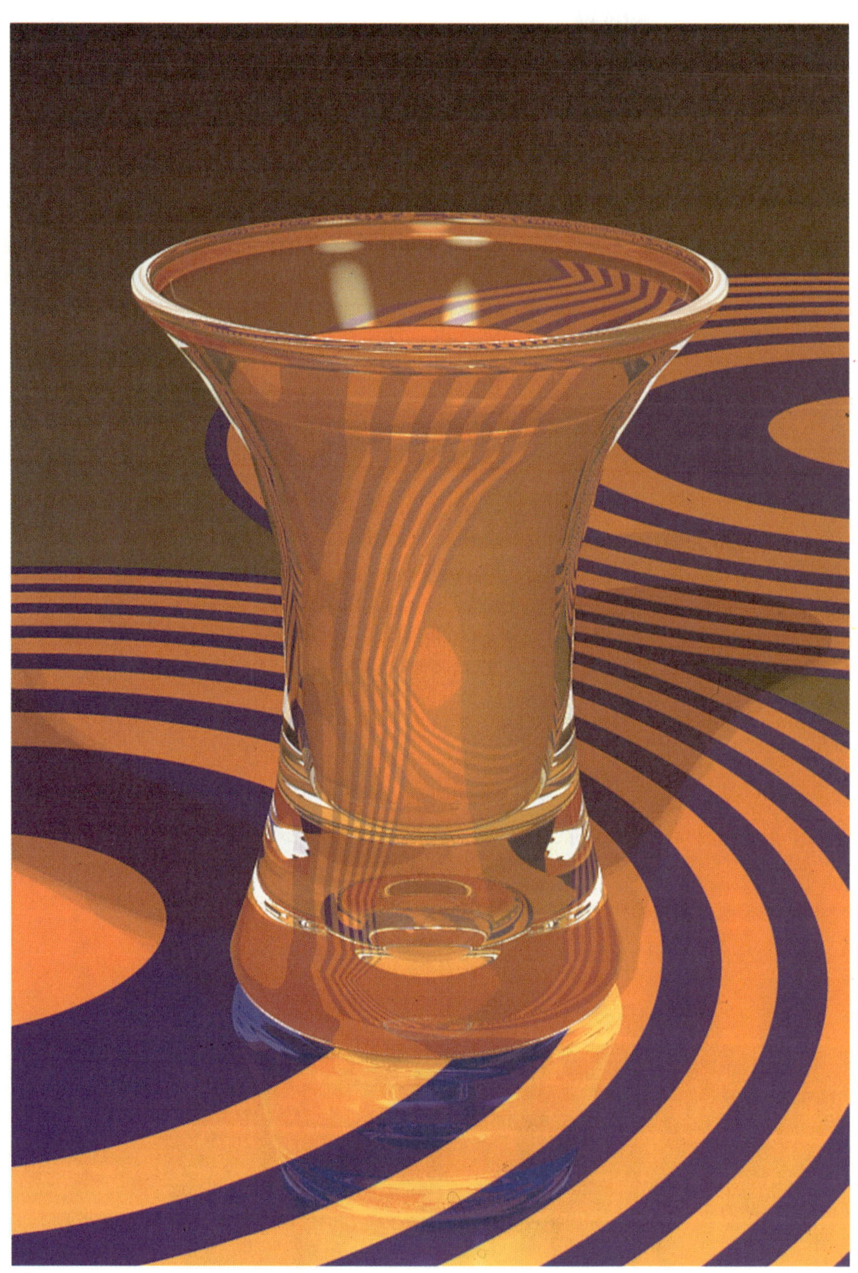

6.33 Achim Stößer, Glas mit Orangensaft, 1988, Raytracing

Das »Glas mit Orangensaft« dagegen dient als *Demonstrationsobjekt* für das Raytracing und erhebt keinen künstlerischen Anspruch. Gerade deshalb ist es Repräsentant einer Richtung, die mit der Realistik noch nicht abgerechnet hat. Das Glas wirkt »readymadehaft«, wie Campbell's Suppendosen von Andy Warhol: Tomatensuppe oder Orangensaft, was machts. Auch wenn es hier um konstruierte Abbildung von Wirklichkeit geht, die *readymades* (Pissoir, Flaschen-trockner) oder *semi-readymades* (schwarz bezogenes Fenster) von Marcel Duchamp scheinen damit verwandt. Dessen einmalige Tat läßt sich jedoch nicht wiederholen, sei es – paradox – in der abstrakten Ebene der 3D-Manipulation.

Simuliertes Readymade

Interessant ist, was Hofmann dazu sagt (S. 447):
»Erkennt man, daß das Endergebnis der Verdinglichung nichts anderes ist als die Spiritualisierung der Materie, dann gelangt man mit Kandinsky zu dem Schluß, ›daß die reine Abstraktion sich auch der Dinge bedient, die ihr materielles Dasein führen, geradeso, wie die reine Realistik. Die größte Verneinung des Gegenständlichen und ihre größte Behauptung bekommen wieder das Zeichen des Gleichnisses.‹ ... «, laufen also auf dasselbe hinaus. Kandinsky: »Hier sehen wir, daß es also im Prinzip *gar keine Bedeutung hat, ob eine reale oder abstrakte Form vom Künstler gebraucht wird. Da beide Formen innerlich gleich sind.*« (Kursiv von Kandinsky: »Über die Formfrage«, 1912, in »DER BLAUE REITER«, S.162)
Folge ist die geistige Verwandtschaft der konkreten Kunst mit den »Objets trouvés« oder den readymades, die Duchamp 1913 in New York, ausstellte, also ein Jahr nach dem Erscheinen des Artikels von Kandinsky. Beide verwenden »Verdinglichungen« (Hofmann), die auf »innere Bedeutungsbereiche« verweisen: Duchamp ohne »Formhandlung«, die Konkreten ohne »Wahrnehmungswelt«. Diese inneren Bedeutungsbereiche sind die Hintergründigkeit und Vieldeutigkeit des alltäglichen Gegenstandes oder der innere Klang einer Linie, der Kontrast von Farben und Formen.

6.4 Andere Tendenzen

Neben der Pop Art betrachtete in Paris der *Nouveau Réalisme* (ab 1960) die Konsumwelt sehr kritisch, weniger naiv, und verarbeitete sie daher auch mit anderen künstlerischen Mitteln. Dieser Realismus meint keineswegs den Naturalismus glänzender Prospekte einer »heilen« Verbrauchergesellschaft, sondern versuchte unter die Oberfläche zu dringen, ja Verfall und Tod ins Bewußtsein zu bringen.

Nouveau Réalisme

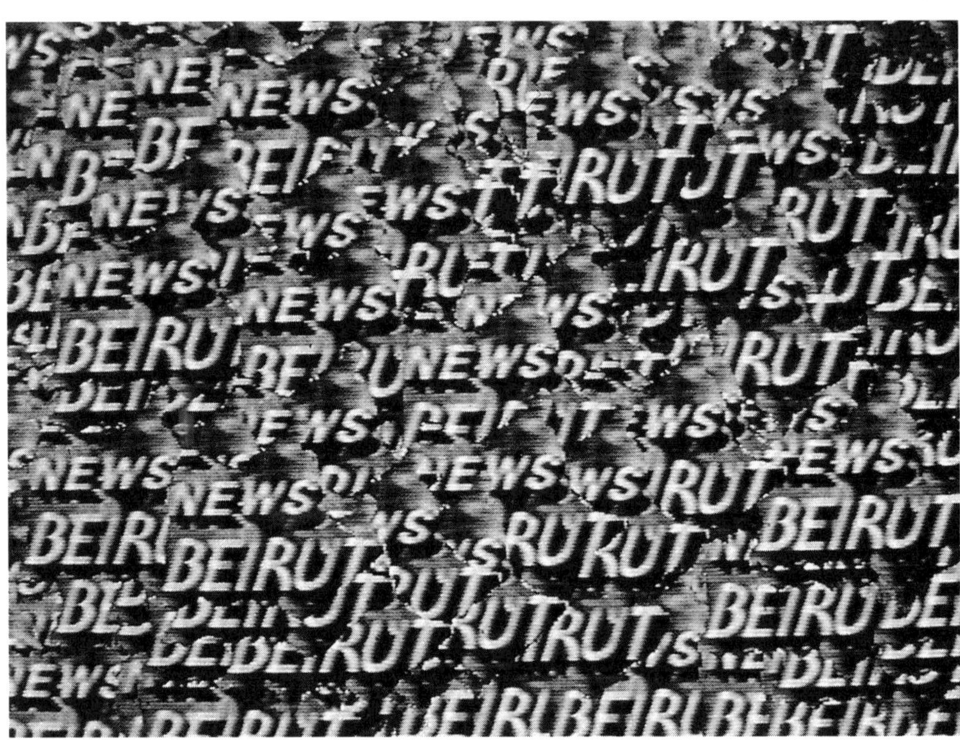

6.34 Georg Legrady, News Beirut, 87

6.11 Im Gegensatz zu der glatten, »harmonisch« konstruierten Montage aus 3D-Bildern, eingescannten Fotos und mit einem Malsystem retouchierten Gegenstände von Montis »Fast Food« stellen die *Fallenbilder* des Rumänen Daniel Spoerri (*1930) – fixierte Speisereste auf »Roberts Tisch«, 1961 – Zufall und Abfall dar. Hofmann bringt es auf den Punkt: »Die Pop Art veranstaltet die Apotheose der Warenwelt, der Nouveau Réalisme deren Autodafé.«

Dada, Collagen Perspektive war für eine solche Betrachtungsweise noch weniger geeignet als bei
6.34 anderen Stilrichtungen. Tendenzen kommen wieder zur Geltung wie sie schon der *Dadaismus* aufwies: Readymades bzw. Objektkunst, Montagen oder Collagen. *Collagen* auch von Zeitungsausschnitten oder Buchstaben sollten diese »aus ihrer gewohnten Umgebung reißen« und ihnen so einen poetischen oder visuellen Wert attribuieren, wie dies, auf andere Art und Weise, Basset und Kammerer-Luka/Kempf auch tun. »News Beirut« (Anerkennung für Computergrafik der Ars Electronica '88) von G. Legrady (Kanadischer Künstler, *1950 in Budapest, Studien am San Francisco Art Institute, lebt in den USA, sucht Fotografie und Com-

putertechnik zu integrieren) ist ein ausdrucksstarkes Bild, das sofort an das Leid und Elend des sich über Jahre hinziehenden Krieges erinnert, ohne die fast täglichen Nachrichten darüber hören oder sehen zu müssen. Das Bild ist die geistige Verarbeitung solcher Fernsehnachrichten, deren fotogetreue Wiedergabe »philosophisch und ethisch« in Frage gestellt wird und deren Buchstabencollage eindringlich auf eine andere »Wahrheit« verweist. »Meine fotografische Arbeit mit Computersystemen ist die Fortsetzung einer Erforschung der Diskrepanzen zwischen perzipierter Wahrheit und verfälschter Darstellung in der fotografischen Botschaft.«

Das andere Extrem sind dreidimensionale, aus Papiermaché collagierte, bunte, dralle Frauenfiguren der Niki de Saint-Phalle (*1930), die man in Paris vor dem Centre Pompidou bewundern kann. Soll »Big MOMA« der Amerikanerin Lilian Feldman Schwartz (Teilnahme bereits an der Machine Exhibition 1968, Museum of Modern Art, New York) daran erinnern? Jedenfalls eine geistreiche, die Pop-Kultur mit Marilyn Monroe – dem so sinnig plazierten Sexsymbol – heraufbeschwörende Figur, in der aber auch Matisse, Modigliani und andere Klassiker eingearbeitet sind. **6.35**

Die Dadaisten sahen im täglichen Leben eine Montage. Von daher kamen sie über die *multimaterialen* und *multiperspektiven* Collagen konsequent zur Fotomontage und zum Film, der es ebenfalls ermöglichte, reale Verhältnisse von Zeit und Raum zu überspringen. Anstelle des gewohnten Raumes tritt ein neuer, irrealer, vielfältig montierter oder *geschichteter Zeit-Raum*. Künstler versuchten immer wieder Störungen unserer Wahrnehmungsgewohnheiten auf die verschiedenste Art und Weise darzustellen oder zu provozieren.

Dislozierte Produktion

Ein weiterer Grund für die Collagentechnik liegt in der heute fast üblichen Art der *Produktionsweise* des Kunstwerkes. Die Generierung eines Kunstwerkes zerfällt nämlich vielfach in zwei Teile, als Paradigma erkennbar beim Fotografieren: Die *Aufnahme* und davon *getrennt* die *Entwicklung* des Bildes – später und anderswo. Bereits Moholy-Nagy erkannte 1920 diesen Sachverhalt allgemein. Mit seinen sog. *Telefonbildern* – er gab angeblich seine Anweisungen zur Herstellung eines Bildes über ein Telefon – wollte er zunächst den Beweis führen, daß »die vollstädige Mechanisierung von Techniken« – heute würde man Elektronisierung sagen – »keine Bedrohung für die essentielle schöpferische Kraft darstellt. Malen mit der Hand mag seine historische Bedeutung beibehalten, früher oder später wird sie ihre Exklusivität verlieren ...«. Wesentlich ist ihm darüber hinaus die Erkenntnis, »daß sich Kunst im Industriezeitalter unabhängig vom persönlichen Eingriff der Künstlerhand in einem anonymen maschinellen Prozeß von höchster

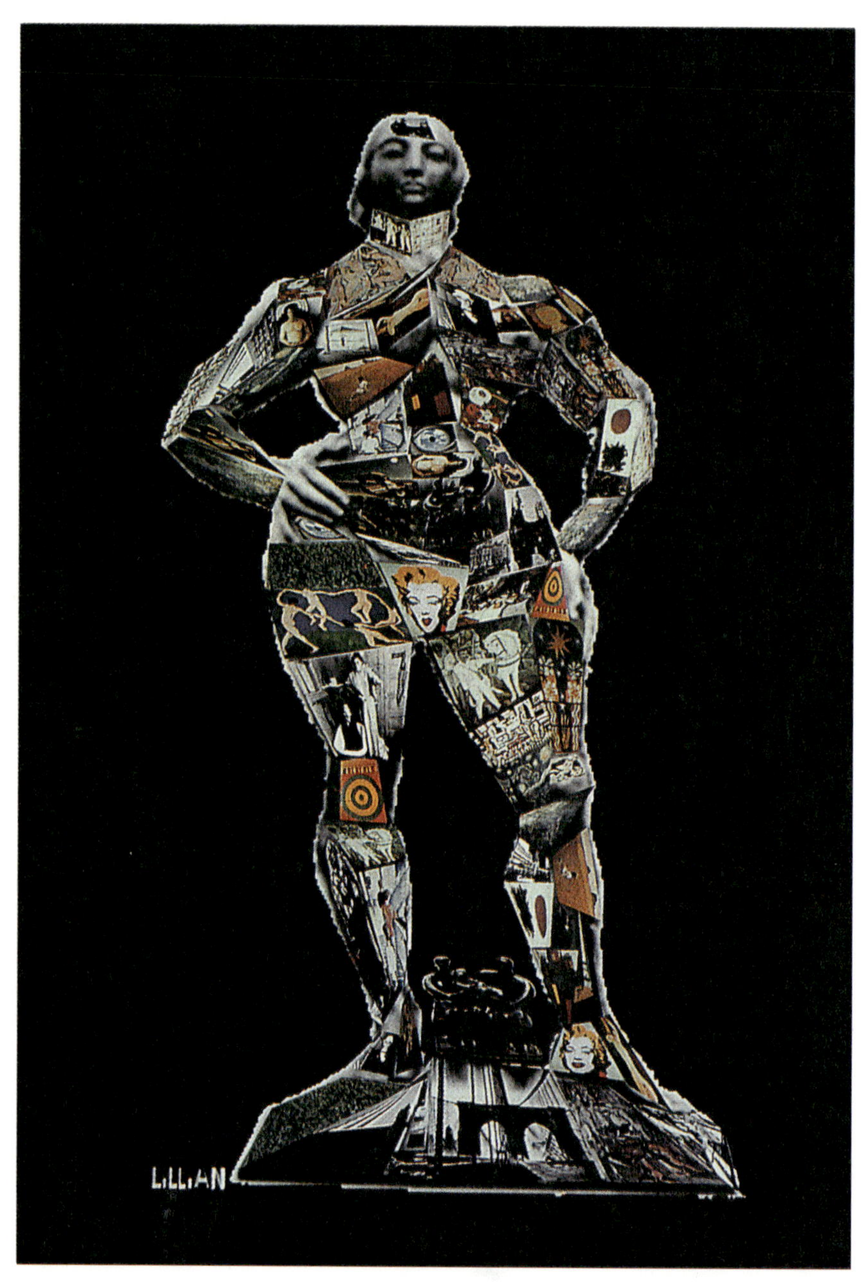

6.35 Lilian F. Schwartz, Big MOMA, 1984, Lithograph 240 x 120 cm

6.36 Peter Weibel, Gesänge des Pluriversums, 1986-88

Präzision konstituieren (läßt) und daß der künstlerische Schöpfungsakt eher im Geistigen als im manuellen zu lokalisieren ist.« Dies bedeutet die »Trennung von konzeptueller Arbeit und ihrer materiellen Ausführung«, bzw. die »Trennung von Hand- und Kopfarbeit« (Wick).

Diese Trennung der *konzeptuellen Arbeit* und der materiellen Ausführung ist computertypisch bzw. computerimmanent; sie ist vollständig, wenn der Künstler mit Algorithmen, also mit *Konzepten* arbeitet; bei Malsystemen ist sie nur mehr oder weniger vorhanden, entsprechend der Verwendung oder Nichtverwendung vorbereiteter Tools. Neu ist, daß der Computer auch bei der »Kopfarbeit« hilft, d.h. ein zunächst evtl. nur sehr eng umrissenes Konzept mittels »trial and error«, also z. B. mittels »falscher« Parameter, sich erweitert, ausreift und so die Kreativität unterstützt. Moholy-Nagy mußte seine Idee zunächst vollständig entwickeln, ehe er zum Hörer greifen konnte (s. auch *Konzept-Kunst*, S. 348).

Dem besonders von der Ars Electronica in Linz her bekannten Medienkünstler Peter Weibel (*1945 in Odessa, Hochschule für Angewandte Kunst, Wien, Grün-

dungsdirektor des Instituts für Neue Medien an der Städelschule, 1990, Frankfurt) ist diese Dislozierung klar bewußt. Er zieht im KUNSTFORUM Bd. 98 daraus den für ihn zwingenden Schluß, die gespaltene Produktionsweise, diesen »gesplitterten Raum der Produktion«, selbst ästhetisch zu visualisieren:
»Ein ästhetisches Kriterium wird also sein, welche räumlichen oder zeitlichen Schichten übereinandergelagert sind, welche Übergänge von einem Raumbild zum anderen, von einem Zeitbild zum anderen ich mache... Die natürliche Sinneswahrnehmung wird nicht illusionär aufrechterhalten, sondern die Techno-Transformation der Wahrnehmungsweise der Welt wird visualisiert...«
Welche Auswirkungen auch dies im einzelnen auf seine Kunst haben mag, es handelt sich um eine eindeutige Absage an einen wie auch immer gearteten Naturalismus oder Illusionismus. Weibel insistiert: »Von der Dreiteilung des Raums in der Malerei« – nämlich Vordergrund, Mitte und Hintergrund – »gehe ich in eine Multischichtung. Zum Beispiel kann ich in einem Bild fünfmal hintereinander auftreten... Das ist nur ein simples Beispiel dafür, wie durch den aufgesplitterten Technoraum auch der Raum der Realität aufbricht, da ich gleichzeitig in verschiedenen Räumen anwesend bin.«
Wieder bei Dada angekommen wird die Realistik liquidiert.

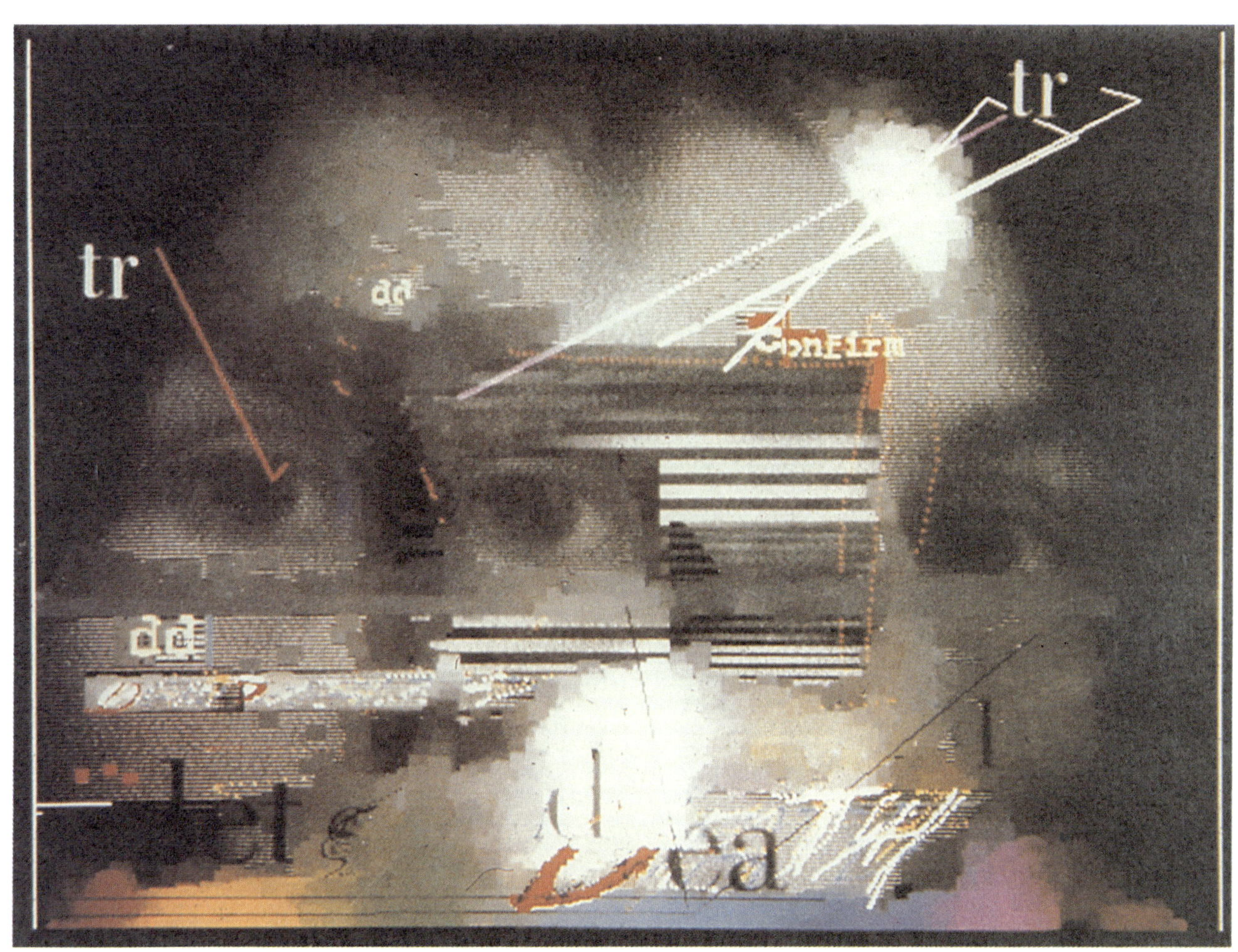

6.37 Joel Slayton, JSDD 2, 1980

7 Mathematik und Ästhetik

Es ist verlockend mit einfachen Zahlenverhältnissen zu operieren…
Nachdem aber diese Stufe bezwungen ist, wird
eine Verkomplizierung der Zahlenverhältnisse ebenso verlockend
(oder vielleicht noch verlockender) erscheinen und
Anwendung finden.

KANDINSKY 1923

Mathematik spielte und spielt in der Kunst stets eine beachtliche Rolle. Mit dem Computer lassen sich mathematische Probleme optimal verarbeiten und visualisieren. Können Visualisierungen mathematischer oder auch wissenschaftlicher Art jedoch Kunst sein? Diese Problemstellung soll nun näher betrachtet werden.

7.1 Unsichtbares sichtbar machen

Mathematische *Objekte* und *Prozesse* – wie Zahlen, insbesondere Primzahlen, Proportionen (goldener Schnitt), magische Quadrate, das Lösen von Gleichungen, Operationen mit Matrizen (Tabellen), Näherungsverfahren, geometrische Grundformen, metrische und topologische Probleme (Möbiusbänder), reelle und komplexe Funktionen, Transformationen, Perspektive, Logik, Axiome – sind zunächst abstrakte Gedankengebilde. Sie zu visualisieren heißt Immaterielles zu materialisieren, also »das Unsichtbare sichtbar zu machen«, eine Forderung, für die u.a. Roy Ascott, Frieder Nake und Jürgen Lit Fischer eintreten und die auch von den klassischen Künstlern dieses Jahrhunderts immer wieder erfüllt wurde. 1987 dokumentierte dies von neuem die Ausstellung »Mathematik in der Kunst der letzten dreißig Jahre« (Kat.). Neuestes Beispiel ist das ca. 2 m hohe Modell einer *Boyschen Fläche* (Boy, 1901), das 1991 für das Mathematische Forschungsinstitut in Oberwolfach (Schwarzwald) realisiert wurde. Es handelt sich um ein dreifach verdrehtes *Möbiusband*, welches durch eine entsprechend verformte Kreisfläche zu einer randlosen, sich selbst durchdringenden Fläche ergänzt wird – in Nachfolge von M. Bill.

Zwei Arten mathematischer Teilgebiete

Es lassen sich zwei Arten mathematischer Objekte und Prozesse unterscheiden, die visualisiert, sich einem aktiven, auch nicht mit der Mathematik vertrauten Betrachter offenbaren bzw. bei der dies nicht der Fall ist.

Nachvollziehbare Visualisierungen

Zur ersten Art gehören z.B. Halbierungen (Richard Paul Lohse), das Ineinandersetzen von Quadraten (Josef Albers, s. Gomringer), einfache Progressionen wie die Fibonacci-Reihe (Max Bill, s. Kat. S. 257 und Peter Staechelin 1990, S. 114) oder Zählvorgänge (Marcello Morandini, s. Kat., Horst Bartnig), Primzahlen und magische Quadrate (Rune Mields, s. Kat.), Histogramme (Erwin Steller), Möbiusbänder (Max Bill), Schwingungen aller Art (Jürgen Lit Fischer), also auch Schwebungen oder Lissajous-Figuren (Herbert W. Franke) und vieles mehr. Auch wenn dem in die Mathematik nicht Eingeweihten die zugrunde liegenden Formeln von Schwingungen und deren Überlagerungen unbekannt sind, kann dieser das Wesentliche des Schwingens oder Vibrierens nachvollziehen.

2.11, 2.12 Lit Fischers *Sinus-Schwingungen* oder deren Überlagerungen sind Metaphern für Licht und Schall: »Licht und Musik haben den Charakter von Wellen. Davon bin ich ausgegangen und habe Schwingungen in ganzzahligen Frequenzen addiert. Anschließend habe ich sie in die Grundfarben Gelb, Blau und Rot zerlegt. Dabei sind Gebilde entstanden, die eigentlich ganz einfach und gerade deshalb geheimnisvoll sind« (artware). Die einfache Anordnung soll dabei den Betrachter »anregen zum Sich-Selber-Regen«.

Komplexe und verfremdete Visualisierungen

Für einen mathematischen Laien nicht nachvollziehbar sind wohl beispielsweise *fraktale Gebilde*, von denen noch zu reden sein wird, oder mathematische *Funktionen,* insbesondere, wenn diese nicht mittels der üblichen reellen, sondern mittels komplexer Zahlen definiert und dargestellt werden. Visualisierungen sollten in solchen Fällen allein für sich sprechen und das Konzept direkt widerspiegeln; dementsprechend sind Ausschnitte, Formate und Farben nach gewissen Intentionen der Komposition und des Ausdrucks zu wählen. Nachgeschobene mathematische Erläuterungen helfen wenig, verwirren nur den Betrachter, dem komplexe Zahlen oder Funktionen zu kompliziert erscheinen, und provozieren das Staunen an falscher Stelle.

Der mathematisch Geübte sieht seine Bilder in einem anderen Licht, begeistert sich über das, was ihm eine Formel liefert, und mag deshalb seine kritische Haltung der Ästhetik gegenüber etwas zurückstellen. Sein Vorgehen ist das eines *Fotografen,* der in der Natur ein *Motiv* unter interessantem Blickwinkel und geeigneter Beleuchtung sucht; er erwandert so die *mathematische Landschaft* und hat

es mit Problemen zu tun, die in Kapitel 1 für die Fotografie schon aufgezählt wurden.
Visualisierungen einfacher mathematischer Themen lassen sich aber auch so *verfremden,* daß selbst Mathematiker sie zunächst nicht wieder erkennen. Durch diese Verfremdung wird der mathematische Gegenstand »*aus der gewohnten Umgebung gerissen*« (Kandinsky in »Punkt und Linie zu Fläche«; Kandinskys Gegenstand war der »Punkt« oder der Buchstabe) und dadurch ambivalent. Erläuterungen können jetzt zu einem Qualitätssprung in der Betrachtungsweise führen und hilfreich sein – wie das Verständnis einer Fuge. Hierher gehören beispielsweise auch die sehr fantasiereichen und didaktisch interessanten »fünfzehn variationen über ein thema«, einem systematisch abgewandelten Polygonzug, von Max Bill (1938, s. Kat. 1987).

Grundsätzliches zur Visualisierung

Abstrakta der Mathematik

Ein Objekt oder Prozeß der Mathematik ist ein Abstraktum ohne definierte Form und ohne Farbe.
Für *Zahlen* – auch deren Gruppierung zu Tabellen (Matrizen) – und Rechenprozesse leuchtet dies unmittelbar ein. Ebenfalls für *Funktionen* erscheint dies klar, solange die Argumente zusammen mit ihren entsprechenden Funktionswerten nicht als Punkte in einem Koordinatensystem aufgefaßt werden. Die Form eines so punktweise aufgebauten Graphen hängt von der Art des Koordinatensystems ab, im einfachsten Fall vom Maßstab auf den Koordinatenachsen.
Bei *geometrischen Figuren* wie »Quadraten« scheint es schwierig, diese als Abstrakta ohne definierte Form akzeptieren zu können. Die Formen der Figuren hängen jedoch – von gestaltpsychologischen Phänomenen ganz abgesehen – beispielsweise davon ab, welche Art von Geometrie – euklidische oder nichteuklidische – zugrunde gelegt oder welche Art von Perspektive und welches Bildschirmraster in einer bildlichen Realisierung benutzt wird. Weiterhin bleibt zunächst undefiniert, ob ein Quadrat flächig ausgemalt oder nur sein Umriß mehr oder weniger dick gezeichnet werden soll. Ein Quadrat kann so auf die verschiedenste Art und Weise repräsentiert werden – die *konkrete Kunst* gibt dafür unzählige, überraschende Beispiele. Sind jedoch Geometrie und Perspektive, Koordinatensystem, Bildschirmraster oder seine Unterdrückung (Antialiasing), Strichart und -farbe festgelegt usw., dann ergibt sich eine wohldefinierte, eindeutige Visualisierung (s. auch das »rendering« virtueller Bilder, S. 231).

Konvergentes Denken Allgemein werden so für mathematische Bedürfnisse Zeichnungen zumeist mit dünnen, schwarzen Linien realisiert und evtl. in ein kartesisches Koordinatensystem eingetragen. Möglichst präzise soll so ein Objekt oder ein Prozeß visuell erfaßt werden. Damit drückt sich ein *Denken* aus, das in einem *geschlossenen System* auf ein bestimmtes Ziel hin eindeutig ausgerichtet ist.

Computerkaleidoskop Auf diese Weise eindeutig visualisierte Bilder z.B. mathematischer Funktionen besitzen meist eine zu hohe *Symmetrie* – wie Rosetten oder Kleeblätter – und werden trotz – oder wegen? – ihrer Kompliziertheit und kalten Glätte schnell langweilig. Farben scheinen willkürlich gewählt, so daß zur Symmetrie sich *Buntheit* gesellt: der Computer wird zum perfekten Kaleidoskop – eine der Kinderkrankheiten beim Umgang mit dieser Technik.

Bemerkung
3.16, 3.22, 3.27, 3.33 Symmetrie wirkt sich dagegen positiv aus, wenn sie »vordergründig einfach« und überzeugend gestaltet oder aber lokal gestört ist – wie auch bei den Rosetten einer gotischen Kathedrale. Näher kann hier nicht darauf eingegangen werden.

Divergentes Denken Die *Konvergenz* kann aufgehoben werden und in *Divergenz* umschlagen, allein durch die eben geschilderten Möglichkeiten wie der Feinheit, Grobheit, ja auch der Abwandlung von Linien und Raster, der Farbenwahl und der Gestaltung von Zwischenräumen oder Hintergrund. Raum wird geschaffen für Veränderung, Verfremdung, Zufälliges und für *Gestaltung*: Das System wird flexibel und öffnet sich – Kunst als *offenes System*. Das »Durchwandern der mathematischen Landschaft« findet in einer höheren Ebene mit mehr *Freiheitsgraden* statt – ein auf- und anregendes Abenteuer.

»Divergentes Denken« ist ein Begriff der *Kreativitätsforschung* in den USA, Ende der 50er Jahre; beeindruckend war damals, daß die Kreativität in *Kunst* (V. Löwenfeld) und *Wissenschaft* (J. P. Guilford) – wo u.a. Hypothesen und Theorien mit viel Fantasie entworfen, aber auch verworfen werden – *konform* verlaufen kann.

Determinierte Systeme Mathematische Prozesse sind prinzipiell determiniert und damit auch überschaubar, solange sie nur durch wenige Parameter definiert werden. *Überraschungen* treten erst dann auf, wenn eine größere Anzahl von Parametern oder ein zu häufiges Abwandeln von Funktionswerten – wie bei den Rekursionen für *Pseudozufallsgeneratoren* oder *Fraktalen – die Überschaubarkeit behindert.* Ein großes Feld für *Experimente* tut sich auf, das auf die mannigfaltigste Weise ausgelotet werden kann – es sei an die »Experimentelle Ästhetik« von Nees erinnert oder an »Generative Arbeiten« von Mohr. Das mathematisch geschlossene System wandelt sich zu einem offenen ästhetischen System. Konvergentes und divergentes Denken gehen so eine Symbiose ein.

Mathematik als Hilfsmittel

Es ist möglich, noch weiter zu gehen und mathematische *Formeln* oder Gesetze nach eigenem Ermessen abzuwandeln oder zu *erfinden*, wie dies an der Verfremdung der Lissajous-Figuren am Schluß dieses Kapitels gezeigt werden soll. Damit wird nach Manfred Mohr (Kat. 1974) »Mathematik verwendet, aber in diesem Fall nur als technisches Hilfsmittel, und nicht als Eigenzweck«. Der schweizer Maler Karl Gerstner (*1930 in Basel) sieht dies so:

»Kunst ... ist eine doppelte Mathematik: Bilder erstens erfinden und zweitens – nun beweisen muß man sie nicht, aber so realisieren, daß sie ohne Rest aufgehen ... Daß ein Bild ohne Rest aufgeht, heißt: daß alle seine Elemente schlüssig aufeinander bezogen sind; heißt: daß jede Farbe mit jeder anderen, jede Form mit jeder anderen, jede Form mit jeder Farbe und sowohl Farbe als auch Form mit ihren Inhalten korrespondieren« (Zitiert in der »Sammlung Etzold«).

Die Gewichte sind damit von der Mathematik weg zur Kunst hin verschoben. Dies verdeutlicht den Unterschied von *experimentellem Entdecken* und *bewußtem Gestalten*, von wissenschaftlicher und ästhetischer Verwendung der Mathematik (bzw. der Physik, Chemie, Biologie, Technik, etc.). Mathematik wird – von Künstlern (!) – einem Konzept, einer Bildvorstellung völlig untergeordnet.

Mathematik als stilzeugende Denkweise

Konsequent läßt sich sagen, daß die Mathematik als Abstraktum mit einer »sinnlichen« Ästhetik (s. S. 132) nichts gemein hat. Die immateriellen Objekte und Prozesse sind, wie oben beschrieben, zuerst zu materialisieren, um behaupten zu können: Ästhetik ist in der Mathematik *latent* angelegt. Bill spricht in seinem 1949 erschienenen Aufsatz »die mathematische denkweise in der Kunst unserer zeit« von »Form gewordenen Gedanken, Ideen, Erkenntnissen« und sagt: »die mathematische denkweise ... ist nicht die mathematik selbst... sie ist vielmehr eine anwendung logischer denkvorgänge zur gestaltung von rhythmen und beziehungen, von gesetzen, die individuellen ursprung haben ...« (Kat, 1987).

So läßt sich beispielsweise sagen, daß die Würfelschnitte von Bill, die Kreisbögen eines Sýkora oder die Sinuslinien eines Lit Fischer als mathematische Objekte keine ästhetische Funktion haben. Diese werden erst »schön auf diesem oder jenem Grund, in dieser oder jener Technik gezeichnet und in diesem oder jenem Flächenverhältnis aufgesetzt ...« (Bense, 1982). Bereits Kandinsky zeigte »wie man mathematische Elemente in ästhetische verwandelt«, wenn er von Punktrhythmen oder Spannungsverhältnissen einer Linie zur Grundfläche spricht.

»Die mathematische und die ästhetische Weltanschauung haben *eine* Wurzel, d.h. die Mathematik ist auch eine stilzeugende Denkweise« (Bense, 1949). Damit ist ein Zitat von Worringer (s. S. 24/25) ins rechte Licht gerückt.

7.2 Fraktale

»Die neuen Medien wie Laser oder Konzepte wie die Theorie des Fraktalen von Mandelbrot sind für mich Werkzeuge, die ich zur Ausarbeitung einer Ästhetik meiner Epoche benutze.«
JEAN PAUL AGOSTI (artware)

Fraktale Geometrie: Mandelbrot 1975

Vorläufige Definition Es kann hier nicht die »Geschichte« der *Fraktale,* der *gebrochenen* und *zersplitterten* (fragmented), geometrischen Gebilde, erzählt werden. Bekannt wurden diese in den 80er Jahren insbesondere durch die Bücher »Die fraktale Geometrie der Natur« von Benoit B. Mandelbrot (*1924 in Warschau, Harvard University) und »The Beauty of Fractals« von Peitgen/Richter. Fraktale sind seitdem sehr in Mode gekommen und stellen für manche Autoren ein »Allheilmittel« dar, obwohl Mandelbrot gerade dies in der Einleitung seines lesenswerten und grundlegenden Buches ablehnte. Es sollen nur einige, wesentliche Dinge erörtert werden.

7.1, 7.2 Einfaches Beispiel ist die Kochsche *Schneeflockenkurve* (1904). Diese Kurve wird durch eine einzige Regel erzeugt, die den Kern einer einfachen *Formen-Grammatik* (s. S. 328f) darstellt: Eine Strecke, der *Initiator,* wird bei jeder Iteration durch einen Polygonzug, den *Generator,* aus 4 gleichlangen Strecken ersetzt, deren Länge jeweils nur 1/3 der Länge der ursprünglichen Strecke beträgt. Die Zeichnung 7.2a veranschaulicht wie diese 4 Strecken zu konstruieren sind.

Unendliche Länge Interessant ist, daß jeder Konstruktionsschritt die Kurve um den Faktor 4/3 verlängert, im Grenzwert unendlich vieler Konstruktionsschritte, wird die Grenzkurve, d.h. die eigentliche Koch-Kurve, auf einer endlichen Fläche, sich selbst meidend, unendlich lang.

Teragone Die Brechungen der Kurve verdichten sich bei jeder Iteration und sind im Grenzfall unendlich dicht; an die Koch-Kurve kann deshalb an keiner Stelle eine Tangente gelegt werden. Dies hat zur Folge, daß die Koch-Kurve an keiner Stelle *differenzierbar* ist. Solche abnormen, exotischen Kurven bewegten um 1900 die Gemüter der Mathematiker sehr; sie verwiesen sie in das Reich der »Monster«. Mandelbrot bezeichnet Polygone, Viel-Ecke, dieser Art deshalb als *Teragone*: Monster-Ecke.

Beliebige Initiatoren Eine Koch-Kurve als Grenzwertkurve ist nur gedanklich-logisch nachvollziehbar und damit grundsätzlich nicht visualisierbar; sie bleibt ein *Abstraktum* der Mathematik (s.o.) und außerästhetisches Objekt. Unterstützt wird dieser Sachverhalt dadurch, daß die Koch-Kurve von der geometrischen Form des Initiators *unabhängig* ist. Statt der Strecke kann ein Rechteck, ein Dreieck, eine Ellipse etc., angesetzt werden. Bei dem fortlaufenden Verkleinerungsprozeß schrumpfen diese Formen zur Unkenntlichkeit zusammen (s. Jürgens, Peitgen, Saupe).

Selbstähnlichkeit
7.2a, 7.2b

Kleine Ausschnitte der Kochkurve sind größeren Ausschnitten, ja der gesamten Kurve ähnlich. Diese wesentliche Eigenschaft der fraktalen Geometrie heißt *Selbstähnlichkeit*. Intuitiv klar wird diese bereits bei der 6. Iteration, wenn man dort Ausschnitte unter einem »Mikroskop« betrachtet. Dabei tauchen Details der nächsten Iteration auf, die zunächst visuell nicht aufgelöst werden konnten.

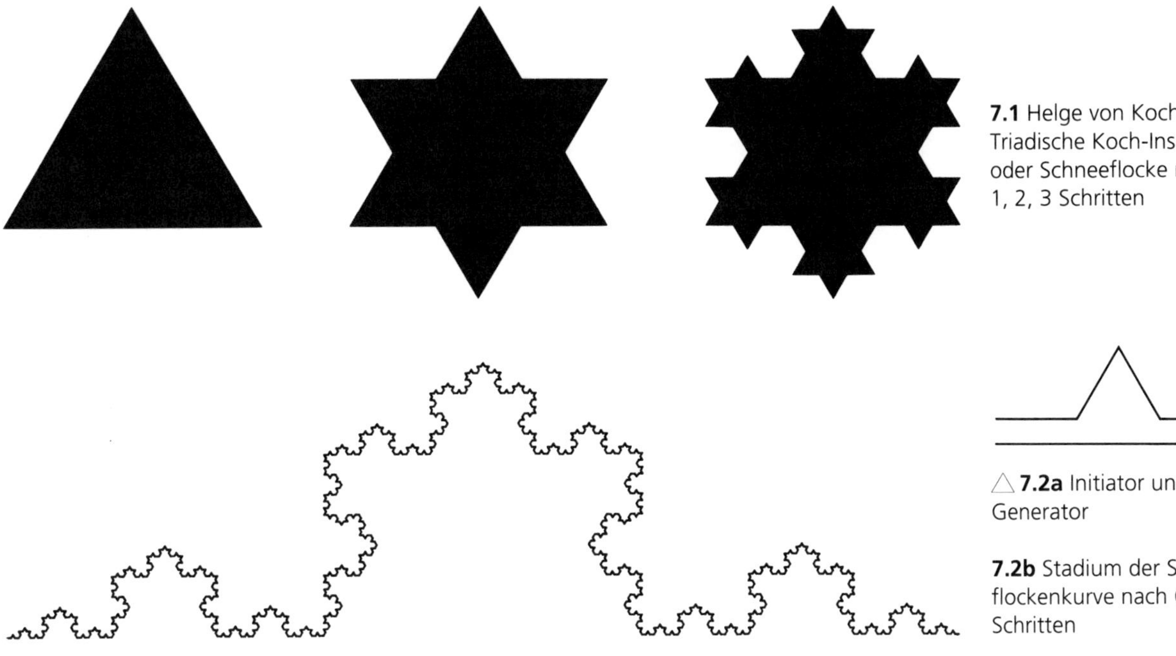

7.1 Helge von Koch, Triadische Koch-Insel oder Schneeflocke nach 1, 2, 3 Schritten

△ **7.2a** Initiator und Generator

7.2b Stadium der Schneeflockenkurve nach 6 Schritten

Genauere Definition

Die Selbstähnlichkeit hat eine bedeutsame Konsequenz, die wesentlich zur Namensgebung von Benoit Mandelbrot beitrug. Mit dem Wort »fraktal« werden zwar auch die »gebrochenen«, gesplitterten Kurven oder Flächen charakterisiert, im wesentlichen sollten damit aber deren *gebrochene Dimensionen* gekennzeichnet werden. Dies soll erläutert werden.

Ähnlichkeitsdimension

Die folgenden Überlegungen beruhen auf einer Eigenschaft der leicht zu verstehenden, geometrischen *Ähnlichkeitsdimension* D:

Wird eine begrenzte, ebene Figur einer *Ähnlichkeitstransformation* (Streckung) mit dem Faktor k unterworfen, so verändert sich ihr Inhalt um den Faktor k^2. Dies ist am Beispiel eines Quadrats, dessen Kanten um den Faktor 3 gestreckt werden, leicht einzusehen. In das vergrößerte Quadrat lassen sich nämlich 9, also 3^2 Quadrate der ursprünglichen Größe einzeichnen. Ein Würfel, auf den eine Ähnlichkeitstransformation mit dem Faktor k angewandt wird, verändert sein Volumen V auf das k^3-fache:

$$V(\text{transformierter Würfel}) = k^3 * V(\text{ursprüngl. Würfel})$$

Bei einem Hyperwürfel der Dimension 4 (s. Glossar) wird der Volumen- oder Maßfaktor k^4. Allgemein vervielfacht sich das Maß M eines gegebenen Objekts der *Ähnlichkeitsdimension* D bei einer solchen Transformation auf das k^D-fache:

$$M(\text{transformiertes Objekt}) = k^D * M(\text{ursprüngl. Objekt})$$

Gebrochene Dimension 7.2a, 7.2b

Für die Koch-Kurve von zunächst unbekannter Dimension D läßt sich aufgrund der Selbstähnlichkeit folgende Überlegung anstellen. Wird ein Teil der Koch-Kurve einer Ähnlichkeitsabbildung mit dem Faktor 3 unterworfen, so fällt das Bild offensichtlich mit einem entsprechend größeren Teil der Kurve zusammen. Intuitiv wird dies wieder bereits bei der 6. Iteration klar, wenn man z.B. das linke Drittel von Bild 7.2b als Teil 1 auffaßt, das gesamte Bild als dessen Ähnlichkeitsbild. In diesem läßt sich Teil 1 *viermal* abtragen. Diese Vervierfachung ist bereits durch den Generator (Bild 7.2a) als Polygonzug aus 4 Strecken in nuce angelegt. Es genügt damit in Zukunft i.a. die *Streckenzahl des Generators* festzustellen. Für das Maß M, jetzt die *Länge* L, und für den Streckfaktor k = 3 gilt deshalb (s. o.):

$$L(\text{Ähnlichkeitsbild von Teil 1}) = 3^D * L(\text{Teil 1})$$

und

$$4 * L(\text{Teil 1}) = 3^D * L(\text{Teil 1})$$

Wird L(Teil 1) als – wenn auch unendlich lange ! – Maßeinheit angesehen, so vereinfacht sich offensichtlich die Gleichung:

$$4 = 3^D \quad \text{bzw. logarithmiert} \quad \log 4 = D * \log 3$$

oder

$$D = \log 4 / \log 3 \approx 1{,}26$$

Die Dimension ist also keine *ganze* Zahl, sondern eine reelle Zahl, die näherungsweise durch eine *gebrochene Zahl* ersetzt werden kann. Die Koch-Kurve ist *fraktal* von der Dimension ca. 1,26.

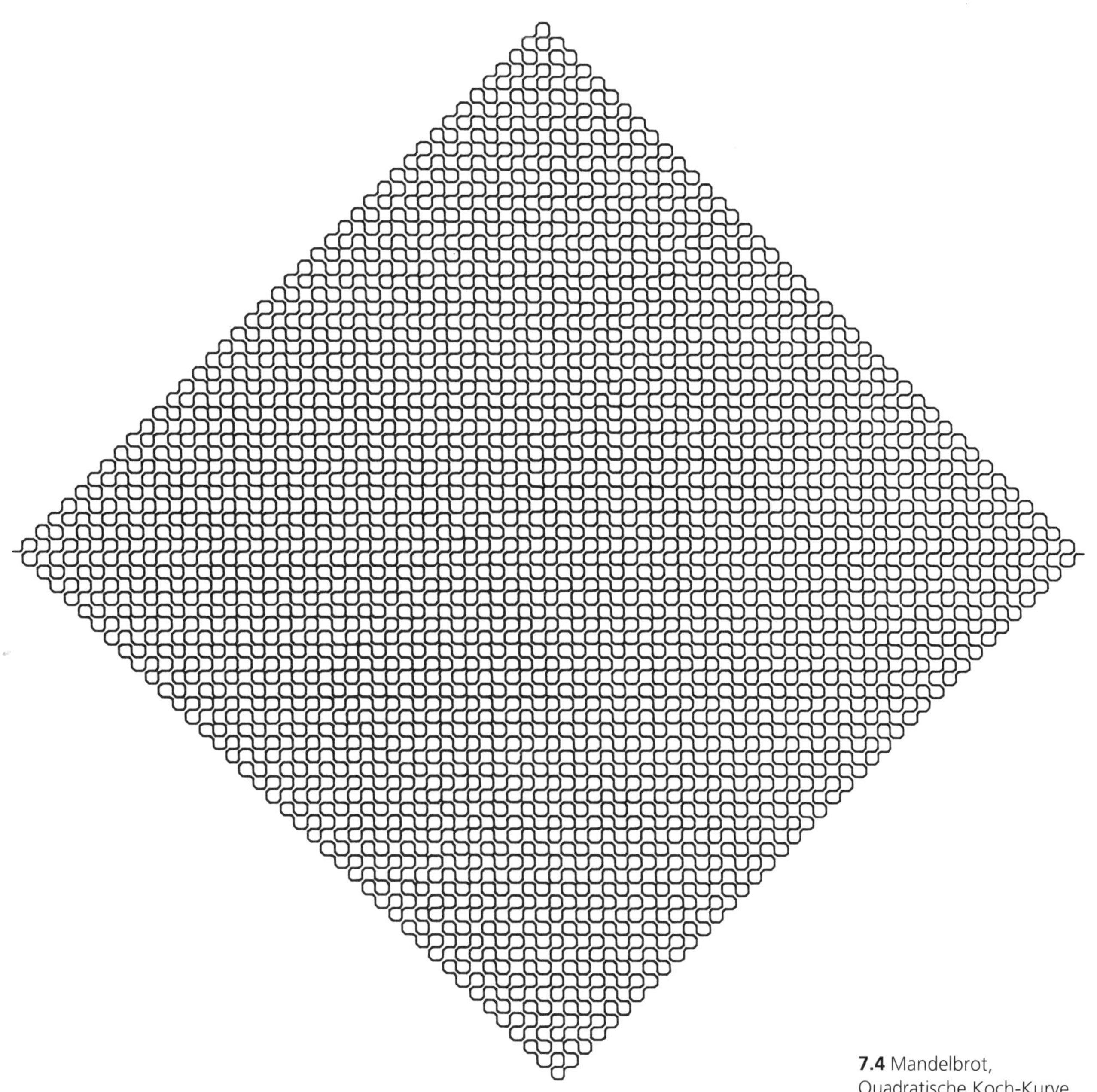

7.4 Mandelbrot,
Quadratische Koch-Kurve

Die Definition von Mandelbrot

Diese *fraktale Dimension* D ist von der gebräuchlichen, intuitiven Dimension, der *topologischen Dimension* D_T zu unterscheiden, die in diesem Fall 1 ist. Jetzt läßt sich verstehen, wenn Mandelbrot (S. 27 und 49) sinngemäß behauptet:
»Ein Fraktal ist nach Definition eine Menge, deren Ähnlichkeitsdimension D echt die topologische Dimension D_T übersteigt.«

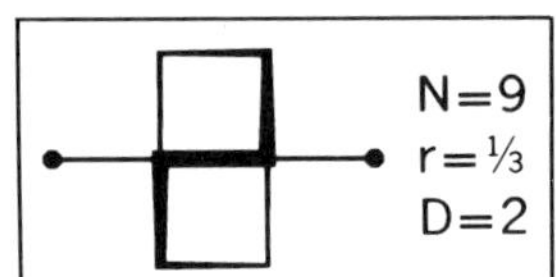

7.3 Mandelbrot, Generator der Länge 9 für die quadratische Koch-Kurve

D ist damit meist gebrochen. D wird um so größer, aus je mehr Strecken der Generator besteht (s.o.), je länger dieser also ist.
Die quadratische Kochkurve hat einen Generator aus 9 Strecken und damit wegen $9 = 3^D$ sogar die fraktale Dimension D = 2 – sie füllt damit eine Fläche aus, ist also eine *Füllkurve* –, während die topologische Dimension $D_T = 1$ ist. Durch leichtes Abrunden erreicht Mandelbaum, daß die Kurve selbstmeidend ist. Das Bild 7.4 erinnert trotz seines komplizierten Aufbaus an eine McKay-Figur mit allen Konsequenzen.

7.5 Es soll nebenbei erwähnt werden, daß fortlaufende Entfernung eines Drittels einer Strecke, wie dies die Figur 7.5 zeigt – der Generator besteht aus nur 2 Strecken –, deren Zerfall in *Staub* mit der topologischen Dimension 0 bewirkt; für die fraktale Dimension gilt:

$$D = \log 2 / \log 3 \approx 0{,}63 \qquad \text{(wegen } 2 = 3^D\text{)}.$$

Statistische Selbstähnlichkeit

7.6, 7.7 Die fraktalen »Schirmbäume« und die »Verallgemeinerte Koch-Kurve« veranschaulichen deutlich, wie sich *Pflanzen* – Mandelbrot denkt an Blumenkohl und Brokkoli – fraktal modellieren lassen.

8.14 Die Bäume von Bild 8.14 sind ebenfalls fraktal, wenn auch nicht selbstmeidend. Die Dimensionsbetrachtungen verkomplizieren sich.
In der Natur gibt es jedoch keine exakte, sondern nur *statistische Selbstähnlichkeit*. Solche können bei *Pflanzen* – Goethe spricht in seiner Abhandlung »Über die Spiraltendenz« von »kleinsten Teilen, die dem Ganzen … vollkommen gleich sind …« –, aber auch bei Küstenlinien, Gebirge, Wolken, allgemein bei bestimmten Begrenzungslinien oder -flächen auftreten. Wesentlich ist, daß *einfache* mathematische Prozesse komplizierte, auch *organische Formen* beschreiben können. Diese Möglichkeit war die große *Überraschung,* die die Theorie der Fraktale bereit hielt.
Goethe schreibt über die »Urpflanze«: »Sage Herdern, daß ich dem Geheimnis der Pflanzenerzeugung und -organisation ganz nahe bin und daß es das einfachste ist, was nur gedacht werden kann« (Goethe an Charlotte von Stein, Weimar 1787). Und an anderer Stelle: »Mit diesem Modell und dem Schlüssel dazu kann man alsdann noch Pflanzen ins Unendliche erfinden.«

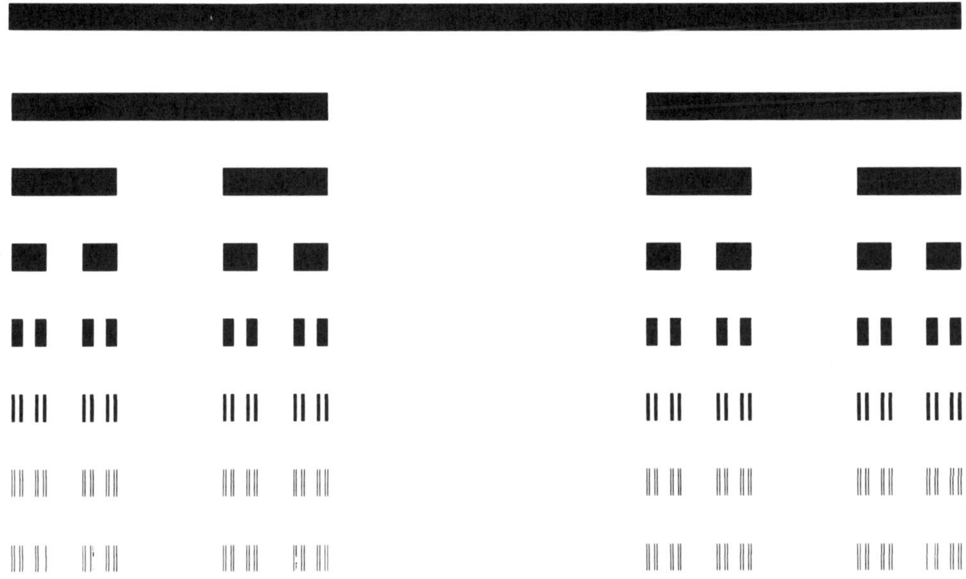

7.5 Mandelbrot, Triadischer Cantor-Staub

Ad libitum: Küsten

Wie bei den Iterationen, die zur Koch-Kurve führen, verlängert sich eine Küstenlinie, wenn der Maßstab der entsprechenden Karte vergrößert wird, wenn also mehr Details unterschieden werden können. Eine erste Messung ergebe mit einer bestimmten Maßeinheit – wie km oder m – die Länge l_1 der Küstenlinie:

$$L(\text{Küstenlinie}) = l_1$$

Anschließend wird die um den Faktor k gestreckte, also detailreicher erscheinende Küste mit der gleichen Maßeinheit ein zweites Mal gemessen (es wird dadurch sozusagen die »Anzahl« der Strecken des »Generators« der Küstenlinie statistisch ermittelt); das Ergebnis sei l_2 :

$$L(\text{k-mal vergrößerte Küstenlinie}) = l_2$$

Nach Definition gilt:

$$L(\text{k-mal vergrößerte Küstenlinie}) = k^D * L(\text{Küstenlinie})$$

oder:

$$l_2 = k^D * l_1$$

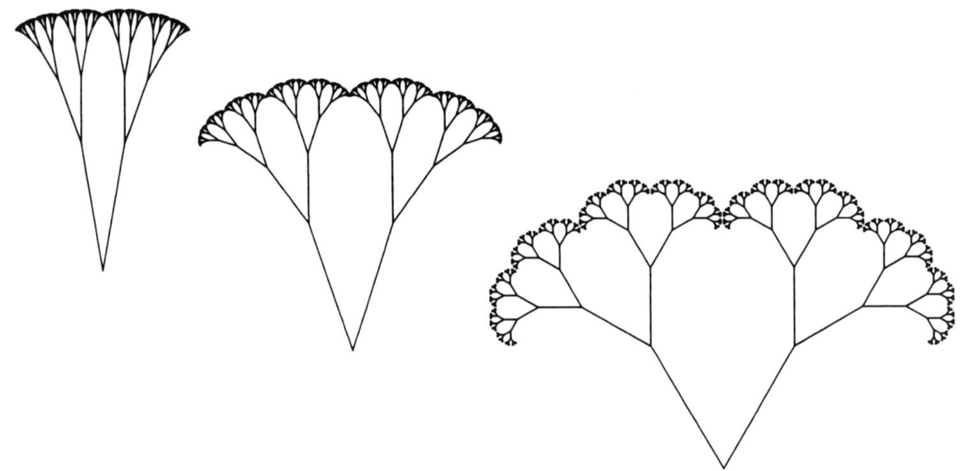

7.6 Mandelbrot,
3 fraktale Schirmbäume

7.7 Mandelbrot, Verallgemeinerte Kochkurven,
D knapp unter 2

Mit festgelegter Maßstabsänderung k wird die fraktale Dimension D einer Küstenlinie durch Logarithmieren ermittelt.
Bei jeder anschließend durchgeführten Maßstabsänderung ergeben sich andere Werte von D. Die daraus erhaltenen Mittelwerte ergaben bei Messungen von R. F. Voss, einem Mitarbeiter von Mandelbrot, eine Dimension D von ungefähr 1,2. Zu bemerken ist, daß dieses Ergebnis näherungsweise unabhängig von dem zuerst gewählten Maßstab l_1 ist (*Skaleninvarianz*).

Fraktale Gebirge

Interessante Verallgemeinerungen bieten Oberflächen, also Objekte der topologischen Dimension 2. Durch »Zerknittern« oder »Faltung« solcher Flächen erhalten diese fraktale Dimensionen, die größer 2, aber kleiner 3 sind.
Dieses Falten läßt sich eine Dimension tiefer sehr leicht veranschaulichen. Anfangsfigur ist ein Dreieck. Jede Dreieckseite wird durch zwei Seiten ersetzt, und zwar so, daß der dabei neu entstehende Eckpunkt in zufälligem, jedoch begrenzten Abstand vertikal über oder unter der Mitte der ursprünglichen Seite zu liegen kommt. Diese *aleatorische Mittelpunktsverschiebung* wird mit jedem Rekursionsschritt nach bestimmten Regeln kleiner. Die jeweils drei neu erhaltenen Punkte werden miteinander durch Strecken verbunden. Nach diesem Verfahren wird jedes Dreieck (Initiator) durch vier kleinere Zufalls-Dreiecke (Generator) ersetzt; es bildet sich eine Zufalls-Triangulierung, bei räumlicher Konstruktion ein Zufalls-Drahtmodell für einen Berg, ein Gebirge (s. S. 227f).

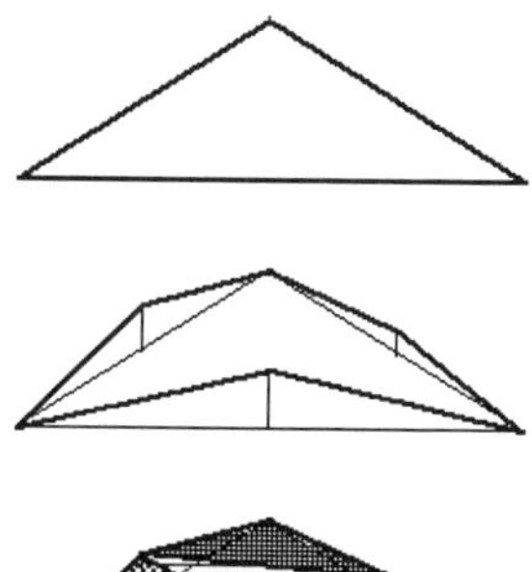

7.8 Regel zur Erzeugung fraktaler Gebirge

7.9

Das Drahtmodell kann weiter verarbeitet werden, sodaß sich naturalistische Bilder wie die von Voss generieren lassen – mit fraktalen Oberflächen von Dimensionen zwischen 2,15 und bei starker Erosion bis 2,8. Voss potenziert die Höhen eines Bildes beispielsweise mit 3 (»cubed«) oder zieht ein anderes Mal aus den Höhen die dritte Wurzel (»Cubed root«). Mit diesem »Trick« werden Erosionen gedämpft oder akzentuiert und demgemäß die fraktale Dimension verkleinert oder vergrößert.

Zur Information: Bäume, Küsten, Inseln, Wolken

7.10, 8.14

Eine Küstenlinie kann als aleatorische Koch-Kurve interpretiert werden. Analog läßt sich ein mehr oder weniger kontrolliertes Wuchern eines Baumes zeigen: Die Zweige wachsen nicht mehr geordnet nach rechts und links abgeknickt (Bild 8.14), sondern erhalten auch die Möglichkeit, sich ohne Richtungsänderung zu verlängern; von diesen drei Richtungen werden zwei zufallsbedingt gewählt. Das Ergebnis hat »wolkiges« Aussehen und erinnert vage an die *Brownsche Molekularbewegung*, der in Richtung und Reichweite statistisch ungeordneten Bewegung von Gasmolekülen. Die Geradenstücke repräsentieren die freien Weglängen der Moleküle. Von hier aus erscheint der Weg nicht weit zu den Brownschen Küstenlinien Mandelbrots, die so sehr an die »unfreie Kunst« (Bense) von Michaux

4.2, 4.3

7.9a Richard F. Voss, Fractal Valley Cubed, 27,5 x 35 cm, 1983

erinnern. Die Küstenlinien haben die fraktale Dimension 5/3, während sich diese bei den »Inseln« um 1 auf 8/3 erhöht.

Diese Überlegungen können weiter verallgemeinert und auf *Wolken* übertragen werden. *Topologisch* gesehen sind diese dreidimensional, erhalten jedoch wegen der bei genauerer Betrachtung immer deutlicher werdenden Details *fraktale* Dimensionen, die zwischen 3 und 4 liegen (bei Beispielen von Voss zwischen 3,2 und 3,5). Es sei erwähnt, daß die Speicherung solcher Bilder über das 1000fache an Speicherplatz benötigt, als deren algorithmische Erzeugung.

Bäume, ja Wälder können so naturalistisch *simulativ modelliert* (s. S. 232) werden, wie dies ein Team des »Georgia Institute of Technology Research Corporation« für den *Schwarzwald* getan hat, daß sich eine Abbildung erübrigt; sie findet sich in der Zeitschrift »Scientific American«, Februar 1988.

7.11 Dort wird auch ein einfaches *Rezept* angegeben – typisch für die Computerszene –, das G. Nees sofort auf seine eigene Art ausführte:

7.9b Richard F. Voss, Fractal Valley Cubed-Root, 1983, 27,5 x 35 cm

»One begins at any point. The rules then might stipulate that the next point plotted always be either halfway toward the upper right-hand corner of the page or one-third of the way toward the center and rotated clockwise 40 degrees; a coin flip decides which rule is applied. The points seem randomly distributed at first, but after hundreds of coin flips a distinct form – a fractal – emerges.«
Interessant ist, daß bei diesem Algorithmus die Wahl der beiden Regeln selbst durch einen *Münzwurf* dem Zufall ausgesetzt sind.

Chaotische Rekursionen

Rekursives Quadrieren

Wird eine Zahl *rekursiv* quadriert – die Ergebnisse des Quadrierens werden wieder quadriert –, so scheint dies eine simple Sache zu sein, umso mehr, als das Quadrieren nie negative Zahlen ergibt, man sich also auf positive Zahlen und die

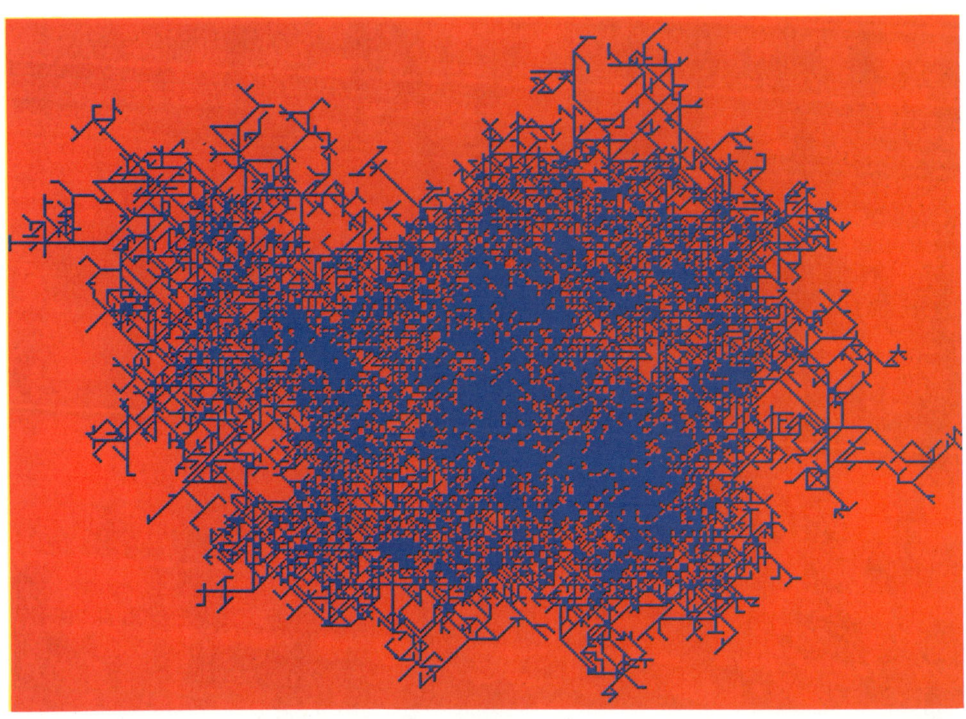

7.10 Erwin Steller, Baumwucherung

0 beschränken kann. Doch sind sofort einige wesentliche Fallunterscheidungen zu treffen. Die Rekursion erzeugt eine Zahlenfolge, die ins Unendliche läuft, wenn die *Anfangszahl* größer als 1 ist:

$$2, \quad 4, \quad 16, \quad 256, \quad 65536, \ldots \qquad \longrightarrow \infty$$

Die Folge strebt gegen 0, wenn diese kleiner 1 ist:

$$0.5, \quad 0.25, \quad 0.625, \quad 0.390625, \ldots \qquad \longrightarrow 0$$

und wiederholt sich dauernd, wenn die Anfangszahl 1 ist:

$$1, \quad 1, \quad 1, \quad 1, \quad 1, \quad \ldots,$$

0 und ∞ heißen die Attraktoren des Rekursionsprozesses; die Zahl 1 ist die Grenze der *Einzugsgebiete*, d.h. jener Mengen von Zahlen, die zu einem der beiden Attraktoren gehören. Die Rekursion läßt sich durch folgende Schreibweise symbolisieren: $x \longleftarrow x^2$

7.11 Georg Nees, 250388C2 EA, 1988 Farbdruck, 30 x 21 cm

Eine Variable x (ein Speicherinhalt x) wird quadriert und das Ergebnis wieder mit x bezeichnet (also wieder in x gespeichert).

Rekursives Quadrieren und Addieren

Reines wiederholtes Quadrieren ist nun nicht weiter aufregend. Für Überraschungen sorgt die Rekursion erst, wenn sie durch eine additive Konstante c scheinbar nur leicht verändert wird:

$$x \longleftarrow x^2 + c$$

Jetzt werden komplizierte Zahlenfolgen aufgebaut, über deren Natur eine grafische Darstellung am schnellsten Auskunft gibt. Dazu werden die Iterationsschritte 1, 2, 3, 4, etc. auf der horizontalen Koordinatenachse abgetragen, die x-Werte auf der vertikalen. Zur Vereinfachung sei stets x=0 als Anfangswert gewählt und c zwischen 0 und -2. Diese Einschränkung vermeidet den Attraktor ∞.

7.12 – 7.14

Es entstehen *periodische* (c=−1.77) und *quasiperiodische* (c=−1.79) Strukturen, aber auch solche, in denen scheinbar spontan, *chaotisches Verhalten* auftritt, das sich durch *Struktureinbrüche* bei Änderung des Parameters c in der vierten Stelle nach dem Komma – also bei sehr geringer Änderungen – manifestiert (c=−1.790335 oder c=−1.79048). Der Name der Bilder 7.12 – 7.14 soll sofort geklärt werden.

Ästhetische Freiheitsgrade lassen sich durch die Breite und die Engführung der parallel angetragenen Funktionswerte gewinnen. Diese nur geringe Verfremdung ermöglicht es, im ersten Teilbild von 7.12 die Periode 6 festzustellen: oben, in der Mitte und unten sind je zwei Funktionswerte, und keine weiteren, abwechselnd zu erkennen – abgesehen von einem äußerst kurzen Einschwingvorgang in der Mitte links.

▷ **7.12** Erwin Steller, Viermal Wandern in Julia-Mengen, 1988, c = – 1.77, c = – 1.79, c = – 1.790335, c = – 1.79048, Laserdrucke

Bei dieser periodischen Struktur ist »der Gebrauch der Redundanz so weit getrieben, daß er Informationsspannung erzeugt« (Eco) – wie dies von McKay-Figuren bekannt ist. Das fast periodische zweite Teilbild von 7.12 läßt wegen seiner Ambiguität das Auge nicht ruhen – es sucht weiterhin zumindest Teilperioden. Die »Einbrüche« in den beiden unteren Teilbildern der Bildfolge treffen dann auch das Auge unvermittelt und bewirken eine Dialektik von Ordnung und Unordnung bzw. von Redundanz und Information. Zu viele Einbrüche werden visuell deshalb auch uninteressant, bedeuten mathematisch gesehen jedoch eine Approximation an *Pseudo-Zufallsgeneratoren.*

Wesentlich stärker verfremdet ist der Siebdruck 7.14 mit Linien großer Breite und wechselnden Farben (c=−1.409).

Rekursionen mit komplexen Zahlen

Mit komplexen Zahlen führt diese Rekursion erstaunlicherweise ebenfalls zu fraktalen Gebilden, obwohl sie zunächst nicht mittels eines geometrisch-gebrochenen

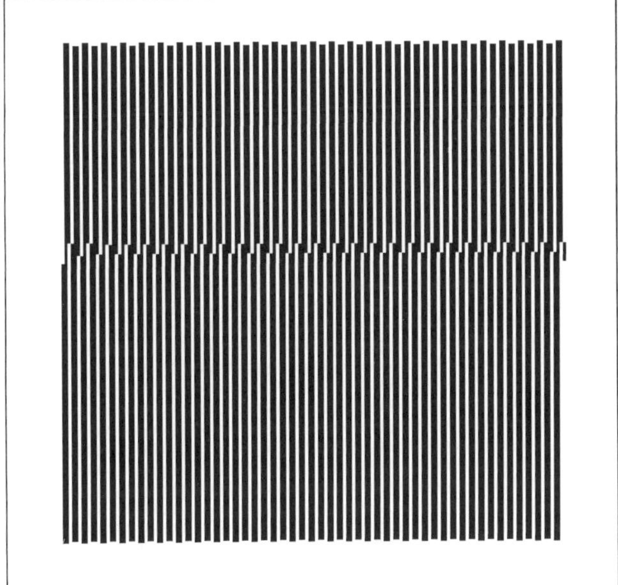

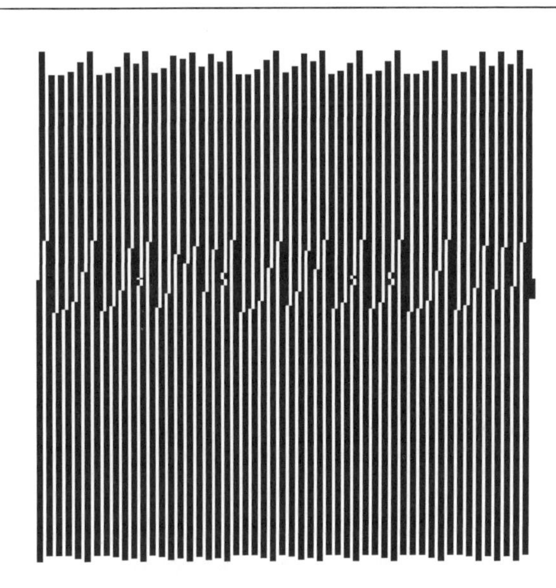

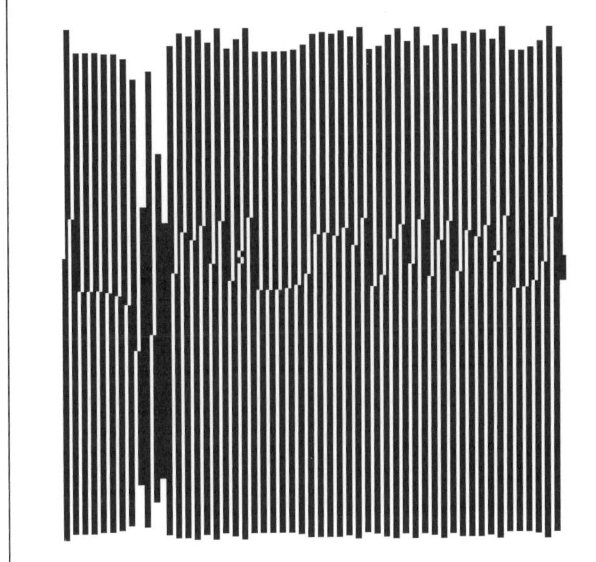

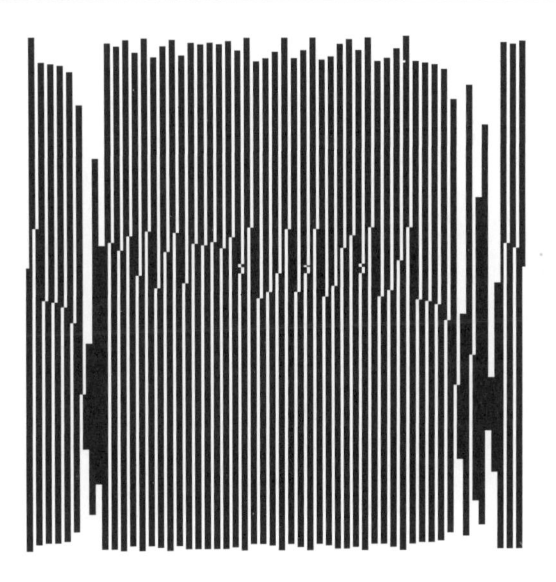

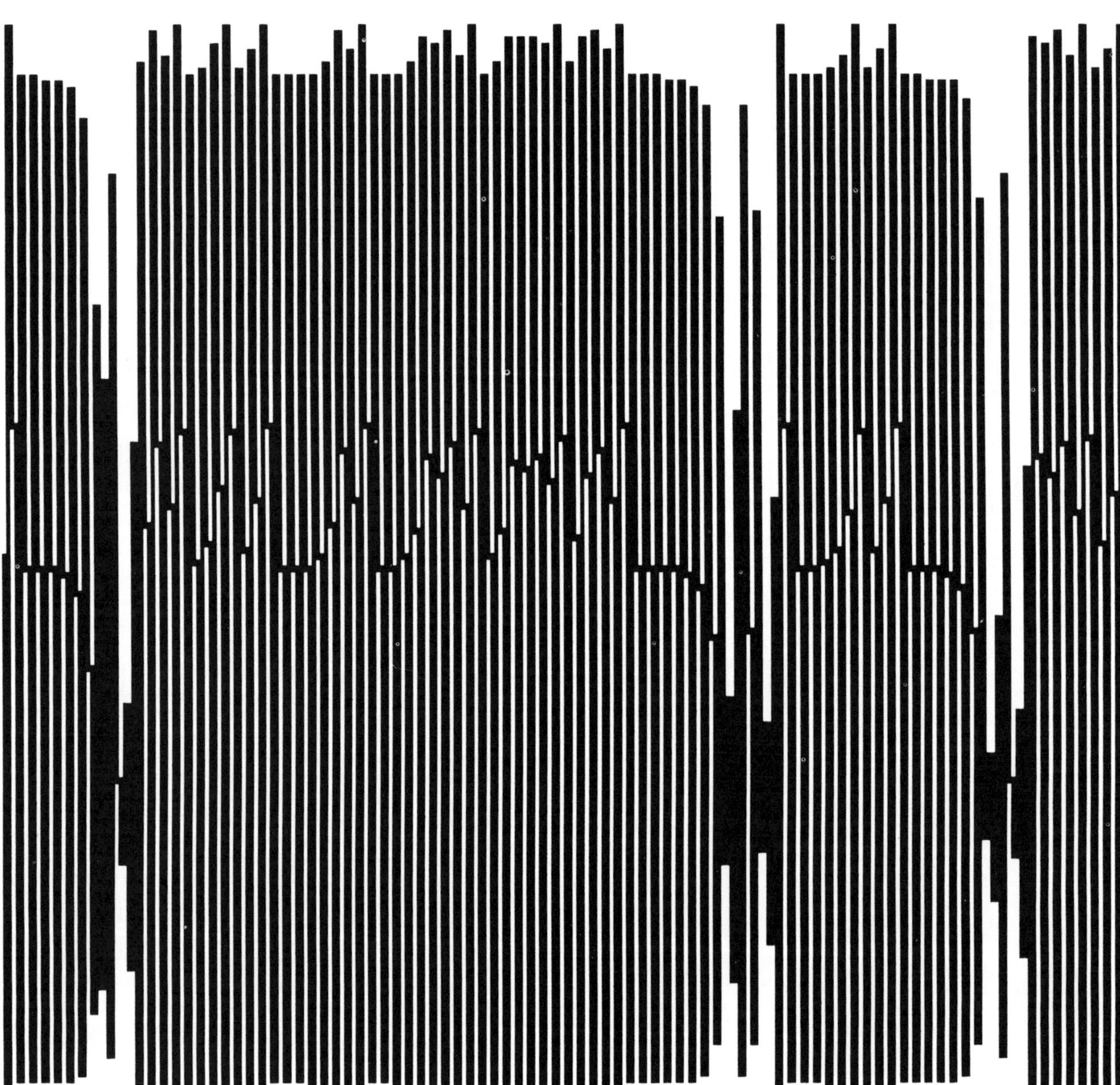

◁◁**7.13** Erwin Steller, Wandern in einer Julia-Menge I, 1988, Siebdruck, 50 x 50 cm

◁**7.14** Erwin Steller, Wandern in einer Julia-Menge II, 1989, Siebdruck, 60 x 60 cm

Generators wie bei den Koch-Kurven oder den Gebirgen konstruiert sind. Auch ohne die komplexen Zahlen z im einzelnen zu verstehen, kann einiges erläutert werden. Zunächst bedeutet das Rechnen mit komplexen Zahlen ein Rechnen mit Punkten in der *Ebene:* Punkte werden bei der Addition verschoben und bei der Multiplikation um den *Koordinatenursprung* – die Zahl 0 – gedreht oder *drehgestreckt;* letztlich läßt sich recht komplizierte Geometrie mit komplexen Zahlen treiben.

Es sei die komplexe Konstante c der Rekursion $z \longleftarrow z^2+c$ zunächst wieder 0:
Alle Punkte innerhalb des Kreises um 0 mit Radius 1 haben 0 als Attraktor, alle außerhalb davon den Attraktor ∞; die oben genannten Drehstreckungen ziehen im ersten Falle alle Figuren innerhalb des Einheitskreises – meist *spiralförmig* – auf seinen Mittelpunkt 0 zusammen, während alle Figuren außerhalb dieses Kreises sich entsprechend ins Unendliche verflüchtigen. Punkte auf dem Kreis, bleiben auf diesen, wenn auch i.a. nicht an derselben Stelle (Drehung um 0).

Julia-Mengen
7.15 Ist jedoch c von 0 verschieden, so wird in vielen Fällen aus dem Kreis eine *fraktale Grenzlinie* – die sog. *Julia-Menge* – und der Attraktor im Inneren i.a. eine von 0 verschiedene komplexe Zahl. Dort sind auch mehrere Attraktoren möglich; es herrscht eine Dynamik, die durch *unstabile periodische* oder *chaotische Zahlen-*, also *Punktfolgen* wiedergegeben wird – »Bilder komplexer dynamische Systeme« ist der Untertitel des Buches von Peitgen/Richter. Es ergeben sich erstaunliche Bilder wie u.a. Spiralen, Seepferdchen.

7.12 – 7.14 Die Bilder »Wandern in Julia-Mengen« läßt für den allereinfachsten Fall, nämlich bei Beschränkung auf eine reelle Konstante c und auf die reelle Koordinatenachse, das dynamische Verhalten dieser Rekursion bereits etwas ahnen. Statt der Punktfolgen wurden, wie geschildert, die Folgen der Abstände von 0 vertikal nebeneinander abgetragen.

Die fraktalen Grenzlinien heißen Julia-Mengen: Gaston Julia (1893-1978), aber auch Pierre Fatou (1878-1929), haben sich bereits während des ersten Weltkrieges in recht komplizierten, lange unbekannt gebliebenen Abhandlungen mit derartigen Gebilden beschäftigt. Es gibt Fälle, in denen die Julia-Menge zu *Staub* (s.u.) – dem *Fatou-Staub* – zerfallen kann.

Praktische Generierung

Wie festgestellt, streben alle Punkte außerhalb oder innerhalb einer Julia-Menge von dieser weg zu den Attraktoren im Inneren oder Äußeren. Kehrt man die Rekursion $z \longleftarrow z^2 + c$ um, so streben entsprechend umgekehrt alle Punkte der Ebene auf die Julia Menge zu. Es genügt eine kleine Teilmenge der Ebene, beispielsweise eine Strecke, abzubilden. Da die Umkehrung – die auf die Lösung einer quadratischen Gleichung hinausläuft – in *zwei* Wurzeln aufgespalten wird,

7.15 Jürgens/Peitgen/Saupe, Julia-Menge mit sog. Siegel-Scheiben, $c = -0.39054 - 0.58679\,i$

wird die Strecke bei jeder Iteration dieser komplexen Abbildung nicht nur verzerrt, sondert auch *verdoppelt.* So entsteht, ähnlich wie bei der Koch-Kurve – hier wurden die Strecken vervierfacht -, bald ein filigranes Muster, deren Grenzgebilde die fraktale Julia-Menge ist. Wesentlich ist also stets, daß der Generator den Initiator wie bei einer Zellteilung aufspaltet. Genaueres findet sich bei Jürgens/Peitgen/Saupe.

Die Mandelbrotmenge Für gewisse komplexe Zahlen c_1 ergeben sich *zusammenhängende* Julia-Mengen, für andere Zahlen c_2 zerfallen diese zu Fatou-Staub. Die Zahlen c_1 liegen dabei
7.16 innerhalb einer ebenfalls fraktalen Menge, der sogenannten Mandelbrot-Menge (das schwarze »*Apfelmännchen*«, im Bild oben links), die anderen außerhalb. *Mikroskopieren* von kleinen Bereichen – wie sie die weißen Rähmchen andeuten – fördert auch bei dieser Menge immer wieder selbstähnliche Teile zutage (die erste »Knospe« links oben ähnelt grob derjenigen ganz unten rechts). Diese sensationelle *Bildfolge* möge für viele stehen. Mathematisch gesehen soll nicht mehr gesagt werden, da dies viel zu weit führen würde.

Bild 7.17 steht im Zusammenhang mit dem Lösen von Gleichungen nach dem *Newtonschen Verfahren*. Es verdrängt mit seinem rythmischen Wellensystem sehr schön eine Achsensymmetrie und zeigt trefflich, was Goethe den »sanften Effekt« nannte, bei dem kühle Farben dominieren und die warmen zurücktreten – Höhepunkt einer rein mathematischen Landschaft.

7.18 Brian Evans, USA, verwendet in seiner Animation »Marie Sets« in schneller Folge fraktale Gebilde, »... die ihren Mittelpunkt tausendfältig umschlingend, das Wunder bewirken, ... eine unendliche Vermehrung aus sich selbst herauszuschöpfen« (Goethe: »Über die Spiraltendenz« des Pflanzenwachstums).

7.19 Assoziieren die Gebilde bei Herbert W. Franke *Gewitterwolken* ?

Fraktale und Kunst

Die Rekursionen, die fraktale Bilder erzeugen, verbergen trotz erstaunlicher *Einfachheit* und absoluter *Determiniertheit* äußerst komplexe, unerwartete, ja »chaotische« Strukuren, die barock und bunt, manchmal auch »rokokohaft« erscheinen und künstlerisch häufig überschätzt werden. Solche determinierte, geschlossene Systeme, in denen konvergentes Denken dominiert, lassen sich, wie oben geschildert (s. S. 260), ästhetisch öffnen. Peitgen begann »aus rein ästhetischen Gründen« Bilder zu komponieren, »bestimmte Details hervorzuheben, die aggressiven Farben zu mildern« (Galloway). Ungeahnte *mathematische Landschaften* wurden

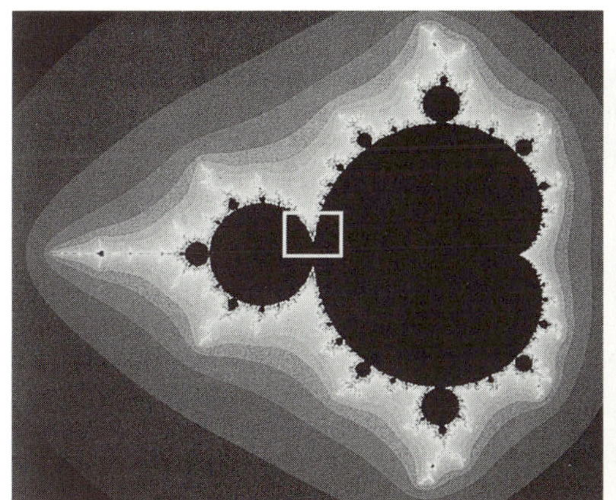

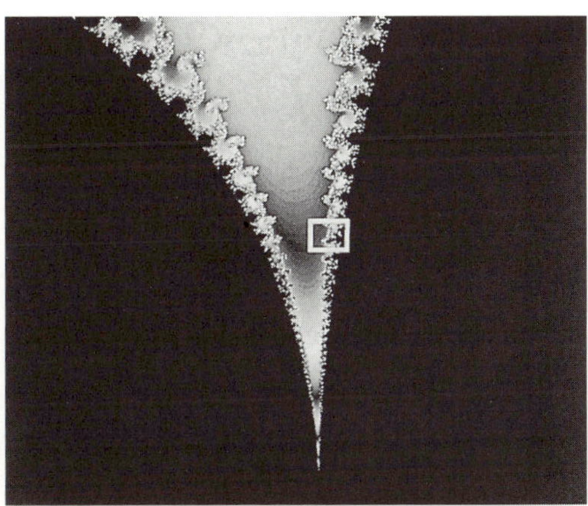

7.16a–c Jürgens/
Peitgen/Saupe,
Mandelbrot-Menge

7.17 Jürgens/Peitgen/ Saupe, Julia-artige Menge

7.18 Brian Evans, Marie Sets, 1987, Computeranimation, University Illinois

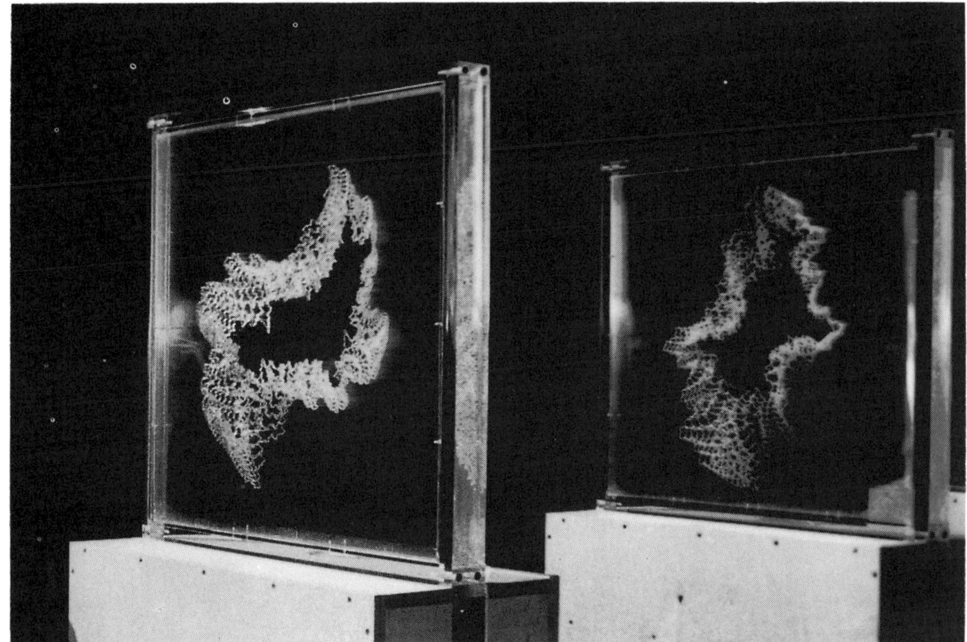

◁ **7.19** Herbert W. Franke, Horst Helbig, Gebrochene Dimension, ohne Angaben

7.20 Lit Fischer, Jürgens, Peitgen, Saupe, Julia-Dynamik – Doppelter Triptychon, ein Laser-Licht-Relief in sechs Teilen

so mit dem Computer entdeckt, geeignete Motive und Ausschnitte gesucht. Eine Wanderausstellung des Goethe-Instituts machten diese Bilder an vielen Orten der Welt bekannt (»Frontiers of Chaos«, Kat.).

Es sei an dieser Stelle auch auf die Aufsatzsammlung »Ordnung aus dem Chaos« (Hrsg. Küppers) verwiesen. Bilder einiger Beiträge u.a. von Benno Hess und Mario Markus finden sich auch in den Katalogen »ArtBit« oder »Computerkunst '88« und erheben damit ästhetischen Anspruch.

Lit Fischer fand mit seiner »Julia-Dynamik« in Zusammenarbeit mit Jürgens, Peitgen und Saupe eine weitere künstlerische Überhöhung. Das farblose Lichtobjekt, das beim »Steirischer Herbst 89«, Graz, erstmals gezeigt wurde, visualisiert eine Folge von 60 zusammenhängenden Julia-Mengen, je 10 zu einem Plexiglas-Relief dreidimensional zusammengefaßt. »Ich denke, das Auge kann in diesem neu geschaffenen lichten Raum wandern, immer neue Kurven durch Brechungen finden, Selbstähnlichkeiten entdecken, Zusammenhänge realisieren, in eine gar nicht vorhandene Tiefe flüchten...« (Lit Fischer).

Das »Wandern in Julia-Mengen« und die »Julia-Dynamik« umkreisen auf extrem verschiedene Art und Weise dasselbe Thema. **7.12–14, 7.20**

7.21 Frantisek Kupka, Kosmischer Frühling II, 1911-20, Öl, 115 x 125 cm, Národni Galerie, Prag

7.22a Alhambra, Eine Ecke der »Sala de las Dos Hermanas«, Granada (Foto: Françoise Steller)

Fraktale immer schon

Gebirge, Wolken oder auch sich überschlagende Wellenkämme waren immer schon fraktale Gebilde. Es ist also nicht verwunderlich, wenn diese auch in Bildern zu sehen sind, wie in der Zeichnung »Sintflut« aus der Serie »Kataklysmen« des alternden Leonardo da Vinci, oder in barocken Gemälden mit perspektivischen Wolkenbildern, die in einer völlig neuen Sicht bei Kupka wieder auftauchen: Helle selbstähnliche Wirbel.

Die Alhambra in Granada, einzigartiger Höhepunkt arabischer Architektur, bietet als eine ihrer vielen Besonderheiten *fraktale Bögen*, also Bögen, die durch weitere Bögen unterteilt sind: Ein Bogen dient als Initiator, gewisse Teilbögen dienen als Generator. Es werden nur einige, wenige Schritte einer Formen-Grammatik ausgeführt, die analog auch auf Gewölbe übertragen wird. Trotz der geringen Schrittzahl macht diese Kunst sofort einen fraktalen Eindruck. Die Decke der »Sala de los Abencerrajes« ist so zerklüftet, daß Räumlichkeit und Perspektive völlig aufgehoben erscheinen. 7.22

Kandinsky: Die Form

Gerade an dieser Stelle kommt eine sehr weise Bemerkung Kandinskys zum Tragen, die er in einer Fußnote seines Buches »Über das Geistige in der Kunst« (S.

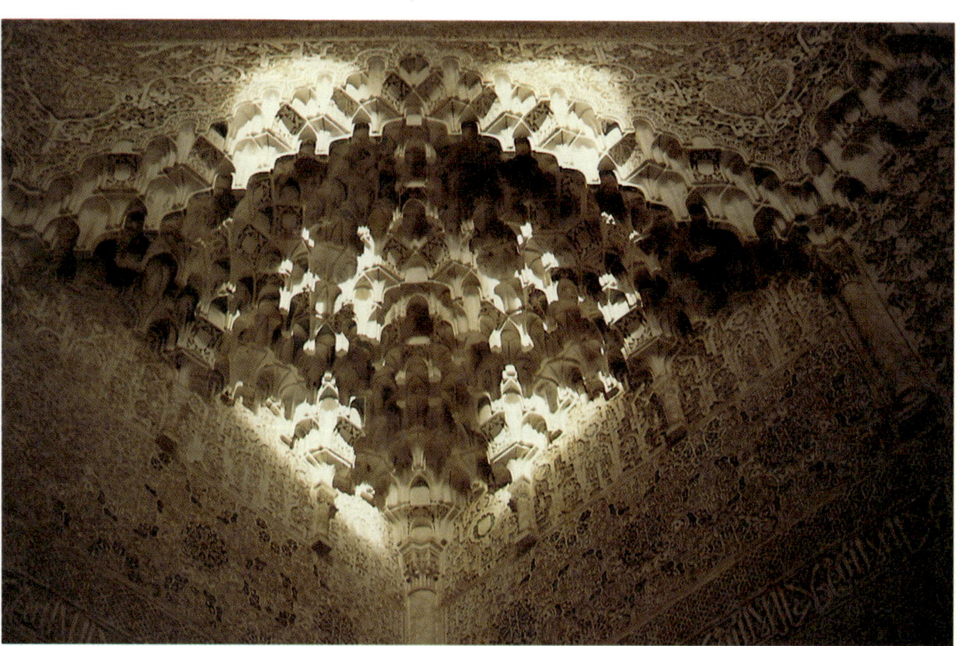

7.22b Alhambra, Die Decke der »Sala de los Abencerrajes«, Granada (Foto: Françoise Steller)

70) verbirgt: »Die Form bringt manchmal gerade dann das Nötige am ausdrucksvollsten, wenn sie nicht bis zur letzten Grenze geht, sondern nur ein Wink ist …«. Hier wird allgemein ein *ästhetisches Problem* angesprochen, das bei *unendlichen mathematischen Prozessen*, wie Halbierungen, oder Rekursionen, die *Fraktale* definieren, auftauchen. Diese Prozesse lassen sich – wie oben festgestellt – letztendlich nicht visuell darstellen. Jede Vergrößerung verschiebt das Problem nur, löst es aber nicht. Ein infiniter Prozeß muß also *rechtzeitig* unterbrochen werden, wie dies z.B. Lohse bei seinen Halbierungen getan hat. Bei fraktalen Gebilden wird dies meist unterlassen, sodaß in entsprechenden Bereichen der Bilder körnige Strukturen auftreten, die – wenn sie sich nicht zur Textur schließen – sich leicht als Fremdkörper erweisen können.

In der Umkehrung dieses Prozesses kommt beispielhaft zur Geltung, was für die Wahrnehmung komplexer Zeichenstrukturen nach Eco gilt, nämlich, daß »der Interpret … von einem Teil des Kunstgegenstandes zum anderen fortschreitet … und so aus Teilreaktionen eine Gesamtreaktion … aufbaut«.

7.3 Schwingungen

Die verschiedenartigsten Schwingungen spielen in der Mathematik – in der Physik und anderen Naturwissenschaften – eine wichtige Rolle. Einige schon kurz angeschnittene Probleme sollen etwas vertieft und die Gestaltungsmöglichkeiten von Schwingungsformen untersucht werden. *Modellhaft* wird an Beispielen gezeigt, wie sich divergentes Denken entwickeln läßt.

Schwebungen

In Kapitel 3 wurden Schwebungen bei der »Hörermusik« (S. 67) und bei der Visualisierung von »Rhythmen« (S. 88) bereits erläutert: Zwei benachbarte Töne mit nur wenig verschiedenen Frequenzen überlagern sich zu einer *Schwebung,* d.h. zu einem auf- und abschwellenden Ton mit der *mittleren Frequenz* der beiden Töne. **Rasterkonversion** **3.16**

Die Frequenz der Lautstärkenänderung, die *Schwebungsfrequenz,* ergibt sich als die *Differenz* der beiden Tonfrequenzen, unabhängig von deren absoluten Werten. Die Bilder zeigen jeweils nur ein Lautstärkemaximum und die beiden angrenzenden Minima. Theoretisch sind die Figuren links und rechts gleichartig fortgesetzt zu denken. Die mittleren Frequenzen nehmen zu: so sind der Reihe nach 10, 15, 20 und 25 Schwingungen zu sehen. Entscheidend ist die Wiedergabe der Schwingungen auf einem *Rasterbildschirm.* Geraden oder glatte Kurven werden dabei in gestufte, von der Richtung der Geraden abhängige *Punktmuster* umgewandelt. (Verschiedene Methoden dieser *Rasterkonversion* oder Scan-Conversion finden sich z.B. bei Purgethofer.) **7.23**

Hier interessieren die optischen Effekte, die diese *fehlerhafte Darstellung* von Linien bewirkt. Die Fehler verstärken sich bei *Engführung* dieser Linien und ergeben zunächst *Moirés,* die im Gegensatz zu den in Kapitel 3 besprochenen nicht als Überlagerung *zweier* Liniensysteme entstehen. Diese sekundären und keinesfalls explizit programmierten Strukturen erweisen sich im Beispiel wiederum als Schwingungsvorgänge – nämlich als *systematische Fehler* der Rasterkonversion von Schwingungen. Das Überraschende ist, wie weit sich solche Effekte hegen, pflegen und entwickeln lassen. **Aliasing**

Sicher führen die Fehler zur einer »Katastrophe«, wenn die Schwingungen enger als das Bildschirmraster werden, also bei *Unterabtastung* der Schwingungen durch das jetzt zu grobe Raster. Visuell geht die Information völlig verloren. Es **7.24** ließe sich denken, daß die gesamte von der Schwebung erfaßte Fläche schwarz ausgefüllt werden sollte. Die Bilder zeigen das Gegenteil: nicht kalkulierte, neue Informationen visualieren sich – *experimentelle Ästhetik* (Nees) wird möglich. Es treten sogar Einbrüche auf, die bis zur horizontalen Koordinatenachse reichen.

Nochmals Rasterbilder

So wird genau das unterlaufen, was das sonst streng zu beachtende *Abtasttheorem* von Whittaker-Shannon für die Computergrafik fordert (s. Encarnaçao u.a.): Die Abtastfrequenz muß mindest doppelt so groß sein wie die Frequenz der abzubildenden Funktion, wenn diese mathematisch fehlerfrei rekonstruierbar sein soll. Im anderen Falle entstehen die *Aliasing* genannten Bildfehler. (Das Auge, das Abtastwerte linear zu verbinden gewohnt ist, benötigt allerdings mehr Stützpunkte als mathematisch notwendig ist.)

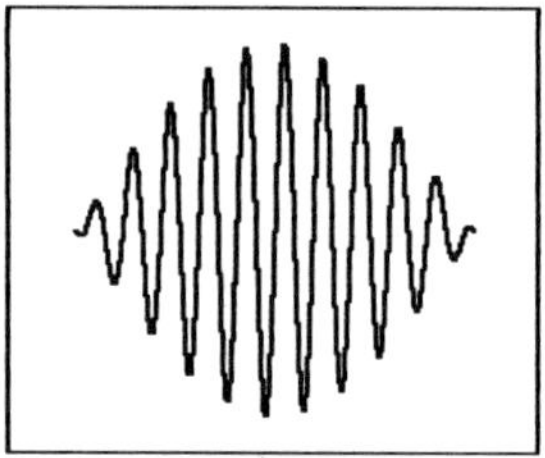

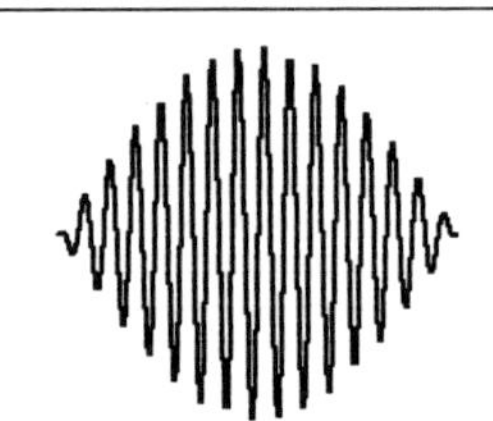

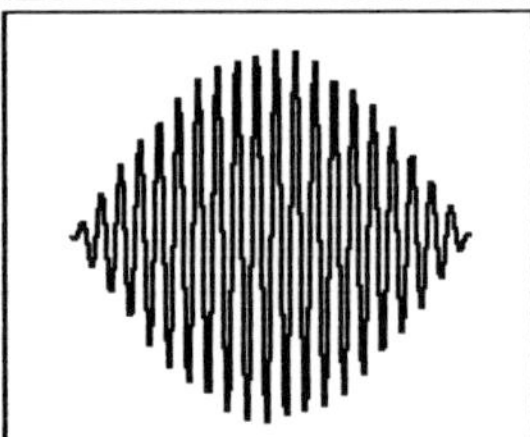

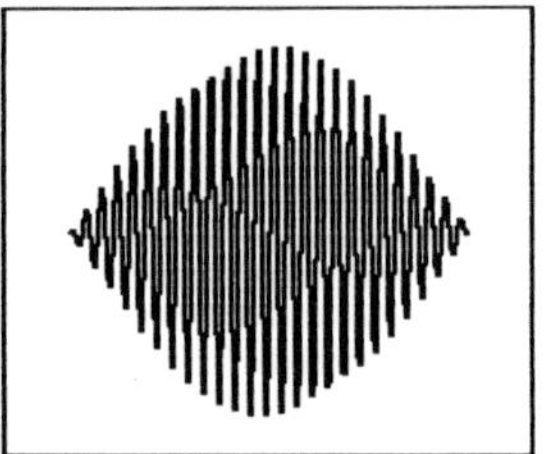

7.23 Vier Schwebungen, Matrixdrucker

Schwebungen werden so bei geschickter Frequenzwahl verfremdet, verunklärt; das Auge hat es nicht mehr mit schrägen Linien zu tun, sondern mit Vertikalen: Vibrationen werden erzeugt – in einer weiteren Bildfolge mit zunehmender Unruhe (Bild 7.25).

Nicht *Rasterunterdrückung,* sondern *Rasterkonversion* kann Raum für Kreativität schaffen. Diese Möglichkeit wurde auch genützt, beispielsweise bereits 1978 von Yvaral mit Serien immer gröber gerasterter Portraits.

Es ist interessant festzustellen, daß abstrakte Rasterbilder schon Piet Mondrian (»Komposition: Damebrett, helle Farben«, 1919, 86 x 106 cm, den Haag, Gemeentemuseum) oder Paul Klee (»Alter Klang«, 1925, 38 x 38 cm, Kunstmuseum Basel) schufen, später auch Victor Vasarely oder Richard Paul Lohse, in der Computerszene Frieder Nake (Matrizenmultiplikation, 1967) oder Vera Molnar. Diese Rasterbilder waren jedoch nicht durch eine Technik bedingt, sondern freie Findungen menschlichen Geistes.

Allerdings ergaben die anfangs recht groben Bildschirme auch technikbedingte Rasterungen, die, weil es nicht anders ging, auch ästhetisch aufgewertet werden sollten – mit mehr oder weniger Erfolg. Davon soll nicht weiter die Rede sein.

Alex Kemkens (*1942 in Linz/Rhein, lebt in München) verwendet naturalistische Aufnahmen und rastert sie digital. »Der Mosaik-artige Verfremdungseffekt ... stört und sensibilisiert gleichzeitig eingefahrene Wahrnehmungskonventionen... (Seine auch pop-artigen Bilder vermitteln dies um so überzeugender) je höher dabei die Spannung zwischen der kulturhistorisch determinierten Wahrnemungs-'Geschichte' der Motive, ihrer quasi ästhetischen Unantastbarkeit ... und der digital gesteuerten Verformung (ist).« (Eva Karcher in BILDER DIGITAL '86)

Das Anliegen von Marikke Heinz-Hoeck (*1944 in Homburg, Niederrhein, Studium an der Hochschule für Gestaltung in Bremen, lebt dort) ist analog, bezieht

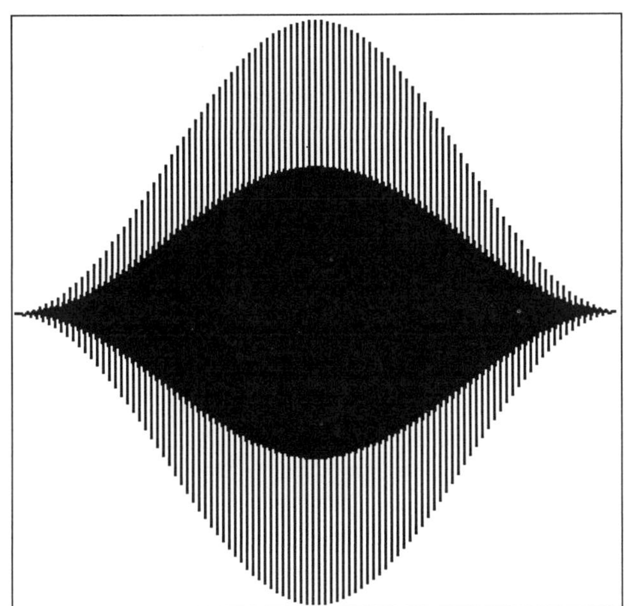

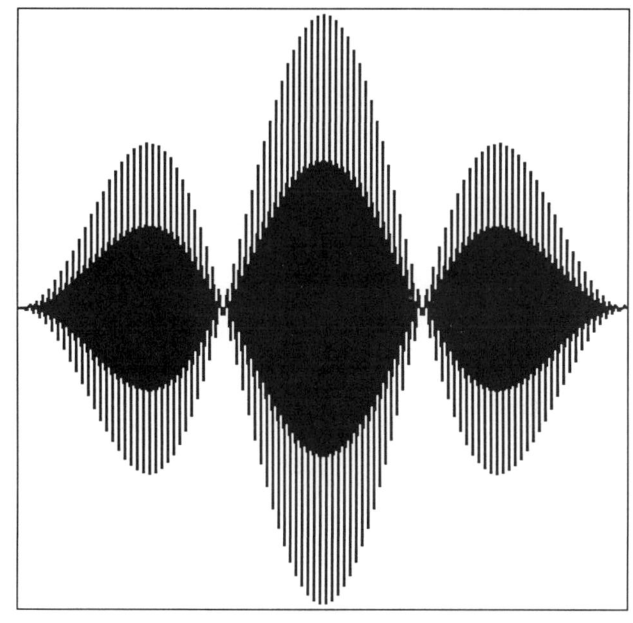

7.24 Zwei Schwebungen, Laserdrucker

sich aber auf eine andere, inhaltliche Ebene. Nicht öffentliche Kunstwerke, sondern *gefundene Fotos* eines privaten, intimen Familienlebens, werden mittels der Rasterung in eine andere, geistig-intensivere Sphäre gehoben.
Heinz-Hoeck schreibt in artware: »Ich finde im Frühsommer 1984 alle Tagebücher der Marie Elisabeth W. in einem Müllcontainer … (und) trage alle vierzig numerierten Kladden ins Haus zurück … Dieser Fund macht mich betroffen, besonders die Tatsache, daß niemand ihn für lesenswert hält oder ihn zumindest als Andenken will: Zeugnisse eines Menschen … Was tue ich damit? …«
Die mystische Art der Bilder ist sehr beeindruckend, verflüchtigt sich aber etwas mit dem Abstand, den der Betrachter zum Bilde einnimmt; mit zunehmenden Abstand wird die Unschärfe, von der Sehgewohnheit her, anders gedeutet, der Inhalt der Bilder erscheint präziser. In der Nähe läßt sich kaum feststellen, daß es sich um *drei* Personen, die Mutter mit zweien ihrer Töchter, handelt. Der schwankende Grad der Ikonizität – unterstützt durch die feinen Grautöne – aktiviert den Beobachter (vgl. S. 180). **7.27**

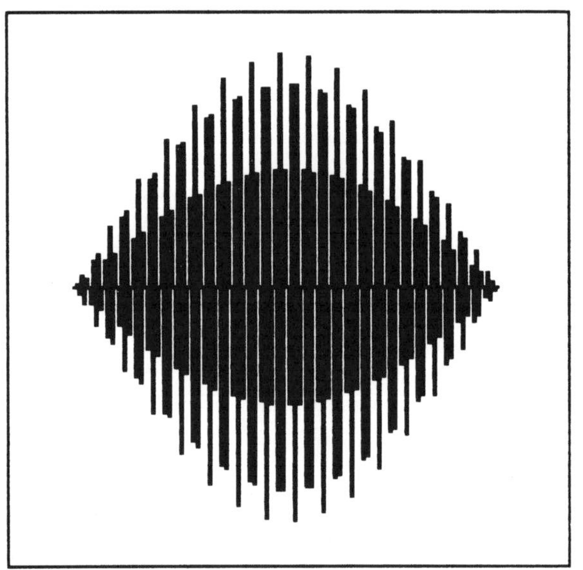
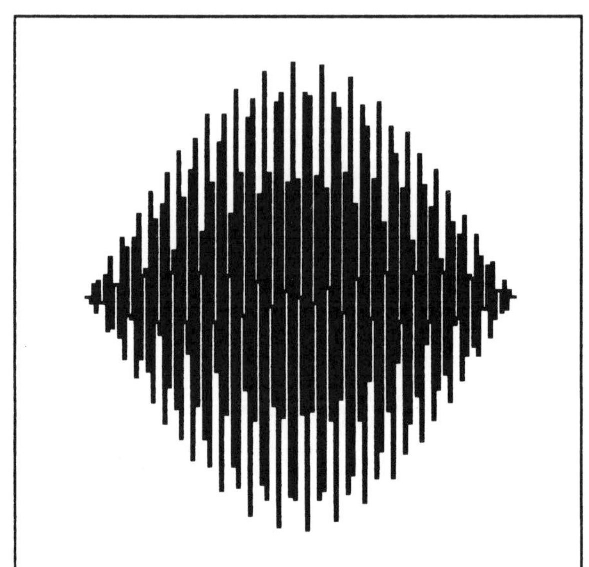
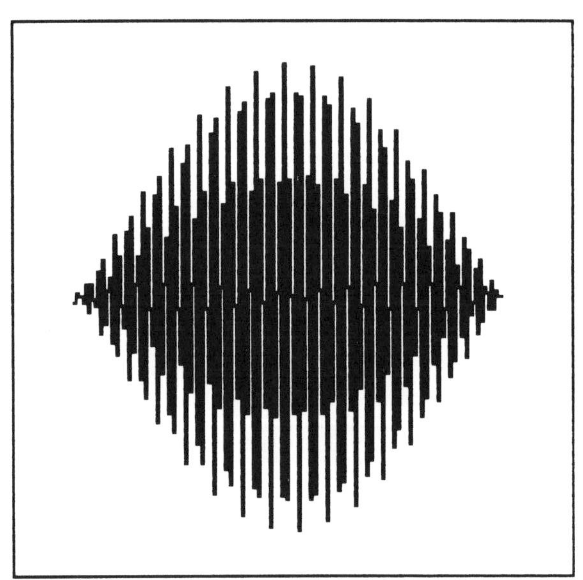
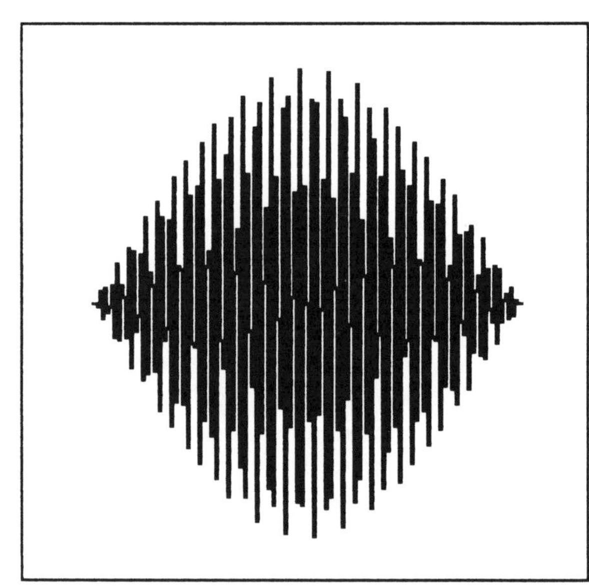

7.25 Erwin Steller, Vibrationen, 1987, Serigrafie, 50 x 50 cm

7.26 Alex Kempkens, München Friedensengel

7.27 Marikke Heinz-Hoek, Ein Bild aus »Die Mutter der Kinder des Mannes, der in Indien gewesen ist – Distanzierungen«, 1985, 70 x 50 cm

Lissajous-Figuren

Einfache Figuren

▷ **7.28** Einfache Lissajous-Figuren

Während bei Schwebungen zwei Schwingungen in einer Richtung überlagert werden, handelt es sich bei Lissajous-Figuren um Überlagerungen zweier Schwingungen, deren Richtungen senkrecht aufeinander stehen und damit völlig anderes Aussehen bekommen. Die Figuren zeigen den Schwingungsverlauf bei einfachen Frequenzverhältnissen. Verfolgt das Auge die untere, linke Kurve, so erkennt man deutlich, daß auf eine horizontale Schwingung – einer Hin- und Herbewegung in Richtung der x-Achse – vier Schwingungen in der vertikalen y-Richtung kommen. Das Frequenzverhältnis ist also 1:4, bzw. 1n:4n. Besonders bei den Kreisen ist einsichtig, daß die Verhältnisse 1:1, 2:2, 3:3, also allgemein n:n, zu gleichen Figuren führen; weitere identische Fälle lassen sich erkennen. Die Figuren stehen in der Abbildung so, daß die Spaltennummer die erste Zahl des Frequenzverhältnisses angibt, die Zeilennummer die zweite.

Verfremdungen

Lissajous-Figuren stellte Herbert W. Franke bereits ab 1956 her (s. S. 58), sind also ein altbekanntes und reichlich ausgeschöpftes Thema. Trotzdem soll an diesen Figuren *modellhaft* gezeigt werden, welche Möglichkeiten der »Entautomatisierung« (Eco) das geschlossene System der Mathematik für die Ästhetik aufbrechen können. *Verfremdungen* ergeben sich durch ungewöhnliche *Gestaltung des Hintergrunds:* Schachbrett- oder Streifenmuster, einheitlich schwarz bzw. beliebig farblich gehalten, oder durch interne *Gestaltung der Linien* wie große Strichbreiten und die Verwendung von zwei sich abwechselnden Farben (»Stricheln«).

▷▷ **7.29a–d** Vier Lissajous-Figuren

Vier Lissajous-Figuren wurden auf diese Weise mehr oder weniger variiert (s. Glossar: PROCEDURE LISSAJOUS, in Lightspeed-Pascal). Die erste Figur oben links mit dem Frequenzverhältnis 3:4 stellt dabei eine sogenannte »unmögliche Figur« dar (s. reversible Figuren, S. 68); eine sich unwillkürlich aufdrängende räumliche Interpretation scheitert. Bei der Figur rechts daneben wurde die Strichdicke weiter geringfügig verstärkt und der Hintergrund schwarz eingefärbt. Ohne Vorwissen darin eine Lissajous-Figur zu erkennen, dürfte schwer fallen; der räumliche Effekt wird weiterhin wahrgenommen. Die beiden unteren Figuren weisen den Weg zu fraktal anmutenden Arabesken.

7.30

Man sieht nur das, was man weiß. Modellhaft und fast wörtlich wird bei Bild 7.30 klar, daß jede Interpretation eines »Hintergrund-Wissens« bedarf, allgemein eines kulturbedingten Vorwissens. Verstehen und Wissen bedingen sich meist gegenseitig und gehen so einen Zirkel, den »hermeneutischen Zirkel«, ein. Davon wird an anderer Stelle nochmals die Rede sein.

Möglichkeiten der Fourier-Analyse (1822)

Das Ohr

Vernimmt das menschliche *Ohr* einen Dreiklang – auch ohne Berücksichtigung von Obertönen eine schon recht komplizierte Schwingung –, so wird in seinem Inneren dieser Klang mittels der Basilarmembran (durch Dispersion) wieder in die ursprünglichen Sinus-Schwingungen zerlegt. Hinreichend dafür ist die Tatsache, daß beim Empfang von Tongemischen die Phasenverschiebung der einzelnen Schwingungen gegeneinander keine Rolle spielen, die Membran also nicht den ankommenden Druckschwankungen folgt. Das Ohr wirkt wie ein Spektralapparat für Schallwellen (Helmholtz). Davon unabhängig kann im Bewußtsein des Menschen ein solches Tongemisch einheitlich erscheinen – wie bei einer Schwebung; in anderen Fällen aber können die Teilkomponenten auch einzeln herausgehört werden – wie bei einem polyphonen Musikstück.

Amplitudenspektrum

Mathematisch bewerkstelligt dies eine *Fourier-Analyse* (Jean Baptiste Fourier, 1768-1830), mit der allgemein jeder periodische Vorgang in einfache Sinus-Schwingungen zerlegt werden kann. Der einfache Zweiklang Grundton-Oktave wird durch $a \sin x + b \sin 2x$ dargestellt; x ist im wesentlichen die *zeitliche* Frequenz des Grundtons, 2x die der Oktave; a und b sind die dazugehörenden Amplituden, die die Lautstärke bestimmt; (a, b) heißt auch *Amplitudenspektrum.*

Ortsfrequenzen

Auf völlig andere Weise – nämlich nicht die zeitlichen Schwingungen des Lichts, sondern seine *örtliche Verteilung* betreffend – ist das *Auge* bei nicht zu komplizierten ebenen Figurationen fähig, die in diesen enthaltene Periodizitäten, sog. *Ortsfrequenzen,* festzustellen – wie bei Strich-Codes, die den Preis einer Ware im Supermarkt beinhalten, ähnlich den Bildern 3.16. Einfacher noch sind Streifen- aber auch Schachbrettmuster, bei denen das Auge auch diagonale Perioden erfaßt, oder Schottenmuster von Stoffen. Es läßt sich zeigen, daß der Wahrnehmungsapparat auf diese Ortsfrequenzen verschieden empfindlich reagiert, so daß sich auch im visuellen Bereich eine Aufteilung der Frequenzen in ein Spektrum hypothetisch annehmen läßt (François Molnar).

Beispiel: 7.31

Als Beispiel soll eine periodische *Rechteckkurve* f(x) betrachtet werden. In der Figur ist nur eine Periode wiedergegeben; die x- Achse verläuft durch die Mitte des Bildquadrats. Besonders eine so eckige (mathematisch unstetige) »Kurve« scheint sich intuitiv einer Darstellung von glattgeschwungenen (stetigen) Sinuskurven zu entziehen. Deshalb erregte Fourier mit diesem Beispiel bei der Veröffentlichung seiner Theorie 1822 großes Aufsehen. Er zeigte, daß folgende, übersichtlich konstruierte Überlagerung die »Kurve« beliebig genau approximiert: eine *Fourier-Reihe* als *Summe* von Sinusschwingungen mit den zunehmenden Fre-

▷ **7.30** Erwin Steller, Lissajous-Figur 3:4, 1989, Siebdruck, 60 x 60 cm

quenzen x, 3x, 5x, ... und abnehmenden Amplituden 1/1, 1/3, 1/5, ... , bzw. allgemeiner stets mit allen ganzen Frequenzen x, 2x, 3x, 4x, 5x, ... , und dem Amplitudenspektrum (1/1, 0, 1/3, 0, 1/5, 0, ...):

$$f(x) = (1/1) \sin x + (1/3) \sin 3x + (1/5) \sin 5x + (1/7) \sin 7x + (1/9) \sin 9x + (1/11) \sin 11x + \ldots$$

Mit dem Computer lassen sich die Näherungen leicht berechnen und grafisch darstellen – wiederum ist nur eine Periode gezeichnet.

7.32 Die Mathematik kann der Leser beiseite lassen, wenn er sich in diese Figuren vertieft. Die Addition der ersten beiden Schwingungen sin x und (1/3) sin 3x bedeutet, daß sich die zweite Sinusschwingung mit der dreifachen Frequenz relativ eng um die erste herumschlängelt, hat sie doch nur noch die Amplitude 1/3. Um die so erhaltene Kurve, wie sie die Figur zeigt, windet sich dann noch enger die dritte Schwingung (1/5) sin 5x mit der 5-fachen Frequenz und der auf 1/5 reduzierten Amplitude. Die Konvergenz an die Rechteckkurve macht schnelle Fortschritte. Fehler sind trotzdem auch bei Näherungen der Größenordnung 100 noch zu bemerken – umso erstaunlicher der mathematische Beweis, daß die Summe wirklich gegen die Reckteckkurve konvergiert.

Interpretation

Die voll ausgemalten *Höhen* der Kurven bzw. die um die halbe Seite des Figurenquadrats vergrößerten Funktionswerte f(x) – die x-Achse ist damit jetzt die untere Seite des Bildquadrats – lassen sich als *Farbintensität* eines Bildes interpretieren. Die periodische Rechteckkurve veranschaulicht damit harte Kontraste von Dunkel nach Hell – beispielsweise von dunklen Parallelstreifen auf hellem Grund. Diese *Kontraste* werden durch die erste Approximation, der Sinusschwingung sin x, fließend abgeschwächt. Gleiches gilt auch für die 2. und 3. Näherungen mittels der ersten zwei oder drei Summanden.

Antialiasing

Überträgt man diese Überlegungen in die zweite Dimension auf ein Schachbrett, so lassen sich auch hier die Kontraste mehr oder weniger unterdrücken. Dazu müssen am Bildschirm natürlich die entsprechenden Grauwerte vorhanden sein. Dies ist *Antialiasing* mittels eines *Tiefpaßfilters,* d.h. die Fourier-Reihe wird auf die Schwingungen mit den kleinen, also »tiefen« Frequenzen begrenzt (s. Bildfilterung in Encarnaçao u.a.).

▷ **7.31** Zerlegung einer Rechteckkurve bzw. zweier Farbstufen (Potentiale) mittels der Fourier-Analyse mit den Näherungen 1, 2, 3, 5, 10, 25, 50 und 100

Im Prinzip lassen sich auch *beliebige Bilder* der Fourier-Analyse unterwerfen. Die Bilder werden dazu links und rechts wiederholt angefügt (evtl. auch oben und unten, gitterartig), also periodisch (bzw. doppeltperiodisch) »fortgesetzt«. Auf diese Weise analysierte François Molnar im Rahmen seiner visuellen Untersuchungen Cezannes Bild »Die Brücke von Mennecy«.

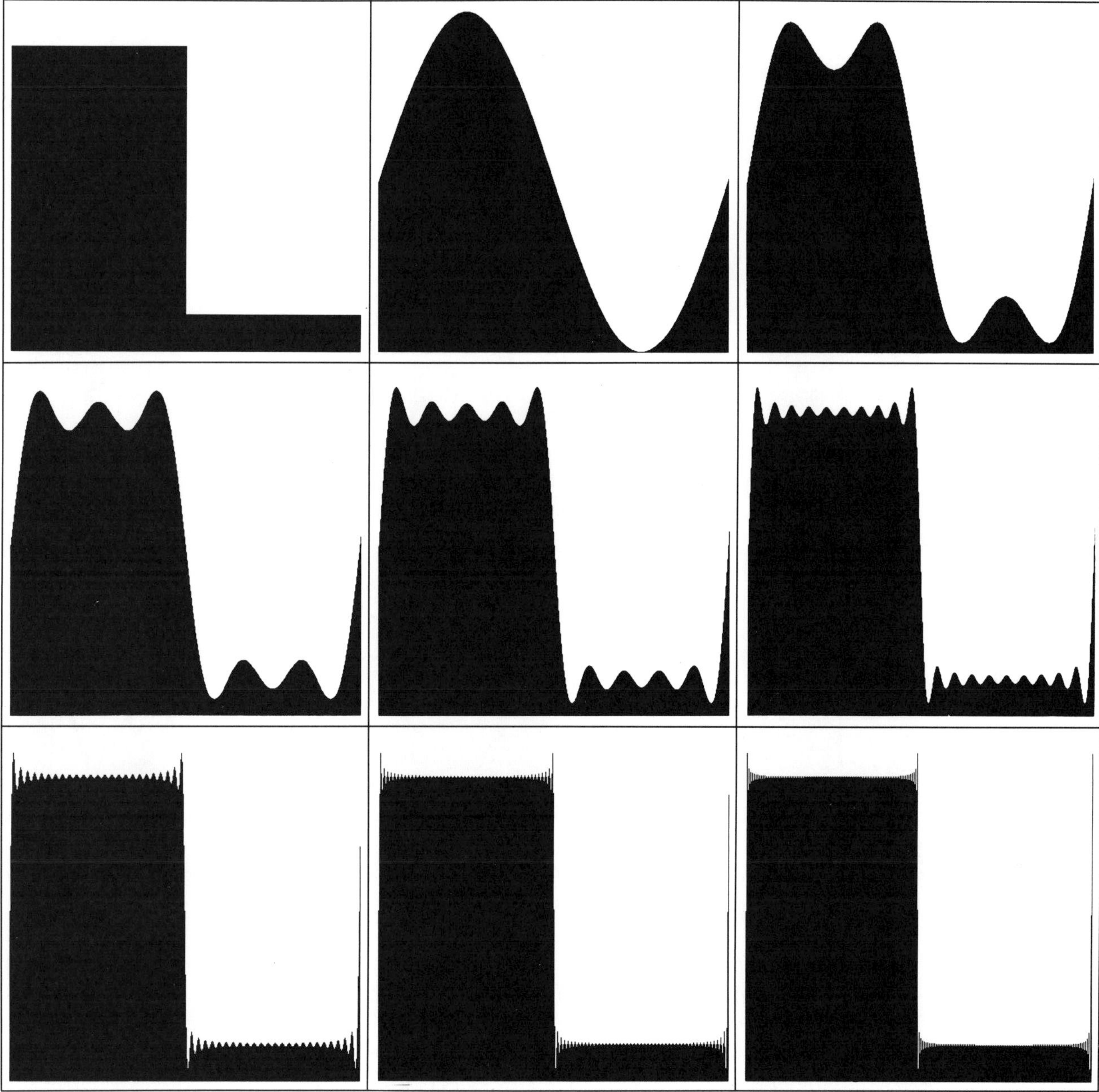

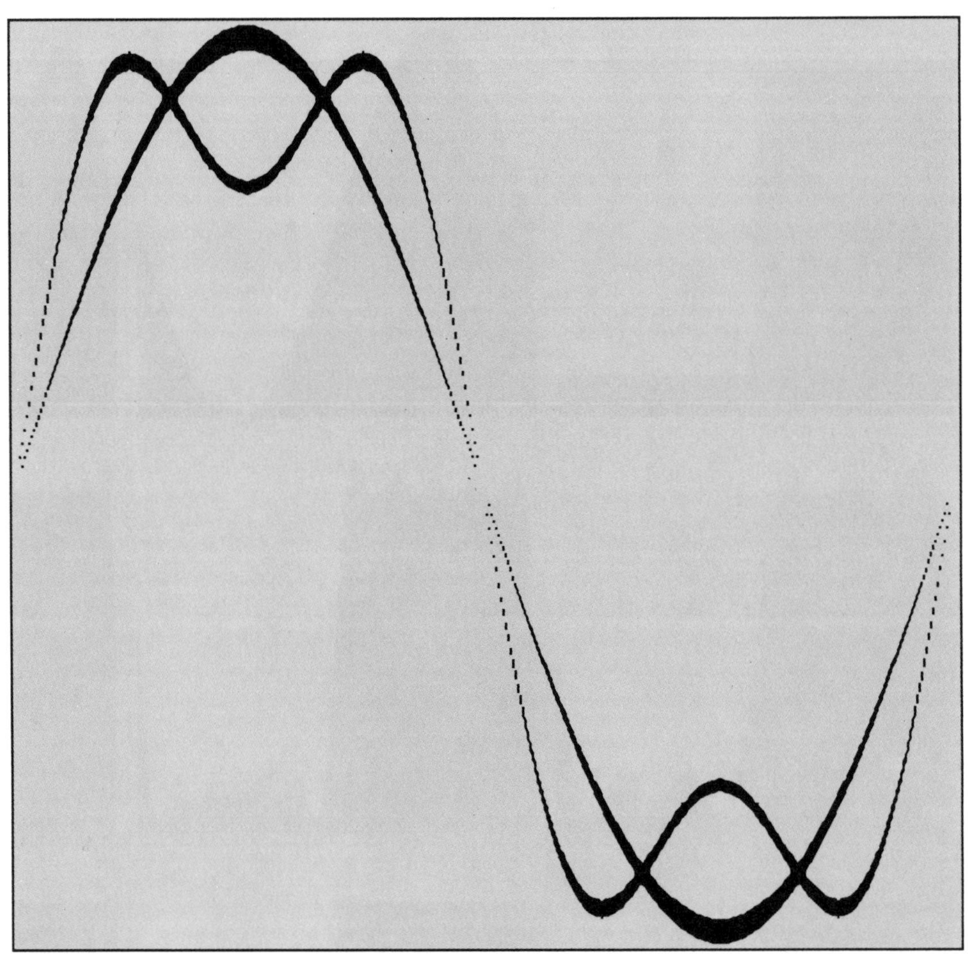

7.32 Die Überlagerung: sin x + (1/3) sin 3 x

Experimentierfeld 7.33

Interessant ist wieder das Abweichen vom vorgegebenen Ziel: Aus der Fourier-Reihe werden beliebige Teilsummen herausgefiltert wie zum Beispiel die Summe, des 2. bis 10. , 3. bis 10., 4. bis 10. oder 6. bis 10. Summanden. Der Wegfall des ersten oder der ersten Summanden bringt eine starke Veränderung mit sich. Auf die Farbintensitäten übertragen bedeutet dies, daß diese sich auf vielfache Weise strukturieren und neue Formen bilden. Im Falle der Streifeninterpretation zeigt sich, daß sowohl die dunklen als auch die hellen Streifen in den verschiedensten Grauwerten rhythmisch abgestuft erscheinen.

▷ **7.33** Filterungen für die 10. Näherung

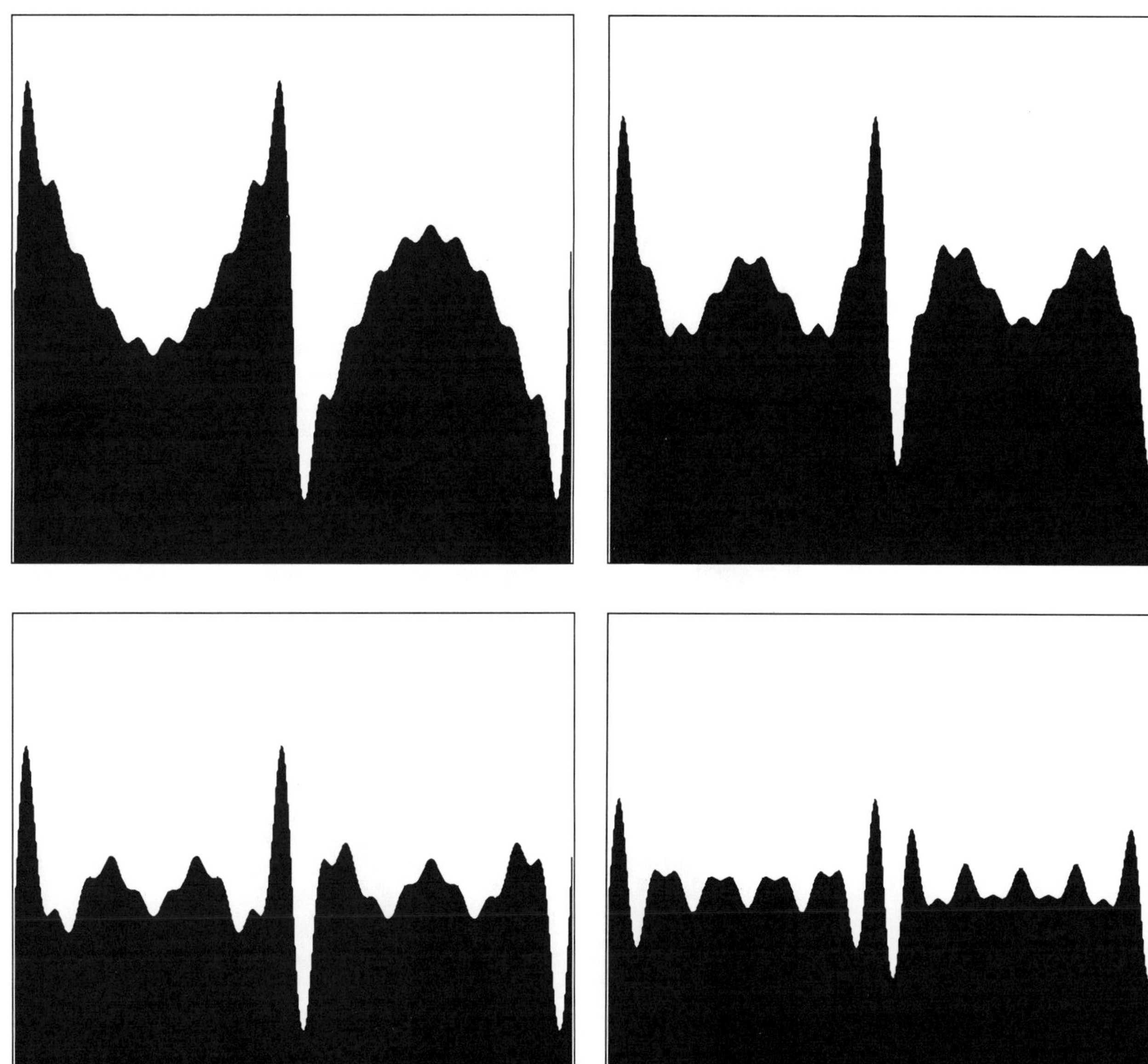

7.34–7.36 Herbert W. Franke, Horst Helbig,

7.34 Serie B

▷ **7.35** Ornamentale Form, Relief-Kopie, Originalgröße

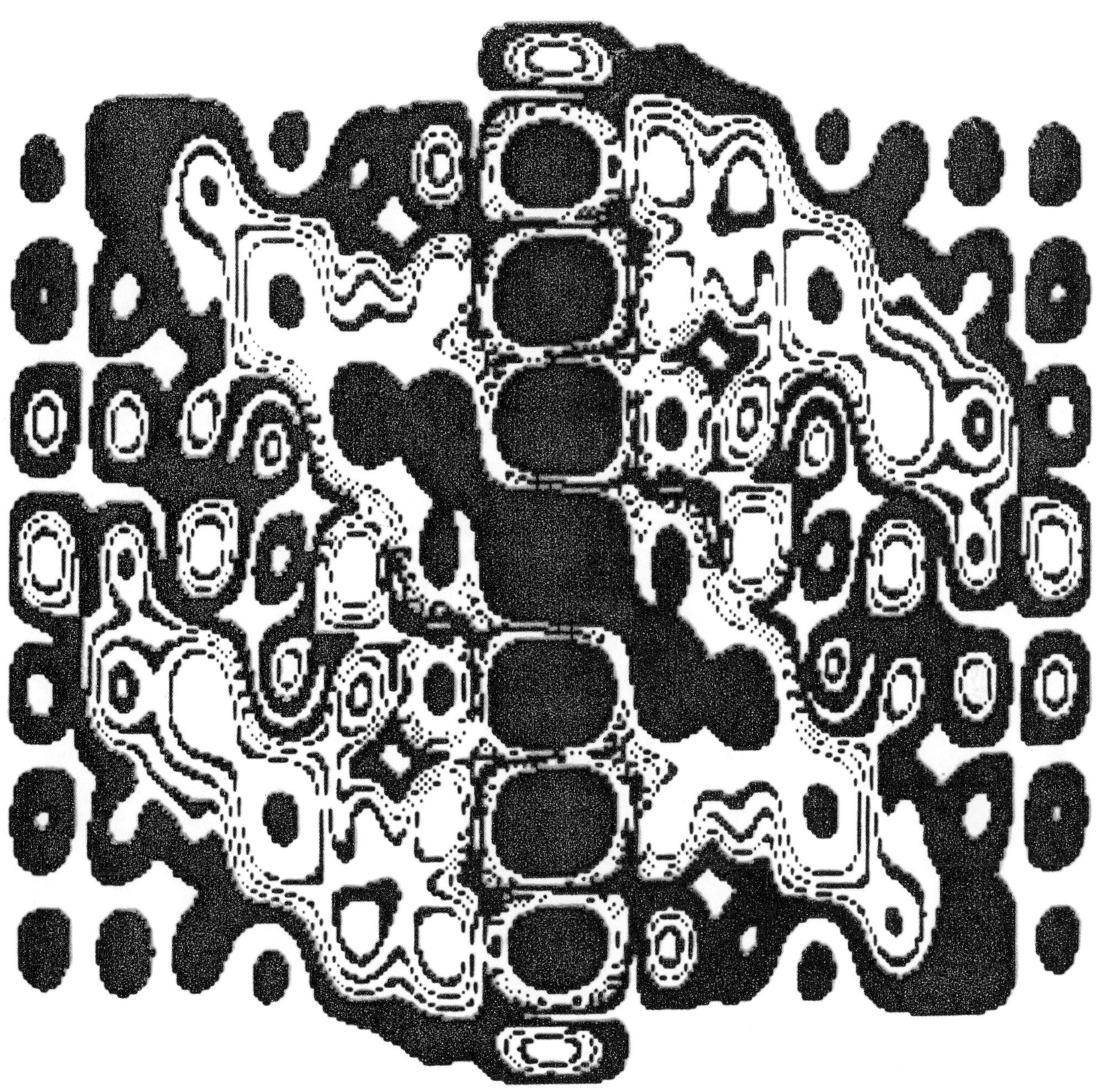

▷ **7.36** Herbert W. Franke, Horst Helbig, Grafik aufgrund einer Fourier-transformation

H. W. Franke und H. Helbig benutzten die Fourier-Transformationen in der Ebene nicht genau auf diese, aber in analoger Weise als Experimentierfeld, um alle möglichen Bilder wie Elefanten oder Buchstaben in eine »Ornamentale Form« zu bringen. Bei Bild 7.34 sind die Näherungen an das ursprüngliche Bild eines »B« noch deutlich zu erkennen; die anderen Bilder werden durch die Zerstückelung der Fourier-Reihe weitgehend verfremdet.

Freie Linien

Das System der oben behandelten Lissajous-Figuren wird weiter aufgebrochen, wenn man die zwei sich überlagernden einfachen sin- oder cos-Schwingungen verkompliziert, indem man an ihrer Stelle Reihenentwicklungen ähnlich wie die von Fourier setzt. Die Mathematik wird reines *Hilfsmittel* (s. S. 261). Bei diesen derart *verfremdeten Lissajous-Figuren* wird die Amplitude variabel gehalten, sodaß die Figur besser dem quadratischen Rahmen angepaßt bzw. variabel gestaltet werden kann (s. das abgewandelte Programm im Glossar).

Für die erste Ordnung – man verwendet also nur das erste Glied der Reihe, die Grundfrequenz – erhält man Lissajous-ähnliche Figuren, bzw. *unsymmetrische* Ausschnitte davon, da der Lauf in der Schleife des Programms vorzeitig abgebrochen wird.

2.7, 2.14–2.16, 7.37

Die typisch computermäße Glätte der Kurve verschwindet bei höheren Ordnungen. Die Strichdicke wird proportional zu gewissen Funktionswerten gesetzt, sodaß auch deren Gleichmäßigkeit verschwindet (s. auch Bild 7.32). Sichtbar werden wie von Hand gezogene, rhythmische Linienzüge, die zum Teil an die »Freien Gebogene« von Kandinsky (1973) erinnern mögen. Es werden *Freihandzeichnungen simuliert,* die, falls rhythmisch-organisch angelegt, auf Schwingungen höherer Ordnung zurückgeführt werden können. Im nachhinein erscheint dies fast selbstverständlich.

Bei den Bildern 2.14, 2.15, 2.7 und 7.37 ist die erste Grundfrequenz jeweils 3, die zweite der Reihe nach 4, 6, 2 bzw. 12. Alle Frequenzen der ersten beiden Bilder werden bis zur 4. Ordnung hochgetrieben, bei den letzten beiden zur 8. Ordnung für die erste und bis zur 9. Ordnung für die zweite Grundfrequenz.

▷▷ **7.37** Erwin Steller, Große Linie, 1989, Siebdruck, 70 x 70 cm

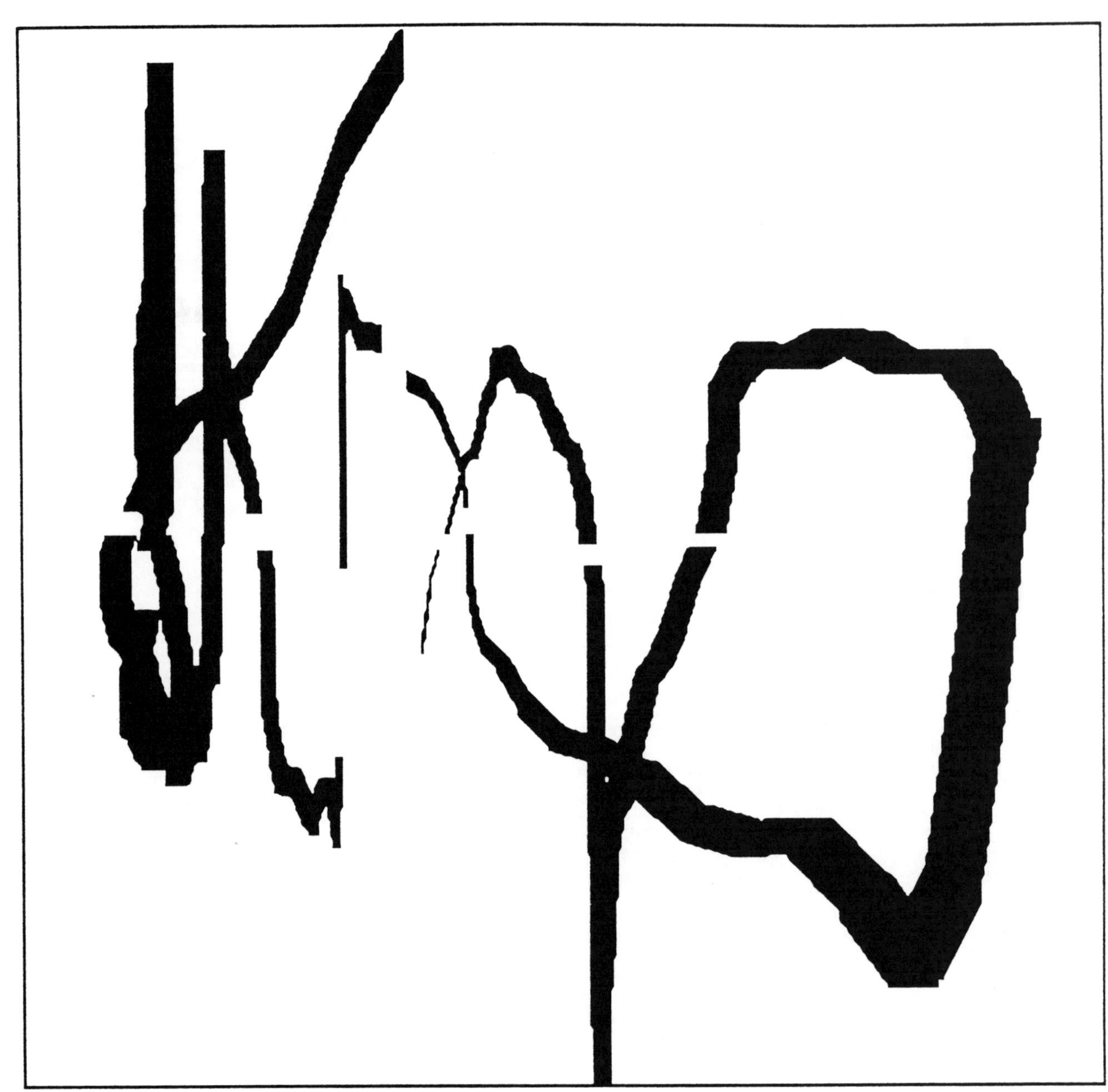

8 Standortbestimmung

Die Tage der Meisterwerke sind vorbei …
Werft Pinsel und Zeichenkohle weg.
JOHN FEKNER

Es sollen einige Gesichtspunkte und Entwicklungen der Gegenwart angeschnitten werden. Die Abschnitte sind kurz und stichwortartig gehalten, ihr Bildmaterial ist entsprechend reduziert, insbesondere dort, wo Künstler und ihre Werke bereits bekannt sind. Fragen nach der Kunst werden erneut aufgeworfen, ihre Zusammenhänge mit der Technik, auch geschichtlich, gestreift und einige Tendenzen – zur Immaterialität oder der Verwendung der Künstlichen Intelligenz KI – kritisch beleuchtet.

8.1 Können Computer Kunst erzeugen?

Diese grundlegende, sofort von Nake gestellte Frage (Nees, 1969), ist gerade nach dem Umschlagen der Kunst in andere Positionen, wie sie in Kapitel 6 behandelt wurden, wieder aktuell. Sicher läßt sich sagen, daß *mit* dem Computer Kunst gemacht werden kann. Das Buch sollte die Verträglichkeit von Kunst und Computer aufweisen. Es wurde sogar festgestellt, daß der Computer mit den eingebauten Pseudozufallsgeneratoren »als zweite schöpferische Instanz« Teil am Kreativitätsprozeß haben und so (»nicht-freie«) Kunst erzeugen kann (s. S. 160).
Trotzdem sollen einige Argumente Pro und Contra über das Arbeiten mit dem Computer explizit zur Sprache gebracht werden, Argumente, die aus dem Bereich der Informatik bzw. der Computerkunst kommen und somit besonders aufschlußreich und ernst zu nehmen sind. Dabei sollen Enthusiasmus und Euphorie nicht unterdrückt werden, wenn sich dabei auch Wort und Tat nicht immer decken und so das Kunstverständnis eher erschweren können.

Negative Argumente

Knowlton
2.5
Kenneth Knowlton ist bekannt durch seine in den Computer mittels Scanner eingegebenen Fotos, die er einer *Bildverarbeitung* (Picture Processing) unterzieht, indem er den Grauwerten beispielsweise Buchstaben verschiedener Größe und Dicke, aber auch andere Zeichen, wie schwarze Dominosteine mit ihren weißen Augen, zuordnet. Aus gewisser Entfernung gesehen, entsteht so ein weiblicher Akt (1966) oder der Kopf der Freiheitsstatue (1986) – zu sehen im Art Show Catalog, ACM Siggraph '86. Dieser Katalog enthält auch seinen resignierenden Artikel »Why it isn´t Art yet« mit folgenden sinngemäß wiedergegebenen Argumenten:

Antiseptic otherworldliness, 8.1
Jedes traditionelle Medium ermögliche den Ausdruck von Angst, Zärtlichkeit, Nostalgie... Computerkunst dagegen bewirke nur »antiseptische Weltferne«.

Software
Software könne zwar jeder Person spezifisch angepaßt werden, doch wisse der Künstler sich häufig nicht zu helfen. Ein potentiell sehr flexibles Werkzeug werde meist in äußerst phantasieloser Weise benützt. Es ist sofort festzuhalten, daß sich aus diesem Grunde immer wieder Künstler und Informatiker zu einem *Team* zusammentun, manchmal auch nur in einer Person.

Kunst und Technik
Zusammenwirken von *Kunst und Technik* ergebe kaum Kunst – auf dieses alte Thema soll gesondert etwas eingegangen werden; insbesondere sei die Schnittstelle Mensch-Maschine eine groteske Einengung der Ausdrucksmöglichkeit – als wenn der Geiger auf einer Klaviatur geigen oder der Maler mit einem Roboter malen wolle.

Knowlton zieht den Schluß, daß die Computerkunst sich immer noch – 1986 – im Stadium angeberischer Protzerei befände, mit Neuigkeiten und Gags um ihrer selbst willen. Bessere Werkzeuge für Künstler sollten entwickelt werden.

Nake
4.14
Frieder Nake formuliert in »Entleerung des Sinns, Künstlichkeit und Computer« (1987) seine Kritik im wesentlichen so:

Fehlende Semantik
Computer-Bilder verweisen »nicht mehr auf Abgebildetes, sondern nur auf sich selbst ...«

Simulakren als Droge
»Das Überschlagen eines Wellenkamms am Strand wird so realistisch synthetisiert, daß der Betrachter es nicht merkt... Das Meer vom Terminal aus ›erleben‹...« Dazu werden Fotoapparat und Filmkamera *digital nachgeahmt*. »Abgeschmackt« findet Nake »Gedanken-Projekte vieler künstlicher Filmkünstler« mit »Filmen, in denen verstorbene Stars wieder auftreten, so reden, so gehen und gestikulieren, wie man es von ihnen kennt.« (Der Autor konnte sich auf dem FISEA 1988 davon schaudernd überzeugen; s. Leonardo: »The Making of a Film with Synthetic Actors« – Humphrey Bogart und Marylin Monroe – von Magnenat-Thalmann).

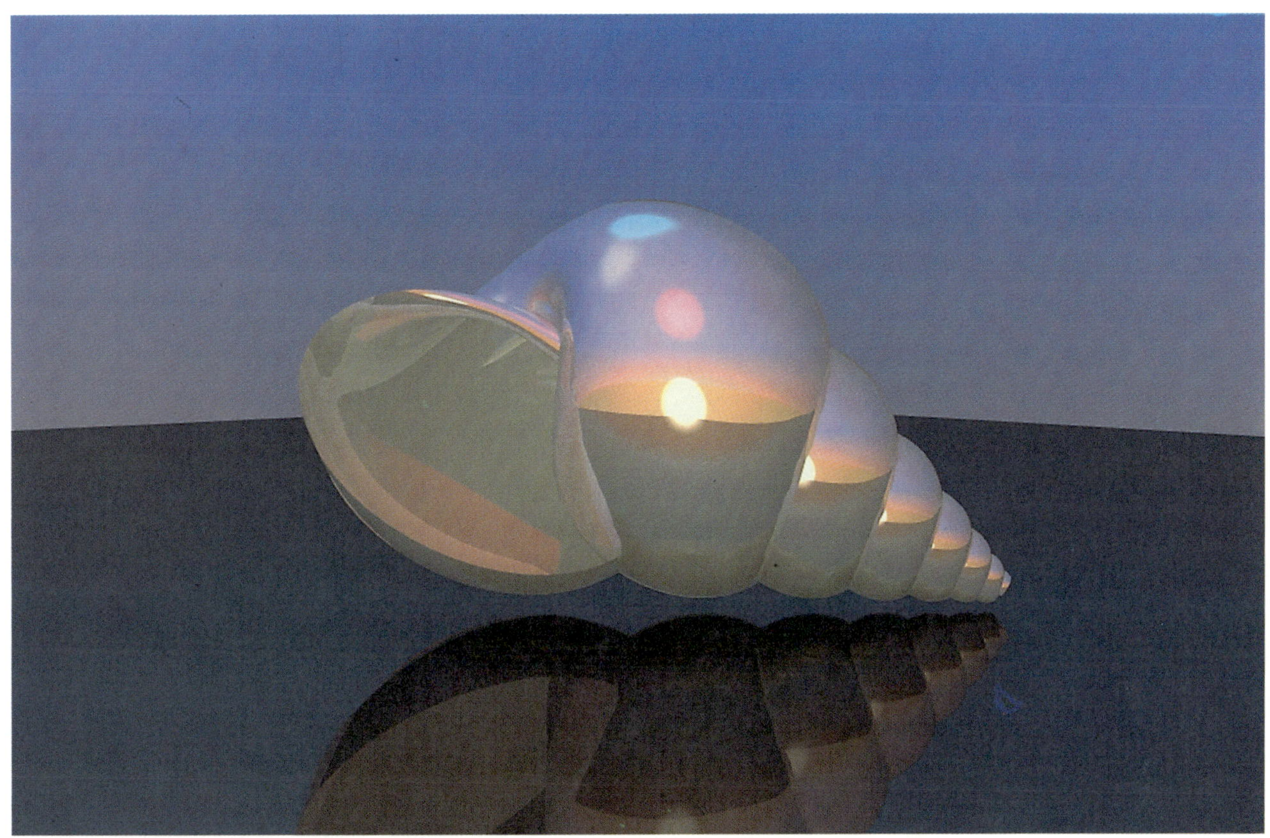

8.1 Vassilis Vlasssopoulos, Schnecke, 1987, Raytracing

Härter noch gehen Perincioli und Rentmeister mit dieser Sucht ins Gericht: »Auf uns wirkt die Ähnlichkeit und gleichzeitig Leblosigkeit der Gesichter dieser mühsam bewegten Wachsfiguren eher wie ein Horrorfilm: reanimierte Leichen, aufgezogene Gliederpuppen, auf unheimliche Art geistesgestört wirkend. Ebenso unheimlich die Vorstellung, das gerade in dieser Richtung weitergeforscht und investiert werden soll« (in »Computer und Kreativität«, S. 255).
Es sei ergänzt, daß es inzwischen möglich geworden ist, *Physiognomie* und *Erfahrungen* der dargestellten Menschen zu speichern und zu verwerten, -zig Gelenke und Gesichtsmuskeln zu koordinieren: Babys können so bereits kunstgerecht »nießen« und »anschließend sabbern« (Willim) – alles echt 3D und »künstlich intelligent«.

Statt Realität zu simulieren sollten neue Welten kreiert werden, statt Wasserschlangen beispielsweise Schlangen aus Wasser, wie dies fantasievoll Denis Muren in seiner Animation »Pseudopod Sequence« (Prix Ars Electronica 90) tat; u.a. verwandelt sich der Schlangenkopf in das erstaunte Gesicht des Betrachters. Nachahmung oder Erfindung dieser Art erfordern als Grundlage sehr viel Detailarbeit, die an die umfangreichen anatomischen Studien eines Leonardo erinnern mögen.

Gerätefetischismus Nake fährt fort: »Computerkünstler werden nicht müde, über ... Herstellungsprozesse und Arbeitsgeräte zu plaudern.« In Wirklichkeit jedoch spielt »die Technik der Entstehung ... eine recht nebensächliche Rolle. ... Das Bild als Werk erlangt erst dann Sinn, indem sein Betrachter es in vielfältige Bezüge zu seiner Erfahrung, seinen Emotionen, seinem Denken und Wissen bringt, zu anderen Bildern, die er kennt.«

Ein Zitat von J. Claus in »Das Elektronische Bauhaus« (S. 25) scheint das Argument von Nake treffend zu veranschaulichen: »Jane Veeder, amerikanische Computer-Grafikerin, arbeitet mit dem von DeFanti entwickelten ›Zgrass‹-System... Zu ihrem Arbeitsgerät zählen neben dem UV-1 Datamax, auf dem sie mit ›Zgrass‹ eine Speicherkapazität von 16 Bildschirmseiten gestalten und in Echtzeit abrufen kann, ein Sony 5850 Videoband-Editor und -Recorder.« Fairerweise muß gesagt werden, daß Künstler oft dem Insider *auch* ihre verwendete Hard- und Software mitteilen wollen. Bei Jane Veeder bleibt es nicht dabei; deshalb wird von ihr nochmals die Rede sein.

Pearson John Pearson kommt von der bildenden Kunst her – genauer vom Konstruktivismus – zur Informatik und zum Computer. Trotzdem – oder gerade deswegen – resigniert er nicht und sieht, wie andere, auch das Positive. Zunächst seien einige der negativen Argumente aus seinem Artikel »The Computer: Liberator or Jailor of the Creative Spirit?« (Leonardo, Spezialheft 88) aufgeführt:

2.19

Ideas can ossify Die Fähigkeit eines variablen Programms, *viele Möglichkeiten mit wenigen Parametern* zu offerieren, hemme die künstlerische Kreativität und die Entwicklung neuer Konzepte – Bequemlichkeit verführe, innerhalb eines Programms zu verharren: »Ideen verknöchern« (Ideas can ossify). Die dabei sich leicht einstellende »Überproduktion« »verwirrt den Künstler und erschwert seine Auswahl« (King).

Fehlende Bezüge Traditionelle Kunst ermögliche direkten Kontakt mit dem Medium – *Tastsinn* und rechtes *Maß* sind beteiligt. Dieser Kontakt bewirke – in Verbindung mit dem Intellekt und der Emotion – eine Rückkopplung zu Hand und Auge. Beim Computer fehle nun dieser *taktile Bezug*; die mit Plotter gezogenen Linien seien deshalb völlig unmodelliert – ein Argument, das bei Bild 3.10 bereits zur Sprache kam – , zu kleine Bildschirme verfälschten außerdem den Maßstab.

Das bildschirmbezogene Arbeiten legt also »die zeichnerische, malerische Geste still, instrumentalisiert die Handbewegung« (Claus) – sei es, man verwendet wie Sýkora den Bildschirm gar nicht.
Es ist zu ergänzen, daß dem Output am Bildschirm eine *materiale Qualität*, die Faktur, fehlt. Äußerste Konsequenz wäre, es dabei bewenden zu lassen und sich großer, wenn auch teurer Bildschirme zu bedienen. Vielen Künstler erscheint es jedoch notwendig, auf eine *zweites Medium* – wie Leinwand, Plexiglas etc. – überzugehen.

Artistik

Der Computer werde *technisch virtuos* verwendet; der Künstler-Techniker verkümmere damit zu einer Erweiterung oder Fortsetzung der Maschine, werde also deren Sklave. Die Technik um ihrer selbst willen verfange sich in einem »geschlossenen System«.

Wiedererfindungen

»Die ganze Skala historischer Entwicklungen in der Kunst wurde von Computer-Wissenschaftlern wieder erfunden – von der *Perspektive* bis zum *Realismus* (bzw. Naturalismus)... Warum sehen Bilder, die mit dem Raytracing erzeugt wurden, so mechanisch, so unreal aus?«
Diese beiden Argumente fanden sich vorher schon und beschreiben in der Tat eine kritische Situation.

Farbenlehre

Weiter bemängelt Pearson die unverstandene *Farbenlehre:* Der Himmel sei stets blau, das Gras grün und Bäume braun. Als wenn es die Impressionisten mit ihrer reichen Farbskala nicht gegeben hätte. Es gebe und es gibt keine absoluten Farben, da sie entsprechend den Bedingungen des Lichtes und der Umgebung relativiert werden.

8.2

Anzufügen ist: und dies bei einem Angebot von mehr als *sechzehn Millionen Farben*, von denen nur ein Bruchteil vom Auge unterschieden werden kann. Kein Wunder, wenn nur Inhalt und Idee wichtig erscheinen. Es sei an das Zitat von Kawaguchi erinnert (s. S. 46). Mit 2 Stellen hinter dem Komma – wie in der letzten Zeile des Protokolls von S. 237 – lassen sich 1 Million Farben darstellen. Diesen Zahlen ein Gefühl für Farben abzugewinnen, erscheint nicht leicht vorstellbar.
Wenn Lilian F. Schwartz jedoch meint, das »Erstellen und Verändern von Farbskalen (sei) jetzt einfacher als das Öffnen und Schließen von Farbtuben«, so nur, weil sie dieser Verführung zielbewußte Kontrolle entgegensetzt: »Jetzt kontrolliere ich den Computer«. Inwieweit dies gelingt und wie dabei der Verlust einer vom Computer direkt nicht zu erreichenden, *materiellen Farbigkeit* zu bewerten ist, soll offen bleiben. Interessante Versuche, die *elektronischen Farben* auf ihre Expressivität zu testen, unternimmt Zajek (s. seine »Animationen«, S. 321).

8.2 Yoichiro Kawaguchi, Growth, Organische Oberfläche mit Meta-Kugeln, 1983

Ausdruck

Gegenargumente und Fragen

Die ersten Argumente von Knowlton und Nake sind im Grunde keine Argumente gegen die Computerkunst, sondern gegen die *abstrakte,* besser *konkrete* Kunst. Bereits Farben alleine erzeugen expressive Wirkungen. Es ist aber auch möglich, *gegenständliche* Bilder analog der *Fotomontage* mit dem Computer so zu verarbeiten, daß sie »*Angst vor Aids*« ausdrücken, wie dies Joan Truckenbrod (s. Leonardo) versucht.

8.3 Georg Mühleck, Pirate Art Process: The Painting Professor II (Diptychon), 1988, Farbdruck (in Folie), 35,5 x 21,5 cm

8.3 Georg Mühleck (*1954 in Neckarsulm, lebt in Stuttgart und Montreal) gewann mit einer digitalen Bildmontage den Wettbewerb um den »Goldenen Plotter '88« aufgrund seiner »feinen Ironie«, die die traditionelle Malweise, der »Malprofessor vor der Staffelei«, mit »Zeichen und Kürzeln aus der modernen Technik« in Einklang bringe (Kat. Computerkunst '88).

Andere Beispiele ließen sich anfügen, die genannten Argumente zu entkräften.

Beharrlichkeit

Das erste Argument von Pearson (»Ideas can ossify«) ist ebenfalls nicht computertypisch. Viele Künstler der »traditionellen« Kunstszene, wohl sogar die meisten, verweilen viele Jahre bei einem sich selbst gestelltem Problem. Josef Albers mit seiner »Ehrung des Quadrats« – vier gesetzmäßig ineinander geschachtelte, farbige Quadrate – ist ein typischer Vertreter dieser beharrlichen Art in der modernen Kunst. Warum sollten also Künstler nicht mit *einem* Programm über längere Zeit am Computer arbeiten und es solange ausloten, wie es ihnen nötig erscheint? Diese Ausdauer offenbart eine Art wissenschaftlich-experimentelles Vorgehen in der Kunst, wie sie u.a. bei Bridget Riley, Zdeněk Sýkora oder auch Vera Molnar festzustellen ist.

Intellektueller Kontakt

Der fehlende *taktile Kontakt* mit dem Medium (das zweite Argument Pearsons) wird – und dies erscheint wesentlich – ersetzt durch die geistige Arbeit mit den in Programmen geronnenen *Konzepten,* deren – auch experimentelle – Verbesserung, Verfeinerung oder sogar Verwerfung.

In futuristischer Manier könnte emphatisch eine Stelle aus dem Manifest »Die mechanische Kunst« von Prampolini, Panaggi und Paladini, 1922 (zitiert bei Thomsen) angefügt werden: »Wir fühlen wie Maschinen ... Durch die Maschine und in der Maschine vollzieht sich heute das menschliche Drama.« Die »Maschine« als Variable betrachtet, ist durch den »Computer« zu ersetzen – und die heutige Situation ist hinterfragt. Ist es, statt des Einswerdens mit der Pinselspitze – wie der Zen es lehrt – nun das Einswerden mit dem Computer?

Positive Argumente

Pearson, aber auch andere Autoren oder Künstler, stellen eine ganze Reihe positiver Argumente auf, die – mit dem eben Ausgeführten – explizit auf das *typisch Neue* verweisen, das die Arbeit mit dem Computer charakterisiert.

Systemmöglichkeiten

Als erstes erwähnt Pearson die vielseitige Bilderzeugung und Bildverarbeitung – auch in *Echtzeit,* also ohne Zeitverzug nach Eingaben in den Computer – mittels Programmen, Malsystemen, Scanner, Raytracing oder einer Kombination davon.

8.4 Johann Jascha, Einräumen, 1988 (Anerkennung für Computergraphik 1988)

Es sei angefügt, daß *Malsysteme* kaum computertypisch sind, wenn die »Maus« nur zum »Malen« oder »Zeichnen« verwendet wird. Dies verführt mehr oder weniger zu nur gefälligen, kaum innovativen Bildern. Nur verhaltenes Arbeiten erzielt Bilder einer gewissen Qualität, wie jenes von Jascha (*1942 in Mettnach, Studium der Malerei, lebt in Wien), das in seiner »kartografischen« Art an Jan Voss (*1936, Hamburg, Künstler der Pop Art) erinnert. **8.4, 8.5**

Mit Malsystemen können aber *Algorithmen* abgewickelt werden, die zwar nicht nach einem Computerprogramm ablaufen, doch nach strengen, sich selbst auferlegten Regeln. Dazu können einblendbare Maßstäbe, genaues Konstruieren geometrischer Grundfiguren, deren Halbierungen oder sonstige Maßstabsänderungen, Ausfüllen von Flächen mit einer einzigen Farbe oder einer Farbskala, Duplizierung von Figuren und andere *Optionen* sehr nützlich sein. **3.18**

Speichermöglichkeiten

In günstigen Entwicklungs- bzw. Experimentierstadien werden die Bilder gespeichert, auf kleinen Disketten transportiert und nach Belieben – auch per Telefon – abgerufen oder in ein Mediennetz eingespeist. Diese Disketten werden so für manchen Künstler – statt der Leinwand oder anderen Materialien – in äußerster Konsequenz die eigentlichen *Bildträger* (s. S. 346).

8.5 Jan Voss, Bravo Monsieur Durand, 1966

Bei programmierten Bildern läßt sich wegen der Variabilität der Parameter – auch der Zufallsgeneratoren – sehr schnell eine große Zahl von komplexen Konfigurationen testen – bei Pearson 14000. Zu der schon erwähnten Gratwanderung zwischen Stagnation (»Ideas can ossify«) und Beharrlichkeit kommt die zwischen Überproduktion und Flexibilität. Urteilskraft ist gefragt.

Variabilität

Die Erforschung dieser großen Zahl von Möglichkeiten führt von der generativen zu einer mehr *experimentellen Ästhetik* (Nees). Eine Reduktion dieser inflationären Anzahl kann sinnvoll durch eine Auswahl von Bildfolgen geschehen, die in sich stimmig sind, also einem Gesetz gehorchen, wie dies bei den generativen Arbeiten von Mohr, Molnar oder den Progressionen von Morandini der Fall ist, um nur einige Beispiele zu nennen. Der *Auswahlakt* nach ästhetischen Kriterien ist weniger willkürlich einem bestimmten bzw. unbestimmten Geschmack unterworfen.

Bildfolgen

Ein wesentlicher positiver Gesichtspunkt ist die Möglichkeit, »das Unsichtbare sichtbar zu machen«, so wie es das letzte Kapitel über »Mathematik und Ästhetik« zeigte.

Das Unsichtbare sichtbar machen

Euphorie oder Ideologie?

Götter, möchte man sagen, werden schließlich die Sterblichen sein,
wenn sie imstande sind sowohl fern und nah, hier und überall zu sein.
Wahrlich wunderbare malerische Widerspiegelungen… Alle Malerei ist tot im Vergleich, denn dies hier ist das Leben selbst, oder etwas noch Erhabeneres.
CONSTANTIJN HUYGENS *(1596-1687),*
Vater des Physikers Christian, über Teleskop/Mikroskop und Lochkamera.

Der Kosmos war und ist für viele Künstler ein unerschöpfliches Thema, als Kommentar – häufig die dahinterstehende Kunst dadurch eher verunklärend – oder auch für Science Fiction, wie der Stummfilm »Die Reise zum Mond«, 1902, von Georges Méliès. Was der Film konnte, mußte auch der Computer schaffen: Weltraum-Bilder zu erzeugen. Solche veranlaßten Nake (in BILDER DIGITAL) von »Weltraumplüsch« zu reden. Gemeint waren stoffartige Kugeln und eigenartige Ringe im Sternenhimmel wie sie von David Em mittels eines aufwendigen NASA-Programms hergestellt wurden und bei Deken zu sehen sind. Dort wird auch Em zitiert, daß er »die Bedeutung und den Zweck seiner Bilder nur teilweise verstehe«: Vernebelung also bereits beim »Künstler«. Ein Beispiel dafür, wo die »Proportion von Aufwand und Wirkung« (Albers) nicht gewahrt wird.

Der Kosmos

Anders die bereits zitierte Jane Veeder, die zunächst emphatisch über eines ihrer Werke schreibt: »Für › 4 K Tape ‹ verwende ich das Medium der Simulation, den Computer, den ›Großen Geist‹, um den ›Großen Körper‹ zu simulieren. Visuelle Muster strahlen die Energieökonomien des Universums, des Planeten, des Organismus aus« (Kat. ORF-Videonale, S. 69). Hier drückt sich »digitales Lebensgefühl« (Claus) lustvoll aus – Technik wird zelebriert – um dann aber klar dem Wunsch Raum zu geben, »Konservatismus«, »Dogmen« und »beunruhigende Mittelmäßigkeiten« hinter sich zu lassen: »Ich versuche, meine programmatischen Schleifen immer allgemeingültiger und erleuchteter zu machen, im Wettstreit mit der Universalität der digitalen Medien.«

Und ein Sprung zurück zu Kandinsky: »So stellt die abstrakte Kunst neben die reale Welt eine neue, die äußerlich nichts mit der ›Realität‹ zu tun hat. Innerlich unterliegt sie den allgemeinen Gesetzen der ›kosmischen Welt‹.« Selbst diese zurückhaltende Formulierung beargwöhnt Hofmann (S. 313-316), wenn er meint, daß sich Kandinsky weniger aus philosophischen oder theosophischen Gründen dem »Diktat der kosmischen Gesetze« unterworfen hätte, sondern vielmehr die »Publikumsresonanz« im Auge hatte und deshalb das »Mißtrauen, das die Öffentlichkeit den abstrakten Sprachmitteln entgegenbrachte«, einkalkulierte. Heute sind wir an diese gewöhnt (s. auch die semantische Analyse, S. 192).

Die Geschwindigkeit

Die Geschwindigkeit spielt bei Simulationen in Flippern, Animationen, auch bei Logos, eine oft dominierende Rolle. Der visuelle Bildwechsel kann so weit getrieben werden, daß die zeitliche Wahrnehmungsschwelle des Menschen unterlaufen wird. »Der perspektivische Taumel und der Rausch der Geschwindigkeit … erklärt sich nicht nur aus den technischen Möglichkeiten, sondern auch aus den Wünschen, der psychischen Morphologie. Sie sind nicht nur spezifische Merkmale der Digitalkultur, sondern Ausdruck unserer Gesamtkultur« (Peter Weibel, zitiert von Claus).

Die Mystifizierung von Geschwindigkeit und Technik ist in der Tat nicht neu und kam bei Filippo Tommaso Marinetti bereits 1909 ideologisch, ja blasphemisch zum Ausdruck: »Wir erklären, daß der Glanz der Welt um eine neue Schönheit reicher geworden ist, um die Schönheit der Schnelligkeit. Ein Rennautomobil, dessen stählernen Leib dicke Rohre schmücken, in denen glühender Schlangenatem wallt ..., ein heulendes Auto … ist schöner als die Nike von Samothrake« (Futuristisches Manifest, Figaro vom 20.2.09).

Konsequenz bei Animationen oder allgemein beim »Cinematismus« ist die *Flüchtigkeit* des Bildes, die Paul Virilio in seiner »Ästhetik des Verschwindens« (Paris 1980, Berlin 1986) beschreibt.

8.6a Edward Zajek, Chromas, Animation, Dauer 20 min

Es gibt »Animationen«, die nicht dem »Rausch der Geschwindigkeit« verfallen. Edward Zajek (*1938 in Triest, Studium der Kunst in Jugoslawien und Amerika, Professor des »College of Visual and Performing Arts«, Syracuse University) thematisiert geometrisch-konstruktive Muster in verhaltener Bewegung. Ein Thema wird, synchron zu einer Musik, variiert, Bewegung entsteht durch an den Ort gebundenen Wechsel der Farben; Formen tauchen auf und verschwinden. *Individuelle* und *dividuelle* Muster gehen ineinander über, getrennt von transparenten Zwischenstufen und gesteuert durch die logischen Operationen der Mengenlehre wie Vereinigung und Durchschnitt. Zajek bezieht sich mit dem Begriff »dividuell« ausdrücklich auf Paul Klee, der damit im Gegensatz zu individuellen Formen strukturierte Formen meint, deren Teilung keinen substantiellen Verlust bedeutet. Zajek, der bereits 1968 in die Computerszene einstieg, berücksichtigt die *Farbenlehre* (s. S. 313), ja versucht sie weiter zu entwickeln, indem er, wie er sagt, »die zeitliche Dimension elektronischer Farben auf ihr expressives Potential und ihre ästhetischen Implikationen (untersucht). Mit dem Computer haben wir nun ein **8.6a–c**

8.6b Edward Zajek, Chromas, Animation

Werkzeug, das es uns ermöglicht, Zeit und Licht so zu steuern, wie die Musik Zeit und Klang steuert... Während die räumlichen Aspekte der Farbdimensionalität systematisch kodifiziert wurden, bleibt der zeitliche Aspekt der Farbe fast gänzlich unbeachtet.« (KUNSTFORUM, Bd. 103).

Es muß kaum erwähnt werden, daß bei solchen oder anderen Animationen Sehstörungen bewußt provoziert und als künstlerische Wahrheit deklariert werden können: »Film ist 24 mal Wahrheit pro Sekunde!« (zitiert Virilio den Filmregisseur Jean-Luc Godard).

8.6c Edward Zajek, Chromas, Animation

8.2 Maschinenstil

Die Meister schöpferisch zu ehren bedeutet, es mehr mit ihrer Haltung als mit ihren Ergebnissen aufzunehmen, bedeutet, einem künstlerischen Verständnis von Tradition zu folgen und das heißt: Neues schaffen, anstatt Altes zu beleben.
JOSEF ALBERS

Simulation von Kunstwerken

Einfach strukturierte Bilder von Lecci, Bartnig, Mohr, u.a. lassen sich durch Ausmessen und Zählen dahingehend *analysieren*, daß man mittels eines Computerprogramms ein Bild in seiner metrischen oder topologischen Struktur – allerdings unabhängig von seiner Materialität oder Faktur – häufig ohne weiteres nachahmen, kopieren bzw. simulieren oder es als Kern einer neuen Idee verwen-

3.10, 3.14, 3.20, 3.27, 3.34

den kann. In anderen Fällen gelingt das nur, wenn das *ästhetische Programm* des Künstlers bekannt ist.

Piet Mondrian Schwierig wird eine Simulation von Bildern, bei denen Intuition und Zufall, also auch die Statistik, eine wesentliche Rolle spielen. In diesem Falle wird das Original nie exakt imitiert werden können, sondern nur annähernd seine globale Struktur ohne Einzelheiten. Die Mikroästhetik ändert sich bei jedem Abruf des Programms.

8.7 Es war wieder Noll, der sich nach der Imitation eines Bildes von Riley, auch an ein Bild von Mondrian heranwagte. Welches der vier gezeigten Bilder ist das von Mondrian?

Alle vier Bilder repräsentieren auf einer kreisartigen Fläche eine statistische Verteilung von horizontalen und vertikalen, kürzeren und längeren Balken; die kürzeren sind oben in der Mitte etwas häufiger wie unten. Global gesehen erscheint das Bild symmetrisch. Es waren also im Bild von Mondrian die Häufigkeiten der Balken in Abhängigkeit von Länge und Ort auszuzählen. Noll generierte mittels dieser Daten so eine Klasse von Bildern und legte eine Auswahl 100 Personen vor. Der Test verlief in seinem Sinne positiv: das Bild oben rechts wurde bevorzugt. Genaueres Hinsehen hätte stutzig machen können, da das Bild zu ideal kreisförmig ist. Die Bilder oben links und unten rechts erscheinen in der Verteilung zu extrem. Ausgewogen in der Verteilung und spannungsreich in der Begrenzung ist das Bild von Mondrian unten links. Die syntaktische Bildanalyse wurde mit einem gewissem Erfolg zur Erzeugung eines *konkreten* Bildes eingesetzt – Zufall und Intuition erscheinen verwandt.

8.8–8.10 Doch fehlen die semantische Analyse, das Wissen um die gegenständliche Herkunft und die Einordnung in das Werk Mondrians. Ein Vergleich von Bild 8.10 mit den Bildern 8.8 und 8.9 zeigt nämlich einen atemberaubenden *Abstraktionsvorgang* bzw. die Reduktion des Themas »Pier und Ozean« auf ein Minimum. Der Sachinhalt wurde vom Forminhalt praktisch völlig verdrängt. Die Zeichen sind keine *Ikone* mehr, sondern nur sog. *Indizes*. Horizontale Balken evozieren einen Horizont oder sanft auslaufende Wellen, längere vertikale die Pfähle des Piers, das Fehlen der längeren Balken oben in der Mitte einen Lichteinfall, durch Wolken hindurch, oder einen Sonnenuntergang. Die zunächst ovale Bildbegrenzung deutet auf das Gesichtsfeld hin. Dieses Wissen und die damit verbundenen Assoziationen verstärken die Expressivität der Linien. Weiteres findet sich im Beitrag »Bilderfahrung und Naturvorstellung bei Cy Twombly« von Richard Hoppe-Sailer, erschienen in dem Sammelwerk »Wie eindeutig ist ein Kunstwerk?« (Hrsg. Imdahl). Hervorgehoben und zitiert sei, daß es Mondrian »nicht um die Wiedergabe der Natur« ging. »Die Natur wird … nicht gedacht als ein eindeutig wieder-

▷ **8.7** A. Michael Noll, Computer-Komposition mit Linien, 1964, und Piet Mondrian, Komposition mit Linien, 1917, Öl, 108 x 108 cm, Otterlo

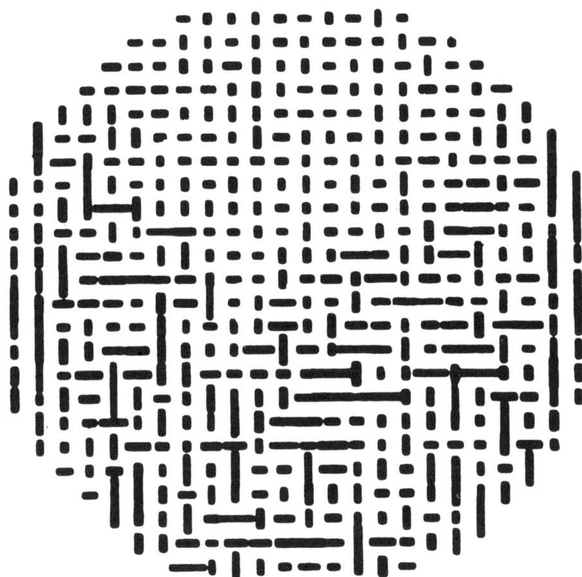

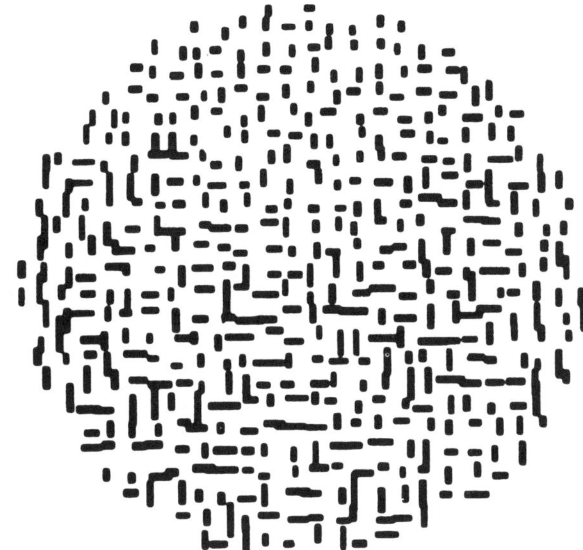

8.8 Piet Mondrian, Pier, 1912/13, Bleistiftzeichnung, Skizzenbuch

gebbares Faktum, sondern als prozeßhaft-hervorbringende natura-naturans« (wirkende Natur, ein Begriff Spinozas). »Der Prozeß wird durch die Bildform in der Interaktion zwischen Bild und Betrachter ausgelöst und in Gang gehalten und in dieser Prozeßhaftigkeit begegnen sich Bilderfahrung und Naturvorstellung.« Bleibt davon bei den Simulationen des Bildes etwas übrig?

Diese Simulationen zeigen deutlich die Befangenheit einer rein *rationalistisch* ausgerichteten Informatik, in der der *Kontext* einer Kommunikation unberücksichtigt bleibt, wo Semantik und Pragmatik zusammenfallen. Jede Interpretation – auch eine wissenschaftliche – stützt sich dagegen auf Vorinterpretationen, auf Vorwissen oder Interaktion (s. die Perzeption, Abschnitt 3.2). So wie Reiz und Empfindung verschieden und doch verwoben, »vernetzt« sind, so auch der Mensch und seine Umwelt, in die er »seine Welt« projiziert.

Paul Klee
8.11, 8.12

Nake simuliert ein Bild von Paul Klee und beschreibt dies: »Das Programm hierfür legt eine Anzahl gebrochener ›horizontaler‹ Linien fest, deren Knicke jeweils auf einer senkrechten gedachten Geraden übereinander liegen. So entsteht zunächst eine Einteilung des Bildformats in Vierecke mit 2 parallelen vertikalen Seiten. Für

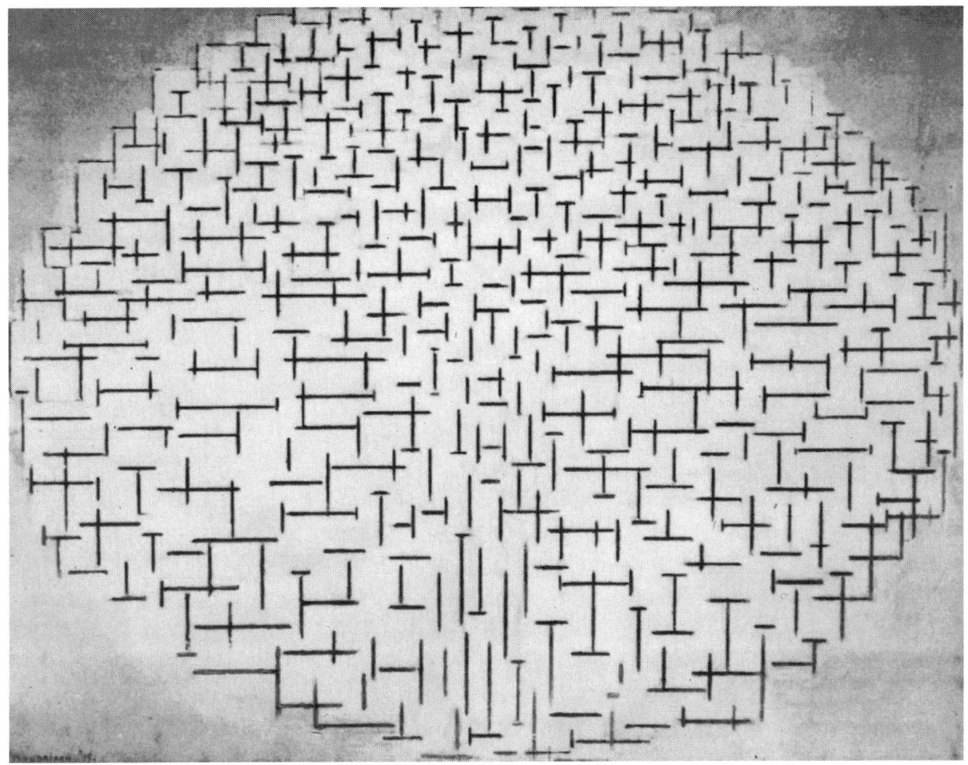

◁ **8.9** Piet Mondrian, Die See, 1912/13, Bleistiftzeichnung, Skizzenbuch

8.10 Piet Mondrian, Komposition Nr. 10, Pier und Ozean, 1915, Otterlo, Sammlung Rijksmuseum Kröller-Müller

jedes dieser Vierecke wird dann eine der drei Entscheidungen getroffen: 1. das Feld leer zu lassen; oder 2. senkrechte Strecken in es hineinzuzeichnen; oder 3. schräge Strecken einzuzeichnen... Nachdem so alle Vierecke je einmal behandelt sind, wird eine Anzahl von Kreisen über das gesamte Bild verteilt. Eine Reihe von Parametern dieses Programms ist zufällig: Zahl der Unterteilungslinien, Zahl und Art ihrer Knicke; Zahl, Ort und Radius der Kreise; Entscheidung über die Art der Behandlung jedes Vierecks (wobei sich vertikale Linien über mehr als ein Feld erstrecken können), Zahl und Ort der vertikalen bzw. schrägen Linien.« Wesentlich war Nake die Trennung von Makro- und Mikrostruktur. Erstere wird durch die Bänder bestimmt, letztere durch das Geschehen in den einzelnen Vierecken.

Interessant ist, daß das Bild von Nake keineswegs sklavisch am Urbild hängt, es sich eigentlich sehr von diesem unterscheidet, trotzdem aber den *Stil* von Klee in einem gewissen Maße atmosphärisch trifft. Das mag der schon erwähnten

8.11 Paul Klee, Architektur aus Variationen, 1927, Federzeichnung auf Papier, 35x53 cm, Bern Kunstmuseum

Arbeitsweise Klees entsprechen, beim »Chaos« zu beginnen, sich sein Bild – zunächst ohne klares Ziel – zu »erwandern«. Das Bild stellt keinen Abstraktionsvorgang wie bei Mondrian dar und ist damit prinzipiell von anderer Qualität.

Formen-Grammatiken

Formale Eigenschaften eines Bildes können auch mittels Formen-Grammatiken beschrieben werden. Wieder läßt sich das Bild *approximativ* simulieren, »nachempfinden«.

Von einem *Anfangsstadium* aus werden Bilder mit Hilfe einer Anzahl von Regeln und Kriterien bis zu einem bestimmten *Endstadium* entwickelt. In Bereichen der *Architektur* und des *Designs* wurden solche Grammatiken bereits mit einigem Erfolg angewandt, also gerade da, wo feste Schemata immer wieder vorzufinden sind. Statt Serien von Fenster- oder Stuhlformen etc. zu entwerfen und zu speichern, werden nur einschlägige *Kriterien* für deren Aufbau eingegeben.

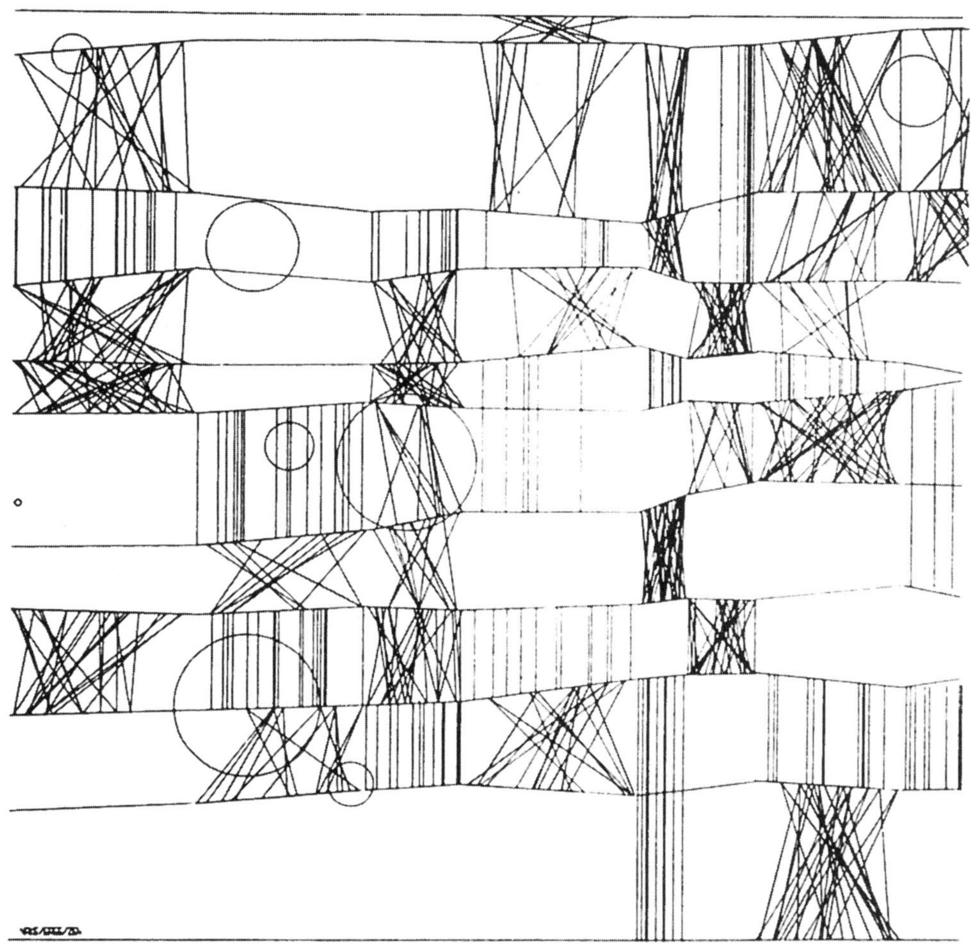

8.12 Frieder Nake, Klee, Nr. 2, 13.9.1965, 40 x 40 cm

Grammatiken für Bilder

In den letzten Jahren wurden Grammatiken für Bilder von Richard Diebenkorn (*1922 in Portland), Kandinsky, Miro (von Kirsch und Kirsch), und Georges Vantongerloo (von Knight) erstellt.

Für die Bilder von Diebenkorn stellten Kirsch-Kirsch 42 Regeln auf. Der Werdegang eines Bildes ist in sechs Etappen wiedergegeben und soll kurz soweit erläutert werden, daß sich zunächst ein gewisses Gefühl für diese Verfahrensweise einstellt. Erst dann sollen etwas genauer die Definition und die innovativen Möglichkeiten der Formengrammatiken erörtert werden.

8.13 Die Zahlen geben die verwendeten Regeln an, die Hochzahlen jeweils, wie oft eine Regel hintereinander ausgeführt wurde. Im wesentlichen wird von einem leeren Quadrat, das mit einer *Marke* versehen ist, als *Anfangsform* ausgegangen; die Marke zeigt an, wo weitere Regeln angewandt werden, stellt also ein Kriterium für den Bildaufbau dar. Nicht alle Regeln sind möglich, jedoch z.B. die Regel 7: Diese unterteilt das Quadrat in zwei ungleiche Rechtecke und eröffnet mit zwei Marken weitere Möglichkeiten. Die Regeln 11, 12 und 13 teilen vertikal oder horizontal auf analoge Weise Rechtecke; Regel 14 entfernt gewisse Marken – z.B. in der Mitte rechts – und beendet dort das Verfahren. Anschließend wird das rechte große Rechteck immer wieder – nämlich siebenmal – vertikal halbiert (Regel 36). Regel 20 bewirkt horizontale, gewichtete Aufteilung.

Das Endergebnis – alle Marken sind nun entfernt – ist nach 32 Schritten die *lineare* Wiedergabe eines Gemäldes, das aus einer komplexen Anordnung von Rechtecken mit einigen Diagonalen (Regeln 28, 37 und 38) besteht.

Bilanz Die Schwarz-Weiß-Reproduktion eines farbigen Bildes ist mit einem *Informationsverlust* verbunden, der durch eine bloß lineare Wiedergabe des Bildes weiter sehr vergrößert wird. Die Frage nach dem *Sinn* eines solchen Tuns stellt sich unausweichlich. Unabhängig von der skeletthaften Reduzierung der expressiven Malerei von Diebenkorn und vom unverhältnismäßig hohem *Aufwand* für die Erstellung der Grammatik, kann es nicht Ziel sein, endlose Bildserien im »Stile« Diebenkorns zu generieren. Ziel der Formen-Grammatiken sollte doch sein, *innovativ* mit ihnen zu arbeiten und divergentes Denken nutzbar zu machen. Die von den Autoren vorgeschobene *Speicherplatzökonomie,* so »dramatisch« sie auch sein mag, ist in diesem Zusammenhang marginal.

Definition Grob gesagt besteht eine Formen-Grammatik – genaue Definitionen finden sich bei Stiny oder Gips – aus vier Teilen, nämlich

1. aus einer endlichen Anzahl von *Formen,*

2. aus einer endlichen Anzahl von *Marken* – zwar auch Formen, aber von den Formen in 1 wohl unterschieden,

3. aus einer endlichen Anzahl von *Regeln*, bei denen den *Initiatoren* gewisse *Generatoren* zugeordnet werden. Die Initiatoren bestehen dabei aus Formen, die den Formen von 1 nur geometrisch-ähnlich sein müssen; die Generatoren sind eine *Vereinigung* solcher Formen. Mindestens einer dieser Generatoren darf keine Marke besitzen, damit der Prozeß sein Ende findet. Jeder Initiator muß dagegen demnach mit mindestens einer Marke versehen sein.

4. schließlich muß eine *Anfangsform* mit mindestens einer Marke gegeben sein, damit der Prozeß beginnen kann.

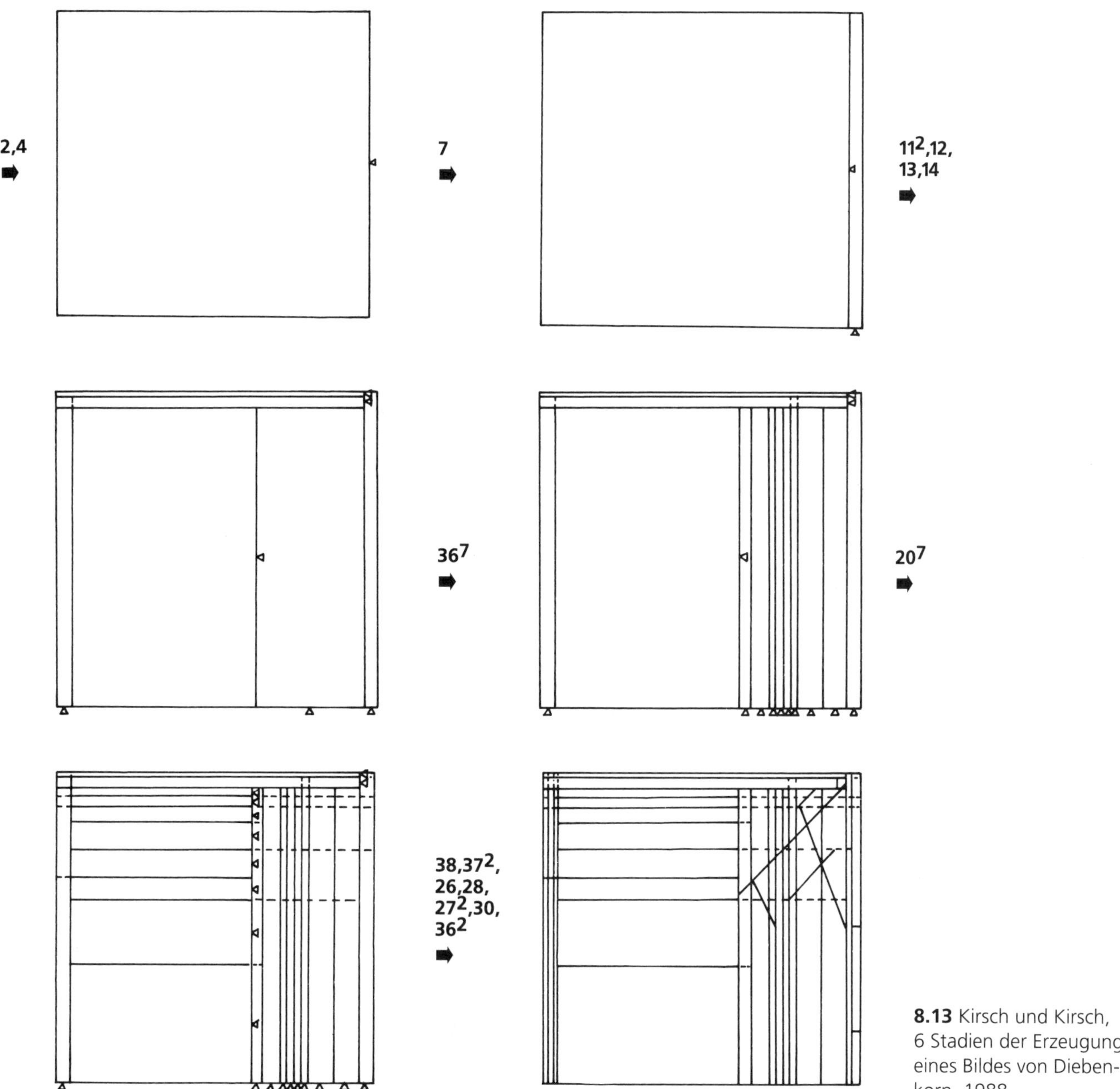

8.13 Kirsch und Kirsch, 6 Stadien der Erzeugung eines Bildes von Diebenkorn, 1988

Innovative Anwendungen

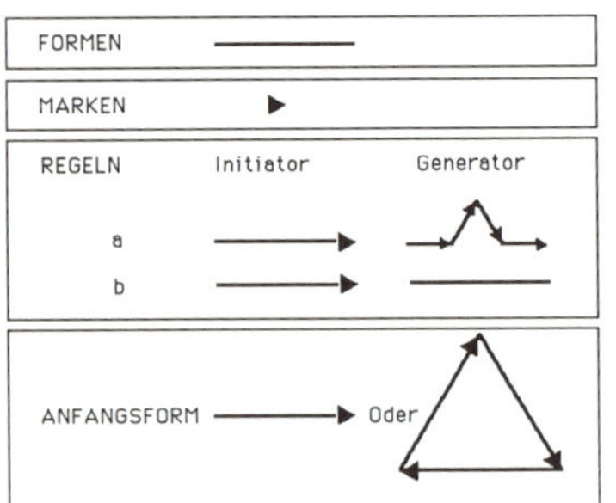

Formen-Grammatik der Koch-Kurve

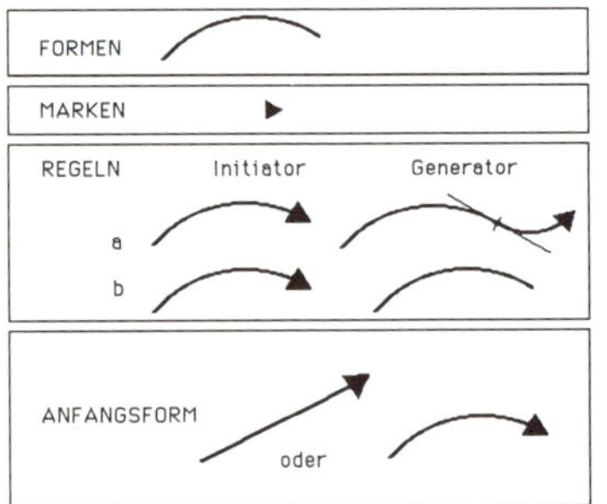

Formen-Grammatik der Linien von Sýkora

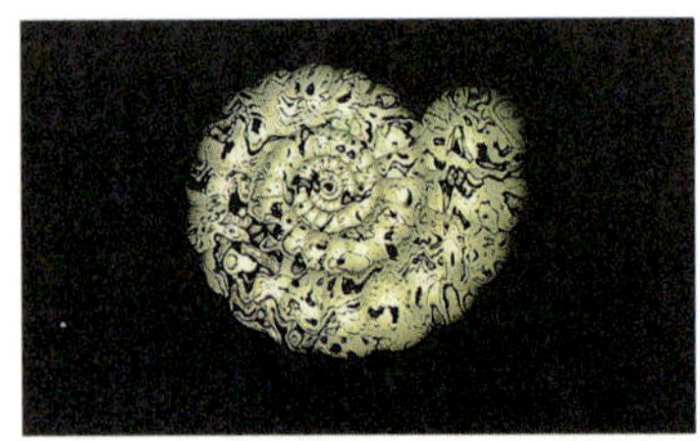

Komplexe Formen von William Latham (*1961)

Fraktale Gebilde, wie die Koch-Kurve, lassen sich mit der angegebenen Formengrammatik erzeugen. Es ist klar, daß der Initiator eine Marke aufweist (Regel 3a), erstens um den Prozeß in Gang zu halten, aber auch deswegen, weil der Generator auf zwei Arten gezeichnet werden kann: die dreieckige Ausbuchtung wäre auch spiegelbildlich (nach unten) möglich. Die Marke gibt der Strecke eine Richtung und hat beim Generator nur »Links-Ausbuchtungen« zur Folge. Die Regel 3b bewirkt den Abbruch der Rekursion – die Anzahl der Wiederholungen (Schleifen) ist dem Computer einzugeben.

Das Beispiel des Wachstums eines Baumes 8.14 unterscheidet sich nur in der Regel 3a: an jedem Ende eines Zweigs wachsen zwei weitere Zweige. Anfangsform ist der jetzt vertikale Stamm.

Werden beim Wachstum des Baums drei mögliche Richtungen – also auch gerades Wachstum – zugelassen, aber nur zwei gewählt, dann ist die Regel 3a durch drei entsprechende Regeln 3a,b,c zu ersetzen – die alte Regel 3b wird 3d – und die Wahl beispielsweise dem Zufallsgenerator zu überlassen. Diese Änderung der Kriterien, ergibt ein neues Bild, die »Wucherung eines Baumes« (Bild 7.10). Hier wie auch bei den vielen Beispielen Mandelbrots wird klar, wie die Formen-Grammatiken innovativ eingesetzt werden können und nicht, um bekannte »Stile« zu simulieren.

Die Linien-Bilder von Zdeněk Sýkora lassen sich als Überlagerung bzw. Verflechtung mehrerer Formen-Grammatiken erzeugt denken – im Beispiel sind es 35 Verflechtungen (s. S. 189f), die Skizze dort zeigt 2 Verflechtungen. Jede dieser Grammatiken ist durch eine fest gegebene Dicke und Farbe der Kreisbögen definiert, stimmen im übrigen jedoch formal überein. Die gegebenen Formen sind Kreisbögen verschiedener Länge und verschiedener Krümmung, die – wie geschildert – durch Zufall gewählt werden. In der nebenstehenden Figur wurde die Menge der Bögen durch einen einzigen Bogen repräsentiert.

Formengrammatiken können einerseits mimetisch eingesetzt werden; Hightech-Beispiel ist das *simulative Modellieren* von Bäumen, Wolken und Landschaften (Kap. 7). Andererseits lassen sich abstrakte Skulpturen dadurch entwickeln, daß man die Regeln des *Solid Modeling* (S. 231) verwendet. So verfährt William Latham in seiner Animation »The Conquest of Form« (1988), indem er von Grundformen wie Kugel und Ring und einigen Transformationen ausgeht. Damit und mit entsprechender Oberflächengestaltung (S. 239/40) findet er zu ästhetisch interessanten Formen, aber auch zu solchen, die wie Schmuckstücke von Neureichen aussehen (IBM-Nachrichten, Dez. 1988, Kunstforum Nr. 103 oder Multimedia 2, Karlsruhe 1991, Latham ist Henry-Moore-Preisträger).

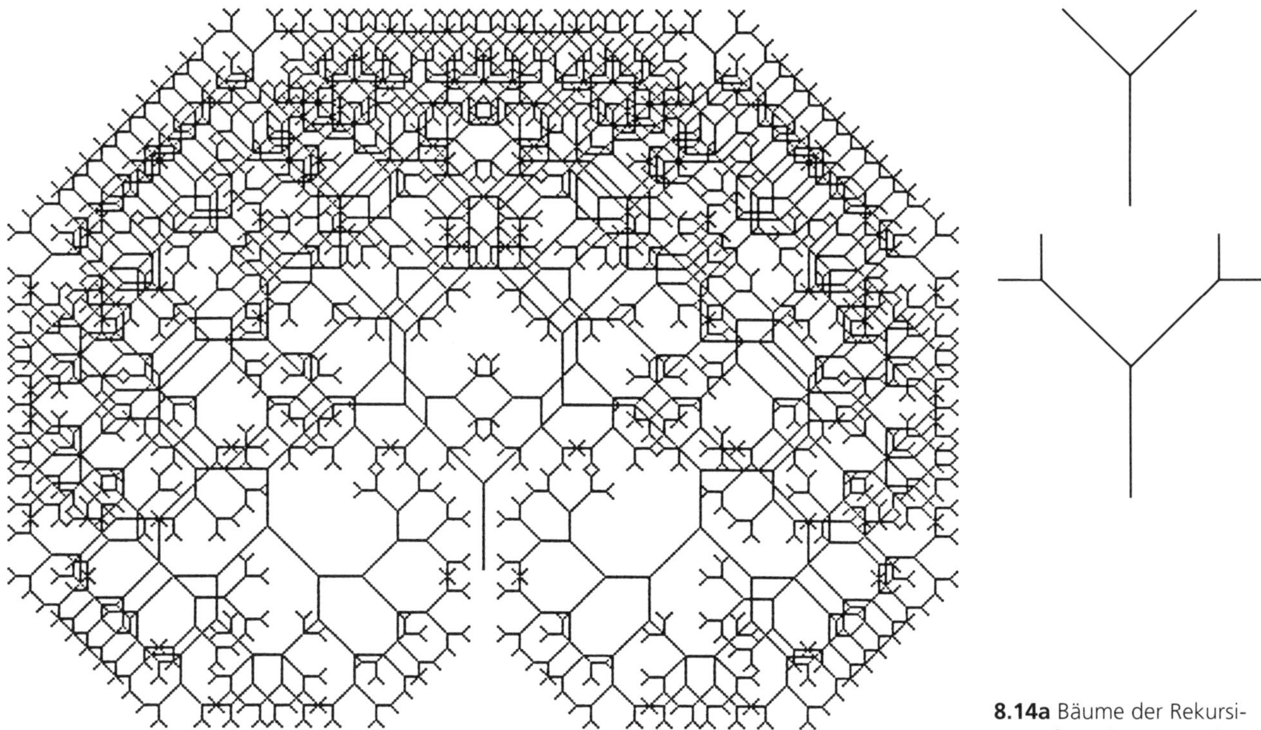

8.14a Bäume der Rekursionstiefen 2 bzw. 3 und 12

Künstliche Intelligenz KI

Eine denkende Maschine »ist bar jeder Originalität, jeder Initiative.
Sie kann ihre eigenen Probleme nicht finden.«
CHARLES S. PEIRCE, 1887 (nach Nadin)

Bereiche der KI

Die Formen-Grammatiken von Kirsch und Kirsch u.a. werden häufig in den Bereich der Künstlichen Intelligenz verwiesen, eine Meinung, über die man streiten kann, da *nicht* der Computer einen Stil erfaßt, sondern die genannten Autoren. Es soll daher näher darauf eingegangen werden.

Unter »Intelligenz« wird im wesentlichen die Fähigkeit verstanden, Situationen – insbesondere auch *neuartige* – zu bewältigen, also abstrakte oder anschauliche Gegebenheiten zu *erfassen* oder *herzustellen.* Geeignetes, eben intelligentes Ver-

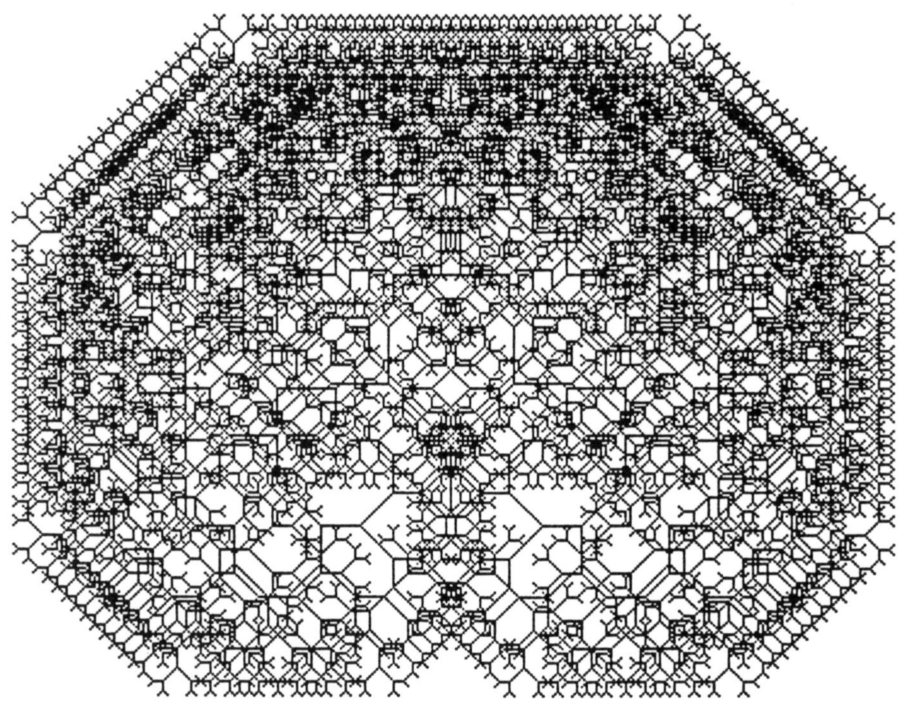

8.14b Baum der Rekursionstiefe 14

halten lösen solche Probleme. Nötig dazu sind, je nach Situation, das Verstehen u.a. von Sprachen, Bildern, logischen oder topologischen Zusammenhängen.

Um sich beispielsweise in einem Raum zu bewegen, ohne sich an Gegenstände anzustoßen, müssen die örtlichen, also topologischen Situationen erkannt, aber auch Distanzen eingeschätzt werden. Ein solches Verhalten kann man *Robotern* beibringen, die sich damit »künstlich intelligent« verhalten. In diesen Bereich gehört ein »intelligenter« Zeichenstift, der fähig ist, mehrere Formen berührungsfrei und innerhalb eines vorgegebenen Formats zu zeichnen (s.u. Cohen). Dieser Grad des »Erkennens« und »intelligenten Verhaltens« mag gering erscheinen, unterscheidet sich aber prinzipiell kaum vom Versuch, Reisen zu planen oder medizinische *Expertisen* zu erstellen. Im letzten Fall werden – statt gewissen Bewegungsrichtungen – gewisse Krankheiten nicht mehr zugelassen bis durch fortlaufendes Eliminieren eine bestimmte Krankheit diagnostiziert ist. Es erscheint also einsichtig, daß sich »künstliche Intelligenz« in gewissen, nicht allen *Experten-*

systemen, Deduktionssystemen – mit deren Hilfe sich mathematische Sätze oder die Fehlerfreiheit technischer Systeme beweisen lassen –, in gewissen *Robotertechnologien,* in *Sprach-* und *Bilderkennung* manifestieren kann.

Hoffnungen und Grenzen

Natürlich sind Hoffnungen übertrieben, wenn Maschinen gebaut werden sollen, die menschlich denken und in Verbindung damit »fühlen, schmecken, sehen und hören können.« (Weizenbaum, 1978, S. 188). Kann der Armdruck eines Roboters – auch wenn er »transatlantisch« übertragen wird, wie dies White und Back 1986 taten – Intimität ersetzen oder irgendeine »emotionale Bedeutung« haben? Welche Erweiterungen der Erfahrung, der Wahrnehmung, des Bewußtseins tun sich auf? Die Fragen mögen offen bleiben.

Weizenbaum allerdings mahnt: »Aber ... wir gelangen nicht nur durch die Mechanismen des Bewußtseins zu einem Wissen und einem Verständnis. Wir können mit dem dritten Ohr hören, eine lebendige Wahrheit sinnlich erfahren, die jenseits aller Beweiskriterien wahr ist ... (und die deshalb) außerhalb der Simulationsmöglichkeiten eines Computers liegt« (S. 194).

Zum Stand der Computertechnik meint er: »Es ist ... absurd zu glauben, irgendein gegenwärtig existierendes Computersystem könne ... das Wissen erwerben, das etwa ein zweijähriges Kind von Bauklötzchen hat« (S. 194, 276). Sieckmann zehn Jahre später: »Expertensysteme können die Intelligenz eines Spezialisten, aber nicht die eines dreijährigen Kindes simulieren.« Optische und neuronale Computer (Glossar) werden diese Grenzen verschieben, aber »es werden kleine Anwendungen sein in Maschinen, Robotern, Kameras, bei denen (diese) Furore machen. Es wird nicht der Konkurrenzkampf mit dem menschlichen Gehirn sein« (Schreiner). Schon deshalb, weil das Gehirn mit *Bewußtsein* Situationen erfaßt und interpretiert, während Roboter unbewußt und vorprogrammiert mit Zeichen – wie Tisch oder Linie, an die er nicht anstoßen darf – umgeht.

Die utopischen Behauptungen eines Moravec (»Mind Children«, 1990), menschliche Gehirne simulieren zu können und eines Minsky, Musik oder Bilder zu »verstehen«, falls diese in Computerprogramme gefaßt werden können, gehen von einer rationalistischen Einstellung aus, deren Begrenztheit bei der Simulation eines Bildes von Mondrian bereits erwähnt wurde. AI-Wissenschaftler wie Winogrado brechen jedoch mit dieser Denkweise und sind sich der Komplexität des Interpretierens bewußt (»hermeneutischer Zirkel«). Damit wird die Zielsetzung, Computer zu »intelligenten« und »verstehenden« Partnern des Menschen zu machen, sinnlos. Der Computer bleibt stets nur ein Medium.

Bilderkennung

Zur Bilderkennung (s. Glossar) werden im Speicher des Computers *Bildmuster* bereit gehalten und mit eingegebenen Mustern verglichen. Ohne Zweifel kann der Computer damit ein reguläres Sechseck mit seinen zentralen Diagonalen als das Bild eines Würfels auffassen und dementsprechend verarbeiten. Bei den Würfelfragmenten von Manfred Mohr wäre dieses Problem schon schwieriger zu definieren. Das kulturelle oder persönliche *Umfeld* oder die gewollte *Ambiguität* eines Kunstwerkes können von Computern nicht erfaßt werden. Was ein Künstler jeweils mit seinen Werken beabsichtigt, welche Bedeutungen er in diese legt, ist nicht für den Computer sondern für einen menschlichen Betrachter konzipiert.

Ein Ziel

Ein Ziel zukünftiger Anstrengungen wäre nach Mihai Nadin dagegen, dem Designer, ein System zur Verfügung zu stellen, das ihm hilft, aus den sehr komplexen Darstellungsmöglichkeiten eines Design-Systems mittels des gespeicherten Bildwissens, nach vorgebbaren, charakteristischen Kriterien, automatisch eine geeignete Auswahl zu treffen.

Nadin ist allerdings der Meinung, daß »das Interesse für Künstliche Intelligenz im Bildbereich Teil ist des Interesses an Intelligenz überhaupt und an der Möglichkeit, sie in irgendeiner berechenbaren Form einzufangen«. Dieses Zitat verdeutlicht die Priorität der Wissenschaft vor dem Design und vor der Kunst. Kunst kann als *Scheinmotivation* dienen – zur Zierde vorgeschoben.

Expertensysteme

Expertensysteme werden in der Chemie, Biologie, Medizin oder Technik verwendet und stellen dort eine große Hilfe dar. Durch eine Vielzahl von Entscheidungen werden – aufgrund, in einem Dialog der Reihe nach einzugebender, signifikanter Merkmale – Diagnose und Therapie einer Krankheit, Analyse oder Synthese eines chemischen Moleküls etc. ermöglicht. Mit der Anzahl der nötigen Entscheidungen kann der sogenannte *Entscheidungsbaum* so komplex werden, daß nur Großrechner diese Datenstruktur bewältigen – die »Bäume« in den Abbildungen 8.14 lassen dies ahnen. Das Problem ist auch hier, daß ein Expertenteam nicht in der Lage ist, sein *gesamtes* Wissen rational zu formulieren, also zu formalisieren und dieses so in einem Programm zu repräsentieren. Es handelt sich also stets nur um Teilgebiete.

Anwendung in der Kunst

8.15

Harold Cohen (*1928 in London, dort Kunststudium, arbeitet seit 1968 mit dem Computer, Professor am Visual Arts Department der University of California in San Diego) wurde ursprünglich vom abstrakten Expressionismus beeinflußt, wandelte seinen Stil zu flächigen Zonen und versuchte diesen mit seinem selbst konzipierten Expertensystem AARON zu synthetisieren. Figuren, Bäume, auch Steine sind

8.15 Harold Cohen, Ohne Titel, 1987, Plotterzeichnung, Farbauftrag per Hand, Tusche und Wasserfarbe auf Papier, 96,5 x 127 cm

bei aller Vielfalt die stets sehr charakteristischen und nach einer gewissen Manier gestalteten Elemente seines Repertoires, die sofort »Cohen« erkennen lassen. Das Programm sucht sich selbst – nach gewissen vorgegebenen Kompositionsmöglichkeiten und je nach Bildkonstellation – einen Weg durch den Entscheidungsbaum. Jedermann kann mit diesem Programm solche Bilder abrufen:
»Ich werde vielleicht eines Tages der erste Künstler sein, der nach seinem Tod eine Ausstellung mit neuen Arbeiten haben wird.«
Mit *neuen* Arbeiten? Oder eher perverse Abwandlungen einer eingefrorenen Unsterblichkeit? Statt Prozeßästhetik und lebendige Erneuerung Stagnation? »Ideas can ossify.«
In diesem Zusammenhang ist es aufschlußreich festzustellen, daß der französische **8.16**
Maler der Pop Art Cheval-Bertrand (1932-1966) mit ähnlich frischen und bunten Farben luftige Bilder malte – einfach so. Gerade dieser oberflächliche Vergleich zeigt jedoch ein erstaunliches Niveau der KI, unabhängig, ob die Bilder gefallen

oder nicht. Ohne das absolute Heil in der KI zu suchen, stellt diese Möglichkeiten bereit, deren Ausmaß noch nicht abschätzbar ist.

Cohens Buch

8.17 Interessant sind die abstrakten Kritzelzeichnungen, die Cohen bereits ab 1973 mit dem Computer herstellt – beeindruckt von den indianischen »Petroglyphen« der Vorzeit im Chalphanttal, Kalifornien (Franke 1984). Er beschreibt in einem sokratischen Dialog mit zwei Teenagern in seinem Buch »The First Artificial Intelligence Coloring Book« die verschiedenen »Experten«, die solche Hand-Zeichnungen »nachempfinden«, simulieren – geschlossene Formen, Zickzack-Linien, Sternchen, etc. Zwei wesentliche Probleme sollen etwas näher behandelt werden, um einen gewissen Eindruck von der Arbeitsweise zu erhalten:

8.16 Cheval-Bertrand, Laienoperette 1, 1966

Der Computer muß »wissen«, *wo* er *Platz* auf dem Papier findet, eine Form zu zeichnen (space-finder-knowledge), und er muß »wissen«, *wie* Formen gezeichnet werden (line-drawer-knowledge). Grundelement ist die *Linie*, die »intelligent« und »kreativ« zu formen ist – eine Fortsetzung der Betrachtungen Kandinskys über die Linie. Diese Aufgaben lösen *Unterprogramme*, die »Experten« Cohens. Ein »Stopping-Expert« hält das Programm an und zwar dann, wenn zuwenig Platz vorhanden ist.

Die folgenden Detailerläuterungen erweisen die verwendeten Anthropomorphismen als überflüssig. Sie stellen eine verkürzte, verführerische Sprechweise dar und meinen nur bestimmte Programmanweisungen, die der Computer blindlings ausführt.

Space-Expert

Der Ort der *ersten* Form kann dem Zufall überlassen bleiben – so wie Sýkora dies in seinen Linienbildern, allerdings für alle Linien, tut. Der Platzbedarf jeder Linie wird bei ihrer Generierung zeitlich simultan gespeichert, nicht jedoch punkt- bzw. pixelweise. Die Zeichenfläche wird vielmehr wie kariertes Papier behandelt; es werden nur die betroffenen Karos gespeichert. Sind die Linienstücke nicht zu

8.17 Harold Cohen, Ohne Titel, Plotterzeichnung, zwischen 1973 und 1983

lang, so genügt es meist, festzustellen, in welchen Gitterquadraten sich Anfangs- und Endpunkt eines solchen Linienstücks befinden. Um eine hinreichend große freie Fläche für die nächste Form zu finden, sucht der »Platz-Experte« mittels des Zufallsgenerators, notfalls durch systematisches Abtasten aller Karos, zunächst ein einziges nicht benütztes. Da ein solches Karo für eine Form zu wenig Platz darstellt, werden auch die Nachbarkaros auf ihre Verfügbarkeit untersucht und zwar solange, bis das vorgegebene Ziel erreicht ist. Andernfalls wird das Programm gestoppt.

Shape-Expert

Angenommen, eine *geschlossene* Form soll gezeichnet werden – Zickzackformen oder Sterne wären leichter. Der Zufall gibt eine Anfangsrichtung der Linie vor –

wieder sei an die Linienbilder Sýkoras erinnert. Der Shape-Expert läßt kurze Linienstückchen zeichnen, deren Länge vom Zufall bestimmt ist und die ihre Richtung im wesentlichen nur in einem Sinne ändern können (Winkeländerungsbereich beispielsweise von –3° bis +10°).

Damit diese Linie nicht – was bei Sýkora erlaubt war – in eine bereits gezeichnete Figur hineinstößt oder das Zeichenformat überschreitet, ist eine Zusammenarbeit auch mit dem »Space-expert« notwendig. Dieser testet, ob die Linie auf ein bereits besetztes oder nicht zulässiges Karo stößt oder nicht. Wird der Test bejaht (s. Markov-Ketten, S. 132), muß der Linienverlauf durch eine außerhalb des üblichen Bereichs fallende Winkeländerung modifiziert werden. Der Computer verhält sich *situationsbedingt;* er kann sich dieser Situation auch möglichst günstig anpassen, indem er die Linien nicht sofort zu einer Kehrtwendung von 180° zwingt, sondern es systematisch mit zunächst wesentlich kleineren Winkeln versucht. (Der Computer »lernt« die Situation »verstehen«, entwickelt eine Strategie und findet eine »intelligente« Lösung).

Um die Kurve zu schließen, muß die Anfangssituation, also Anfangspunkt und Anfangsrichtung – beide sind gespeichert – mit der momentanen Situation verglichen werden. Nähert sich die Kurve dem Anfangspunkt wieder, so werden zur Erfassung der Situation immer mehr Tests notwendig – die Kurvenstücke werden dazu entsprechend kürzer. Jeder Test muß die Richtungsänderungen selektieren, die sowohl den Abstand zwischen Anfangs- und Endpunkt als auch den Winkel zwischen Anfangs- und Endrichtung weiterhin verkleinern und schließlich auf 0 bringen.

Resümee Das Programm von Cohen ist im Detail wesentlich komplexer; es benötigt nämlich ungefähr 300 verschiedene Verzweigungen (Tests), obwohl die Einfärbung der Zeichnungen nur von Hand und nicht vom Computer vorgenommen wird. Es können manchmal auch Regeln mißachtet und kleinere Überschneidungen akzeptiert werden, insbesondere wenn das Programm nicht zu fein ausgearbeitet ist. Wesentlich erscheint dem Autor, daß Harold Cohen nicht einen vorgegebenen Stil zu simulieren sucht, sondern seinen eigenen ausbaufähigen Stil entwickelt.

8.3 Technik und Kunst

»Tötet die Helle des Mondes … … Dreihundert elektrische Monde lassen … mit kreidehellen Strahlen die alte Königin der Liebenden verblassen.«
MARINETTI,
Poesia Nr. 7-8-9 1909

Wenn Knowlton meint, das Zusammenwirken von *Kunst und Technik* bewirke selten Kunst, so unterstützt leider ein Insider die Technikfeindlichkeit auch mancher Künstler oder Kunstfreunde. Natürlich werden in Techniken häufig übertriebene Hoffnungen gesetzt, aber es waren auch Techniken, die Innovationen in der Kunst ermöglichten – nicht immer direkt und unmittelbar. Und es war letztlich stets High-Tech, wenn diese aus heutiger Sicht auch eher als Low-Tech erscheinen mag, bewegt sich der Mensch doch immer an der Grenze seiner Möglichkeiten.
Einige Beispiele mit dem einschränkenden Leitmotiv »Das Licht in den Griff bekommen« seien andeutend aufgezeigt bzw. in Erinnerung gerufen.

Tiefenlicht

Ölfarben

In den Malerbüchern des 10. Jahrhunderts finden sich Angaben über Öl als Bindemittel. Doch erst im 15. Jahrhundert brachte insbesondere Jan van Eyck diese Technik auf ihr hohes Niveau. Die Malerei mit *Ölfarben* auf Leinwänden machte es möglich – im Gegensatz zur Malerei mit *Temperafarben* auf Holztafeln –, großformatige und *transportable* Bilder herzustellen.
Renaissancefürsten konnten Bilder nun zur Ausschmückung ihrer Paläste bestellen. So entwickelte sich mit dem Staffeleibild das Mäzenentum; die Folge war ein *Themenwechsel,* die Emanzipation von religiösen Bildern. Dem Leitmotiv folgend, ist aber besonders folgendes interessant:

Kirchenfenster simulieren

Ölfarben sind, im Gegensatz zu Temperafarben, langsam trocknend und besser haltbar. Den sukzessiv, dünn aufgetragenen Farbschichten wird *Bleiweiß* beigemischt; der Zusatz von Bleiweiß nimmt dabei ab, bis er in der letzten, obersten Schicht ganz unterbleibt; diese ist nur noch eine *transparente Lasur* in reinem Farbton. Das Prinzip der Malerei bestand damit im Übergang vom Opaken zum Transparenten. Physikalisch gesehen dringen bei dieser Art des Bildaufbaus die Lichtstrahlen durch die verschiedenen Schichten in die Tiefe, werden vom hellen Malgrund und den bleiweißhaltigen Unterschichten zurückgeworfen und erleuch-

8.18 Albrecht Dürer, Zeichner des liegenden Weibes, 1525, Kunsthalle Bremen

ten so die reinen, starken Farben der Bildoberfläche von unten, also von innen heraus: das *Tiefenlicht.* Die Farben kamen in optimaler Weise zum Leuchten. Diese technische Innovation änderte grundlegend den Stil der flämischen Maler, die ursprünglich leuchtende Kirchenfenster »simulieren« wollten.

Augenlicht und Eigenleuchten

Die schon in Kapitel 1 erwähnte *Lochkamera* bewirkte ebenfalls eine Verschiebung der Bildauffassung. Dies sei – im Hinblick auf die Technik des *Raytracing* – kurz erläutert:

Bildauffassung Albertis
6.20, 8.18

Zunächst ist festzustellen: Das Bild der *Renaissance* ist ein »geöffnetes Fenster« (Leon Battista Alberti), »eine gerahmte Fläche oder Scheibe in einer bestimmten Entfernung vom Betrachter, der durch sie hindurch auf eine zweite, künstliche Welt blickt. In der Renaissance war diese Welt eine Bühne … « (Alpers, S. 25).
Diese künstliche Welt aus klaren Formen ist heute beim Raytracing eine *Szene.* Hier wie dort wird mathematisch exakt *konstruiert,* wobei die *Konstruktionstrahlen* vom *Augenpunkt* ausgehen und nach Alberti eine Sehpyramide bilden (s. auch Elffers u.a.).

Die Keplersche Bildform
8.19

Als Kepler die Funktionsweise der Lochkamera erkannte, zeichnete er in einem schwarzen, wie eine Windmühle drehbaren Zelt mit einer kleinen Öffnung, auf die er zur Verstärkung der Lichtintensität eine Konvexlinse brachte – dies war seine camera obscura – aus vielen Teilstücken eine Landschaft und schuf damit den Bildmodus der Fotografie (nach Alpers, S. 117).
Das *Licht der Gegenstände* wird *experimentell* eingefangen und damit auch deren Details.

8.19 Illustration zur Funktionsweise des Auges, Van Beverwyck, in Wercken der Genees-Konste, 1667, Königliche Bibliothek, Den Haag

Der Unterschied

Der Unterschied beider Abbildungsarten wird dadurch verwischt, daß sowohl das konstruktive als auch das experimentelle Vorgehen die *Zentralperspektive* als gemeinsamen Hintergrund haben. Einmal jedoch ist »das Bild ... ein gerahmtes Fenster, dem wir unser Auge zuwenden«, wie es das Bild von Dürer veranschaulicht, das anderes Mal tritt »das Bild ... an die Stelle des Auges...« (Alpers).
In einer Fußnote ergänzt Alpers, sich auf Gombrich stützend (»Light, Form and Texture in Fifteenth Century Painting North and South of the Alpes«): »Unter dem Gesichtspunkt des Lichtes könnte man sagen, daß der Künstler des Südens mit ... Licht, das von den Augen ausgesandt wird, um die Welt zu erkunden, und der des Nordens ... (mit) von den Gegenständen ausgehendem Licht zu tun hat.«
Die Informatiker haben an alles gedacht: *Augenlicht* und *Eigenleuchten* sind bei Raytracing vorgesehen (s. S. 231).

Daraus entwickelt sich ein *Dualismus* der Renaissancekunst im Süden und im Norden Europas (nach Alpers, s. auch S. 132f):
Im Süden: Wenige, große Gegenstände, die von Licht und Schatten modelliert werden, lokalisiert in einem klar erfaßbaren Raum.
Im Norden: Aufmerksamkeit auf viele kleine Dinge, deren Oberfläche Licht reflektierten und deren Farben und Materialität betont werden.
Kurz: »Gegenstände und Raum gegenüber Oberflächen, Formen gegenüber materieller Beschaffenheit der Dinge« (Alpers) – es ließe sich auch sagen: *Makroästhetik* gegenüber *Mikroästhetik* bzw. *Negentropie* gegenüber *Entropie*.
Mit dem Computer kann dies alles, die Unterschiede verwischend, simuliert werden – aber interessanter Weise immerhin noch in zwei *getrennten* Verfahren: Von Licht und Schatten modellierte räumliche Formen mit *Raytracing* und die Oberflächentexturen mit verschiedenen *Mappings* (s. S. 239).

Lichtvisionen

Licht-Raum-Modulator

In diesem Jahrhundert betrachtete schon Moholy-Nagy das Licht neben Form und Farbe als wesentliches *Gestaltungsmittel.* Sein Gedicht »Lichtvisionen« war für ihn ein Glaubensbekenntnis. Er versuchte nicht wie die Impressionisten – neu entwickelten *Tubenfarben* gestatteten diesen ihr Atelier zu verlassen – das Licht in seinen Vibrationen zu malen, sondern stellte Licht einerseits auf der Leinwand flächig mittels *transparenter Durchdringungen* (»Gelber Kreis«, 1921) oder mittels *Fotogrammen* (Bild 1.9) dar, andererseits als räumliche Kompositionen mit *neuen Materialien* wie Glas, spiegelndes Metall, die durch Reflexion und Bewegung ihre Wirkung ausüben: Die Skulptur »Licht-Raum-Modulator« – Vorläufer der kinetischen Kunst – wird nur durch neue Techniken und Materialien möglich. Das Licht wird direkt verwendet, statt indirekt illusionistisch dargestellt.

Licht statt Pigment

Ein Gedanke von Moholy-Nagy erscheint äußerst bemerkenswert. Oben wurde festgestellt, daß die Ölmalerei Transparenz und Tiefenlicht ermögliche. Moholy-Nagy meinte dazu, »daß die Staffeleimalerei als Umweg des Malens mit dem direkten Licht zu verstehen sei. Man habe das Pigment als eine Art Lichtlagerungsstätte erkannt, doch später die Ursprungsidee vergessen« (in Weitenmeier-Steckel »Laszlo Moholy-Nagy – Leben und Werk«). In seinem Artikel »Geradlinigkeit des Geistes – Umwege der Technik« (Bauhaus 1, 1926, beidemal zitiert in Wick) schreibt er: »Der immanente Geist sucht: Licht, Licht! Der Umweg der Technik findet: Pigment! ... Alle Lichtgestaltung umwegt bis heute auf diesen Spuren

abendländische Malerei, obwohl seit der ersten camera obscura sich direkte Wege des Lichtbannes ergaben; projektorisch-reflektorische Spiele mit farbig flutendem Licht, flüssiges materielles Schweben, durchsichtiger Farbenfall von leuchtenden Farben, Vibrieren des Raumes mit schillernder Lichtemulsion …«
Dies erinnert seinerseits an Jan Vermeer, in dessen Bildern häufig kleine runde Lichtpunkte auftauchen, wie sie auch bei nicht ganz scharf fotografierten Bildern entstehen; ein weiterer Grund, die Hypothese aufzustellen, daß Jan Vermeer eine camera obscura benutzte, wie dies Kepler nachweislich tat.

Elektrisches und elektronisches Instrumentarium

Lichtkunst

Das Zitat von Moholy-Nagy weist andererseits auf die kinetische Op Art, die Gruppe Zero mit Heinz Mack, auf Adolf Luther – der sein »1. Kosmische Manifest« (Galeria Ferrari, Verona 1964) so beginnt: »Ich glaube an eine auf Licht bezogene, in das solare Geschehen integrierte Architektur …« –, auf Arbeiten von Lit Fischer; diese Künstler waren alle auf der Ausstellung »Holomedia '86« (Kat.) vertreten. Das Zitat verweist auf direktes Arbeiten mit Licht wie bei Installationen mit *Neonröhren* (wie Dan Flavin) oder mit Hilfe des *Video* (u.a. Fabrizio Plessi: »Mare di Marmo«, Nam June Paik: »Video Buddha«, artware, Marie-Jo Lafontaine: »Les larmes d'acier«, Multimedia 2), auf *Laser*-Performances (wie Horst H. Baumann, ArtBit), auf die Möglichkeiten eines großformatigen *Bildschirms* oder der dreidimensionalen *Holografie,* also auf bereits in die Kunst integrierte Techniken (s. Documenta 8, Multimedia 2 …).

Electra

Ausstellungen wie »Lumière et Mouvement«, 1967, mit Werken auch der kinetischen Op Art, und »Electra«, 1983/84, beide im »Musée d'Art Moderne«, Paris, und von Frank Popper (bis 1985 Professor für Ästhetik und Kunstwissenschaft an der Sorbonne) konzipiert, trugen dieser Entwicklung Rechnung, einer Entwicklung, die bereits Paul Valéry (1871 – 1945) luzid erkannte (s. artware):
»In allen Künsten gibt es einen physischen Teil, der nicht länger so betrachtet werden kann als vordem; er kann sich nicht länger den Einwirkungen der modernen Wissenschaften und der modernen Praxis entziehen. Weder die Materie noch der Raum, noch die Zeit sind seit zwanzig Jahren« – jetzt seit 80 Jahren – »was sie seit jeher gewesen sind. Man muß sich darauf gefaßt machen, daß solch große Neuerungen die gesamte Technik der Künste verändern … wird, und (man wird) schließlich dazu gelangen, den Kunstbegriff auf die zauberhafteste Weise zu verändern«.

Bemerkung Bei der Ausstellung Electra, Abteilung »Das digitale Bild«, waren viele Künstler vertreten, die in diesem Buch erwähnt werden: Ascott, Claus, Cohen, De Witt, Em, Feder, Flavin, Franke, Kawaguchi, Kammerer-Luka/Kempf, Lafontaine, Mandelbrot, Mohr, Molnar, Morellet, Paik, Piene, Ridell, Schwartz, Thalmann, Truckenbrod, Veeder, Zajec u.a.

8.4 Die Immaterialisten

»Kunst ist die sinnliche Erfahrung des Immateriellen.«
JESÚS RAFAEL SOTO

Postmoderne Dramaturgie Die Suche nach Licht, seiner Darstellung und die Gestaltung mit Licht führten konsequent zu einer *immateriellen Kunst,* wie sie in der Ausstellung »Les Immatériaux«, 1985 in Paris, gezeigt wurde.

Die *Entmaterialisierung,* die sich bei den transparenten Durchdringungen von Moholy-Nagy ankündigt und sich in der Op Art bei lichtkinetischen Strukturen ausprägt, schreitet unaufhörlich fort, ja »... die Herausforderung des späten 20. Jahrhunderts (kann) als das allumspannende Projekt der Sichtbarmachung des Unsichtbaren definiert werden« (Roy Ascott). Nicht nur die Mathematik dient, wie geschildert, dazu, sondern auch ein globaler *Netzwerk-Verbund*. Ernst Jünger kündigt dies schon an, wenn er in seinem Buch »An der Zeitmauer« 1959 schreibt: »Das Bild unseres Planeten ist bereits sonderbar genug. Er hat eine neue Haut bekommen, eine Aura, die aus Bildern und Gedanken, aus Melodien, Signalen und Botschaften gewoben ist. Das ist, auch abgesehen von den Inhalten, eine Stufe der Vergeistigung – ja trotz der Inhalte.«

Diese Haut verdichtet sich zu einem »Netzwerk-Verbund«, für Roy Ascott »eine Metapher für Interaktivität, Dezentralisierung, die Überlagerung von Ideen aus einer Vielfalt von Quellen.« Die Frage stellt sich, ob damit *Kunst ein Kommunikationsprozeß* werden soll, bei dem Bilder, die *jeder* erstellen kann, »mit Computer, Videokameras und geeigneter Software« – über ein satellitenunterstütztes Fernsehnetz – »in *Realzeit* auf jeden angeschlossenen Monitor übertragen, dupliziert oder ausgedruckt werden« (Van Berkum/Blekkenhorst). Man berauscht sich, daß *virtuelle,* nämlich codierte Digitalbilder mit *Lichtgeschwindigkeit* durch den *Weltraum* transportiert werden. Die Bilder selbst sind kaum noch wichtig: »Solche Prozesse sind eindeutig postästhetisch. Weder das elektronische Mediennetz noch seine sichtbaren Ergebnisse auf Papier sind als Kunstwerke zu betrachten. Dank der künstlerischen Intelligenz kann Kunst sich dieser Redundanz entledigen. Sie kann eine Erforschung der Kreativität sein, bar aller Materialgebundenheit.«

Wozu werden dann Bilder überhaupt erstellt, übertragen und dupliziert? Dies ist nach Richard Kriesche in der Tat auch unnötig:

»Kunst ist nicht mehr das Herstellen von Artefakten malerischer oder elektronischer Art – Herstellen ist hinfällig –«, und er fährt kritisch ergänzend fort: »Kunst ist das Freilegen der inneren Gesetze der digitalen Weltsicht... das Freilegen der Freiheiten, die durch die digitale Zweckbestimmtheit verschüttet sind... Kunst als Widerstand gegen die zweckbestimmte Digitalisierung der Weltbilder« (zitiert bei Claus).

Frank Popper formuliert diese paradoxe Situation so: »Tatsächlich wurde die Thematik von ›Les Immatériaux‹ als Demonstration der Transformation der materiellen Welt der Objekte in eine immer mehr von den Massenmedien abhängige Welt präsentiert, in der das Neue oder Reale auf die Kommunikationstechniken übergeht und in der die Materie selbst unfühlbar, ja sogar wie Strahlen oder Wellen unsichtbar wird. Es gibt also eine Tendenz zur Immaterialisierung, auf die eine andere Sensibilität und eine erneuerte Weltwahrnehmung antworten muß.« Diese neue Sensibilität soll nun mit der eben beschriebenen »postmodernen Dramaturgie« geweckt werden.

Kritik

Die folgende Kritik Frank Poppers mag für viele stehen und hat in der unausgereiften Situation (immer noch) ihre Berechtigung; auch die »Ars Electronica«, Linz 1989, unter dem Thema »Im System der Netze« änderte an dieser Problematik nicht viel: »Die Ausstellung (Les Immatériaux) selber stellte zahlreiche Träger neuer Technologien vor, nur selten aber in Verbindung mit Arbeiten, die im eigentlichen Sinne künstlerisch sind... Auf der Ebene der künstlerischen und wissenschaftlichen Bilder wurde ... die vordringliche Funktion der Künstler am Ende des 20. Jahrhunderts außer acht gelassen und so eine, ohne Zweifel beabsichtigte Vermischung zwischen künstlerischer Imagination und wissenschaftlicher Erfindung geschaffen. Die Funktionsweise beider Aspekte des Imaginären scheint deutlich verschieden zu sein.«

Hier wird das Problem angesprochen, das im letzten Kapitel bei Visualisierungen in der Mathematik oder Naturwissenschaft einerseits und der Imagination in der Kunst andererseits bereits behandelt wurde, und im Unterschied von *konvergentem* und *divergentem Denken,* d.h. Denken verschiedener *Freiheitsgrade* zum Ausdruck kam. Größere Freiheit jedoch bürdet »dem Künstler eine Verantwortung an Klarheit und außergewöhnlicher Moralität« auf.

Konzept-Kunst

Wo bleibt die Ästhetik, die sich, eigentlich als Lehre von der »niederen« Sinneswahrnehmung, stets auf etwas Materielles, Physisches beziehen sollte? »Postästhetik« hebt diese Ästhetik auf bzw. führt sie ad absurdum, wie dies die Dadaisten mit ihrer »Antikunst« wohl als erste beabsichtigten.

Diese Entwicklung mag durch die von Einstein entdeckte Äquivalenz von Materie und Energie verständlich werden, oder durch die heutige Atomphysik; immer größere Zyklotrone zerlegen das Atom in immer feinere Teile; nichts Konkretes scheint zu bleiben, außer vollgeschriebene Tafeln, Tabellen und indirekte Spuren auf Bildschirmen, die Theorien und Modelle stützen sollen.

Ein weiterer, wesentlicher Grund liegt in der *Trennung von Konzept und materieller Ausführung,* wie dies Moholy-Nagy feststellte (s. S. 251f); damit wurde eine Tendenz ermöglicht, die Ende der 60er Jahre zur sog. *Concept Art* führte. Karin Thomas definiert:

»Das Kunstwerk existiert nicht mehr in konkret faßlicher Form, sondern wird mit Hilfe von Texten, Diagrammen und Fotografien umschrieben und erst durch gedanklich assoziative Prozesse in der Vorstellung des Betrachters existent.«

Beruhigend ist, daß letztlich doch immer etwas aufgezeigt werden muß, und wenn es die Visualisierung einer Theorie ist. Zwei Beispiele sind im Rahmen des Buches relevant.

Das Werk »One and Three Chairs«, 1965, von Joseph Kosuth zeigt vor einer Wand einen realen Stuhl, links davon an der Wand dessen Fotografie, rechts davon die Definition in einem Wörterbuch, also auch das Wort »Chair«: Visualisierte Semiotik.

Sol Lewitt (*1928 in Hartford/Conn.) wird zwar zur Minimal Art gerechnet, schreibt aber auch »Paragraphs« und »Sentences on Conceptual Art«, 1967/69. Er gibt Anweisungen zur Bemalung von Wänden, die je nach Ort und Zeit verschieden ausfallen: »What the work of art looks like isn't too important« (zitiert aus einem Beitrag von Heynen in ZEICHNEN KONKRET, Kat.). Wie bei Kawaguchi, dem Farbe und Form nichts galt, ist das wesentliche die Idee , allerdings nur die gute. Interessant ist, daß Sol Lewitt seine Ideen mittels einer Art »Programmiersprache« auf einer ersten Ebene konkretisiert – ein *skripturales Bild* (mit von ihm durchnummerierten Zeilen):

147. Circles, and grid.
148. Circles, and grid and arcs from one corner.
149. Circles, and grid and arcs from two adjacent corners.
150. Circles, and grid and arcs from two opposite corners.

151. Circles, and grid and arcs from three corners.
152. Circles, and grid and arcs from four corners.
153. Circles, and grids and arcs from one side.
154. Circles, and grids and arcs from two adjacent sides.
155. Circles, and grids and arcs from two opposite sides.
156. Circles, and grids and arcs from three sides.
157. Circles, and grids and arcs from four sides.

Und so bis Nr. 195, wobei jede Anweisung auf einer Zeile Platz findet. Es wird offensichtlich, daß das Arbeiten mit dem Computer Konzepte überbetonen kann – andererseits drängt »konzeptuelles Denken ... Künstler und Wissenschaftler zu einen gemeinsamen Nenner« (Galloway), Künstler, die viel Mathematik (wie Anamorphosen, Metamorphosen, Raytracing, Fourieranalyse, Fraktale) zur Generierung, Umwandlung oder Überlagerung ihrer Bilder verwenden. Wenn auch die Inhalte nicht oft überzeugen, so läßt sich in einschränkender Anlehnung an Jünger sagen, daß die Bilder, »abgesehen von den Inhalten, eine Stufe der Vergeistigung (darstellen) – ja trotz der Inhalte« – nicht aber immer Kunst.

Eine offene Situation

Wohin die Kunst treibt läßt sich – wie die Text-Collage am Schluß zeigt – in ihrer widersprüchlichen Pluralität kaum sagen. Sicher wird sie unter den Einfluß einer Medien-Avantgarde geraten, die mit ihren Manifestationen auch nicht zurückschreckt, sich selbst ad absurdum führen zu wollen wie Peter Weibel, der in einem langen Interview – nach einer Diskussion über gesellschaftliche und politische Aspekte der Kunst – fordert: »Gegebenenfalls muß man nicht allein aus dem Bild aussteigen, sondern auch aus der Kunst – der Ausstieg aus der Kunst als die höchste Form der Kunst« (KUNSTFORUM, Bd. 98).
Wieder ein Nullpunkt – wie schon durch äußerste *Reduktion* bei Malewitsch oder durch *Protest* bei Duchamp oder den Dadaisten. Ihnen folgten später, in den 60er Jahren ein Art Farm, der eine Limousine gegen eine Wand aus Fernsehern rasen ließ, oder Nam June Paik, der diese mit dem »Gesicht« auf den Boden legte (nach Stepan, artware). Welcher Befreiungsschlag ist jetzt zu erwarten? Superviren, die Computerprogramme und Bilder auf dem Monitor geräuschlos zerfressen? Schon benutzt ein Künstler wie Jean Sobieski, New York, solche Viren, allerdings nur als Zufallsgenerator (s. Zeitmagazin vom 8.3.91).
Aber jede Avantgarde stellt sich und der Welt Fragen, spürt die untergründigen Strömungen der Zeit, versucht diese zu formulieren, verständlich zu machen und macht trotz aller Widersprüche immer wieder Kunst – ohne deren Fundamente je völlig zu zerstören oder zu vergessen.

Gesänge des Pluriversums
6.36

Als weiteres Beispiel der Gegenwart möge der eben zitierte Peter Weibel herhalten, dessen große Animation »Gesänge des Pluriversums« (1986-88, 100 Min.) stark in einer Tradition verwurzelt ist und der auch bei der 3. Frankfurter Kunstmesse ART, April 1991, vertreten war.
Bereits der Titel deutet darauf hin, daß er, wie auch Klee (s. S. 27), nicht nur auf eine Welt, das Uni-Versum, fixiert ist. Weibel stützt sich allerdings, wie er selbst schreibt, u.a. auf die Philosophen Leibniz, der unsere Welt als die beste aller möglichen Welten ansah, und William James, dessen »A Pluralistic Universe« 1909 erschien.
Die Animation aus über 10 Teilen verschiedenen Niveaus läßt sich hier nicht zeigen – auch dem fließenden Kontext entrissene Einzelbilder (s. KUNSTFORUM, Bd.98) sagen nicht viel – und führt im Grunde über den Rahmen des Buches hinaus. Es läßt sich aber schildern, welche Tendenzen dieses Werk birgt. Zunächst handelt es sich um eine Collage-Technik von der am Ende des 6. Kapitels schon die Rede war (s. S. 250f). Neben Dada wird auch sofort der bisher ausgesparte *Surrealismus* evoziert, insbesondere René Magritte (1898-1967), fruchtbarer Anreger für manchen Computer- oder Videokünstler – mit auch konzeptueller Tendenz: Er schuf neue Welten, in denen Hartes weich wird, Undurchsichtiges transparent, die Nacht hell, der wuchtige Fels leicht, Gegenstände gleichzeitig an verschiedenen Orten auftauchen, sich mit anderen unauflöslich verflechtend. Größen- und Zeitordnung werden verkehrt, räumliche und zeitliche – auch die logische – Konsistenz relativiert. Durch diese Verfremdungen ergibt sich neuer Reiz und Sinn.
Genau hier knüpft Weibel an: Farbige Gitter, die interferierend Moirés ergeben, eine Uhr, die in Wolken zerfällt, die die Formen der Kontinente annehemen (»Time as Code-Chronokratie«), ein Tisch, der schwebend sich wellt, schlängelt, geradezu atmet, der Tanz eines Stuhls mit einem Fantom (»Truth-Table«), Würfel, Tischplatten, Bilder, die zu Monitoren werden, Hochhäuser als Möbel, Niagarafälle in einer Kaffetasse. In »Raumzeit« sind Verkehrsmittel eindringlich dicht komponiert: Bahnhof-Collagen, Güterwagen mit Rückblendungen zu Pferd und Kutsche auf ihrer Außenwand, Metamorphosen, Aufsplitterung und Verflechtung mit immensen Gleisanlagen, deren Netz- und Gitterstruktur die Vernetzung der Schaltelemente eines Chips evozieren. Hier tritt ein was Lebot bedauert (s. Text-Collage): »Ein Medienereignis, immer wieder neu aufgelegt, ist flüchtig. Das künstlerische Ereignis dauert eine Ewigkeit... ist absolut singulär...«
Weibel will letzterem genau entgehen. Darum hantiert er nicht mit »den klassischen Materialien ... wie Marmor, Holz und Fett, sondern (mit dem) relativ sub-

▷ **8.20** Erwin Steller, Text-Collage »Der Kunst ohne Körper gesellt sich der Mensch ohne Körper«, mit Zitaten von Marinetti, Flusser, Le Bot und Weibel

Der Kunst ohne Körper gesellt sich der Mensch ohne Körper

Kunst ist weder wahr noch falsch (Marc Le Bot, Kunstforum, Bd. 98)

Umwelt: Die Umwelt kreiert mit ihren Möglichkeiten das Lebewesen, das

Die Wärme von einem Stück Eisen oder Holz ist längst viel aufregender für uns als

Es kennzeichnet ihr Denken, daß es die Formen des Wissens aus der

Lebewesen tranformiert gleichermaßen die Umwelt. So entsteht im Realen selbst

das Lächeln oder die Tränen einer Frau (MARINETTI, bei VIRILIO).

Fassung bringt und die Mächte des Wissens erschüttert...

das Symbolische, ***der immaterialisierende*** Zeichenprozeß***... Auf ein Biotop baut***

Es wird in Kürze unmöglich sein, zwischen einem Menschen und dem Hologramm

Was bleibt dem Denken der Kunst noch zu denken?

also die Evolution selbst schon das Sematop***. Auf das Reich der Materie folgt***

eines Menschen sinnvoll zu unterscheiden... einem dichten Hologramm... Diese von

Die Anwesenheit des Wirklichen: das Wirkliche als rätselhafte

evolutionär das Reich der Zeichen***. Unsere Umwelt ist also nicht mehr natürlich,***

uns durch Computer hergestellten Welten sind ebenso effektiv wie diese

Anwesenheit... Das Denken der Kunst ist die Erfahrung der rätsel-

sondern schon evolutionär vorbedingt, auch synthetisch. Das heißt die Umwelt

eine armselige Welt, in die wir angeblich hineingeworfen wurden, ohne gefragt zu

haften Andersheit alles Wirklichen... Eine erschreckende Verdrehung

ist von Symbolisierungen***, von Immaterialisationsprozessen nicht nur***

werden, als wir geboren wurden... nasse Computer (gemeint neuronale)... wetware

des Sinnes der Worte macht glauben, daß kein Ereignis geschieht,

durchschossen, sondern in weiten Teilen auch gewebt... Die Differenz zwischen

im Gegensatz zu hardware und software, weil diese Computer in Nährsuppen getaucht...

das nicht kalkulierbar ist... und doch beruht die Wirkung der Kunst

Zeichen ***und*** Gegenstand ***ist ... gesunken,... nämlich in diesem Monitorstadium der***

Es wird immer klarer, daß unsere Erlebnisse im Nervensystem vor sich gehen und

gerade auf dem, was nicht aus kalkulierbaren Neuerungen hervorgeht...

Welt, wo durch den zivilisatorischen Fortschritt die universale Mediatisierung

nicht im Körper... Infolgedessen ist die Tendenz zu einem Schrumpfen des Körper...

Das künstlerische Ereignis ist unkalkulierbar und unvorhersehbar.

der Umwelt naht und ... zwischen Gegenstand und Zeichen, zwischen Lebewesen

verständlich... Ich sehe alle Möglichkeiten, auch die, daß nichts daraus wird...

Ein Medienereignis, immer wieder neu aufgelegt, ist flüchtig.

und Klon nicht mehr unterschieden werden kann, sodaß ... eine universelle

Ich bin in ... Widersprüchen gefangen... (Vilém Flusser, Kunstforum, Bd. 97).

Das künstlerische Ereignis dauert eine Ewigkeit... ist absolut singulär...

Katastrophe entstehen kann. (Peter Weibel, Kunstforum, Bd.103)

stanzlosen, immateriellen elektronischen Medium.« Seine »elektronische Plastik … visualisiert (diesen) neuen piktorialen Raum« mit seinen »frei flottierenden Zeichen«.

Das Problem bleibt, ob der Betrachter sich mit dem vorbestimmten Rhythmus der Animation synchronisieren kann oder nicht. Nicht immer hat er Zeit seinen Blick über das Bild wandern zu lassen, wie er möchte – und wie dies beispielsweise bei den Video-Installationen von Fabrizio Plessi und Friederike Pezold (s. Multimedia 2) möglich ist – oder eine besonders gelungene Konstellation zu verlangsamen.

Hier treten Widersprüche und Probleme auf, ein Paradigma für die Kunst als offenes System.

Aber auch das *Tafelbild*, wie es im ersten Teil des Buches beschrieben wurde, wird bleiben. Es wird sich nicht ausrotten lassen, wie es so oft in diesem Jahrhundert versucht wurde, im Gegenteil. Bezeichnend für diesen *Dualismus* von Computer-Hightech und dem Computer als bloßem Hilfsmittel ist die schon erwähnte Verleihung der Goldenen Nica des »Prix Ars Electronica 90« an Manfred Mohr, 1990, oder die Präsenz von Zdeněk Sýkora auf der Baseler Kunstmesse desselben Jahres.

Glossar

Bilderkennung

Bei konventionellen Computern werden die Rechenvorgänge etc. sequentiell abgearbeitet; kleinste Fehler haben deshalb oft sehr große, unangenehme Folgen. Bei paralleler Verarbeitung wirken sich solche Fehler kaum aus. Unvollständige Informationen können hinreichen, um eine vollständige zu erhalten (s. neuronaler Computer). Aus einer Menge von Gesichtern wird er eines identifizieren können.
Es wird möglich werden, dem Computer den Begriff »Baum« beizubringen in dem man eine große Anzahl von Baumformen neben Tausenden von anderen Gegenständen in Hologrammen einspeichert. Legt man dem Computer nun einen noch nicht eingespeicherten Baum vor, so kann er nach dem Prinzip der Ähnlichkeit diesen ihm bisher unbekannten Baum als solchen erkennen. Er kann sich natürlich auch täuschen und einen alten Telegrafenmasten als einen - toten? -Baum identifizieren.
Der Computer hat so etwas wie ein Assoziations- und Abstraktionsvermögen, also intelligente Eigenschaften *(künstliche Intelligenz)*.

Computer

Konventioneller Computer

Ein herkömmliche Computer besteht aus einem Speicher und einem Rechenwerk. In den Zellen des Speichers sind die Zahlen, Buchstaben, Pixel etc. abgelegt. Zur Verarbeitung wird der Inhalt der Zellen über Leiter zum Rechenwerk transportiert. Jede *Aktivität* des Computers, sei es eine Rechnung oder ein Vergleich von Daten, findet nur im *Rechenwerk* statt.

Neuronaler Computer

Man entwickelt neuronale Computer, bei denen Rechenwerk *und* Speicher aktiv sind. Die einzelnen Speicherzellen sind wie im Gehirn auch untereinander mit einigen Leitern verbunden. Die -zig Milliarden Gehirnzellen (Neuronen), die gegenseitig über Nervenleiter (Axone) durch -zig Billionen Synapsen verschaltet sind, werden über Nervenfasern (Dendriten)von den Sinnesorganen (Augen, Ohren,...) erregt. Die Aktivierung eines Neurons bedeutet - vereinfacht aus der Sicht der Informatik gesehen - den Übergang vom Zustand 0 in den Zustand 1. Befinden sich zwei Neuro-

nen im Zustand 1, so hat dies Auswirkungen auf die Synapsen, die die beiden Zellen verbinden: die Synapsen fördern auch künftig elektrische Impulse zwischen beiden Zellen. Synapsen, die Zellen ungleichen Zustands verbinden, hemmen dagegen solche elektrischen Impulse. Das Einprägen eines Bildes bedeutet also das Fixieren dieser Verbindungen, die infolge der Gehirnaktivität beim Anblick dieses Bildes bestanden (s. Hebbsche Neuronenverbände S.70).
Beim Anblick einer *Karikatur* erregen die vom Auge kommenden Dendriten nur einen Teil der Neuronen, die das volle Antlitz des Dargestellten erregten und das sich »einbrannte«. Trotzdem zünden dank der fixierten Synapsen auch die übrigen Neuronen, die das Gesicht im Gehirn repräsentieren. Der *neuronale Chip* ist ein Matrix: auf einer Diagonale sitzen die »Neuronen«, die Zeilen und Spalten bilden die aktivierbaren, rechtwinkligen Verbindungen (»Axone«).
Weiter denkt man daran optische Computer auf neuronale Basis zu stellen.

Optischer Computer

Die Schaltelemente optischer Computer sind winzige Plättchen, die Licht nur bis zu einer bestimmten Intensität durchlassen. Besonders starke Lichtstrahlen können den Schalter nicht passieren – wie bei einer Sicherung. Wenn man einem konstanten Arbeitsstrahl einen Steuerstrahl überlagert und dessen Intensität hinreichend verstärkt, werden beide Strahlen im Plättchen blockiert. Die Plättchen sind *bistabil*. Der Vorteil eines so gebauten Computers ist, daß man viele Lichtstrahlen parallel durch solche Plättchen schicken und damit in *einem* Arbeitgang ein ganzes Bild auf Grund seiner Helligkeitsunterschiede digitalisieren kann – mit *multistabilen* optischen Schaltungen sogar in den verschiedensten Grauwerten oder Farben. Der optische Computer zeigt damit eine gewisse Verwandschft zur *Netzhaut*.
Jedes Bild läßt sich dabei in einem ebenen Hologramm speichern, Millionen solcher Bilder in einem Volumenhologramm.

Faktur

»Unter dem Begriff ›Faktur‹ ist die äußere Verbindungsart der Elemente miteinander und mit der Grundfläche zu verstehen. Schematisch bezeichnet hängt diese Art von drei Faktoren ab:
1. von der Art der Grundfläche, die glatt, rauh, flach, plastisch usw. sein kann,
2. von der Art des Werkzeuges ... und
3. von der Art des Auftrages, der locker, kompakt, stechend, spritzartig usw. sein kann, je nach Konsiszenz der Farbe ... « (Kandinsky 1923, S. 52)

Farben

Nomenklatur

Verwirrung kann entstehen, wenn *Informatiker* vom RGB-Karten oder RGB-System, also den Sekundärfarben Rot-Grün-Blau, reden und Künstler von den Primärfarben Gelb-Blau-Rot. Blau und Rot bedeuten in beiden Fällen verschiedene Farben. Küppers gibt Vorschläge einer Normierung der Nomenklatur an:

Primärfarben	:	CyanBlau (C)	Gelb (Y, Yellow)	MagentaRot (M)
(Künstler	:	Blau	Gelb	Rot)
Sekundärfarben	:	OrangeRot (O)	Grün (G)	ViolettBlau (V)
(Informatiker	:	Rot (R)	Grün (G)	Blau (B))
Unbunte Farben	:	Weiß, Schwarz und die gesamte Grauskala		
Bunte Farben	:	Die übrigen Farben		

Urfarben:
Auf Grund der *Dreifarbentheorie* des Sehens von Young, 1793, erweitert zur Young-Helmholtzschen Theorie, gibt es im wesentlichen im menschlichen Auge drei Zäpfchenarten, die auf die einzelnen Sekundärfarben ansprechen, weshalb Küppers diese auch Urfarben nennt. Die Empfindung einer Primärfarbe kann durch Addition zweier Urfarben hervorgerufen werden.

Additive und subtraktive Mischung

Addition (beim Bildschirm):
Im Auge werden verschiedene Spektralbereiche, die z.B. von emittierenden Projektionslampen oder anderen Lichtquellen herrühren, vereinigt, »addiert«.
Die Addition von Sekundärfarben (O), (G), (V) benötigt Schwarz (S) als Hintergrundfarbe – der zunächst dunkle Raum.
Zwei Sekundär- bzw. Urfarben addiert ergeben entsprechende Primärfarben.

1. (S)+(O)+(G) = (Y)
2. (S)+(G)+(V) = (C)
3. (S)+(O)+(V) = (M)

Alle drei Farben addiert ergeben Weiß (W).

Subtraktion (beim Farbplotter):
Filter, zwischen einer weißen Lichtquelle und den Bildschirm gebracht, *absorbieren*, »subtrahieren« Farben, bzw. einen Spektralbereich. Beim *Buntdruck* tritt anstelle des Bildschirms das weiße Papier; die Filter sind die lasierenden – nicht deckenden Farbaufträge (wie auch bei *Aquarellfarben*). Ähnlich verfuhr z.B. van Eyck bei der Ölmalerei: der Grund enthielt viel Bleiweiß, das nach oben hin abnahm; der Farbaufstrich wurde transparenter und erzeugte die Filterwirkung.
Beispiel: Hält man vor eine weiße Lichtquelle einen Cyanblau-Filter, so wird aus dem *weißen* Spektrum (W) der orangerote Anteil O absorbiert, während G und V, durchgelassen wird, also C (s.o. die 2. Addition). Ein Gelb-Filter dagegen absorbiert Violettblau V, läßt aber G und O, also Y, passieren (s.o. die 1. Addition). Beide Filter durchdringt also nur der Spektralbereich Grün G.
Diese Absorptionen ließen sich so schreiben (W)-(O)-(V) = (G); die Schreibweise ist ungünstig, da die Primärfarben nicht explizit vorkommen. Besser ist nicht das absorbierte Licht, sondern die die Filter durchdringenden Farbspektren zu verwenden und deren gemeinsamen Teil mit g zu charakterisieren (Durchschnitt):

1. (C) g (Y) = (G) und analog
2. (Y) g (M) = (O)
3. (C) g (M) = (V)

Die drei Farbfilter für C, Y und M ergeben Schwarz S bzw. in der Praxis Grau.

Optische Mischung

Die optische Mischung, insbesondere bei Pigmenten, war bereits Goethe bekannt. Er nennt sie scheinbar und schreibt: »... sogar die von uns als real angegebene Mischung (könnte man) für scheinbar halten. Denn die Elemente, woraus die zusammengesetzte Farbe entsprungen ist, sind nur zu klein, um einzeln gesehen zu werden. Gelbes und blaues Pulver zusammengerieben erscheint dem nackten Auge grün, wenn man durch ein Vergrößerungsglas noch Gelb und Blau voneinander abgesondert bemerken kann. So machen auch gelbe und blaue Streifen in der Entfernung eine grüne Fläche ...« (§ 560)

Diese Mischung spürt man auch dann noch, wenn die Elemente noch nicht so klein oder schmal sind, wie Goethe meint, sie also noch unterscheidbar sind. Je nach Quantität von Schwarz und Weiß sieht man hellere oder dunklere Grauwerte. Bei Bridget Riley kommen beide Komponenten an jeder Stelle ihrer »multilokalen« Bilder häufig zu gleichen Anteilen vor, so daß ein mittleres Grau entsteht.

Auf der Erkenntnis Goethes beruht auch die Methode der pointillistischen Maler des *Neoimpressionismus.*

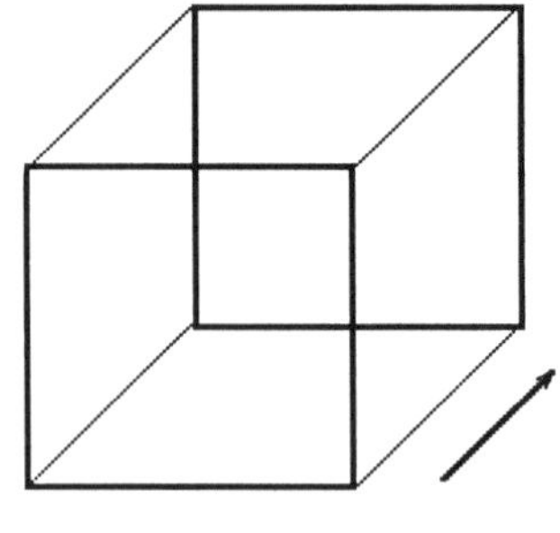

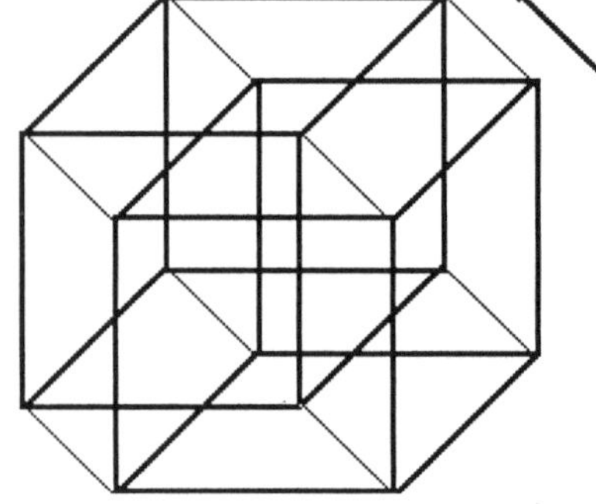

HYPERWÜRFEL

Hologramm

Ein H. ist ein i.a. dreidimensionales Bild, das durch Interferenz von Laserlicht erzeugt wird.

Hyperwürfel

Der vierdimensionale H. ist ein Gedankengebilde, das sich zwar nicht vorstellen, aber mathematisch beherrschen läßt. Der H. wird dadurch erzeugt, daß man einen (dreidimensionalen) Würfel senkrecht zu sich in die 4. Dimension um eine Kantenlänge verschiebt in Analogie zur Erzeugung eines Würfels aus einem Quadrat; dieses muß dabei senkrecht zu sich in die 3. Dimension um eine Seitenlänge verschoben werden. In diesem Falle ist klar, daß sich die Seitenzahl 4 verdoppelt (Anfangs- und Endlage des Quadrats) und dazu die Anzahl der Spuren, die die 4 Eckpunkte bei der Verschiebung hinterlassen, zu addieren sind. Damit hat der Würfel 12 Kanten. Entsprechend erhält man die Anzahl der Kanten eines H.s. Zu der doppelten Kantenzahl des Würfels (2∗12) wird die Anzahl der Spuren, die die 8 Eckpunkte bei der Verschiebung hinterlassen, addiert: 2∗12 + 8 = 32.

Der H. hat damit *16 Eckpunkte, 32 Kanten und 8 Würfel* als dreidimensionale Begrenzungen.

Letzteres wird klar, wenn man bedenkt, daß zu den zwei Würfeln, die durch Verschiebung auseinander hervorgehen, noch die 6 Spuren hinzukommen, die die Oberflächenquadrate des gegebenen Würfels bei der Verschiebung erzeugen. Da diese Verschiebung jedoch senkrecht zum Würfel gerichtet ist, ist sie es auch zu allen diesen Oberflächenquadraten. Die Spuren sind damit selbst wieder Würfel.

PROCEDURE LISSAJOUS;

Programme

```
const X0 = 320;  { (X0,Y0) ist der Mittelpunkt des Koordinatensystems }
      Y0 = 230;  { Der Nullpunkt liegt in der oberen, linken Ecke des Schirms }
      pi = 3.1415;
var   a, t, x, y, s, HG : integer;  { a = Amplidute, t = Parameter der Kurve }
      Farbe : array[0..1] of integer;
      k1, k2 : real;                { k1 und k2 sind die Frequenzen }
procedure OpenPalette(color: integer) definiert die Grundfarben bzw. deren optische Mischung
mittel geeigneter Patterns und z.B. gestreifte Patterns;
  procedure EINGABE;
  begin
     writeln;
     write('Zwei Frequenzen und Strichdicke? ');
     read(k1, k2, s);
     writeln;
     write('Hintergrundfarbe und 2 Farben für die Linien? ');
     read(HG, Farbe[0], Farbe[1]);
  end;
begin
stop := 1;
  while stop <> 0 do
  begin
    EINGABE;
    { Die Figur wird auf ein Quadrat mit der Seite 2x200 Pixel gezeichnet }
    { Dabei ist die Strichdicke s zu berücksichtigen: deshalb der Term s div 2 }
    moveto(X0 - 200 - s, Y0 - s div 2);          { Bewegen ohne zu zeichnen }
    a := 200 - s div 2;
    for t := 0 to 400 do
      begin
        x := round(a * cos(k1 * t * pi / 200));
        y := round(a * sin(k2 * t * pi / 200));
        pensize(s, s); { Die Strichdicke wird eingestellt }
        { anschließend der Farbwechsel in Abhängigkeit von x: }
        OpenPalette(Farbe[x mod 2]);
        lineto(X0 - s div 2 + x, Y0 - s div 2 - y); { Zeichnen }
      end;
    STOPandGO;  { Die Prozedur definiert u.a. stop }
  end
end.
```

Der Dialog (s. S. 90)

Die Schleife ...

... und ihre Abwandlung mittels fourierähnlicher Terme

```
for t := 0 to 210 do { t läuft zur Vermeidung der Symmetrie nicht bis 400 }
  begin
    Summe1 : = 0;Summe2 : = 0;
    for n := 1 to n1 do { n1 und n2 definieren die Ordnung }
        Summe1 : = Summe1 + sin((k1 * n - 1) * t * pi / 200) / (2 * n - 1);
      x : = 200 + round(a * Summe1);
    for n := 1 to n2 do
        Summe2 : = Summe2 + cos((k2 * n - 1) * t * pi / 200) / (2 * n - 1);
    y := 200 + round(a * Summe2);
      { Die Strichdicke wird nun variabel gehalten: }
    pensize(round(abs(s * Summe1)), round(abs(s * Summe2)));
    OpenPalette(Farbe[x mod 2]);   { s.o. }
    lineto(x2 - s div 2 - x, y2 - s div 2 - y);
  end;
```

Literatur

Albers, Josef: »Interaction of Color«, DuMont, Köln 1970

Albrecht, Hans Joachim: »Farbe als Sprache« (Delaunay Albers Lohse), DuMont, Köln 1974

Alpers, Svetlana: »Kunst als Beschreibung«, DuMont, Köln 1985

Arnheim, Rudolf: »Gestaltpsychologie und künstlerische Form«, 1951, in Henrich/Iser, s.u.

Ascott, Roy: »Gesamtdatenwerk«, in KUNSTFORUM Bd.103, s.u.

Barrett, Cyril, »op art«, DuMont, Köln 1974

Basset, Klaus: »Schichten und Stufen I«, Alfabetisches, zweite Ausgabe, Eine Publikation der Hochschule für Gestaltung Offenbach am Main, 1985

Baumeister, Willi: »Das Unbekannte in der Kunst«, DuMont, Köln 1988

Baxandall, Michael: »Die Wirklichkeit der Bilder«, Malerei und Erfahrung im Italien des 15. Jahrhunderts, Syndikat, Frankfurt 1977

Bense, Max: »Konturen einer Geistesgeschichte der Mathematik«, Claassen & Goverts, Hamburg 1949,
»Projekte generativer Ästhetik«, rot 17, Stuttgart 1965,
»AESTETICA«, Einführung in die neue Aesthetik, agis, Baden-Baden, (1965) 1982

van Berkum Ans, Blekkenhorst Tom: »Vor dem Tunnel«, in artware (Kat.)

Braitenberg Valentin, Schüz Almut: »Cortex: hohe Ordnung oder größtmöglichstes Durcheinander?«, in »Chaos und Fraktale«, Spektrum der Wissenschaft, Heidelberg 1989

Claus, Jürgen: »Das elektronische Bauhaus«, Gestaltung mit Umwelt, Edition Interform, Zürich 1987

Cohen Harold, Cohen Becky, Nii Penny: »The First Artificial Intelligence Coloring Book«, William Kaufmann, Los Altos (California) 1984

Collins Judith, Welchmann John u.a.: Die Maltechniken der modernen Kunst, Christian Verlag, München 1985

Computerkunst, IBM Deutschland 1978

Deken, Joseph: »Computerbilder«, Kreativität und Technik, Birhäuser, Basel Boston Stuttgart 1984

Der blaue Reiter, herausgegeben von Wassily Kandinsky und Franz Marc, Serie Piper, München Zürich, 6. Auflage 1987

Eccles, s. Popper
Eco, Umberto: »Die ästhetische Botschaft«, 1972, in Henrich/Iser, s.u.
Elffers, Joost, Schuyt, Michael, Leeman, Fred: »Anamorphosen«, Ein Spiel mit der Wahrnehmung, dem Schein und der Wirklichkeit, Dumont, Köln 1981
Encarnaçao, José, Straßer Wolfgang: »Computer Graphics« – Gerätetechnik, Programmierung und Anwendung graphischer Systeme, Oldenbourg, München Wien, 2. Auflage 1986
Fellner, Wolf-Dietrich: »Computergrafik«, B.I.Wissenschaftsverlag, Mannheim1988
Franke, Herbert W.: "Computergrafik-Galerie", DuMont, Köln 1984,
»Computergraphik-Computerkunst«, Springer, Berlin Heidelberg, 2. Auflage 1985
Franke, Herbert W, Helbig Horst.: »Die Welt der Mathematik«, Computergrafik zwischen Wissenschaft und Kunst, VDI-Verlag, Düsseldorf 1988
Galloway, David: artware (Kat.),
»Die Muse in der Steckdose«, in Kunstforum Bd. 97, s.u.
Gips, James: »Shape Grammars and their Uses«, Birkhäuser, Basel Stuttgart 1975
Gomringer, Eugen: »Josef ALbers«, Keller, Starnberg 1970
Goodman, Nelson: »Kunst und Erkenntnis«, 1967/68, in Henrich/Iser, s.u.
Henrich, Dieter, Iser, Wolfgang (Hrsg.): »Theorie der Kunst«, Suhrkamp, Franfurt a.M., 3. Auflage 1987
Hofmann, Werner: »Grundlagen der modernen Kunst«, Kröner, Stuttgart, 3. Auflage 1987
Hubmann, Franz: »Das Deutsche Familienalbum«, Fritz Molden, Wien München Zürich1972
Imdahl, Max (Hrsg.): »Wie eindeutig ist ein Kunstwerk?«, DuMont, Köln 1986
Itten, Johannes: »Kunst der Farbe«, Otto Maier Verlag, Ravensburg 1973
Jünger, Ernst: »An der Zeitmauer«, Ernst Klett, Stuttgart 1959
Jürgens, Peitgen, Saupe: Fraktale – eine neue Sprache für komplexe Strukturen«, in »Chaos und Fraktale«, Spektrum der Wissenschaft, Heidelberg 1989
Jürgens Hartmut, Saupe Dietmar (Hrsg.). »Visualisierung in Mathematik und Naturwissenschaft«, Bremer Computergraphik-Tage 1988, Springer, Berlin Heidelberg 1989
Kandinsky, Wassily: »Über die Formfrage« in »Der blaue Reiter«, s.o.
»Punkt und Linie zu Fläche«, Bentili Verlag, Bern-Bümpliz, 7. Auflage 1973
»Über das geistige in der Kunst«, Bentili Verlag, Bern, 10. Auflage
Kawaguchi, Yoichiro: »The World of New Art«, in CG in Japan, Tokyo 1985
Keller, Horst: Deutsche Maler des 19. Jahrhunderts, Hirmer, München 1979
Kempkens, s. Bilder Digital (Kat.)
King, Robin G.: »Computergraphics and Animation as Agent of Personal Evolution in the Arts« in LEONARDO, s.u.
Kirsch Joan L., Kirsch Russel A.: »Storing Art Images in Intelligent Computers«, in: Leonardo
Klee, Paul: »Beiträge zu bildnerischen Form«, WS 1921/22 bis WS 1922/23, Faksimile, Schwabe, Basel 1979
Knowlton, Kenneth: »Why it isn't Art yet«, Siggraph 1986, s.kat.
Kunst und Kybernetik: Ein Bericht über drei Kunsterziehertagungen Recklinghausen 1965 1966 1967 von Hans Ronge, DuMont Aktuell, Köln 1968
Kunstforum International Köln, Die aktuelle Zeitschrift für alle Bereiche der Bildenden Kunst Ästhetik des Immateriellen? Das Verhältnis von Kunst und Neuen Technologien (Bd. 97, 1988 und Bd. 98,1989),

Im Netz des Systeme, Für eine interaktive Kunst: Ars Electronica Linz, Bd. 103, 1989
Küppers, Bernd-Olaf, Hrsg.: »Ordnung aus dem Chaos«, Prinzipien der Selbstorganisation und Evolution des Lebens, Serie Piper, München Zürich 1987
Küppers, Harald: »Farbe – Ursprung Systematik Anwendung«, Einführung in die Farbenlehre, Callwey , München 4. Auflage1987
Le Bot, Marcel: »Medienkunst« in Kunstforum, Bd. 98, s.o.
Leinfeller, Werner: »Einführung in die Erkenntnis- und Wissenschaftstheorie«, B.I. – Hochschultaschenbücher, Band 41, Mannheim 1965
Leonardo: »First International Symposium on Electronic Art«, Spezialheft des Fisea, Pergamon Press, Oxford New York Beijing Frankfurt etc., Sept. 1988
Leopoldseder, Hannes: »Der Prix Ars Electronica«, Internationales Kompendium der Computerkunst, Veritas-Verlag, Linz 1990,
s. auch »Meisterwerke der Computerkunst«, Kat.
Magnenat-Thalmann: »The Making of a Film with Synthetic Actors«, in: Leonardo, s.o.
Malewitsch, Kasimir: »Suprematismus – Die gegenstandslose Welt«, Hrsg. Werner Haftmann, DuMont, Köln 1989
Mandelbrot, Benoit B.: »The Fractal Geometry of Nature«, Freman and Company, New York, 3. Auflage 1983
übersetzt: »Die fraktale Geometrie der Natur«, Birkhäuser, 1987
Maser, Siegfrid: »Numerische Ästhetik«, Neue mathematische Verfahren zur quantitativen Beschreibung und Bewertung äthetischer Zustände, Karl Krämer, Stuttgart 1970
Michaux, Henri: »Bilder Aquarelle Zeichnungen Gedichte Aphorismen 1942-1984«, Herausgegeben von Fred Jahn und Michael Krüger, Hanser, München 1987
Moles, Abraham: »Kunst & Computer«, DuMont, Köln 1973
Molnar, François: »Syntax des Blickes«, Eine Einführung in die wissenschaftliche Analyse der malerischen Komposition, Stadtgalerie Saarbrücken, Deutscher Werkbund Saar 1989
Morris, Charles: »Foundation of the Theory of Signs«, International Encyclopedia of Unified Science Vol.1, No 2, Chicago 1938;
»Grundlagen der Zeichentheorie«, Hanser, München, 2. Auflage 1975;
»Ästhetik und Zeichenlehre«, 3. Auflage 1987, in Henrich/Iser, s.o.
Nadin, Mihai: »Bildmaschine und Künstliche Intelligenz«, s. Kat. »MEISTERWERKE ... '87«.
Nake, Frieder: »Ästhetik als Informationsverarbeitung«, Springer, Berlin Heidelberg 1974
»Künstliche Kunst – Zur Produktion von Computer-Grafiken« in »Kunst und Kybernetik« s.o.;
»Entleerung des Sinns, Künstlichkeit und Computer«, Umbruch 6,1, Zeitschrift für Kultur, Frankfurt 1987;
»Künstliche Kunst«, in: Kunstforum, Bd. 98, 1989, s.o.;
»Computer Kunst: Wo bleibt die Kunst?« , in: Bilder Digital, Kat.
Nees, Georg: »Generative Computergraphik«, Siemens AG, Berlin München 1969;
»Programm, Computer: Stochastische Grafik«, rot 17, Stuttgart 1965
Newman, William M., Sproull Robert F.: »Grundzüge der interaktiven Computergrafik«, Mc Graw-Hill, Hamburg, 5. Auflage 1986
Pawlik, Johannes: »Goethe Farbenlehre«, Didaktischer Teil, DuMont Dokumente, Köln, 5. Auflage 1985
Pearson, John: »The Computer: Liberator or Jailor of the Creative Spirit?«, in: Leonardo, s.o.

Peitgen Heinz-Otto, Richter Peter H.: »The Beauty of Fractals«, Images of Complex Dynamical Systems, Springer-Verlag, Heidelberg, 1986
Perincioli Christina, Rentmeister Cillie: »Computer und Kreativität«, Ein Kompendium für Computer-Grafik, -Animation, -Musik und Video, DuMont, Köln 1990
Pierre, José, DuMont's kleines Lexikon der Pop Art, Köln 1978
Poling, Clark V.: »Kandinsky-Unterricht am Bauhaus«, Farbenseminar und analytischen Zeichnen, Kunstverlag Weingarten, 1982
Popper, Frank: »Elektra«, Kat.;
»Künstlerische Bilder und die Technowissenschaft«, in: Kunstforum Bd. 97
Popper, Karl R., Eccles, John G.: »Das Ich und das Gehirn«, Piper, München 1982
Purgathofer, Werner: »Graphische Datenverarbeitung«, Springer, Wien New York 1985
Rotzler, Willy: »Konstruktive Konzepte«, ABC Verlag, Zürich 1988
Schmitt Alfred, Müller H., Leister W.: »Ray Tracing Algorithms – Theory and Practice«, In: NATO ASI Series: Theoretical Fundamentals of Computer Graphics, Springer 1988
Schreiner, Adolf: »Perspektiven der Datenverarbeitung heute«, Universität Karlsruhe 1990
Siekmann, Jörg H.: »Künstliche Intelligenz« in »Simulation und Wirklichkeit«, DuMont, Köln 1988
Spieß, Werner, »Vasarely«, Hatje, Stuttgart 1969
Staechelin, Peter u.a.: »Computerkunst, Computergrafik von 12 Künstlern aus 7 europäischen Ländern«, Kat.;
»Texte zur neueren Kunst«, Schriftreihe der PH Freiburg, 1990
Stiny, George: »Pictural and Formal Aspects of Shape and Shape Grammars«, Birkhäuser, Basel Stuttgart 1975
Sýkora Zdeněk, Blazěk Jaroslav: »Computer-Aided Multi-Element Geometrical Abtract Painting«, in: Leonardo, Vol. 3, S. 409-413, Pergamon Press, Oxford New York 1970
Thiedeke, Udo u.a.: »ArtBit«, Kat.
Thomas, Karin: »Bis Heute«, Stilgeschichte der bildenden Kunst im 20. Jh., DuMont, Köln 1978, DuMont's kleines Sachwörterbuch zur Kunst des 20. Jahrhunderts, 2. Auflage Köln 1977
Thomsen, Christian W.: »LiterArchitektur«, Wechselwirkungen zwischen Architektur, Literatur und Kunst im 20. Jahrhundert, DuMont, Köln 1989
Thürlemann, Felix: »Vom Bild zum Raum«, Beiträge zu einer semiotischen Kunstwissenschaft, DuMont, Köln 1990.
Truckenbrod, Joan: »A New Language for Artistic Expression: The Electronic Arts Landscape«, in: Leonardo s.o.
Türr, Karina: »OP ART«, Stil, Ornament oder Experiment?, Gebr. Mann, Berlin 1986.
Virilio, Paul: »Ästhetik des Verschwindens«, Merve Verlag, Berlin 1986
Voss, Richard F.: »Random Fractal Forgeries« in »Fundamental Algorithms for Computer Graphics«, NATO ASI Series, Vol F17, Springer 1985
Weibel, Peter: »Gesänge des Pluriverums«, s. Kat. der ORF-Videonale 86,
»Pictoraler Raum in der elektronischen Kunst«, s. Kat. der ORF-Videonale 86
Weitenmeier-Steckel, Hannah: »Laszlo Moholy-Nagy – Leben und Werk«, in: Katalogbuch Laszlo Moholy-Nagy, Stuttgart 1974
Weizenbaum, Joseph: »Die Macht der Computer und die Ohnmacht der Vernunft«, Suhrkamp, Frankfurt a.M. 1978

Wick, Rainer: »Bauhaus-Pädagogik«, DuMont, Köln 1988
Willim, Bernd: »Leitfaden der Computergrafik«, Visuelle Informationsdarstellung mit dem Computer, Drei-R Verlag, Berlin 1989
Winogrado Terry, Flores Fernando: »Erkenntnis, Maschinen, Verstehen«, zur Neugestaltung von Computersystemen, Rotbuch Verlag, Berlin 1989
Wittgenstein, Ludwig, »Philosophische Untersuchungen«, 1953, Suhrkamp, Frankfurt a.M. 1967
Worringer, Wilhelm: »Abstraktion und Einfühlung«, 1908, Ein Beitrag zur Stilpsychologie, Piper, München Zürich 14. Auflage 1987

Kataloge (Auswahl)

Apparate und apparative Kunst, Studiengalerie Fach Kunst an der PH, Ludwigsburg, 1986
Ars Electronica, Festival für Kunst, Technologie und Gesellschaft, Programmgestaltung R. Patsch, G. Hattinger, Beratung Peter Weibel, Liva, Linz 1986
ArtBit – Computer in der *Kunst* im Computer –, Thiedeke, Udo u.a., Kunstverein Schwetzingen 1989
artware, Kunst und Elektronik, Hrsg. David GALLOWAY, Econ Verlag, Düsseldorf Wien New York 1987
Bilder/Images Digital, Computerkünstler in Deutschland >86, Galerie der Künstler > München, Hrsg. Alex und Barbara Kempkens, Barke, München 1986
Bill Max: »Worte rund um die Malerei und Plastik«, Katalog zur Allianz-Auststellung, Kunsthaus Zürich 1947;
»skulpturen gemälde graphik,1928-87, schirn kunsthalle frankfurt«, edition cantz, Stuttgart 1987
Computerkunst, IBM Deutschland 1978
Computerkunst, Computergrafik von 12 Künstlern aus 7 europäischen Ländern, Peter Staechelin u.a., PH Freiburg, 1986
Computerkunst '86, Hrsg. Stadtdirektor der Stadt Gladbek Dezernat IV, Museum der Stadt Gladbeck 1986
Computerkunst in Deutschland 1987, Hrsg. Wolfgang Blobel , Barke, München 1987
Computerkunst '88, Wettbewerb um den »Goldenen Plotter '88«, Hrsg. Stadtdirektor der Stadt Gladbek Dezernat IV, Museum der Stadt Gladbeck 1988 (dgl. 1990, 1992, ...)
Cruz-Diez et les trois étapes de la couleur moderne, von Jean Clay, Galerie Denise René, Paris 1969
Electra, Konzept Frank Popper, Musée d'Art Moderne de la Ville de Paris 1983/84
Frontiers of Chaos, Ausstellungskatalog, Goethe Institut 1986
hardedge, Galerie Denise René, Paris 1964
Holomedia '86, Faszination in Licht und Ton, Prinz Max Palais, Hrsg. Stadt Karlsruhe - Städtische Galerie 1986
Kandinsky, Wassily, Die erste sowjetische Retrospektive, Staatliche Tret'jakov-Galerie, Moskau; A.D.A.G.P., Paris; Schirn Kunsthalle und Kulturges. Frankfurt mbH, 1989

Kupka, Frantisek (1871 - 1957) ou l'invention d'une abstraction, Musée d'art moderne de la Ville de Paris 1989/90
L'art et l'ordinateur, CiSi (Compagnie international de Service en informatique), Paris 1982
Le Parc, Galerie Denise René, Paris 1966
Mathematik in der Kunst der letzten dreißig Jahre – Von der magischen Zahl über das endlose Band zum Computerprogramm im Wilhelm-Hack-Museum, Konzeption der Ausstellung Dietmar Guderian, Ludwigshafen am Rhein 1987
Meisterwerke der Computerkunst, Prix Ars Electronica '87, Hrsg. H. Leopoldseder, Verlag H. S. Sauer, Worpswede 1987
Meisterwerke der Computerkunst, Computergrafphik Computeranimation Computermusik, Prix Ars Electronica '88 , Hrsg. H. Leopoldseder, TMS-Verlag, Bremen 1988
Mields, Rune, Staatl. Kunsthalle Baden-Baden und Autoren, Bonner Kunstverein 1988
Mohr, Manfred, Zeichnungen, Galerie Weiller, Paris, Galerie Gilles Gheerbrant, Montréal, 1974
Cubic Limit , Galerie Weiller, Paris, 1975,
Werkübersicht von 1965-1980, Galerie Teufel, Köln, 1980,
Generative Arbeiten 1981-1984, Galerie Teufel, Köln, 1985,
Fractured Symmetry - Algorithmische Arbeiten 1967 - 1987,
Wilhelm-Hack-Museum, Ludwigshafen am Rhein, 1987
Molnar, Vera, Atelier de Recherche Esthétique à Caen, Caen-Paris 1979
Morandini, Marcello, Palazzo della Ragione, Bergamo 1978
Morellet, François, Galerie Denise René, Paris 1967,
Nationalgalerie Berlin u.a. 1977
MultiMediale 2, Hrsg. Heinrich Klotz, Zentrum für Kunst und Medientechnologie Karlsruhe 1991
ORF-Videonale 86, im Rahmen der Ars Electronica 86 (s.o.), Gesamtkonzept: H. Leopoldseder, C. Schöpf, Beratung: Herbert W. Franke, Peter Weibel
Otto Piene und das CAVS, Sonderausstellung, Badischer Kunstverein, Karlsruhe, 1988
Prix Ars Electronica, s.o. Meisterwerke der Computerkunst oder Kunstforum, Bd. 103
Sammlung Etzold - Ein Zeitdokument, Städtisches Museum, Mönchen-Gladbach, 1986/87
Siggraph, jährlicher Art Show Catalog, im Rahmen der ACM (Association for Computing Machinery), New York ab 1974, (Sig = Special Interest Groups)
Soto, Galerie Denise René, Paris 1967
Zdeněk Sýkora, Galerie Heinz Teufel, Mahlberg 1991
System + Zufall, Konzept+ Organisation, Galerie D+C Mueller-Roth, Stuttgart 1978
Valoch, Jirí: "zdeněk sýkora", zeichnungen und bilder, galerie teufel, Köln 1988
Zeichnen konkret, Hrsg. Galerie St. Johann, Saarbrücken, Pfalzgalerie Kaiserslautern 1983

Personenregister

Sachregister

Bildnachweis

Artothek, Peissenberg; Bartnig, H., Berlin; Basset, K., Oslip, Österreich; Benteli Verlag, Bern; Bieberich, G. W., Leinfelden-Echterdingen; Birkhäuser Verlag, Basel, Die fraktale Geometrie der Natur von B. Mandelbrot; Canali, M., Mailand; Cohen, H., Palo Alto, USA, Courtesy of H. Cohen, B. Cohen, and P. Nii; edition spangenberg, München; Fekner, J. und Ruhren, A., Courtesey of Bjorn Olsson Gallery, Stockholm; Franke, H. W., Puppling; Franke, H. W., Puppling, und Henne, P.; Franke, H. W., Puppling, und Helbig, H.; Galerie F. Jahn, München; Galerie Mueller-Roth, Stuttgart; Galerie H. Teufel, Mahlberg; Gemäldegalerie Neue Meister, Staatliche Kunstsammlungen, Dresden; Heinz-Hoek, M., Bremen; Hiddemann, G., Düsseldorf; Jascha, J., Wien; Kammerer-Luka, G. F., Belfort, Frankreich; Keller, C., Düsseldorf; Kopra, A., Los Angeles; Kunstverlag Weingarten; Legrady, G., Los Angeles; Lit Fischer, J., Düsseldorf; Mohr, M., New York; Molnar, V., Paris; Morandini, M., Varese, Italien; Morellet, F., Cholet, Frankreich; Museum Gladbeck; Nake, Prof. Dr. F., Bremen; Nees, Prof. Dr. G., Erlangen; Pearson, J., Oberlin, USA; Reinartz, D., Buxtehude; Ridell, T., Paris; Riedelsberger, F., Wörth; Rudolf, P., Brno, CSFR; Schwartz, L., Watchung, USA; Springer Verlag, Heidelberg; Steller, E., Stutensee; Stößer, A., Durmersheim; Sýkora, Z., Louny, CSFR; Thiedeke, U., Plankstadt; Universität Karlsruhe; VG Bild-Kunst, Bonn; Weibel, P., Frankfurt; Wilson, M., West Cornwall, USA; Zajek, E., Syracuse, USA.